TALENT VALUE CHAIN FOR ENTERPRISE

QUALIFICATION AND TALENT REVIEW

企业人才价值链

任职资格与人才盘点

段 磊 马 丽 张少杰 编著

企业管理出版社
EMPH
ENTERPRISE MANAGEMENT PUBLISHING HOUSE

图书在版编目（CIP）数据

企业人才价值链：任职资格与人才盘点 / 段磊，马丽，张少杰编著 . —北京：企业管理出版社，2022.3

ISBN 978-7-5164-2521-3

Ⅰ . ①企… Ⅱ . ①段… Ⅲ . ①企业管理—人才培养—研究—中国 Ⅳ . ① F279.23

中国版本图书馆 CIP 数据核字（2022）第 023658 号

书　　名：企业人才价值链：任职资格与人才盘点

作　　者：段　磊　等

责任编辑：尚元经　郑小希

书　　号：ISBN 978-7-5164-2521-3

出版发行：企业管理出版社

地　　址：北京市海淀区紫竹院南路17号　　邮编：100048

网　　址：http：//www.emph.cn

电　　话：编辑部（010）68414643　发行部（010）68701816

电子信箱：qiguan1961@163.com

印　　刷：三河市东方印刷有限公司

经　　销：新华书店

规　　格：170毫米 × 240毫米　16开本　35.5印张　530千字

版　　次：2022年4月第1版　2022年4月第1次印刷

定　　价：138.00元

第一件大事

从事企业管理工作30年，是一位位师长将我从一个大学毕业生培养成为一名企业决策者。30年来，在我手上也培养出了几百位管理人才。他们有的已经是国有企业的高管，有的子承父业振兴家族生意，有的成为了叱咤风云的创业者、企业家，有的则成为了我管理团队的一员。随着年龄的增大，被培养与培养人的经历让我深刻地感受到，发现与培养人才，实在是企业经营管理的第一件大事。

国以才立，政以才治，业以才兴。现实中的企业，90%以上并不缺乏战略，缺的恰恰是理解战略、有能力、有意愿的执行团队。几乎所有的企业家都会跟我说，我现在最缺的，不是钱，而是人。

那么，优秀的人才从何而来？如何在纷纷攘攘的人群中慧眼识珠？如何基于战略建立自己的人才队伍？更进一步，您的企业究竟需要什么样的人才，需要多少，在何时何地需要？评价人才的标准和依据又是什么？以上问题构成了企业人才学研究的主要方向。

作为一名企业的经营者或管理者，有时并不会特别关注这些概念的精确性、逻辑性，而是希望知道，这件事情怎样做可以解决问题，或者说可以落地；同时，还希望了解其他企业在这方面有哪些成功的做法和经验，有没有简单实用的工具、模板。随着微信、短视频等传播手段的普及，越来越多的小故事、短课程、小工具等可以很容易地得到，这对喜爱学习的我们来说，实在是喜讯，但也带来了一个问题，就是这些知识往往是碎片化的，似乎哪一个听起来都很有道理，但尝试着把它们运用到现实中来，有时并不能取得想象中的效果。其原因在于，万物互联，现实中的企业管理关系错综复杂，一个最优的局部方案，往往很难达到系统最优，甚至反而会影响整个系统的效率。

在这样的背景下，需要有一本书，把从战略到人才规划、人才标准建设、人才测评与盘点、人才培养与发展的全过程捋清楚，把各项活动的应用场景、输入输出说清楚，把被各种大师搞模糊的概念辨析清楚。这样，大家就可以把在大数据环境下拾到的一砖一瓦积累到这个框架之下，人才管理的大厦就可以一步一步地、按照正确的方向建立起来。

一本全面介绍人才发展概念与理论的教科书，一本具有丰富案例的人才开发大辞典，一本包含各类人才开发方法和实务的工具书，这就是这本书的定位。

本书的第一篇是人力资源管理的发展概述，探讨了战略、组织与人才的关系，提出了现代企业人才供应链的基本构型。

本书的第二篇从企业的战略出发，探讨了企业人力资源规划的目标、内容与流程，介绍了预测人才需求与供给的各种方法，为企业人员基于战略编制人力资源规划提供了清晰的教程。

本书的第三篇引出了一个重要的概念，即人才的标准。本篇的第六章介绍了现代的人才标准以及人才标准研究的发展趋势。第七至九章，分别介绍了企业最为常用的三种人才标准模型及其建设方案，分别是以麦克利兰胜任力理论为基础的胜任力模型体系，以NVQ、华为等企业与社会组织的成功实践为基础的任职资格标准体系，以及在素质模型基础上发展而来的、主要针对企业中高层管理者的领导力模型体系，三大模型基本涵盖了企事业单位可能用到的主流的人才标准模型。

有了人才标准，下边就是如何基于标准进行评测或盘点的问题。本书的第四篇介绍了基于测评目标的方案设计以及七种最为常用的测评工具，针对每项工具的使用进行了详细的介绍。为了便于使用者按图索骥，本篇设置了五大场景，分别是招聘、内部竞聘、组织变革、干部选拔、任职资格评价与升级；针对不同场景下的人才测评与盘点流程一一进行了介绍，并提供具体可用的工具、方法和细则等。

本书的第五篇聚焦人才培养与发展。其中，第十七章介绍了学习地图的概念；第十八章介绍了六种常用的培养方案，可作为培养方案库使用；第十九至二十二章，分别面向管理者、专业人才、新员工、骨干人才四类对象，提供了有针对性的培养与发展方案。

人才培养是一门实践科学，重要的不是高大上的概念，而是卓有成效的实践，为此，全书安排了近三分之一的篇幅，精心选择了20多个企业人才培养与发展方面的专案，尽可能让读者在每一章节的学习之余都能看到鲜活的案例，都能有所借鉴甚至亲身实践。这些案例，有的来自于汉哲团队的设计方案，有的来自于公开报道的企业人才培养的最佳实践，无论如何，都是各家企业人才研究与培养团队的智慧结晶，因案例作者无法一一联络，在此一并表示深深的感谢。

为一本新书写前言，有点像为一个考中名校的孩子置办行装：心情是自豪的，因为在送一个孩子走向社会，令她未来对人类有所贡献；心情又是感慨的，因为难免会想起艰难写作的上千个日日夜夜；心情更是期待的，因为即将出发的孩子，将看到的是比今天更好的未来。

希望这本书对您的人才培养与发展工作，真正有所助益。

段　磊

2022年1月于北京

目录

第一篇

战略、组织与人才

第一章 人力资源管理的发展概述

第一节 科学管理阶段

在“人力资源”这一概念产生之前，企业对人的管理以及研究已经开始，这一系列的研究立足于生产实践，在企业生产过程中逐渐被发现和验证，并对生产改进以及后期的管理改进，带来了巨大的影响。

20世纪初，以泰勒为代表开展的科学管理实践在美国得到大规模的推广。针对之前企业生产管理的弊端，泰勒开创性地提出了“科学管理原理”，其主要内容包括：①对工人工作的每一个要素开发出科学的方法，用以代替老的经验性方法；②科学地挑选工人，并对他们进行培训、教育，使之成长（在过去是由工人挑选工作，并尽可能进行自我培训）；③与工人衷心合作，以确保一切工作都能够按照既定的、科学的方案去执行；④管理当局与工人在工作和职责的划分上几乎是相等的，管理当局把自己比工人更胜任的各项工作承揽过来（过去几乎所有工作和绝大部分责任都推到工人头上）。从泰勒的科学管理理论和实践中，我们已经可以看到现代人力资源管理的影子。

在科学管理理论盛行的时代，企业非常注重通过科学的工作设计来提高工人的生产率，注重采用科学的方法对员工进行招聘和挑选，注重用系统培训来取代之前的自我培训以提高生产率。而且，科学管理理论还创造出了最初的劳动计量奖励工资制度——“差异计件率系统”，并最早提出了将生产率改进所获得的收益在企业和工人之间分享的思想，这些理论都对现代企业人力资源管理的发展产生了重要的影响。

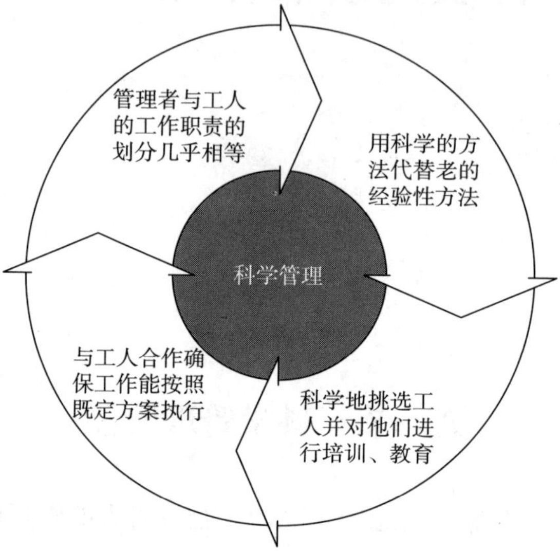

图 1-1　科学管理原理的主要内容

在科学管理实践风起云涌的同时，“工业福利运动”悄然展开。1897 年，美国全国现金公司首次设立了一个叫作“福利工作”的部门，此后，“福利部”“福利秘书”“社会秘书”的名称相继出现。设立这些部门或职位的主要目的是改善工人的境遇——听取并处理工人的不满意见，安排工人的工作调动，管理工人膳食，提供娱乐及教育活动，照顾未婚女工等，这是基于关心工人福利的主张所建立起来的一套企业员工管理思想体系。

1913 年，雨果 · 闵斯特伯格《心理学与工业效率》一书面世，由此标志着工业心理学的诞生。在第一和第二次世界大战期间，根据这些研究成果设计的测验用于军方选拔和安置人员，并取得了极大的成功。此外，试图把机器的特点和人的特点相互匹配的因素测定技术也开始发展并得以应用。随后，工业心理学飞速发展，并开始用于商业中的人事选拔和测评。工业心理学从人与工作的关系、人员的选拔和测评等方面对人事管理产生了极大的影响，使人事管理开始从规范化步入科学化的轨道。

1924 ~ 1932 年，梅奥等人在位于芝加哥的西屋电气公司的霍桑工厂开启了著名的“霍桑实验”，该实验证明，员工的生产率不仅受到工作设计和报酬的影响，还在很大程度上受到社会和心理因素的影响，即：员工的情绪和态度强烈地受到工作环境的影响，而这种情绪和态度又会对生产效率产生强烈的影响。因此，采用行为科学理论改变员工的情绪和态度，将对生产效率产生巨大的影响。

在管理实践领域，霍桑实验引发了“人际关系运动”，进而推动了整个管理学界的革命。在人际关系运动阶段，人力资源管理发生了诸多变革，比如：强调对员工的关心和支持，增强管理者和员工之间的沟通，在企业中设置培训主管等，这些都作为新的人事管理方法被企业所采用。

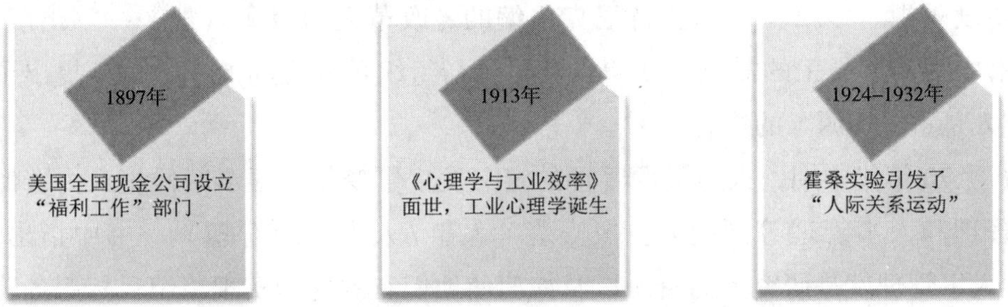

图 1-2　人力资源管理科学管理阶段的关键事件

至此，人力资源管理开始从以工作为中心转向以人为中心，开始把人和组织看成相互和谐统一的社会系统。

第二节　现代人力资源管理阶段

20 世纪 50 年代至 80 年代，现代人力资源管理正式走上历史舞台，在这一时期，“人力资源”“人力资源管理”的概念首次提出，人力资源管理的职能进一步清晰化，人力资源管理进入初步的人事管理规范期，并成为一个独立的专业分支和企业职能。

50 年代，著名的管理学家彼得·德鲁克（Peter F. Drucker）在《管理实践》中明确阐述了“人力资源”的内涵，此后，“人力资源”的概念逐渐为大众所熟知。

正式提出“人力资源管理”概念的是怀特·巴克（E. Wight Bakke，1958）和雷蒙德·迈尔斯（Raymond E. Miles，1965）。他们分别提出了人力资源职能理论和人力资源模式理论。巴克认为，人力资源管理的职能包含多个内容，如人力行政管理、劳工关系、人际关系以及行政人员开发等；迈尔斯则提出：管理人员应该把员工当作个体来进行管理，关心员工的福利和幸福。同时，他还首次指出了员工的知识和经验对于组织的价值。

70年代中期至80年代初期，随着人力资源管理活动重要性的凸显，以及组织心理学和组织行为学等学科的发展，“如何实施有效的人力资源管理活动”以及“员工的心理和行为如何影响生产力和工作满意”等问题引起高度重视。1972年，达萨特尼克主编的《改革人力资源管理》一书出版，书中强调了员工的需求、期望以及目标与组织目标之间的一致性，提出了“人是重要资源”的观念。

70年代中期，人力资源管理的定义发生了变化，很多时候把人力资源管理和人事管理等同起来。罗宾森《人事/人力资源管理》一书中指出，“人事管理就是研究人力资源以及如何使他们有效地为实现组织目标服务”。1979年，皮德森和翠西在《人力资源系统管理》一书中描述了一系列对员工进行管理和开发的活动，但对这些活动究竟是人力资源管理还是人事管理，并没有给出明确的界定。直到1992年，斯托瑞通过分析人力资源管理的内在特征，提出了人事管理与人力资源管理之间的差别，从信念和假设、战略领域以及重要程度等方面加以区分。由此，人力资源管理活动的目标、内容和范畴等都有了相应的变化，人力资源管理的角色逐步明晰起来，同时，也初步形成了人力资源管理与组织战略之间的联系。

80年代初，人们开始研究人力资源管理与组织战略的关系，并试图建立一般性理论来解释和指导人力资源工作者和研究人员的人力资源管理活动。贝尔德、戴尔等学者分别提出了较为完整的战略人力资源管理理论，其中最有影响力的是比尔等人的《管理人力资本》，在此书中，比尔更加强调战略计划中员工投入的一致性和不同政策之间的联系。战略人力资源管理理论的提出，使得人事管理正式从人事/人力资源管理阶段发展到独立的人力资源管理阶段。

图 1-3 人力资源管理发展的主要阶段

第三节 战略人力资源管理阶段

战略人力资源管理理论产生于20世纪80年代中后期，此后的一二十年间，这一领域的发展令人瞩目。相对于传统的人力资源管理，战略人力资源管理的定位是：在支持企业战略实现的过程中发挥人力资源管理的作用与职能。

一、战略人力资源管理的特征

经由数十位专家的归纳和总结，战略人力资源管理具有如下六大特征。

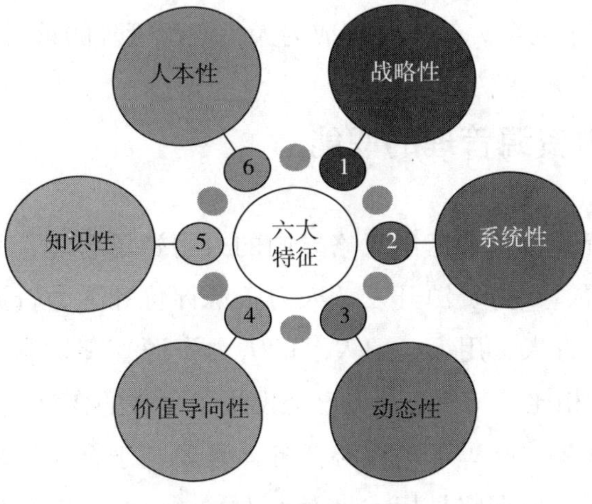

图 1-4 战略人力资源管理的六大特征

人本性：战略人力资源管理的人本性表现在管理者对人的认识、态度和管理方式上。战略人力资源管理的目的包括经济目的和社会目的两方面，是二者的有机统一。一方面，它通过人力资源管理提升企业绩效，获得持续的竞争优势；另一方面，将人力资源的开发与发展本身作为其管理的重要甚至是终极目的。

战略性：战略人力资源管理的战略性主要体现在人力资源战略与组织总体战略的匹配。既包含人力资源管理战略与组织战略的匹配，以及人力资源子系统战略与人力资源总体战略的匹配，又包含人力资源管理职能与组织其他职能间的匹配，以及人力资源管理系统内各职能间的相互匹配。

系统性：以系统论的观点看待人力资源管理，突出人力资源方向性、整体性、时空性、规划性。适时制定规划，集中全力实施规划，全方位监督、控制，及时反馈和修订规划，做到与企业运营系统、研发系统的相互协调。

动态性：即人力资源管理的柔性与灵活性，亦即人力资源管理对组织内外部环境的适应性。在人力资源管理过程中，组织追求的不是某种“最佳”的人力资源管理实践，而是人力资源管理实践与组织内外部环境的不断适应。

价值导向性：强调人力资源管理紧紧围绕组织的价值链展开工作，更加突出人力资源管理对组织的价值贡献，注重为内外部顾客提供附加值。

知识性：知识成为人力资源管理最重要的影响因素，知识型员工成为人力资源管理的重要对象，知识管理成为人力资源管理的重要工作内容。

二、战略人力资源管理的职能

战略人力资源管理是基于战略导向的人力资源管理，其职能重点体现了人力资源配置、人力资源开发、人力资源评价和人力资源激励四方面职能，即“招人、育人、用人、留人”的人力资源管理机制，但与传统的人力资源管理模式相比，其核心任务已经发生了显著的变化。

战略人力资源“配置”的核心任务，是要基于企业的战略目标来配置所需的人力资源，根据定员标准来对人力资源进行动态调整，以满足企业生产发展的需要。

战略人力资源“开发”的核心任务，是对企业已经拥有的人力资源进行系统的开发和培养，从素质和质量上保证满足企业战略的需要。同时，根据企业战略需要实时组织相应的培训，通过制定领导者继任计划和员工职业发展规划来保证员工与企业同步成长。

战略人力资源“评价”的核心任务，是对企业员工的素质能力和绩效表现进行客观评价，一方面，保证企业的战略目标与员工个人绩效有效结合；另一方面，为企业激励和任用员工提供可靠的决策依据。

战略人力资源“激励”的核心任务，是依据企业战略需要和员工的绩效表现对员工实施相应的激励，通过制定科学的薪酬福利制度、长期激励措施等，激发员工充分发挥潜能，使得员工效能最大化，在为企业创造价值的同时实现自身价值。

第四节　新经济时代的人力资源管理阶段

进入21世纪，科技获得前所未有的发展，技术的变革带来了人类生活方式、商业模式以及管理模式的变革。人力资源管理既有工业文明时代的深刻烙印，又反映着新经济时代的特色与要求，从而呈现出许多全新的特征。

（1）知识经济时代，是一个人才主权时代，也是一个人才赢家通吃的时代

所谓人才主权时代，就是人才具有更多的就业选择权与工作的自主决定权，而不是被动地适应企业或工作的要求。企业要尊重人才的选择权和工作的自主权，并站在人才内在需求的角度，去为人才提供人力资源产品与服务，去赢得人才的满意与忠诚。人才不是简单地通过劳动获得工资性收入，而是要与资本所有者共享价值创造的成果。

人才主权时代的动因主要有三个方面：一是知识与职业企业家成为企业价值创造的主导要素；二是社会对知识和智力资本的需求比以往任何一个时

代都更为强烈，导致知识创新者和企业家等人才短缺；三是世界经济的一体化，使得人才竞争与人才流动日趋国际化，人才拥有更多的机会与选择。

（2）员工即客户，企业人力资源管理的新职能就是向员工提供客户化的人力资源产品与服务

企业要以新的思维来对待员工，要以营销的视角来开发组织中的人力资源，从这种意义上来说，人力资源管理也是一种营销工作，即企业要站在员工需求的角度，通过提供令员工满意的人力资源产品与服务来吸纳、留住、激励、开发企业所需要的人才。

企业向员工所提供的产品与服务包括五个方面：一是共同愿景，二是价值分享，三是人力资本增值服务，四是授权赋能，五是支持与援助。人力资源管理者要扮演“工程师＋销售员＋客户经理”的角色。一方面，人力资源管理者要具有专业的知识技能；另一方面，要具有向管理者及员工推销人力资源产品与服务方案的技能；同时，人力资源经理又是客户经理。

（3）人力资源管理的重心是知识型员工

新经济时代，国家的核心是企业，企业的核心是人才，人才的核心是知识创新者与企业家，人力资源管理不得不研究“新三角”：知识型员工，知识工作设计，知识工作系统。人力资源管理要关注知识型员工的特点，重点在于如何开发与管理知识型员工，以及采用不同的管理策略。为此，就需要充分掌握知识型员工的特点。归纳而言，知识型员工特点体现在五个方面。

①由于其拥有知识资本，在组织中有很强的独立性和自主性。这就必然带来新的管理问题，比如授权赋能带来的人才风险管理，企业价值要求与员工成就意愿的协调性问题，以及工作模式改变带来的虚拟团队管理问题。

②知识型员工具有较高的流动意愿，不希望终身在一个组织中工作，由追求终身就业饭碗，转向追求终身就业能力。

③知识型员工的工作过程难以直接监控，工作成果难以衡量，价值评价体系的建立变得复杂而不确定。员工更加关注个人的贡献与报酬之间的相关性，要求企业建立公正、客观的绩效考核体系。

④知识型员工的能力与贡献差异巨大，出现混合交替式的需求模式，需求要素及需求结构变化，管理复杂度上升。

⑤领导界限模糊，知识正替代权威，领导与被领导之间的关系以信任、沟通、承诺、学习为基本准则。

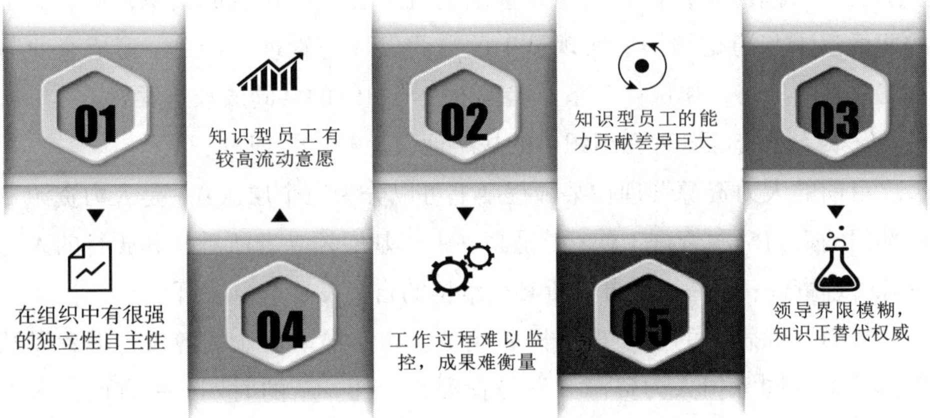

图 1-5　知识型员工的特征

（4）人力资源管理的核心是人力资源价值链管理

人力资源管理的核心，就是通过人才价值链的管理实现人力资本的价值增值。人才价值链本身就是对人才激励和创新的过程。其中几个概念内涵如下。

价值创造。就是在理念上要肯定知识创新者和企业家在企业价值创造中的主导作用，企业人力资源管理的重心要遵循二八定律，注重形成企业的核心层、中坚层、骨干层员工队伍，同时，实现企业人力资源的分层分类管理。

价值评价。就是要通过价值评价体系及评价机制的确定，使企业形成凭能力和业绩吃饭的人力资源管理机制。

价值分配。就是要通过价值分配体系的建立，满足员工的需求，从而有效激励员工，为此，需要建立和提供多元价值分配形式，包括职权、机会、工资、奖金、福利、股权分配等。

（5）企业与员工关系的新模式是以劳动契约和心理契约为双重纽带的

战略合作伙伴关系

新经济时代，企业与员工之间的关系需要靠新的游戏规则来确定，这种新的游戏规则就是“劳动契约 + 心理契约”。一方面，要依据市场法则确定员工与企业双方的权利、义务、利益关系；另一方面，又要求企业与员工一道建立共同愿景，在共同愿景基础上就核心价值观达成共识，培养员工的职业追求与道德情操，实现员工的自我发展与管理。最终，形成企业与员工双赢的战略合作伙伴关系，实现个人与组织的共同成长与发展。

（6）人力资源管理在组织中的战略地位上升，管理重心下移

目前的人力资源管理在某种程度上可以分为三个层次：一是人力资源专业部门的人力资源管理工作；二是高、中、基层领导者所承担和履行的人力资源管理责任；三是员工自身所必须承担的自我发展与自我开发。

人力资源管理的一项根本任务就是，如何推动企业的各级管理者以及全体员工共同承担人力资源开发与管理的责任。新的时期，一方面，人力资源管理在组织中的战略地位在上升，并在组织上得到保障，如：很多企业成立了人力资源委员会，使高层管理者关注并参与到企业人力资源管理的重要活动中来；另一方面，人力资源职能部门的权力淡化，直线经理的人力资源管理责任增加，员工自主管理的空间和要求也在逐步提高。

（7）人力资源管理的全球化，数字化

随着组织的全球化，人力资源管理的全球化已经成为一个趋势，人才流动国际化，人才市场竞争国际化，跨文化、跨区域的人力资源管理成为越来越多企业所面临的问题。

在越来越强调业绩增长和效益提升的大背景下，人力资源管理的数字化成为一大趋势，借助于精细化的数据管理、智能化的数字化技术，人性化的数字产品，人力资源的信息化管理逐渐走向数字化管理。

（8）人才流动速率加快，流动交易成本与流动风险增加，人才流向高风险、高回报的知识创新型企业

员工由追求终身就业饭碗转向追求终身就业能力，通过流动实现增值，使人才流动具有内在动力。人才稀缺与日益增长的人才需求，使人才面临多种流动诱因和流动机会。

人才流动的交易成本增加，企业人才流动风险增加。集体跳槽与集体应聘成为人才流动的新现象，需要强化人才的风险管理。

（9）人力资源管理的核心任务是构建智力资本优势

新经济时代，企业的核心优势取决于智力资本的独特性及其优势。智力资本包括三个方面：人力资本、客户资本和组织资本。人力资源管理者的核心任务，不仅仅是简单的人力资源管理，而是帮助企业营建智力资本，形成不可替代的核心优势。

（10）沟通与共识，信任与承诺，尊重与自主，服务与支持，创新与学习，合作与支援，授权与赋能，将成为人力资源管理的新准则

新经济时代，企业与员工之间，管理者与被管理者之间，同事之间，将按照新的游戏规则处理各种关系，即：如何在沟通基础上达成共识，如何在信任基础上彼此达成承诺，如何在尊重员工个性的基础上实现自主化管理，如何进行团队合作和授权赋能，如何对创新团队进行支持和服务，培养创新机制，建设学习性的组织。

这十个方面的特征，要求新时代的企业人力资源管理者不仅具备丰富的人力资源管理知识与技能，更要把握人才发展与人力资源管理的大趋势，要对新时期员工的诉求、心态等有深刻的洞察能力，在新的管理对象、管理模式、管理要求与管理使命面前，找准定位，转变角色，成为企业、职场、员工共同的战略伙伴。

第二章
人才管理与发展的关键内容

第一节 战略、组织与人才的关系

企业的目标是为了实现战略，继而实现持续发展，那么，战略的实现需要依托组织的支撑，而组织的使命需要人才来达成。缺乏组织保证的战略，难以实现；缺乏人，组织和战略都是空谈。"战略—组织—人才"构成了企业持续发展最为关键的三个要素。

在新经济快速崛起的今天，企业对组织与人才的重视达到了前所未有的高度，原因在于：激烈的外部竞争倒逼企业不得不对自身的业务模式及技术手段进行快速更新，而这种更新和升级，脱离了组织与人才的支持是无法实现的。只有处理好战略、组织、人才的关系，以及不断强化内部管理机制的协同，才有可能在快速变化的环境中立于不败之地。

案例2-1 ▶ **阿里巴巴集团的组织升级**

2018 年 11 月，阿里巴巴集团宣布升级组织架构，集团 CEO 张勇在全员公开信中提出，阿里巴巴的核心战略即人才战略、组织战略和未来战略。在阿里巴巴的这轮自我升级中，人才、组织、未来成为关键词。

阿里巴巴过去多年的发展证明，人才梯队的深度、不断自我升级的组织以及面向未来的布局，是公司持续健康、高速增长的核心保障，所有战略的核心正是人才战略，因而带来了良将如潮的人才梯队和独特的人才培养机制，并主动创造变化，由此使得阿里巴巴经济体保持了持续的活力与创造力，不断突破。

2018年9月10日，阿里巴巴董事局主席马云宣布一年后将不再担任集团董事局主席，届时集团CEO张勇接任。在公开信中，马云为公司的人才战略感到骄傲："今天的阿里巴巴最了不起的不是它的业务、规模和已经取得的成绩，最了不起的是我们已经变成了一家真正使命愿景驱动的企业。我们创建的新型合伙人机制，我们独特的文化和良将如潮的人才梯队，为公司传承打下了坚实的制度基础。"

以下摘选公开信的部分内容：

"这标志着阿里巴巴完成了从依靠个人特质变成依靠组织机制、依靠人才文化的企业制度升级。

"10年前我们就问自己这个问题，如何保证马云离开公司以后，阿里巴巴依然健康发展？我们相信只有建立一套制度，形成一套独特的文化，培养和锻炼出一大批人才的接班人体系，才能解开企业传承发展的难题。为此，这十年来，我们从未停止过努力和实践。

"今天的阿里巴巴最了不起的不是它的业务、规模和已经取得的成绩，最了不起的是我们已经变成了一家真正使命愿景驱动的企业。我们创建的新型合伙人机制，我们独特的文化和良将如潮的人才梯队，为公司传承打下坚实的制度基础。事实上，自2013年我交棒CEO开始，我们已经靠这样的机制顺利运转了5年。

"我们创建的合伙人机制创造性地解决了规模公司的创新力问题、领导人传承问题、未来担当力问题和文化传承问题。这几年来，我们不断研究和完善我们的制度和人才文化体系，单纯靠人或制度都不能解决问题，只有制度和人、文化完美结合在一起，才能让公司健康持久发展。我深信，今天阿里巴巴合伙人制度和阿里巴巴所捍卫的文化，假以时日，将会越来越赢得客户、员工和股东的支持和拥护。"

案例2-2 ▶ 京东集团对于战略、组织与人才的理解

以下文字节选自京东集团创始人刘强东在2020年春节前写下的一份材料，其中阐述了战略、组织、人才、机制、文化之于京东管理的意义。

战略、组织、机制、人才、文化五位一体，保障了集团三大核心业务在2019年均取得了稳步的高质量增长。核心业务根本巩固，新兴业务蓄势待发，展现出了勃勃生机。

在战略方面，由集团几十位一线业务部门负责人组成的战略决策委员会（SDC）和七大业务部门、职能体系负责人组成的战略执行委员会（SEC）经过一年多的磨合和运转，已经形成了良好的集体决策和快速响应机制，并产出了适用于京东自身的战略方法论。在战略的顶层设计、制胜方法、落地保障和责任分解、考核奖惩等方面都实现了系统化和体系化。在新的一年，我们将继续在战略上保持统一的愿景、使命和目标，使不同部门之间步调一致、同频共振。

在组织方面，我们将会继续打造以Big Boss为核心的积木化组织。Big Boss是京东面对庞大组织，在业务版图不断扩大、管理难度几何级增长的情况下，自我摸索出的一套管理体系，其核心的理念就是将每一个细小的业务单元都视为一个经营实体，每一个实体的管理者都是一个真正的Boss，把经营决策权交给离客户最近、最了解市场需求的人。在京东物流成功试点一年之后，今年我们会将Big Boss机制在全集团进行推广，把众多的Big Boss单元积木化，每个Boss单元都可被视为一种或多种组件化能力，被其他单元调用，满足复杂、多变的需求。我们希望通过这种变革驱动Boss单元自身、上下层Boss单元、平行Boss单元之间以及整体积木组织的高效顺畅运转，真正让一个几十万人的公司灵动起来、飞舞起来，洞悉需求、预见未来、主动响应、敏捷执行！

在机制方面，集团今年将重点营造协同和创新两大机制，并通过制度的保障、方法论的沉淀和激励的手段使这两大机制如同血脉一样贯穿到整个组织的肌体当中，不断为组织带来生机和活力。协同不仅要求每

个组织单元之间紧密配合、彼此联动，更要倡导互相补位意识，勇于担当，让每个战友都放心地把后背交给自己。创新，提倡打破常规和路径依赖，鼓励自下而上、小步快跑、快速迭代，同时也要对经过了科学验证的创新项目坚决投入、做大做强，集团也将会通过一系列的创新保障制度为创新项目提供包括评估、资源协调、人力保障、绩效奖励等在内的全方位的支持。

人才永远都是核心中的核心！新的一年，我们会继续提升关键人才及梯队能力建设，打造支撑未来的人才体系。今年也是干部年轻化的第二年，我们将通过外部吸引、内部培养发掘一大批践行企业文化价值观、具有经营意识的年轻Boss人才。通过面向人才个体和群体持续进行能力升级，以贡献者为本，汇聚英才，让组织具有持久旺盛的生命力，支撑公司实现高质量的增长。同时，我们也将打造行业最具竞争力的薪酬水平，全力践行“能者上，庸者下”的人才任用机制，充分激发各类人才的创造活力，尤其是为年轻人提供成长的沃土，为京东的可持续发展注入不竭的动力。“只有真正关注员工幸福感的企业，才能变得伟大”。集团今年还将继续出台一系列的福利保障制度，让员工更有归属感、荣誉感和幸福感。我最大的心愿就是五湖四海的人才汇聚到京东，在这里施展才华、实现价值、收获幸福！

在文化方面，随着集团业务复杂程度越来越高、人才结构越来越复合，公司文化也需要更加多元，不同的业务部门也会逐渐产生适合各自业务的亚文化，这就需要集团有一套统一的规范和机制，既保证企业文化不被稀释，继续传承，也能兼顾体系的个性化和独特性。目前CHO体系正在牵头制定京东家法，就是为了科学、系统地解决这个问题，我们希望通过优秀组织文化的共识、共鸣和共行，捍卫公司价值观，实现凝心聚力，步调一致，构筑起企业发展的坚实底座，引领组织不断向前发展！

第二节 人才供应链

一、人才供应链的缘起

2008年，沃顿管理学院教授Peter Cappelli在“Talent management for the twenty-first century”一文中首次提出将“供应链管理模式”应用于人力资源管理，建立一个基于企业需求的人才管理模型，在保证成本的前提下，让雇员、能力、职位迅速匹配，实现类似供应链管理与及时制生产方式（Just-In-Time）相类似的需求—供应框架。

Cappelli第一次提出了符合供应链思想的人才管理新思路与新模式，比如：更多采用外部招聘方式应对外界商业环境对人才的突发性需求；更多采用行动学习计划等方式提升人才培养的有效性；在人才需求预测方面，从过去预测人才需求转向模拟人才需求。具体来说，就是基于一系列的软件模拟，针对企业的业务发展状况和相应数据，计算出可能的人才需求。Cappelli还认为，针对外部环境的变化性，企业内部的人才管理要关注灵活性和柔性，以确保能够满足业务发展的要求。

这一研究在十年前被国内的研究机构引入，对其理论架构进一步总结和升华，形成“人才供应链管理”模型，这一模型被定义为：能够灵活地对内外部不确定性因素做出反应、实现Just-In-Time的人才配置、实现投入产出比最大化的人才管理模式。

这一模式得以落地，有赖于四项举措的支撑。

①动态、短期的人才规划。这是人才供应链的基础和前提，是将外部环境的要求、企业战略发展的要求具体转化为人才供给策略的过程。“短期”所关注的是应对外界商业环境的瞬息万变，抛弃掉过往长期的、失效的预测，实现更为灵活的人才规划。归根结底，需要建立一种能够快速响应变化和要求的组织能力，从而将企业的业务战略要求动态地反映到人才供给和管理的要求之中。

②灵活、标准的人才盘点。基于战略导向的人才规划，从更为现实的

角度出发，企业首先需要关注的是如何将已有的存量人才实现最大化利用。因此，对现有人才能力、结构、数量的盘点成为关键。具体实践中，可利用灵活的、标准化的工具使得人才盘点成为日常管理手段，并基于盘点结果开展人才的配置管理。

③ ROI 最大化的人才培养。这是企业人才管理的长期策略：通过人才能力的不断提升来带动组织效能和企业业绩。符合供应链管理思想的人才培养模式应该是关注投入回报率的，即：企业的每一分人才培养的投入都应该能够最终反映在组织业绩和效能的提升之中。

④无时差的人才补给。这是基于人才规划（要求）和人才盘点（现状）之间的差距所规划的短期策略：通过内外部结合的方式来确保人才的供应，而人才供给所关注的重点是“零时差”，即一旦业务产生人才的空缺需求，就能够在最短的时间内提供“合适数量、合适技能”的人才加以补充。

二、现代企业人才供应链的基本构型

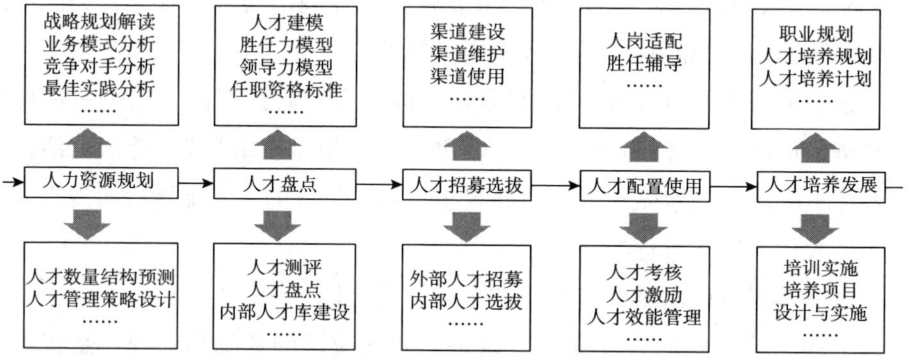

图 2-1　人才供应链的基本构型

①人力资源规划。人才供应基于对于人才需求的精准预测，这是整个人才供应链的基本点和出发点，包括但不限于对于公司战略规划的解读、业务模式分析、竞争对手分析、最佳实践的分析，以及在此基础上对人才数量结构进行预测，对人才的管理策略进行设计或规划等。

②人才盘点。盘点始于盘点标准的明确，标准往往在通过人才建模在

模型中有所体现，比如胜任力模型、领导力模型、任职资格标准等，都可以作为人才盘点的标尺，除此之外，还可以根据自身的需要建立单独的盘点模型，用于人才盘点的标准。在标准基础上，通过人才测评、能力—绩效矩阵的梳理、人才盘点会议的组织实施等，完成对人才的盘点，并形成内部人才库，为人才的选用配置提供基础。

③人才招募选拔。人才招募选拔，包含了外部的人才招募，以及内部的人才选拔。人才招募，重点在于渠道的建设、维护和使用，以及人才招聘技术的使用等；人才选拔，重点在于内部人才的选用，以及内部的竞岗竞聘等。

④人才配置使用。根据业务需要，在合适的时候，将合适的人才配置到合适的岗位上，并做好对人员的使用、辅导与激励，帮助人才进行岗位适配，并获得预期的产出。

⑤人才培养发展。结合业务规划，以及对员工的职业规划，为不同层级和类型的员工提供培养规划与培训计划，综合采用培训、导师制、轮岗制等各类培养方式，提升内部人才的适岗性。

第三节　基于战略的人力资源规划

人力资源规划，从广义上说是对人力资源管理的整体规划，涉及对人才的数量结构规划、招聘配置、培养发展、考核激励等方方面面；狭义上的人力资源规划主要是指供需预测和数量结构规划。

本书第二篇将对人力资源规划进行较为系统和详细的介绍。首先，是对人力资源规划的内容与程序的介绍；其次，将人力资源规划中的策略设计作为专题进行解读；最后，聚焦于人才队伍的供需预测，提供相关的技术方法，并以案例进行说明。

第三章将介绍人力资源规划的目标、内容和流程。人力资源规划的出发点是公司战略，基础是岗位分类管理。本章对岗位的分类管理进行了概要的介绍（在第七章第二节有更为具体和详细的设计方法），在此基础上，对人力资源规划的概念、作用、内容进行说明，尤其对于人力资源规划的流程，从队伍管理策略设计、人才数量与结构规划两个方面分别进行了说明。

第四章将深入探讨企业生命周期与人才管理策略之间的相关性，描述了企业在创业期、扩张期、稳定运行期、收缩转型期四个主要生命周期阶段的特点，以及与阶段相适应的、可供选用的人才策略。

第五章将介绍人才队伍供需预测的技术，在需求端预测技术中，详细介绍经验预测法、现状规划法、专家预测法等定性预测技术以及劳动定额法、趋势分析法、回归分析法等定量预测技术。在供给端预测技术中，介绍内部供给预测和外部供给预测的内容，以及岗位接替模型、马尔科夫模型等预测技术和方法，并以一个系统的案例进行说明，供读者参考。

第四节　人才模型与标准的建立

人才供应体系，首先要建立标准，以明确各岗位需要什么样的人才，当前人才需要往何种方向培养，以及引进人才过程中的控制标准。可见，人才评价模型与标准是一项十分基础和重要的工作。

本书第三篇将探讨人才的标准，分别介绍目前常用的三类人才标准——胜任力模型、任职资格标准、领导力模型。在此基础上，详细描述各类人才标准的建模过程和方法。

第六章将介绍人才标准及其发展历程，追溯中国古代的人才标准，并介绍近现代的人才标准模型开发以及发展趋势。

第七章也是全书最重点的章节，将重点介绍任职资格体系。任职资格充分体现了企业战略、文化、岗位等对任职能力的要求，是人才标准体系的重要构成，我们按照任职资格体系从无到有的搭建流程，全面、细致地介绍了每一步骤的操作方法、工具和技术细节，完全可以作为任职资格体系建设的工具书。

第八章将介绍胜任力模型的设计与开发，详细介绍胜任力模型的开发流程，重点描述行为事件访谈法、素质特征问卷法、行动学习建模法、德尔菲法等最为常用的四种素质建模方法，并介绍素质辞典的概念及其示例。

第五节 人才测评与人才盘点

在规划明确、标准清晰的基础上，就可以根据不同的应用场景对人才开展测评，对组织的人力资源进行盘点。

本书第四篇将介绍测评目标与方案设计的程序。这一篇整理了常用的测评工具与方法，在此基础上，重点围绕外部招聘、内部竞聘、组织变革、管理者评价、任职资格 & 职业化评价五大应用场景中人才测评技术的应用，进行了系统性介绍。

第十章介绍人才测评的概念及其应用场景，包括测评方案的设计与实施步骤，以及测评报告的格式与内容设计，并以案例进行说明。

第十一章将梳理和对比分析常见的七种测评方法：纸笔考试、在线测验、无领导小组、焦点行为事件访谈、角色扮演、案例分析、公文筐测验等，针对每一个方法的设计准备、实施步骤、操作要领等进行介绍。

第十二章介绍服务于外部招聘的人才测评，详细介绍了简历分析、面试策略与方法等。

第十三章介绍组织内部竞岗竞聘中所应用的人才测评技术，详细介绍了竞聘方案设计、组织实施、测评方式选择、测评实施等环节。

第十四章介绍组织变革背景下的人才盘点，包括新业务建设、组织转型、人岗双向匹配等场景下人才测评技术的应用与人才盘点的方法。

第十五章介绍对于经营管理人才的、面向发展的素质测评或领导力评价，包括对于中高层干部的盘点，对于基层管理人员的盘点，以及对于高潜力人才的盘点。

第十六章介绍基于职业化视角的人才盘点，也即任职资格评价，具体介绍了任职资格评价的步骤与操作要点。

第六节　人才培养与发展

人才测评与盘点的结果，服务于组织的人才配置，将合适的人才放在合适的位置上，同时，也为人才培养与发展工作提供了目标和方向。

本书第五篇将对人才培养与发展的内容和方法进行全面介绍，其中，学习地图设计、培养方式库设计等都是在人才培训领域较新的理念和方法，同时，针对企事业单位的四类核心培养对象——管理者、专业人才、新员工和骨干人才，分别介绍了针对他们的培养与发展的解决方案与实践案例。

第十七章介绍学习地图的概念与开发实施方法，重点介绍了学习地图的起源、发展以及对人才培养的意义，详细介绍了学习地图开发的具体程序，以及在人才培养中的实际应用案例。

第十八章介绍在培养方式库的概念，对人才培养中的常用方法进行了整理，梳理和总结了十四种常见方法和工具，对其中的E-learning、OJT、导师制、教练辅导、轮岗轮换制、行动学习等八种方法进行了详细介绍，针对每种方式都配置了相应的操作案例。

第十九章聚焦管理者的培养与领导力发展，以拉姆·查兰的领导梯队模型为例，介绍管理者的成长与发展路径，对于领导力训练技术与方法进行了介绍。最后，选取部分领导力发展相对成熟企业案例进行分析。

第二十章聚焦专业人才的培养与发展，围绕“专业人才”，对其培养特点、培养基础、课程规划和培养方式等进行了系统的说明，并提供了大量的案例支持。

第二十一章聚焦新员工培养与发展，分析了当前新员工培养模式的变化，以大兴机场案例为代表，说明了新员工培训体系的构建与运营方法。

第二十二章聚焦骨干人才培养与发展。骨干，是指在总体中起关键作用的少数人或事物。骨干人才，也就是企业中发挥关键作用的少数人才。本章讨论了骨干人才的界定与特点，并以两家企业的案例为基础，介绍了骨干人才培养与发展的计划与实施步骤。

纵观全书，以战略为引领，以人才供应链统揽全局，系统阐述了人力资源规划、人才标准建设、人才测评与人才盘点、人才培养与发展四大板块的内容、方法、流程与操作工具，更以数以百计的案例支撑了上述体系的观点。它既是一部全面了解企业人才管理的系统教材，又可以作为各模块具体方法的工具书，更是一部人才培养与发展方面的案例集。

第二篇

基于战略的人才队伍规划

第三章
人力资源规划的内容与程序

第一节　人力资源规划的目标

一、人力资源规划的概念

人力资源规划，是根据组织的人力资源战略目标，在分析人力资源现状的基础上，科学预测组织在未来环境变化中的人力资源供给与需求，制定必要的人力资源获取、利用、保持和开发策略，从而满足组织对人力资源在数量上和质量上的需求，确保组织与个人实现共同发展的管理体系。

从这一定义，我们可以看到如下几个特征。

人力资源规划是以组织的人力资源战略目标为依据，当组织的人力资源战略目标发生变化时，人力资源规划也随之发生变化。因此，人力资源战略目标是人力资源规划的基础，人力资源规划是人力资源战略目标的实现计划。

人力资源规划必须关注外部环境变化，从而合理配置人才资源。外部环境中的政治、经济、法律、技术、文化等一系列因素都处于不断的变化中，组织内的人力资源状况也在不断调整，这就决定了人力资源战略目标也必然处于不断的变化之中，由此将引起组织内外人力资源供需的变化。人力资源规划就是要对人力资源供需状况进行分析和预测，从而确保组织在近期、中期和长期对人力资源的需求。

人力资源规划必须能够将人力资源战略转化为必要的人力资源政策与措施，以确保组织对人力资源需求的达成。其中，政策措施要正确而明晰，在内部人员调动、补缺、晋升、降职、外部招聘、开发培训等方面要有切实可行的措施和保证。

人力资源规划要使组织实现长期利益。人力资源规划的内容要有助于营造良好的人才管理氛围，有助于充分发挥组织中每个人的主观能动性，提高个体的工作效率，继而提高组织效率，使得组织目标得以实现。

人力资源规划也要关注员工的个人发展。人力资源规划在注重实现组织长远利益的同时，也要切实关心组织中每个人在物质、精神和业务发展等方面的需求，并帮助他们在实现组织目标的同时实现个人目标。

二、人力资源规划的作用

人力资源是企业最具决定性、最活跃的要素资源，因此，人力资源规划在企业管理过程中起着至关重要的作用。具体而言，人力资源规划的作用主要体现在以下几个方面。

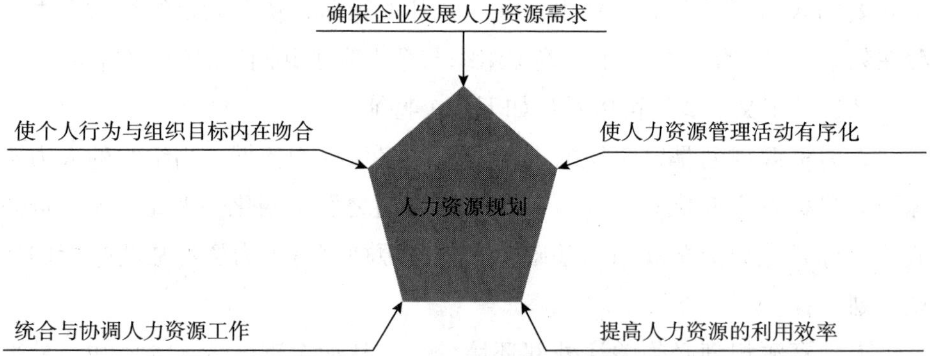

图 3-1　人力资源规划的作用

（1）确保企业发展的人力资源需求

不同的企业，不同的生产技术条件，对人力资源的数量、质量、结构的要求是不一样的。在市场竞争日趋激烈的环境下，企业要不断地开发新产品，引进新技术，才能确保在竞争中立于不败之地，而新产品的开发和新技术的引进，必将引起机器设备与人员配置比例的变化，这就需要企业对人力资源不断进行调整，以保证新产品和新技术条件下经营生产对人的需要以及人对工作的适应性。

企业通过人力资源规划，可以减少组织发展过程中人事安排的困难，使企业在用人的时候能够事先考虑好员工将来在组织中的安排和位置。不进行人力资源规划的企业，企业的发展是随意的，用人缺乏计划性，随时潜伏着各种危机，制约企业发展。

（2）使人力资源管理活动有序化

在企业日常的人力资源管理活动中，无论是确定各岗位的人员需求量和供给量，还是职务的设计和人员的配置，不通过人力资源规划是很难实现的。例如，企业在什么时候需要补充人员，补充哪个层次的人员，采取哪些补充方式，根据能力及岗位要求如何开展培训等。这些工作如果没有有效的人力资源规划，企业的人力资源管理将一片混乱。所以，人力资源规划是企业人力资源管理具体活动的依据，它为企业的人员录用、晋升、培训、人员调整、人工成本控制等提供了准确的信息和依据。

（3）提高人力资源的利用效率

人力资源规划可以控制企业的人员结构、职务结构，从而避免人力资源浪费、人工成本过高。企业人工成本中最大的支出是工资，而工资总额在很大程度上取决于组织中的人员分布。当一个企业处于创立发展期，员工的人均工资较低。随着企业进入成熟期，企业规模扩大，员工职务逐年提高，平均工资上升，企业的人工成本也将上升。在没有人力资源规划的企业，企业的人工成本是不确定的，成本上升，效益下降，企业经营将陷入困境。通过人力资源规划预测人员变化，调整人员结构，避免人力资源浪费，可以使企业人员结构尽可能合理化，把人工成本控制在合理的水平上，从而大大提高人力资源的利用效率。

（4）统合与协调人力资源各项具体工作

人力资源规划作为企业的战略决策组合之一，是制定晋升政策、培训政策、分配政策等各项人事决策的基础，对企业管理影响很大。为使企业人事决策准确无误，需要提供准确的人力资源供求信息，在此基础上才能制定出精准的政策。如：某企业在未来一段时间内缺乏某类有经验的员工，而这种经验的培训不可能在短期内实现，外部招聘成本又高，而过早的提前计划和培训，还要考虑人员流失的损失。由此可见企业人力资源各项工作协调开展的必要性。通过人力资源规划，可以使得招聘计划、培训开发计划、薪酬计划、激励计划等协调、配套，使得各项工作的开展有更加明确的节奏。

（5）使个人行为与组织目标内在吻合

企业人力资源管理需要在实现组织目标的同时帮助员工实现个人发展。为了实现效益最大化，企业可以要求员工在工作上付出更多努力，但也要从员工待遇、员工职业生涯发展等方面给予更多的考虑。在人力规划系统完备的前提下，员工对自己在企业中的发展方向、路径和节奏是清楚的，在工作中也会表现出更大的积极性和创造性。否则，员工目标感不强，个人利益和前途处于不稳定状态，工作积极性也会下降。

第二节　人力资源规划的内容

人力资源规划是企业整个发展规划的重要组成部分，其首要前提是服从企业整体经营需要。在制定人力资源规划时，不管哪种规划，都必须与企业战略目标相适应，只有这样才能保证企业目标与资源的协调，保证人力资源规划的准确性和有效性。

从人力资源规划的范围来看，有广义和狭义之分。广义上的人力资源规划，包含了有关于人力资源管理的各项工作的规划，比如：人才的供需预测、招聘配置规划、培训培养规划、考核激励规划、职务升降规划、后备人才管理等。狭义的人力资源规划，侧重人才的供需预测，即人才的数量与结构规划。

从广义上来看，人力资源规划包括两个层次，即总体规划与针对各项业务的专项规划。总体规划是有关计划期内人力资源开发利用的总目标、总政策、实施步骤及总的预算安排。各项业务规划包括人员补充计划、提升降职计划、教育培训计划、薪资计划、人员使用计划、减员计划、劳动关系计划等，上述业务计划是总体规划的展开和具体化。

表 3-1　　人力资源规划及其各项业务计划

计划类别	目标	政策	步骤	预算
总体规划	总目标、绩效、人力资源总量、素质、员工满意度	基本政策，如扩大、收缩、改革、稳定	总体步骤，（按年安排）如完善人力资源信息系统等	总预算：×××万元
人员补充计划	类型、数量对人力资源结构及绩效的改善等	人员标准、人员来源、起点待遇等	拟定标准、广告宣传、考试录用	招聘、选拔费用：×××万元
教育培训计划	素质与绩效改善，培训类型与数量，提供新人员，转变员工劳动态度	培训时周的保证；培训效果的保证	略	教育培训总投入、脱产损失
人员接替与提升计划	后备人员数量保持，改善人员机构，提高绩效目标	选拔标准、资格、试用期、提升比例、未提升人员安置	略	职务变化引起的工资变化
评估与激励计划	离职率降低，士气提高，绩效改善	激励重点：工资政策、奖励政策、反馈	略	增加工资、奖金额
人员候用计划	部门编制、人力资源结构优化，绩效改善，职务轮换	任职条件、职务轮换、范围及时间	略	按使用规模、类别及人员状况确定工资、福利
退休解聘计划	编制、劳务成本降低，生产率提高	退休政策、解聘程序等	略	安置费、人员重置费
劳动关系计划	减少非期望高离职率，雇佣关系改善等	参与管理、加强沟通	略	法律诉讼费

从人力资源规划的时间幅度来看，有长期、中期、短期之别。按应用场景及时间幅度，人才队伍规划又可分为战略性的长期规划、策略性的中期规划和执行性的短期计划，它们与组织的其他规划相互协调，既受制于其他规划，又为其他规划服务。

从与企业计划的对应关系来看，人力资源规划分别对应于战略规划、经营计划与年度计划。一般来说，人力资源规划与企业计划的关系体现在三个层次上：一是与企业战略计划的关系，二是与企业经营计划的关系，三是与企业年度计划的关系。

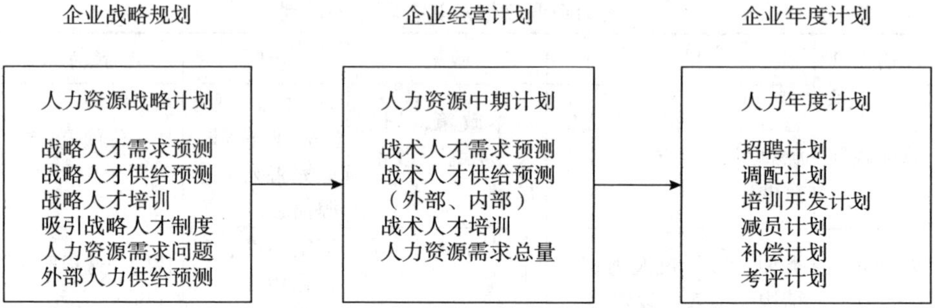

图 3-2　人力资源规划与企业计划关系图

在战略规划层次，人力资源规划涉及以下问题：预测未来外部人力资源的供给趋势，预测未来战略性人才——高级管理人才、高级专业技术人才和急缺专业人才的需求和可能的供给途径，预测未来人力资源的需求总量。

在经营计划层面，人力资源规划要预测企业未来人员需求数量和可能供给途径，预测研发人才、技术人才、营销人才、运营人才、项目管理人才、职能管理人才等各类人才的可能的需求数量、结构，以及可能的供给来源和方式。

在年度计划层次上，人力资源规划要预测各类人员的变动情况，如需求数量和流动情况等，并制定具体的招聘策略和计划、人才调配与使用计划、人才培训与发展计划，做好人才的辞退与补偿等。

第三节　序列管理——人力资源规划的基础

随着企业管理精细化程度的提高，人力资源管理的专业化水平也在不断提升。分层分类已经成为人力资源管理的一项基础性工作。所谓分层分类，主要是对企业的职位进行序列划分，进而实现对人才的分类管理，并在此基础上对各序列人才的规划预测、培养发展、薪酬激励、绩效考核等进行差异化的设计与管理。

一、职业序列划分与层级划分

（1）职位序列划分

职位序列是具有相似工作性质和任职要求的一类职位的通称。一般情况下，各企业都会有设计研发、市场营销、生产经营、职能管理等职位序列，规模较大的企业还会将序列进行二次细分，如，将职能管理进一步划分为行政后勤、财务审计、人力资源、信息技术等。实际操作中，根据企业规模、发展战略、业务布局、价值链条、管理需要的不同，职位序列也有所差异。

（2）职位层级划分

职位序列主要是对职位类别的划分，在此基础上，还要对职位层级进行划分或设定。职位层级的多少，一般根据企业规模、人员数量以及员工的发展路径和节点等进行设计。以经营管理序列为例，通常设有董事长、总经理、副总经理、总监、部门总经理 / 部长、经理、主管等层级；对于双通道的企业，专业技术序列通常设有助理工程师、初级工程师、中级工程师、高级工程师、专家、高级专家等层级。

二、职位序列划分与层级划分案例

以腾讯的职位序列划分为例，据公开资料显示，腾讯的职位序列包括管理族、市场族、专业族、技术族，共 4 个职位族。每一职位族会根据职位设置再行细分，形成 21 个职类，如图 3–3 所示。

市场族（5 类）	技术族（4 类）	专业族（8 类）	管理族（4 类）
◆ 产品类 ◆ 销售类 ◆ 客服类 ◆ 销售支持类 ◆ 内容类	◆ 软件研发类 ◆ 质量管理类 ◆ 设计类 ◆ 技术支持类	◆ 战略类 ◆ 企管类 ◆ 财务类 ◆ 人力类 ◆ 法务类 ◆ 公共类 ◆ 行政类 ◆ 采购类	◆ 领导者 ◆ 高级管理者 ◆ 管理者 ◆ 监督者

图 3-3 职业序列划分

同时，在职位序列层级设定方面，技术族、专业族、市场族的各发展通道均划分为六个层级：初做者、有经验者、骨干、专家、资深专家、权威。

技术族、市场族、专业族各级别简称对应表如下：

表 3-2　技术族、市场族、专业族各级别简称对应表

族类	初做者	有经验者	骨干	专家	资深专家	权威
技术族	T1	T2	T3	T4	T5	T6
专业族	S1	S2	S3	S4	S5	S6
市场族	M1	M2	M3	M4	M5	M6

对于各个级别的角色，腾讯也进行了规范化的定义。

根据管理需要，每个级别由低到高又细分了三个子等，分别是基础等、普通等和职业等。基础等，是指刚达到本级别能力要求，尚需巩固的人员；普通等，是指完全达到本级别各项能力要求的人员；职业等，是指本级别内各项能力都比较突出的人员。

表 3-3　各个级别的角色

级别名称	级别定义
初做者	作为某一专业领域的初做者，具有本专业的一些基本知识或单一领域的某些知识点，在适当指导下能够完成单项或局部的业务
有经验者	具有本专业基础的和必要的知识、技能，这些知识和技能已经在工作中多次得以实践；在适当指导的情况下，能够完成多项的或复杂的业务，在例行情况下能够独立运作
骨干	具有本专业某一领域全面的、良好的知识和技能，在某一方面是精通的，能够独立承担某一方面工作的策划和推动执行；能够独立、成功、熟练地完成本领域某一方面的工作任务，并能有效指导他人工作
专家	在公司某一领域具有深厚和广泛的经验，精通某一领域的知识和技能，能够领导某一专业领域或专业领域某一方面的工作有效地运行，或作为专业领域的骨干力量和关键贡献者
资深专家	作为公司内公认的某方面专家，精通本专业多个领域的知识和技能，参与战略制定并对某一关键业务成功负责。能够准确把握本领域的发展趋势，指导整个体系的有效运作，能够指导本领域内的重大、复杂的问题解决。对于本专业领域内复杂的、重大的问题，能够通过改革现有的程序／方法来解决之，熟悉其他相关专业领域运作
权威	作为公司内外公认的权威，能够洞悉本领域的发展方向，并提出具有战略性的指导思想，推动公司决策

为保证管理人员从事管理工作的同时不断提升专业水平，除总办领导及 EVP 以外的所有人员，须同时选择市场族、技术族、专业族的某一职位序列作为其专业发展通道，实现双通道发展。

第四节　人力资源规划的流程

如上所述，人力资源规划一方面是策略规划，涉及对人力资源的招聘配置、培训培养、考核激励等的策略设计；另一方面是数量结构的预测。两个方面操作的流程有所差异。对于前者我们重点介绍策略设计的分析维度；对于后者，我们结合某集团的人力资源规划管理实践，重点介绍人力资源数量结构规划的具体流程。

一、人力资源管理策略设计

人力资源规划中的管理策略设计，可以从以下六个维度进行分析，并根据分析结果设计符合企业战略的策略体系。

以人力资源管理中的人才培训开发的策略设计分析为例，会关注以下六个方面。

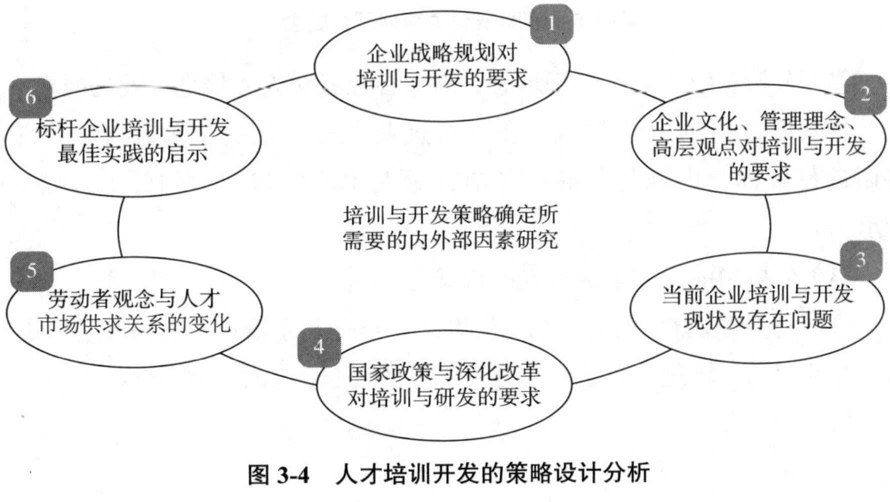

图 3-4　人才培训开发的策略设计分析

（1）分析企业战略规划对培训开发的要求

解读战略文件是规划分析的起点，重点解读战略规划中的关键词，解析其对人才培养与开发提出的要求，如图 3–5 所示。

战略规划文件摘录

提升员工幸福感受，强有力的人才培养激励机制是企业可持续发展的保障，需要更加注重建立公平、公正的竞争机制和公开透明的参与机制，关注员工期望，关爱员工生活，构建和谐劳动关系（引自《某集团十三五规划报告》P45）

改革创新目标当中提到“建立市场化的经营、用人激励约束和人才发展机制，大幅提升人的创新能力，确保公司持续发展”（引自《某集团十三五规划报告》P56）

打造成“企业发展前景更加喜人，核心竞争力更加突出，持续盈利能力更加强劲，品牌机制更加卓越，制度设计更加合理，员工职业空间更加广阔，薪酬福利待遇逐步提高，企业信心指数和员工幸福指数进一步提升”的企业。（引自《某集团十三五规划报告》P57）

提升四项能力当中提到：“通过战略性人力资源开发，全面提升集团的市场驾驭能力、科学管控能力、技术创新能力和价值创造能力。”（引自《某集团十三五规划报告》P58）

对培训与开发的要求

市场化：集团所在的产业相对特殊，而且集团属于央企，在人才的选用育留方面受到政策影响较多，市场化程度不高。当前，随着航空主业竞争的日益激烈，是否有充足的符合市场竞争需要的人才成为影响集团成为世界一流企业的一个瓶颈。人才的市场化，一方面是招聘市场化人才，另一方面是对现有人才进行培养，确保人才具备面向市场进行经营管理、创新服务、塑造精品的能力。

创新能力培养：受到互联网快速发展的影响，商业模式出现了变革，对传统产业产生了颠覆性的影响，创新能力成为影响企业可持续发展的一项软实力。为了实现核心竞争力的强化，提高持续盈利能力，需要对商业模式、科技融合、服务改进等进行一系列的创新和迭代，需要强化对员工的技术创新、管理创新及经营创新的鼓励和培养。

图 3-5　战略规划对培训开发的要求

（2）分析企业文化、管理理念、高级管理者对人才培训开发的要求

与战略分析的方法类似，在此对企业文化、企业管理理念以及领导讲话进行解读、提炼与萃取，总结其对人才培养与开发的要求，如下图所示。

（3）分析当前人才培训开发的现状与问题

通过对企业内部的访谈或问卷调查，分析人才培训与开发工作的现状与存在的问题，转化为对培训与开发工作的要求，如图 3–6 所示。

企业文化及管理理念中的典型观点	对培训与开发的要求
➢ 企业文化理念体系的具体内容包括三个部分： 企业愿景：成为“员工热爱、顾客首选、股东满意、社会信任”的世界一流航空公司； 企业核心价值观：客户至尊，精细致远。 企业精神：严谨高效、激情超越。 ➢ 作为一家现代航空企业，我们关注员工的成长与幸福：尊重员工的贡献与才智，重视员工的意见和建议，珍惜员工的热情与创意，给予员工公平公正的待遇与机会，营造员工热爱的家。 ➢ 我们不断追求服务品质的提升，为顾客提供安全、舒适、便捷的航空运输服务和精准、精致、精细的全流程个性化服务，达到或超越顾客期望，赢得顾客的信赖与忠诚，成为顾客心中首选，与顾客共同创造“世界品位、东方魅力”的品牌核心价值。	➢ **员工热爱**：关注员工的成长与幸福，提供学习培训的平台和机会，获得员工的认可与尊重。 ➢ **顾客首选**：不断提升员工的创新与服务品质，加强岗位技能培训，提升员工品质，继而满足客户对高品质的需求。

图 3-6 企业文化及管理理念对培训与开发的要求

访谈典型观点	对培训与开发的要求
干部培训，职业生涯发展通道没有横向通道，没有那么顺畅。有粗线条的、概念上的通道，但是具体的操作路径是缺乏的。技术通道没有打通，还是往行政通道走。一方面是传统观念，一方面是技术上没有准入，没有阶梯，岗位价值没有体现出来。飞行员的体现充分一点，其他技能岗位的人员体现不充足。维修的、飞行控制的，客舱服务，重视程度高一点，还有一些综合的通用的稍微弱一点。 **人才的国际化布局**，主业也要进行人才的国际化布局，内部职业发展通道可能不是太顺畅，在一个位置停留太久，可能会变得比较专业，但是对员工自己就没有太多的激励。	**职业发展通道的疏通与建立**：职业发展通道是人才培养的基础，通过前期的了解，发现该企业缺乏系统、全面的职涯规划体系，一定程度上阻碍了人员的横向流动和纵向提升。为了促进员工的成长与发展，对人才进行培养和保留，需要建立更加系统化、规范化、全覆盖的职业发展通道，为各职业序列的人员提供清晰的成长路径。通过职业通道的建立，一方面体现职位的价值差异，另一方面实现能力牵引，同时作为为员工提供培训和指导的依据。

图 3-7 通过访谈发现培训与开发要求

（4）分析相关政策对培训开发工作的影响

分析国家相关政策、上级集团相关政策等，寻找其中与人才培养与开发相关的支持点、关键点等，如表 3–4 所示。

表 3-4 相关政策对培训开发的要求

政策名称	对培训与开发的要求
国家中长期人才发展规划纲要（2010–2020 年）	服务发展、人才优先、以用为本、创新机制、高端引领、整体开发。充分发挥人才的基础性、战略性作用，做到人才资源优先开发、人才结构优先调整、人才投资优先保证、人才制度优先创新，促进经济发展方式向主要依靠科技进步、劳动者素质提高、管理创新转变。围绕用好用活人才来培养人才、引进人才，积极为各类人才干事创业和实现价值提供机会和条件，使全社会创新智慧竞相迸发。 创新机制。把深化改革作为推动人才发展的根本动力，坚决破除束缚人才发展的思想观念和制度障碍，构建与社会主义市场经济体制相适应、有利于科学发展的人才发展体制机制，最大限度地激发人才的创造活力。 创新人才培养模式，建立学校教育和实践锻炼相结合、国内培养和国际交流合作相衔接的开放式培养体系。探索并推行创新型教育方式方法，突出培养学生的科学精神、创造性思维和创新能力。

（5）分析劳动力市场供求趋势与劳动者观念变化对人才培养的影响

重点分析劳动力市场的人才供给情况，劳动者的特点以及发生的变化等，评估其对人才培养与开发的要求。

（6）研究标杆企业人才培训与开发的最佳实践

寻找在人才培养与开发方面可以对标的企业，对其培养体系、培养方式、培训管理模式等进行研究与分析，为本企业的人才培养与开发提供借鉴。

通过以上分析，总结六个方面的支撑人才培养与发展策略的关键信息。

①集团“十三五”战略规划要求。规划提出八个方面的重点要求：市场化人才培养、创新能力培养、战略导向的人才培养、平台的建设、疏通人才发展通道、关键岗位人才规划培养、后备人才队伍培养、职工职业技能活动的组织开展。同时，各级领导基于战略规划，也提出了相应的强化相关工作的意见和要求，并将国际化人才队伍的打造、后备人才培养、职业通道建立等作为重点加以强调。

②企业文化和高层领导讲话要求。企业文化对人才培养发展强调：员工热爱、顾客首选、员工职业素养的塑造，这些都是赢得客户，保持并提升客户满意度的原动力。

③当前企业人才培养与发展管理现状和问题。通过调研发现，主要问题集中表现在：职业发展通道的欠缺和弱化、培训资源过于分散，培训信息化水平有待加强，培训对业务的支持作用需要强化，领导力培训的内生化需要加强，培训条线的管控方式需要明确和强化，集团层面统筹人才培养规划的工作需要加强。

④当前相关政策与深化改革的要求。内容要求重点体现在几个相关制度文件中，比如《中共中央、国务院关于深化国有企业改革的指导意见》（2015 年 8 月 24 日）、《国家中长期人才发展规划纲要（2010–2020）》（2010 年 6 月 6 日）、《企业经营管理人才素质提升工程实施方案》（2011 年 9 月 27 日）、《国资委关于加强中央企业领导人员培训工作的意见》（2004 年 3 月 30 日）、《中央企业领导人员管理暂行规定》（2009 年 12 月 30 日）等。

⑤外部劳动力市场的变化。外部市场变化对人才培养发展提出的要求：要强化技能和职业化培养，加快人才培养的速度和质量，疏通人才发展通道，牵引人才成长。

⑥外部最佳实践借鉴。通过最佳实践的关注与研究，可以在几个方面进行借鉴：明确人才培养平台的目标，明确人才培养的核心职能，构建企业的系统化的人才培训体系，建立科学公正的人才测评与选用体系，为培训提供依据等。

通过上述分析与总结，结合企业自身的实际情况，形成本企业的人才培养与开发策略，策略包括目标、指标、举措三个层次。

表 3-5　　人才培养与开发策略

核心业务目标	建立干部及核心人才队伍规划，以及以文化、任职资格、领导力模型为核心的招聘、选拔、培养、使用，评价机制，确保公司新战略实现所需的骨干人才到位。

续表

	指标	定义	现状	标杆值	2013	2014	2015	2016
衡量指标	干部需求按时满足率	业务发展对于干部的人员需求数量和能力要求满足程度。满足率 = 到位人数 / 需求人数						
	储备干部覆盖率	公司储备干部覆盖到各级干部的人员比例 有储备干部的岗位数 / 干部岗位数						
	干部流失率	流失的干部的数量 / 干部人数						
	干部胜任能力提升率	任职资格认证中级别提升的人数 / 认证总人数						
实现业务目标的主要思路和方法	1. 培养：建立储备干部的选拔、培养、评价、任用机制；建立干部成长发展的职业通道，干部培训发展机制 2. 任用：完善干部任职规划、任期制管理和干部考核评价机制							

表 3-6　　人才培养与开发的措施

序号	举措名称	内容	开始时间	完成时间	责任人	备注
1	修订干部及核心人才梯队建设计划	基于公司未来五年战略，优化、修订干部梯队及建设计划，进一步细化干部梯队、核心人才梯队的管理模式、标准与动态维护机制				
2	领导力模型建设与推行	基于文化完善领导力模型，以及相应的评价机制、标准、工具与方法				
3	人才国际化策略制订	探索国际化背景下中高端管理和技术人才的培养、发展，明确人才国际化策略，支撑国际化战略落地				

二、人才数量与结构规划

（1）人才盘点

通过对内部现有各种人力资源的盘点，对照某一定时期内人员流动的情况，即可预测组织在未来某一时点的人力资源状况。

对现有的各种人力资源进行盘点，包括各类人员的年龄、性别、工作经历、教育背景、技能等，既包括员工的职业技能资格、发明创造、学术论文、所获专利等各方面的硬信息，也包括个人潜力、发展目标、工作兴趣爱好等软信息，以及目前各岗位所需知识、技能，各时期人员变动情况等管理信息。

对人力资源流动情况进行分析。一般来说，员工流动有以下几种情况：第一，停留在原工作岗位；第二，平行岗位之间流动；第三，组织内提升或降职；第四，主动离职；第五，被开除或退休、工伤等其他原因被动离职。

（2）人力资源需求预测

根据组织的战略目标与业务发展情况，预测未来某一时期对人力资源的需求。人才需求预测的方法很多，包括定量方法、定性方法等，多种方法之间也需要进行交叉验证，以求得相对精准的预测数据。

此外，由于组织机构处于不断的变化之中，人员的预测一般是以分层分类的人才标准作为预测口径，例如：营销类的中层干部、研发类的高级科研人员、电气安装序列的技能人员，等等。

同时，人员需求预测要随着企业战略与业务的发展而进行动态调整，与业务发展随时保持一致。

（3）进行人力资源供给与需求的比较

将人力资源需求预测与同期内的人力资源存量对比，从而估算出对各类人员的需求数。在进行未来某一时期内可用人员与所需人员的对比分析之后，不但可以测算出某一时期内人员的短缺或过剩情况，还可以具体了解到某一岗位上员工余缺的情况，以及需要哪一方面的知识、技术档次的人，这样就可以有针对性地招聘或培训工作。

（4）制定有关人力资源供需方面的政策与措施

在对人力资源供需进行比较分析的基础上，应提出具体的政策和措施，以确保满足人员需求。

解决人员短缺的政策和措施，通常包括：培训本组织员工，对受训员工据情况择优提升，并相应提高工资待遇；进行平行岗位调动，适当进行岗位培训；延长员工工作时间或增加工作负荷，给予超时超负荷奖励；重新设计工作，以提高员工工作效率；雇用全日制或非全日制临时工；改进生产技术；根据业务预测进行超前生产，调剂余缺；调整激励政策与措施，调动现有员工的积极性；制定招聘政策，开展外部招聘，等等。

解决内部人员过剩的办法与措施，通常包括：永久性地裁减或辞退职工；关闭或临时性关闭经济效益差的分厂或车间；减少工时，由两个或两个以上人员分担一个岗位并相应地减少工资；开展人员借出或派遣，实现劳动力转移；储备部分人员，通过培训提升人员技能，准备调往新的岗位；实行长期休假；实行提前退休制度，等等。

第四章
企业不同发展阶段的人才策略

第一节　企业生命周期与人才策略的关系

一、企业生命周期理论与发展

企业生命周期理论是一种管理方法，是分析企业一段时间内动态发展过程的一种参照模式，是在一个连续的时间段内，依据一定的标准人为地将企业的发展划分为若干阶段，并通过研究不同阶段的特点，归纳企业从诞生到衰退的发展规律的管理方法。

如同其他生物有机体一样，企业也有一个由小变大、由弱变强的过程，在这一过程中，要经历孕育、成长、成熟、衰退直到死亡（或再生），企业持续成长，也就意味着几个阶段的延续，一个企业从诞生到死亡（或再生）的全过程，就是企业的生命周期。生命周期是一种规律，是一种看不见、摸不着且人力不可抗拒的循环力量，它如同一双无形的手，左右着企业的发展轨迹。

1959 年，马森·海尔瑞（Mason Haire）最早提出“企业生命周期”的概念，他认为，企业的发展与生物的成长一样具有“生命周期”，会经历幼年、青年、中年、老年等阶段，会出现衰退、消亡现象。同时，他指出，导致这些现象的原因是企业在管理上的缺陷，即一个企业在管理上的局限性，最终导致了其发展的极限。

此后的几十年间，无论企业的管理层还是学术研究者，普遍接受了把企业发展历程分为若干阶段的说法，并不断研究和总结归纳各阶段的特点，以识别企业各阶段的问题和矛盾，从而指导企业的可持续发展。当前比较通用的企业生命周期划分方式，是将企业生命划分为初创期、成长期、成熟期和衰退期四个阶段。

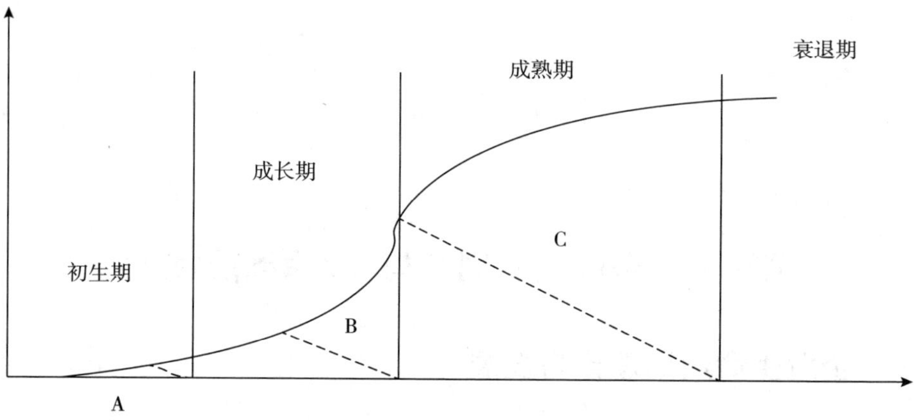

图 4-1　企业生命周期阶段图

二、企业生命周期与人才管理的关系

早在 20 世纪 80 年代，Kimberly、Miles、Daft 等学者就将企业生命周期与人力资源联系起来，他们将企业生命周期分为创业阶段、聚合阶段、规范阶段和成熟阶段，并分析了不同阶段人力资源管理的要求与特点。

2000 年前后，国内也逐渐开始了企业生命周期与人力资源管理相关性的研究，对企业发展四个时期（创业期、扩张期、稳健运行期、收缩转型期）的人力资源管理进行不同的设计，比较一致的观点如下。

创业期企业：人力资源管理的特点是管理简单，重在激励员工的创业热情，降低企业的管理成本。

扩张期企业：人力资源管理的特点是人力资源部门的设置和分工，以进一步提高人力资源管理的专业化水平。

稳健运行期：人力资源管理的特点表现为人力部门本身的角色从一般的

职能部门转而成为企业高层的战略伙伴，为实现战略目标而对企业的人力资源实行科学合理的更新、配置、使用、开发与激励。

收缩转型期：人力资源管理的特点是一方面对闲职人员实行减员或转岗安置，降低薪酬成本；另一方面，对在岗员工加强培训，增强员工的专业能力以及对企业的信心与责任心。

以下将对各阶段企业的特点以及相应的人力资源管理策略进行阐述。

第二节　企业不同发展阶段的特点与人才策略

企业不同发展阶段，其经营和管理呈现了不同的特点，这些特点可以通过“资源”“市场”“财务”“制度”“运营”“企业文化”几个细分维度来体现。资源，侧重在资源的充沛程度和资源分配等；市场，侧重在市场占有率、市场影响力、品牌形象等；财务，侧重在资金投入与使用、盈利情况、资本运作等；制度，侧重在企业内部的制度体系的建设、构成与管理情况等；运营，侧重在企业内部经营管理、组织管理等内部专业管理体系的建设和专业能力建设情况等；企业文化，侧重在企业内部文化特征与文化建设情况等。

正是由于企业在不同阶段有不同的特点，与之相应的，人才管理策略、措施也需要与阶段进行匹配。企业不同发展阶段的人才策略，可以从“人力资源规划”“组织岗位管理”“员工招聘配置”“绩效考核管理”“薪酬管理”“激励管理”“人才培养发展”“职业生涯规划”等方面来体现。人力资源规划，侧重在人才规划的内容和重点；组织岗位管理，侧重在组织设计、组织架构、岗位设置、岗位管理与其他系统之间的关系；员工招聘配置，侧重在员工招聘的重难点、招聘数量的多与少等；绩效考核管理，侧重在是否有绩效考核，以及如何考核等；薪酬管理，侧重在薪酬的专业性设计、薪酬激励的侧重点等；激励管理，侧重在除薪酬激励之外的广义激励的内容和表现等；人才培养发展，侧重在是否关注人才培养，以及如何培养等；职业生涯规划，侧重在对人才职业规划的关注度和侧重点上。

一、创业期企业的特点与人才策略

1. 创业期企业的特点

创业期企业，产品和市场都处于培育发展过程中，经营规模和人才队伍数量相对较小，管理相对集中，方法比较粗放。该阶段企业经营特点如表 4–1 所示。

表 4-1　　创业期企业经营特点

维度	特点
资源	需要一定的人力、财力、物资投入，资源配置主要以物质资源的配置为核心，配置方式单一
市场	产品尚未得到市场广泛认可，产品的市场占有率相对较低，营销工作难度大。企业品牌形象尚未形成，开拓市场、提高销售额仍然是工作的重点和难点
财务	由于销售、研发、人才招募等方面的持续投入和不断扩大投入，以及房租、固定资产等的固定支出，企业在资金方面相对匮乏，大部分处于缺钱的状态，一般很难盈利或只有较少盈利，甚至大部分企业会在相当长时期内亏损
制度	企业在制度管理上还不是十分健全，缺乏全面的、明确的政策规定，存在个别管理制度，确保基本运行，但是更多依赖于少数管理者的个人经验，“人治”大于“法治”
运营	企业管理还没有走上正轨，专业管理能力尚未建立，依赖于关键少数的高层管理者或核心员工个人的经验或能力进行管理，缺乏体系化的、规范化的建设，决策机制、管理机制都相对简单、灵活，围绕业务的经营管理较职能管理发展快速
企业文化	从某种意义上说，创业者或高层管理者的价值观，就是创业期企业的价值观

2. 创业期企业的人才策略

创业期企业，在人才管理上，处于相对基础的阶段，人事管理的特征明显，事务性工作较多，而且由于人员数量较少，管理的复杂度相对较低，对管理专业度的要求不高，能够满足日常管理。人力资源管理的各项主要模块在该阶段的表现如表 4–2 所示。

表 4-2 创业期企业人才策略

维度	特点
人力资源规划	由于业务尚不稳定，人员需求存在较大的波动，需要做好人力资源需求的管理工作，此时，高层管理者就成为推动人才规划的责任人
组织岗位管理	组织架构相对简单、清晰；岗位划分并不精细，事务工作较多，且复杂性不高，大多一个岗位身兼数职
员工招聘配置	招聘工作是一项重要工作，由于企业在初期，资金缺乏、知名度低、管理水平低、管理不规范，缺乏对外部人才的吸引力。中低端人才流动性较强，高端人才难以吸引，创始人成为关键人才招募的重要参与者推动者，甚至特殊人才需要创始人通过一定的人脉网络进行招揽
绩效考核管理	除销售人员比较容易制定量化的考核指标之外，对其他人员的考核，多以领导的个人评价为主，具有较强的主观性
薪酬管理	企业的薪酬策略多定位在低于或跟随市场水平，员工薪酬存在比较大的差异；对于个别被认定为关键人才、特殊人才或技术专家的人员，在薪酬上会采取"协议薪酬"方式；这一时期企业的薪酬可能还没有绝对的竞争力，企业会辅以职业发展、成长机会等措施，对员工进行补充激励
激励管理	企业会建立鼓励创业的激励机制，为员工提供自主的工作环境，调动其积极性和潜能，以业绩作为激励的主要导向
人才培养发展	由于时间、财力等条件的限制，培训和人才开发职能相对薄弱，投入经费也比较有限，培训的侧重点还是业务知识、销售能力提升以及基本的管理技能
职业生涯规划	企业的员工职业生涯规划非常重要，可以在工作中发现技术型和管理型人才，为今后企业向规范化发展做好准备

二、扩张期企业的特点与人才策略

1. 扩张期企业的特点

扩张期企业，产品和市场都处于快速发展之中，经营规模和人才数量都在不断扩张，管理职能出现分化，开始强调管理方法的专业性与科学性。该阶段企业的经营特点如表 4-3 所示。

表 4-3　　扩张期企业经营特点

维度	特点
资源	企业快速发展，企业盈利有所增加，人力、物力、财力仍然难以跟上业务发展的步伐，资源配置开始分散化
市场	企业的产品和服务在一定的范围内获得了客户的认可，主导产品具有一定的市场占有率，企业品牌影响力提升；企业在生产、销售、质量等方面不断提升，降本增效
财务	主导产品逐渐形成影响力，开始出现稳定的现金净流入，收入、利润均有上升的趋势，但因为企业规模扩张仍然需要大量资金。此时的企业，已经接受或正在接受资本市场的资金投入，甚至不乏企业借力资本已经上市或筹备上市
制度	企业基本制度已经建立，随着业务发展的加快，规模体量的增加，管理复杂度提升，管理的风险随之出现，各项管理制度的建立健全是这个阶段持续推进的一项工作
运营	随着产品销量的打开，企业的生产和销售人员大量增加，员工总量大幅度增加，对企业的生产效率和管理效率提出了更高的要求，以往粗放型的管理模式已经不适应当前阶段企业的发展，需要进一步提升管理的规范化水平，并提高管理效率。管理工作的分工授权也越来越明确
企业文化	由于业务扩张，人才进入流出会比较频繁，员工也会出现新老分层和心理波动，企业内部的小群体开始形成，小群体文化开始凸显，企业在该阶段需要关注文化建设的重要性，并逐渐形成企业文化

2. 扩张期企业的人才管理策略

扩张期企业，在人才管理上进入到规范管理的阶段，事务性工作与专业性工作并重，在人力资源各模块的管理专业度上逐渐获得提升。人力资源管理的各项主要模块在该阶段的表现如表 4–4 所示。

表 4-4　　扩张期企业人才管理策略

维度	特点
人力资源规划	企业快速发展，对人力资源的需求急剧上升，要求规划工作应更加体现前瞻性，及时并全面地把控人才供需情况，提前对人才结构进行计划和设计
组织岗位管理	企业的规模迅速扩大，人员逐渐增多，组织架构随着业务和人员进行调整和设计，架构调整也会相对比较频繁。员工的岗位设置更加清晰，专业化分工更为明确
员工招聘配置	随着业务量的快速增加，对人才需求量不断增加，质量也不断提高，企业在招聘录用新员工时有了相对清晰的标准，由于招聘人员数量剧增，这一阶段招聘工作的压力较大

续表

维度	特点
绩效考核管理	一般会建立起符合自身特点的绩效考核体系，强调公平与合理，全面而且多角度地对员工进行考核、评价与动态激励
薪酬管理	企业在薪酬支付能力上有所提升，需配合对人才的招募与激励需求，开展薪酬策略的改进与薪酬水平的提升，以提高薪酬的竞争力、系统性与公平性
激励管理	会考虑加大对关键岗位、关键员工的激励力度，建立系统化的激励机制
人才培养发展	由于新员工的大量进入，培训与开发工作变得日益重要。企业培训意识增强，对培训开始有一定的投入，并开始根据企业的需要和员工的发展制定和实施培训计划
职业生涯规划	随着新员工的加入与规模扩大，多数老员工可能实现了职位的跃迁，人才出现分层，职业发展通道的雏形形成

三、稳健运行期企业的特点与人才策略

1. 稳健运行期企业的特点

稳健运行期的企业，产品和市场都相对成熟，经营规模和人才队伍已经比较稳定，且已经形成相对完备的内部管理体系。

该阶段企业的经营特点如表 4–5 所示。

表 4-5　　稳健运行期企业特点

维度	特点
资源	企业的人力、物力、财力比较充足，有明显的资源优势，经营活动相对稳定
市场	企业主营业务已稳定，产品销售保持在较高水平，企业规模、销量、利润等都达到最佳状态。企业形象和产品形象在市场上得到认可，生产规模进一步扩大，盈利水平达到高峰但增长速度放缓，企业在本领域拥有较强的竞争力
财务	企业财务状况大为改观，有相对宽裕的资金流，以及稳定的现金净流入，对现金的需求相对较弱，具备良好的支付能力。该阶段企业的上市、并购等资本动作，不再单纯是募集资金，而是从资本上进行版图扩张，以及生态化的建设
制度	企业制度、流程已经比较完善，科学、规范的公司治理体系形成，管控能力加强
运营	稳健运行期的企业，建立了系统化、规范化的管理体系，职能管理的专业性较高；同时，管理分层明确，高层管理者更多思考战略与全局性问题，中基层管理者则更多地扮演执行角色
企业文化	企业文化已经形成并渗透到管理的方方面面，进而影响到每个员工的思考和行为方式

2. 稳健运行期企业的人才管理策略

稳健运行期企业，在人才管理上，专业化管理达到较高水平，专业的管理人才、专业的管理体系、专业的管理能力，能够为战略及业务发展提供更具针对性和高效的支撑。人力资源管理的各项主要模块在该阶段的表现如表 4–6 所示。

表 4-6 稳健运行期企业人才策略

维度	特点
人力资源规划	随着时间的积累，人才可能出现结构性失衡，如，年龄结构失衡、学历结构失衡、前中后台比例失衡等等。此时，需要及时了解各项业务的发展状况，按照企业的远景规划，重新审视现有人才队伍，开展有计划的结构调整与人才储备
组织岗位管理	组织架构与业务布局和发展很好地契合，组织框架稳定下来，随着发展会出现局部调整或优化，但不至于颠覆。岗位管理中会进一步开展基于职位序列的管理细化，与人才管理、绩效管理、业务管理等形成良好的互动与衔接
员工招聘配置	各岗位相对满员，空缺岗位较少，对于人员的进入更为严格，招聘主要是为保证企业正常的新陈代谢，以吸引和留住关键人才、引进高端人才为主要方向，招聘的工作量相对稳定
绩效考核管理	绩效考核已经被广泛应用，绩效考核进一步公开化、透明化，考评指标体系和考核流程进一步完善，并适度增加创新考核的指标及权重
薪酬管理	建立了相对完备的薪酬体系，增加长期性报酬，使得员工报酬与企业利润挂钩，分配、晋升、奖励机制向创新岗位、创新人员倾斜。同时，从以个人为基础的激励逐步转向以团队为基础的激励方式
激励管理	激励手段更加多样，在精神和物质两个方面都建立激励措施，从而使员工对企业产生更高的认同感，增强企业的凝聚力，吸引和留住所需人才
人才培养发展	培训已走向规范化和制度化，建立了覆盖全员的多元化培训体系，培训费用充足，重点是为业务发展、技能发展提供支持，培训已经成为业务能力建设中不可或缺的内容
职业生涯规划	职业通道非常完善，能够为员工的职业发展提供多种选择和更主动的规划服务

四、收缩转型期企业的特点与人才策略

1. 收缩转型期企业的特点

收缩转型期企业，产品和市场出现萎缩，营业规模和人才队伍出现一

定的浮动，传统业务或产品下滑，内部出现衰退，需要重整或创新。该阶段企业的经营特点如表 4–7 所示。

表 4-7　　收缩转型期企业特点

维度	特点
资源	老业务开始出现衰退，新业务处于探索阶段，人力、物力、财力资源重新面临紧张的局面，且资源会面临着重新分配。具有战略远见的企业，会在该阶段到来前，准备新业务和新产品，实现顺利的二次腾飞，反应相对迟缓的企业将度过一个相对困难的转型期，陷入衰退和资源匮乏的局面
市场	老业务的市场占有率会出现下滑，甚至老业务会消失，新业务成为抢占市场的第二动力，面对变化的市场环境，有可能会借助于以往在市场、品牌上积累优势，也可能面临新模式的冲击，需要重新占领市场，树立品牌影响力
财务	老业务的利润下降甚至出现亏损，成本费用居高不下，营运能力减弱，负债压力逐渐增大；新业务正在扩张，对资金的需求依然比较强烈
制度	企业中的有些制度更新不及时或难以适应变化的形势，出现管理与业务的脱节，甚至存在制度制约业务发展的情况，跟随业务的发展，及时废止或更新相关制度和机制是该阶段的重点
运营	企业的管理基石依然存在，只是需要根据新业务、新员工、新模式，进行适应性的优化和调整，甚至局部重塑，重新构建适应未来发展的管理体系，成为这个阶段的重点
企业文化	伴随企业的不断发展以及外部环境的变化，企业文化需要增加创新发展、危机意识、变革突围等因素，文化的焦点从凝心聚力转向推动组织变革

2. 收缩转型期企业的人才管理策略

收缩转型期企业，在人才管理上，需要兼顾老业务的衰退以及新业务发展对管理提出的双重要求，贴近业务、服务于企业转型是人力资源管理工作在该阶段的重心。人力资源管理的各项主要模块在该阶段的表现如表 4–8 所示。

表 4-8　　收缩转型期企业人才策略

维度	特点
人力资源规划	人才供需出现一定的矛盾，出现人才的新旧更替，人力资源规划的核心是人才转型，以及对员工后期的发展出路给予指导，助推企业的二次创业
组织岗位管理	企业会出现人员冗余，以及新的人员需求，此时可能会制定裁员计划、岗位轮换计划等以提高人岗配置效率

续表

维度	特点
员工招聘配置	调整人事政策，吸引并留住关键人才，为企业重整、寻求重生创造条件
绩效考核管理	绩效管理是常态化的管理手段，不排除成为人员淘汰的工具，绩效考核要根据企业的业务特点，在考核指标、考核程序以及结果应用上进行调整
薪酬管理	企业需要进行薪酬政策的调整，有针对性地缩减或提升部分员工的薪酬，以实现有针对性的激励或淘汰
激励管理	企业需要建立有差别的激励机制，以适应业务转型或退出下的人才转型与退出
人才培养发展	企业培训更多是配合企业的转型工作，传统培训业务减少，转型培训业务正在增加
职业生涯规划	部分员工考虑离开企业，寻求其他的发展平台，包括已经身为中高层管理者的经理人

第五章
人才队伍供需预测

第一节　人力资源需求预测技术

人力资源需求预测是以企业战略及发展规划为目标，结合对内外部影响因素的综合分析，对企业未来某一时期所需人力资源数量、结构、质量等方面的预测，从而确保企业在需要的时候具有合适的人才。人力资源需求预测方法可以分为定性预测法和定量预测法两类。定性预测中的常见方法包括经验预测法、现状规划法、专家预测法等；定量预测中的常见方法包括劳动定额法、趋势分析法、回归分析法等。

一、定性预测技术

1. 经验预测法

经验预测法又称管理估计法，是指企业的各级管理人员结合自身经验，根据对企业未来业务量和工作量变动情况的估计，预测未来人员需求量的方法。

按照开展顺序的不同，经验预测法又可以分为“自下而上”法和“自上而下”法两种方式。

“自下而上”法是一种由基层逐级上报人力资源需求，最后由人力资源部门汇总得出人员需求预测总数的方法。

“自上而下”法是一种先由高层拟定总的人力资源需求，再由各部门逐级下达到各个基层用人部门 / 单位的方法。

需要特别说明的是，由于管理者经验不同，预测可能有所偏差，因此，在应用该方法时可通过多人综合预测，结合查阅历史信息等方法，提高预测的准确度。该方法适用于技术较稳定的企业，在开展中短期人力资源预测中使用。

2. 现状规划法

现状规划法，是指基于企业现状对人员需求量进行预测的方法，该方法的假设前提是：企业原有的生产规模和生产技术保持不变，同时，组织结构未发生大的调整变化，即：保持现有各类人员的数量及配备比例，则企业内人力资源也基本处于稳定状态，这时，人力资源部门的主要工作是测算出规划期内各类人员的变动情况，再补充相应数量及质量的人员即可。

所谓“变动情况”是指企业内晋升、退休、降职或离职人员的变化情况。该方法适用于生产规模和技术相对稳定的企业，在开展中短期人力资源预测中使用。操作要领：一是要审视现状规划法的假设前提是否成立；二是要根据历史数据推算人员变动情况；三是要考虑企业未来局部的岗位变化，并预测局部变化对人员需求的影响；四是对数据和结果，结合管理者的意见进行修正。

3. 专家预测法

专家预测法，是指利用专家的知识、经验以及综合分析能力，对企业未来的人力资源需求进行预测的方法。根据预测时专家之间是否有直接交流，又可分为“面对面”和“背对背”两种方式。

“面对面”的专家预测法，包括以下步骤。

① 将背景资料分发给各位专家，请预测专家事先了解相关信息。

②举行预测会议，与会专家对预测各抒己见并充分讨论。

③经过讨论，与会专家就预测的原则、框架、影响因素、预测结果等基本达成共识。

④倘若专家意见存在较大分歧，则根据需要举行第二次甚至更多次会议，直至专家意见达成共识。

⑤根据共识后的结果，人力资源管理部门制定人力资源需求预测方案。

“背对背”专家预测法，即德尔菲法，该方法的特点是专家之间不进行横向交流，各自提供自己的预测，然后由组织者综合专家的意见，再反馈给他们，再次征询意见，这样经过几轮征询，使各位专家的预测意见趋于集中，最后得出需求预测结论。

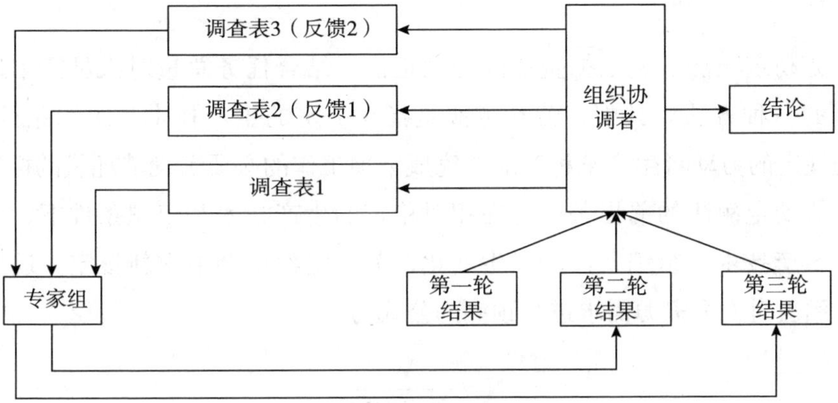

图 5-1 “面对面”流程示意图

德尔菲法包括以下步骤：

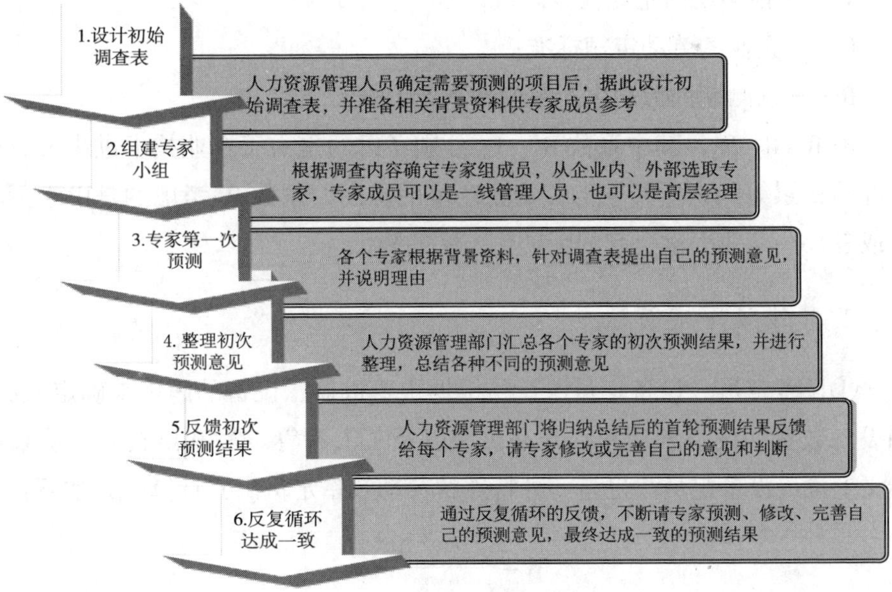

图 5-2 德尔菲法流程图

二、定量预测技术

定量预测技术的常见方法包括劳动定额法、趋势分析法、回归分析法等。

1. 劳动定额法

劳动定额法，是根据企业的劳动定额，结合任务总量对人员需求进行预测的一种方法。其中，劳动定额是指在一定的生产技术和组织条件下，预先规定的劳动者生产某种产品或完成某项工作的必要劳动消耗量的标准。

劳动定额法的前提条件是在相对稳定的生产技术和组织条件下，因为随着生产技术、组织条件等发生变化，劳动定额也会被重新核定。运用劳动定额法对人力资源需求进行预测的公式为：

$$N=\frac{W}{Q(1+R)}$$

N——人力资源需求数量；

W——预测期内企业任务总量；

Q——企业的劳动定额标准；

R——预测期内劳动生产率变动系数。

$R=R_1+R_2-R_3$，其中系数 R_1、R_2 分别考虑的是由于企业技术进步及劳动者经验积累等因素所带来的劳动生产率的提高，系数 R_3 考虑的是由于劳动者或者某些其他因素引起的劳动生产率的降低。

2. 其他效率定员法

①设备定员。设备定员法，是根据主要机器、设备的因素来确定人员，如设备数量、设备利用率、开动班次以及工人看管定额和出勤率。从某种意义上说，设备定员法也是一种特殊的劳动效率定员。其计算公式如下：

$$M=\frac{\sum(n*m*s)}{K}$$

M= 设备定员人数；n= 同类型设备开动台数；m= 单机定员标准；s= 该型设备平均开动班次；K= 出勤率。

②岗位定员。岗位定员法，是根据岗位数量、岗位工作量、个人劳动效率等来计算某些岗位的定员人数，定员人数与生产任务没有直接关系，其计算公式如下：

$$M=\frac{\sum(n*m*s)*E}{K}$$

M= 岗位定员人数；m= 岗位定员标准；s= 班次；n= 同类岗位数；E= 轮休系数；K= 出勤率。

③比例定员。比例定员法，与某岗位工作任务量相关的代表性标志物有关，通过该代表物的数量同定员人数的比例关系来确定人员数量，其计算公式如下。

$$M=T\times R$$

M= 某类人员总数；T= 服务对象人员总数；R= 定员比例。

3. 趋势分析法

趋势分析法，是将影响人力资源需求变化的单个影响变量（时间或产值）作为自变量，以人员需求数作为因变量，在假设过去人员需求数的增减趋势保持不变，企业内外影响因素也保持不变的情况下，根据历史数据推导出自变量与因变量之间的关系方程。预测方程为：

$$Y=a+bX+\zeta$$

Y——人力资源需求数量；

X——影响人员变化的因素变量；

ξ——随机变量，其平均值为 0；

a 为常数，b 为方程系数。

运用最小二乘法可推导出 a 与 b 的公式：

$$a=\frac{\sum Yi}{n}-b\frac{\sum Xi}{n},\quad b=\frac{n\sum XiYi-\sum XiYi}{n\sum Xi^2-(\sum Xi)^2}$$

4. 回归分析法

回归分析法，是统计学中研究一个变量关于另一个（些）变量之间依赖关系的计算方法和理论，其目的在于通过后者的已知值或设定值，去估计或预测前者的（总体）均值。企业中人员数量的变化往往与生产规模、劳动生产率等因素（变量）相关，因此可以利用这些变量和人员数的历史数据进行回归分析，得到回归方程，在此基础上预测出人员需求数量。当只有一个变量时，为一元回归；当有多个变量时，称多元回归。多元回归方程的建立方法如下。

$$Y = \beta_0 + \beta_1 X_1 + \beta_2 X_2 + \cdots \beta_n X_n$$

Y——人力资源需求量；

β_0、β_1、$\beta_2 \ldots \beta_n$——回归方程系数；

X_1、$X_2 \ldots X_n$——影响人员需求变化的相关变量。

在选择以上相关变量时，需要收集分析影响人员变化的关键因素，并对这些因素进行调查分析，找出以上各影响因素变量及人员需求量的历史资料并判断相关性，建立数据链接。

三、人员数量需求预测案例

1. 预测背景

某国有大中型航空制造企业，各类人员共计 2 万余人。随着公司技改，数控设备大幅增加（某年 Y_0 拟新增数控设备 80 余台），设备维修精度高。同时，近年来设备总厂一直没有新增操作工人，现有操作工人结构老化，年龄偏大，年轻的设备维修工人需要一定的培养期。按照第二年 Y_1 设备维修任务量、新增数控设备以及维修工人的工作能力，同时考虑 Y_1 年退休等因素，对维修工人需求进行预测。

设备维护单位的主要工种涉及：数精专维修钳工、数精专维修电工、机修钳工、设备修理电工、电气大修电工、非标修理钳工等。

2. 测算方法及依据

依据操作工人的设备维修能力进行测算。

①操作工人生产能力。依据公司前三年的维修任务和相关工种操作工人数，计算出相关工种操作工人的月均维修能力（即操作工人的月均维修项数）。

相关工种操作工人月均维修能力 =（单位年维修项数 /12）/ 当年该工种操作工人数（维修项数根据公司年实际维修项数统计）。

② Y_1 年预测维修任务。依据单位前三年的维修任务的增长趋势，预测 Y_1 年的维修任务。

③ Y_1 操作人数预测。根据预测的当年维修任务，依据各单位相关工种操作工人在前三年的月均生产能力，计算出 Y_1 年应配置的操作工人数。

Y_1 年相关工种应配置操作工人数 =Y_1 年预测维修任务 / 相关工种操作人员月均维修能力。

④ Y_1 年相关工种操作工人缺口 =Y_1 年相关工种应配置操作工人数 – 相关工种现有操作工人数。

⑤加和汇总。Y_1 年操作工人需求数量 = Σ Y_1 年各需求工种操作工人需求数。

3. 预测结果

按照以上方式进行推测，设备维护单位的人员需求量有 26 人，其中，数精专维修钳工 4 人，数精专维修电工 4 人，机修钳工 6 人，设备修理电工 5 人、电气大修电工 2 人，内外线安装电工 4 人，非标修理钳工 1 人。

预测结果，详见《设备维修单位人员需求预测表》，如表 5–1。

表 5-1　设备维修单位人员需求预测表

设备修理任务											操作工人维修能力及 2021 年需求预测							
											数精专修理钳工		数精专修理电工		机修钳工		2021 年相关工种退休	2021 年相关工种人员缺口
单位	年份	维保设备（总台数）	大修、改造（项）	临时修理（项）	设备 B3（项）	精度检测	TPM 活动	AMW 活动	其他（重大专项、预防检修）（项）	合计	操作工人数	维修能力	操作工人数	维修能力	操作工人数	维修能力		
1 厂	2018 年	311	2	977	298	101	101	82	200	2072	85	203	46	375				
	2019 年	363	3	956	345	94	94	78	113	2046	84	203	45	379				
	2020 年	371	8	499	192	78	39	/	110	1297	84	257	43	503				
	2021 年预测	440	10	1020	400	110	110	80	150	2330	88	221	46	419				
2021 年人员需求											4		3				1	4

第二节 人力资源供给预测技术

人力资源供给预测，是对企业未来一定时期内可从内部和外部获得的人力资源数量和质量的预测。与人力资源需求预测不同的是，供给预测不仅需要考虑企业内部供给情况，还要考虑企业的外部供给环境。由此，供给预测包括内部供给预测和外部供给预测两个方面，内部供给常见的预测方法包括岗位接替模型、马尔科夫模型等；外部供给预算则需要对本地劳动力市场、企业雇佣条件和竞争对手招聘策略等进行综合分析。

一、内部供给预测技术

1. 岗位接替模型

岗位接替模型主要用于为特定岗位确定内部候选人，其操作程序如下。

①据岗位分析明确各岗位对员工的任职要求。

②根据岗位任职要求确定一位或几位接近该岗位要求的候选人，若当前现状难以有符合该岗位任职要求的人员，则确定几位具有一定潜力、经过专门培训后可以胜任该岗位的人员。

③综合考虑各岗位候选人员情况，将其个人职业生涯规划、企业培训计划以及岗位接替工作联系起来，统筹协调。

岗位接替模型可以用以下公式确定：

$$N_t = R_t - Q_t + E_t$$

N_t 代表 t 时企业内部供给量；R_t 代表企业现有人员数量；O_t 代表 t 时流出企业的人员总量，即辞职、降职、退休、晋升数量之和；E_t 代表 t 时流入总量，即晋升进入数、外部招聘、降职进入人数。

2. 马尔科夫模型

马尔科夫模型是通过对企业内部各类人员的转移进行预测，进而估算内部人员供给的方法。马尔科夫模型的表达方式为：设定 N_j（t）是 t 时刻 j 类员工数，P_{ij} 为第 i 类员工向第 j 类转移的转移概率。根据各类人员的转移规律，得出以下等式：

$$N_j(t)=\sum_{i=1}^{k}N_i(t-1)P_{ij}(t)$$

i，j=1，2……k，k 代表人员分类数

t=1，2，….

向量表达式为：

$$N(t)=(n_1(t),n_2(t),\cdots n_k(t))$$
$$R(t)=(r_1(t),r_2(t),\cdots r_k(t))$$

$$P=(p_{ij})_{k\times k}=\begin{pmatrix}p_{11} & p_{12} & \cdots & p_{1k}\\ p_{21} & p_{22} & \cdots & p_{2k}\\ \cdots & \cdots & \cdots & \cdots\\ p_{k1} & p_{k2} & \cdots & p_{kk}\end{pmatrix}$$

上述向量表达式中 N（t）代表企业 t 时刻拥有各类人员数量，R（t）代表（t=1，…t）时间企业向每一类人员的补充人数，P 为企业内各类人员转移概率矩阵。由以下公式获得：

$$N(t)=N(t-1)P+R(t),\ t=1,2,\ldots$$

通过上述公式，利用对企业历史数据的调查统计，就可以得出 N（t–1），P，R（t）的数值，并对下一时刻 t 时的 N（t）进行预测，从而得出在 t 时的各类人员数。

马尔科夫模型，实际上是一种利用转换概率矩阵结合统计技术来预测企业未来人力资源变化的预测方法。在应用马尔科夫模型进行预测时，一个重要环节是确定各类人员之间的转移率。转移率需要体现一定的规则性，可以通过历史数据进行估算。

以下以一个具体案例，介绍马尔科夫模型的使用方法。

①假设：某企业的岗位设置如下：高级经理、部门经理、业务主管和技术人员，则 N=4。

②通过调查，期初该企业各岗位的人员数量 p_1，p_2，p_3，p_4，分别为

10、20、35、50，则（p_1，p_2，$...p_n$）=（10，20，35，50）为不同岗位人员的初始分布矩阵。

调查得出，企业内部人员流动情况如下：本年度高级经理留任的有70%、离职的有30%；部门经理晋升为高级经理的有10%，留任部门经理的70%、离职的有20%；业务主管晋升为部门经理的有20%，留任业务主管的有60%、调换任技术人员的有10%、离职的有10%；技术人员晋升为业务主管的有20%，留任技术人员的有60%，离职的有20%。

③根据调查结果，建立员工流动变化情况如表5-2。

表5-2　　员工流动变化情况表

岗位	高级经理	部门经理	业务主管	技术人员	离职
高级经理	0.7				0.3
部门经理	0.1	0.7			0.2
业务主管		0.2	0.6	0.1	0.1
技术人员			0.2	0.6	0.2

④根据员工流动变化情况表建立人员转移矩阵

$$P=\begin{pmatrix}0.7 & 0 & 0 & 0 & 0.3\\ 0.1 & 0.7 & 0 & 0 & 0.2\\ 0 & 0.2 & 0.6 & 0.1 & 0.1\\ 0 & 0 & 0.2 & 0.6 & 0.2\end{pmatrix}$$

根据调查和预测模型预测

$$(p_{1(n)},p_{2(n)}\cdots p_{N(n)})=(p_1,p_2,\cdots,p_N)\cdot P_n$$

$$(p_1,p_2,\cdots,p_N)\cdot\begin{pmatrix}p_{11} & p_{12} & \cdots & p_{1N} & p_{1N+1}\\ p_{21} & p_{21} & \cdots & p_{2N} & p_{2N+1}\\ \cdots & \cdots & \cdots & \cdots & \cdots\\ p_{N1} & p_{N2} & \cdots & p_{NN} & p_{NN+1}\end{pmatrix}$$

则下一预测的各岗位人员预测分布矩阵为：（其中n=1，N=4）

$$(p_{1(1)},p_{2(1)},p_{3(1)},p_{4(1)})=(p_1,p_2,p_3,p_4)\cdot P$$

$$=(p_1,p_2,p_3,p_4)\cdot\begin{pmatrix}p_{11} & p_{12} & p_{13} & p_{14} & p_{15}\\ p_{21} & p_{21} & p_{23} & p_{24} & p_{25}\\ p_{31} & p_{32} & p_{33} & p_{34} & p_{35}\\ p_{41} & p_{42} & p_{43} & p_{44} & p_{45}\end{pmatrix}$$

$$
=(10,20,35,50)\cdot\begin{pmatrix}0.7 & 0 & 0 & 0 & 0.3\\0.1 & 0.7 & 0 & 0 & 0.2\\0 & 0.2 & 0.6 & 0.1 & 0.1\\0 & 0 & 0.2 & 0.6 & 0.2\end{pmatrix}
$$

$$
=(9,21,28,33,5,20.5)
$$

⑤预测结果：下一预测期高级经理、部门经理、业务主管和技术人员的供给数分别为 9 人、21 人、28 人、33 人，辞职人数预测为 21 人。

二、外部供给预测技术

外部供给预测，主要是对本地劳动力市场、企业雇佣条件和竞争对手招聘策略等进行分析，在此基础上，得到外部市场人才供给的可能性数量结论。

外部供给预测的方法包括查阅资料、直接调研等。在进行外部预测时，需要掌握影响人力资源供给宏微观的影响因素，包括但不限于：国家就业法规和人事政策的变化，劳动人口的增长趋势，全国范围内对本单位所需各类人员的供给及需求程度，各类院校毕业生的规模及结构以及教育制度变革等产生的影响；企业所处地区的人口密度，竞争对手及其他企业对劳动力的需求情况，当地就业水平及就业观念，当地临时性劳动力的供给状况以及交通、住房、生活条件等影响因素；所处行业的人才来源，竞争对手的人才补给策略，招聘策略，行业人才流动趋势，以及行业人才特点和诉求等相关内容。

1. 国家相关文件就业促进相关规范和指导

以《“十四五”就业促进规划》为例，规划提到“十四五”时期就业领域出现了许多新变化新趋势。人口结构与经济结构深度调整，劳动力供求两侧均出现较大变化，产业转型升级、技术进步对劳动者技能素质提出了更高要求，人才培养培训不适应市场需求的现象进一步加剧，“就业难”与“招工难”并存，结构性就业矛盾更加突出，将成为就业领域主要矛盾。就业歧视仍然存在，灵活就业人员和新就业形态劳动者权益保障亟待加强；人工智能等智能化技术加速应用，就业替代效应持续显现；国际环境日趋复杂，不稳定性不确定性明显增加，对就业的潜在冲击需警惕防范。必须深刻认识就业领域主要矛盾的变化，深入分析面临的挑战和风险，坚持问题导向，采取务实举措，抓住机遇，调动各种积极因素，不断开创就业工作新局面，努力实现更加充分更高质量就业。

在坚持经济发展就业导向，不断扩大就业容量的各项举措中，提到要支持多渠道灵活就业和新就业形态发展。破除各种不合理限制，建立促进多渠道灵活就业机制，支持和规范发展新就业形态。鼓励传统行业跨界融合、业态创新，增加灵活就业和新就业形态就业机会。加快落实《关于维护新就业形态劳动者劳动保障权益的指导意见》，建立完善适应灵活就业和新就业形态的劳动权益保障制度，引导支持灵活就业人员和新就业形态劳动者参加社会保险，提高灵活就业人员和新就业形态劳动者社会保障水平。规范平台企业用工，明确平台企业劳动保护责任。健全职业分类动态调整机制，持续开发新职业，发布新职业标准。

实施灵活就业人员和新就业形态劳动者支持保障计划
1. 完善灵活就业人员就业服务制度。以个人经营、非全日制、新就业形态等灵活方式就业的劳动者，可在常住地公共就业服务机构办理就业登记，按规定享受各项政策和服务，建立灵活就业岗位信息发布渠道。 2. 实施新就业形态劳动者技能提升项目。创新适合新就业形态劳动者的培训形式和内容，搭建数字资源线上培训服务平台，支持其根据自身实践和需求参加个性化培训。 3. 健全灵活就业人员社会保障制度。完善灵活就业人员参加基本养老、基本医疗保险相关政策，放开灵活就业人员在就业地参加基本养老、基本医疗保险的户籍限制，推进职业伤害保障试点，探索用工企业购买商业保险、保险公司适当让利的机制，鼓励用工企业以商业保险方式为灵活就业人员和新就业形态劳动者提供多层次保障。

图 5-3　实施灵活就业人员和新就业形态劳动者支持保障计划

2. 劳动力市场整体就业形式的分析

以近五年市场供求信息分析为例，中国人力资源市场信息监测中心对约 90 个城市的公共就业服务机构市场供求信息进行了统计分析并得出结论，2016 ~ 2020 年我国劳动力市场均需求略大于供给。

2020 年第三季度，中国人力资源市场信息监测中心对全国 83 个城市的公共就业服务机构市场供求信息进行了统计分析。随着疫情防控趋于常态化和我国经济持续稳定复苏，三季度全国人力资源市场用工需求有所回升，市场用工需求略大于劳动力供给，供求总体保持基本平衡。用人单位通过

表 5-3　2016-2020 年部分城市公共就业服务机构市场供求情况（单位：万人）

2021 年二季度景气指数较高和较低的职业排名

2021Q2 排名	景气指数较高的十个职业	2020 Q2	2021 Q1	2021 Q2	环比变化	同比变化	景气指数较低的十个职业	2020 Q2	2020 Q1	2021 Q2	环比变化	同比变化
1	教育培训	6.56	13.1	22.44	↑	↑	高级管理	0.66	0.7	0.68	↓	↑
2	技工操作工	17.95	17.97	21.53	↑	↑	IT 管理 / 项目协调	0.5	0.96	0.83	↓	↑
3	烹饪 / 料理 / 食品研发	784	9.95	13.6	↑	↑	公关 / 媒介	0.72	0.62	0.87	↑	↑
4	影视 / 媒体 / 出版 / 印刷	10.8	12.44	10.83	↓	↑	销售行政 / 商务	0.67	0.83	0.951	↑	↑
5	销售业务	8	8.64	10.74	↑	↑	采购管理	0.65	0.77	1.03	↑	↑
6	农 / 林 / 牧 / 渔业	3.41	6.96	9.2	↑	↑	信托 / 担保 / 拍卖 / 典当	0.78	1.08	1.1	↑	↑
7	房地产开发 / 经纪 / 中介	5.22	6.87	8.59	↑	↑	项目管理 / 项目协调	0.69	0.82	1.1	↑	↑
8	社区 / 居民 / 家政服务	583	6.23	7.24	↑	↑	行政后勤 / 文秘	1.34	1.04	1.2	↑	↓
9	物流 / 仓储	3.14	5.89	7.04	↑	↑	物业管理	0.75	0.96	1.25	↑	↑
10	保险 / 美容 / 美发 / 健身	4.72	6.21	7.02	↑	↑	财务 / 审计 / 税务	0.98	0.9	1.25	↑	↑

公共就业服务机构招聘各类人员 425.3 万人，进入市场的求职者 304.8 万人，求人倍率为 1.40，同比上升了 0.16，环比上升了 0.08。

3. 职位供需分析

以中国就业景气指数分析为例，中国人民大学中国就业研究所与智联招聘联合推出 CIER（中国就业市场景气指数），反映我国就业市场的整体走势及景气程度。该指标采用智联招聘全站数据分析而得，通过不同行业和职业、不同地区和城市、不同企业类型等供需指标的动态变化，来反映就业市场上职位空缺与求职人数的比例变化，进而起到监测中国就业市场景气程度变化的作用。

2021 年二季度教育 / 培训职业的排名首次处于首位，CIER 指数为 22.44。在教育培训市场管制风暴下，该职业的销售类岗位招聘需求人数较上年同期下降明显，但家教类岗位需求同比增加 821%，小学、初中与高中教师及教务人员类岗位需求也出现不同程度上升，教育 / 培训职业总体需求仍大幅增加，CIER 指数有显著上升。技工 / 操作工、烹饪 / 料理 / 食品研发、影视 / 媒体 / 出版 / 印刷和销售业务等职业的景气指数也仍较高。环比来看，多数景气指数较高的职业招聘需求人数大幅增加，求职申请人数增幅较小或下降，CIER 指数环比上升；而影视 / 媒体 / 出版 / 印刷职业的招聘需求人数下降 4.19%，同时求职申请人数在增加，CIER 指数环比下降。同比来看，技工 / 操作工、农 / 林 / 牧 / 渔业和物流 / 仓储等职业招聘需求人数有所上升，求职申请人数则下降，CIER 指数同比上升；影视 / 媒体 / 出版 / 印刷、销售业务和保健 / 美容 / 美发 / 健身等职业招聘需求人数则下降，但由于降幅小于求职申请人数，CIER 指数同比也为上升。

4. 标杆企业的人才招聘策略

以华为人才招聘管理为例，华为招聘有专门的宣传网站，上面的标题体现了华为在当前阶段的发展主题——“拖着世界往前走”，这是当前华为的招聘主题，既体现了华为的战略状态，也体现了华为与人才志同道合的主题。

华为的人才招聘管理，始终坚持企业的核心价值观，要招具有奋斗精神、具有创新意识、具有高绩效能力和具备团队合作精神的人才；注重应聘者与应聘职位的高度匹配。为此，用人部门和人力资源管理部门会共同就工作职位的要求进行分析，如：岗位的性质、职责、任务、环境和工作条件，其次是对应聘者相关性格特征、知识技能、个人素质等进行系统测试，确保人才与岗位适配；而且面试官的选择和配置也十分慎重，华为面试官分为由经验丰富的 HR 担任的资格审查面试资格人、由各领域专家担任的技术/专业面试资格人和由部门 AT 成员担任的综合面试资格人，其中面试官一般要比所聘岗位高二级，所有面试资格人都要通过面试流程/政策、面试方法/工具、面试技巧的培训，并通过考核合格后才能上岗。如果面试资格人在招聘质量回溯中没有达到要求，将被取消面试资格。

华为将人才招聘分为两大类，校园招聘和社会招聘，在此基础上，又会重点加强部分关键人才的招募影响力，比如校招中的天才少年计划和社会招聘中高端人才招募计划。华为校园招聘，具体包括实习生招聘、应届生招聘、留学生招聘、博士生招聘、天才少年招聘与推荐等。校园招聘主要流程：投递简历—参加宣讲会—上机考试/语言测试—面试—录用—签约—入职。华为社会招聘，推出各岗位的具体需求，岗位会标识所在的岗位序列（岗位族）、所在区域、岗位职责以及任职要求等。社会招聘主要流程：投递简历—上机考试/语言测试—面试—录用—Offer—入职。为了确保人才的适配，提高招聘质量、效率，华为开发并使用了非常多的招聘工具和技术，比如在线认知能力测评和计算机测评、行为事件面谈法、集体面试法、竞赛 PK 激发潜能法等。

为了确保招聘的人才被合理使用，华为非常关注员工的后续培养与内部流动。为每一位新员工准备了分阶段培养项目，针对不同职类、不同部门采取定制化培养内容，通过多种教学方式结合，将工作中会面临的业务场景、产品知识、专业技能等难题各个攻破。配备了经验丰富、聪敏能干的大咖导师。通过为期 6 个月的悉心辅导，确保能够快速融入环境，成功实现转身。

第三节　案例分享：M 公司人才供需预测研究

一、案例背景

M 公司作为知名企业的下属子公司，创建于 20 世纪 80 年代，主要从事节电工程改造、节能技术推广、车用润滑油生产销售、汽车零部件制造等业务。公司实行总经理负责制，组织结构采取直线职能制，如图 5–4 所示。

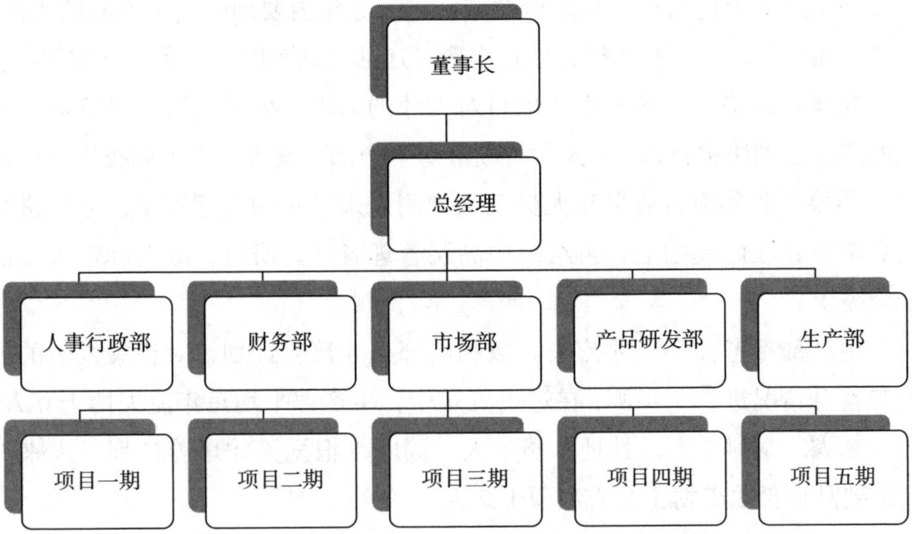

图 5-4　M 公司组织架构图

公司的主要人员分为管理人员（含公司总经理、董事长，以及人事行政部、财务部、市场部（非技术）等职能管理人员）、生产人员、科研技术人员、市场人员。

公司刚刚完成了新一轮的五年发展战略，所制定的战略目标为：主要产品的产量在目前产量的基础上翻一番，产品质量再上一个新台阶，主要业务市场的开发要满足国内市场需要，国内业务规模要达到或接近当前出口规模的 4 倍，部分项目的开发技术争取进入国际市场，并最终将企业建设成为一流人才、一流管理的、具有自身服务特色的汽车用品公司。

基于以上战略分析，需要对各类人员进行供需预测。

二、人才需求预测

根据以上规划，分别对生产、研发、市场、管理四个领域的人员需求进行预测，在此基础上，形成公司的人员总需求。

1. 生产部人才需求预测

为了完成上述目标，在生产领域，未来五年内要加强三类产品的生产：一是车用润滑油生产和销售，二是扇形可迁移自动车库，三是汽车零部件。

为了较准确地预测各生产项目对人才的需求，公司采取了自下而上方式的经验预测法进行预测：人事行政部对生产部下发人才需求调查表，要求生产部根据业务项目数量和人员现状预测未来五年的人才需求，之后进行信息汇总，在此基础上，再组织中高层管理者进行研讨，继而确定人员的准确需求。

生产部参考往年人才流失人数和内部人才培养计划，对相关人员的流失与晋升情况进行了预测：在过去五年中，生产部平均每年流失博士 0 人，硕士 3 人，本科 7 人，其他人员 5 人，同时，根据人才培养计划，未来五年需要从内部培养博士 2 人和硕士 7 人。

表 5-4　　生产部人力资源需求

学历	博士				硕士				本科				其他			
分类	现有	计划	流失或晋升	需求	现有	计划	流失或晋升	需求	现有	计划	流失或晋升	需求	现有	计划	流失或晋升	需求
人数	1	3	1	3	11	18	1	8	97	107	10	20	34	40	9	15

2. 研发部人才需求预测

随着市场竞争的加剧，消费者对产品的要求越来越高，公司自主的专利产品必须不断创新并尽快形成产品系列，提升产品的市场竞争力。为此，未来五年，公司对高学历科研人员的需求显著增加，尤其是硕士和博士。

表 5-5　　科研人才需求

级别	博士			硕士			本科		
项目	现有	计划	需求	现有	计划	需求	现有	计划	需求
人数	0	1	1	1	4	4	3	13	12

3. 市场部技术人才需求预测

市场部承担市场营销职能，除此之外，该公司的市场部还同时履行交付职能。当前的现状是：80 名技术人员中有 16 名技师，1 名高级技师，初级工占了近 40%，基本能够满足产品生产指导和安装的需要。

通过自下而上的经验预测法，公司也获得了市场部在高级工、技师以及高级技师等人员需求上的预测数量。

表 5-6　　市场部技术人才需求

级别	高级技师			技师			高级工		
项目	现有	计划	需求	现有	计划	需求	现有	计划	需求
人数	1	3	2	16	20	4	10	12	2

4. 管理人才需求预测

在新的战略时期，为了确保目标的实现，需要进一步强化管理能力，提高管理水平，由此也就带来了对管理人才的培养与引进要求，根据经验预测法，人事行政部对管理人才的需求进行了汇总，并组织了中高层管理者的研讨，确定了相关人员的需求数量。

表 5-7　　管理人员需求

	硕士			本科		
	现有	计划	需求	现有	计划	需求
财务部	3	3	0	2	10	9
总经理	1	1	0	1	1	0
人事行政部	4	5	1	5	3	1
市场部	6	8	2	27	30	3
合计	14	17	3	35	44	13

5. 人才总需求

通过对以上各类人员的需求数量进行汇总，得到公司未来五年的人力资源总需求，如表 5–8 所示。

表 5-8　　今后 5 年的人力资源总需求

	博士	硕士	本科	高级技师	技师	高级工	其他
目前人数	3	26	135	1	16	10	42
计划数	6	39	164	3	20	12	48
晋升或流失数	1	2	16	0	0	0	9
需求人数	4	15	45	2	4	2	15

三、人才供给预测

1. 生产部人才供给预测

根据岗位接替模型，生产部对其所需人才的供给进行了盘点和预测。

当前人员结构与预测：本科以下人员共计 34 人：具备晋升条件 3 人，晋升至本科 1 人，外部招聘 5 人，提升受阻 2 人，流失 4 人；本科，共计 97 人：具备晋升条件 10 人，晋升至硕士 5 人，外部招聘 8 人，提升受阻 5 人，流失 5 人；硕士共计 11 人：具备晋升条件 1 人，晋升至博士 1 人；博士，共计 1 人。

根据前五年人员变动数据以及需求预测情况，五年后各学历阶段的人员分别为：本科以下人员保持 34 人：具备晋升条件 5 人，晋升至本科 2 人，外部招聘 15 人，提升受阻 3 人，流失 7 人；本科保持 97 人：具备晋升条件 15 人，晋升至硕士 5 人，外部招聘 38 人，提升受阻 10 人，流失 5 人。硕士保持 11 人：具备晋升条件 1 人，晋升至博士 1 人，外部招聘 3 人；博士共计 1 人：外部招聘 3 人，流失 1 人。

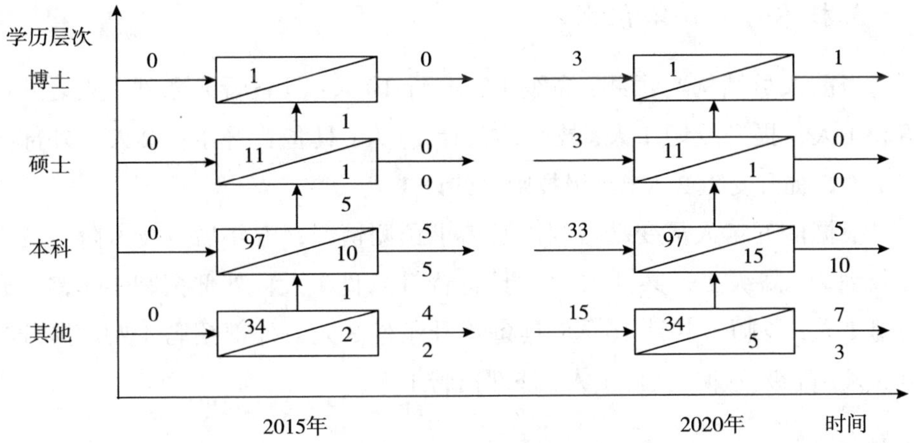

图 5-5　生产部人员接替模型

2. 管理人才供给预测

人事行政部对管理人才进行了盘点和预测。

当前人员结构与预测：本科，共计 35 人：具备晋升条件 2 人，晋升至硕士 1 人，外部招聘 5 人，提升受阻 1 人，流失 4 人；硕士，共计 14 人，外部招聘 1 人，流失 1 人。

根据前五年人员变动数据以及需求预测情况，五年后各学历阶段的人员分别为：本科，增至 44 人：具备晋升条件 4 人，晋升至硕士 2 人，外部招聘 10 人，提升受阻 1 人，流失 3 人；硕士，增至 17 人，外部招聘 3 人。

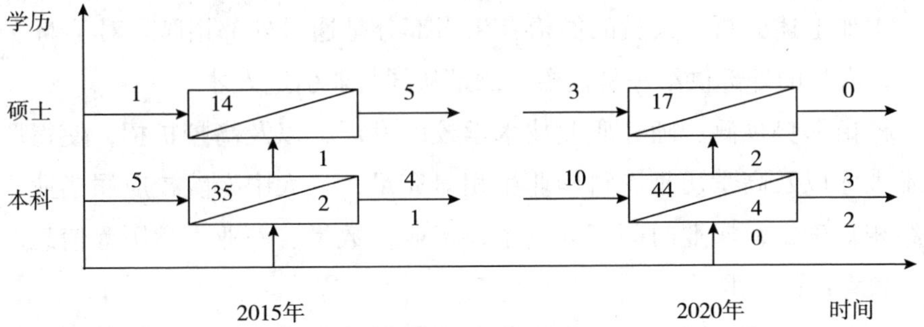

图 5-6　管理人员接替模型

3. 技术人才供给预测

当前人员结构与预测：高级工，共计 10 人：具备晋升条件 1 人，外部招聘 1 人，提升受阻 1 人；技师，共计 16 人：具备晋升条件 2 人，外部招聘 1 人，提升受阻 2 人；高级技师，共计 1 人。

根据前五年人员变动数据以及需求预测情况，五年后各技术阶段的人员分别为：高级工，共计 10 人：具备晋升条件 1 人，外部招聘 1 人，提升受阻 1 人；技师，共计 16 人：具备晋升条件 3 人，外部招聘 4 人，提升受阻 3 人；高级技师，共计 1 人：外部招聘 1 人。

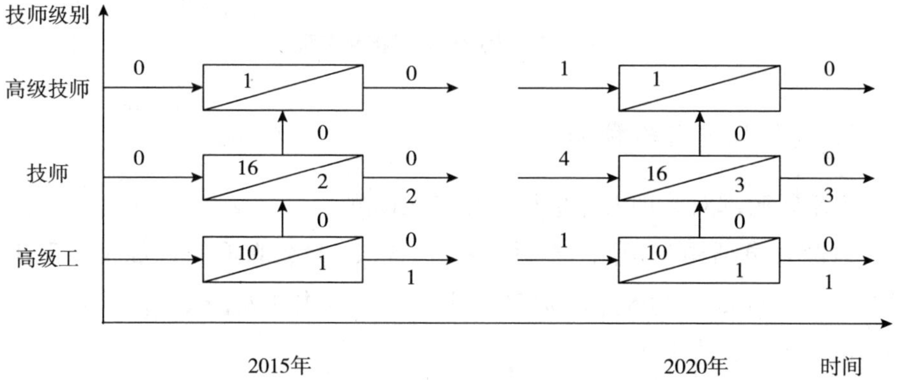

图 5-7 技术工作接替模型

4. 外部人力资源供给预测

正如上述分析，人员的供给有相当部分是通过外部招聘。对于 M 公司而言，人员的外部供给一是校招，二是从同行业引进人才。

校招形势预测。随着职业技术学校的发展，以及高校扩招，使得职业技术人才以及高学历理工科毕业生相对充足，且大中专院校应届毕业生的供给相对确定，毕业时间多为夏季，毕业生数量、专业、学历等信息均可通过教育部门获取。

行业人才流动预测。在公司所在地附近，有多家与汽车用品相关的同行业或上下游企业，这些企业的员工大多具备行业经验以及本职岗位的工作经验，方便公司就地取材，实现人才的补充。

5. 人才总供给

根据上述对人才的供给分析，可以得出未来五年的人才总供给。

表 5-9　人力资源总供给预测

	博士	硕士	本科	高级技师	技师	高级工	其他
内部供给数	1	7	2	0	0	0	0
外部供给数	3	20	60	1	4	1	15
流失数	1	0	0	0	0	0	0
合计	3	27	62	1	4	1	15

四、人才供需分析

在上述人才供需分析的基础上，经过汇总整理，可得到以下供需平衡表。

表 5-10　人力资源供需平衡表

	现有	计划	余缺	流失或晋升	净需求	内部供给	外部供给	平均每年内部供给	平均每年外部供给
博士	3	6	3	1	4	1	3	0.2	0.6
硕士	26	39	13	2	15	7	20	1.4	4
本科	135	164	29	16	45	2	60	0.4	12
高级技师	1	3	2	0	2	0	1	0	0.2
技师	16	20	4	0	4	0	4	0	0.8
高级工	10	12	2	0	2	0	1	0	0.2
其他	42	48	6	9	15	0	15	0	3

分析说明：

供求大致平衡的人员：在人力资源结构中，中级工、初级工、大专人员在未来五年的需求量和供给量基本处于平衡状态，调整总量在 19 人左右。

供大于求的人员：在人力资源结构中，硕士生和本科生的外部供给量较大，硕士调整的总量约 15 人，年均约 3 人；本科调整的总量约 45 人，年均约 9 人。博士的供给也略大于需求。

供小于求的人员：在人力资源结构中，高级技师、技师、高级工供给不足，且人才较难获得，需要重点关注。

五、预测结果应用

在对未来五年人才供需进行预测的基础上，公司制订了七大专项工作计划，以圆满落实和有效支撑人才队伍的建设与优化。

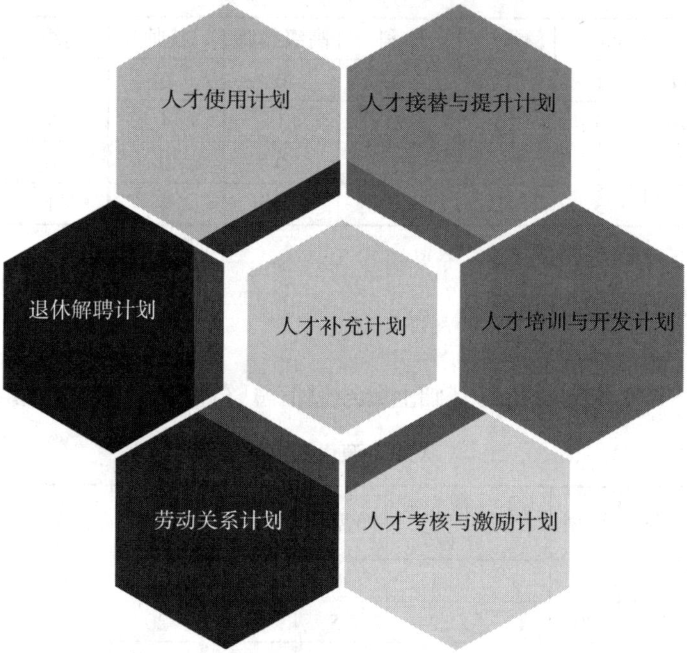

图 5-8　人才供需预测的七大专项工作计划

（1）人才补充计划

该计划的目标是促进人才及时并充分补给。为此，制定的实施计划是：当年 12 月前，编制人才补充计划，拟定预算；次年 1 月前，确定需要补充人才的人才标准；次年 1 月前，确定需要补充的人才来源；次年 2 月前，拟定补充人员的起点待遇；次年 3 月前，拟定人员招聘广告和招聘方式；次年 7 月完成挑选、录用工作。

（2）人才使用计划

该计划的目标是促进人才内部流动与使用。为此，制定的实施计划是：当年 12 月前，各部门编制人才使用计划；当年 12 月前，确定更新后的岗位以及任职条件；当年 12 月前，拟定职务轮换的范围和时间；当年 12 月前，编制工资福利预算。

（3）人才接替与提升计划

该计划的目标是培养后备人才队伍，确保人才合理接续，不断层。为此，制定的实施计划是：拟定后备人才的选拔标准和资格；制定后备人才岗位轮换计划；确定后备人才培训的需要；后备人才提升比例与提升的计划安排；未提升人员的安置。

（4）人才培训与开发计划

该计划的目标是提高人才队伍的能力素质，确保对战略和业务的直接支撑。为此，制定的实施计划是：确定培训人员的类型与数量；完成培训课程设计；确定培训方式；确定培训时间；明确培训效果评估方式；制定培训预算。

该计划的目标是实现对人才有效的保留、吸引与激励，确保人尽其才，充分调动个体主动性与积极性。为此，制定的实施计划是：确立分册分类的人才考核体系；探索并建立与市场接轨的薪资福利制度；探索并建立高级技术人才的激励模式；制定基于以上激励制度的薪酬福利预算。

（5）劳动关系计划

该计划的目标是减少非期望离职率、提高员工满意度，规范管理，防范风险。为此，制定的实施计划是：建立双向交流、沟通机制；采取灵活多样的方式传播和宣传企业的核心价值观；建立劳动关系的冲突缓冲机制。

（6）退休解聘计划

该计划的目标是提前筹划，降低成本。为此，制定的实施计划是：编制退休解聘计划；制定退休和解聘的政策措施；制定退休和解聘的工作程序；制定退休、解聘人员的安置费或重置费预算。

第三篇

人才模型与标准的建立

第六章
人才标准及其发展

自古以来，如何选择合适的人才始终是管理者的终极性难题，从最早的“看相识人”到现代成熟的“人才测评”，虽然人才评价的科学性和准确性已经产生了巨大的进步，但识人、用人，对于很多管理者而言，依然力不从心。

在组织的人才管理过程中，首先需要考虑的是：组织需要什么样的人才，具备哪些条件才是符合组织需求的人才，而这些问题都需要通过“人才标准”的提出、共识、验证与运用来解决。因此，可以说，“人才标准”才是识人、用人的真正起点，同时也是关键所在。

第一节　人才标准模型

人才标准是一个比较宽泛的概念，缘于对于“人才”本身的定义就莫衷一是。一方面，人本身具有复杂性和多变性，对其判断很难采用统一的标准；另一方面，是否人才，在很大程度上要根据情境来衡量，在A场景下的人才，也许在B场景下就不是人才，甚至是破坏者。

西方早期对人才标准的探索，主要表现为对人的通用能力的研究与评价，英国科学家弗兰西斯·高尔顿（Francis Galton）第一个大规模地对人的体能、感知觉等进行测量，法国心理学家阿尔弗雷德·比奈（Alfred Binet）

与其助手在前人研究的基础上开发出了第一个智力量表。在其之后的几十年间，智力测验、能力倾向测验、成就测验、人格测验蓬勃发展起来。其中，智力测验的成功和广泛推广，一度使得人们普遍将“智力”作为人才选拔和任用的重要评判标准。

然而，在随后的几十年中，越来越多的科学研究和管理实践发现：智力对于一个人能否做好工作并不具有高预测性，那么，影响个人绩效的真正原因是什么？很多学者和专家对此展开了不懈的研究，提出了许多用以评价人才、区分高绩效人才的标准模型，其中，以胜任力、任职资格、领导力三类模型最为常用。

一、人才标准的构成

围绕人才能力的考察要素，包括知识、技能、自我概念、个性、动机等，按照冰山理论模型（如图 6–1），这些要素可以分为显性和隐性两大类。

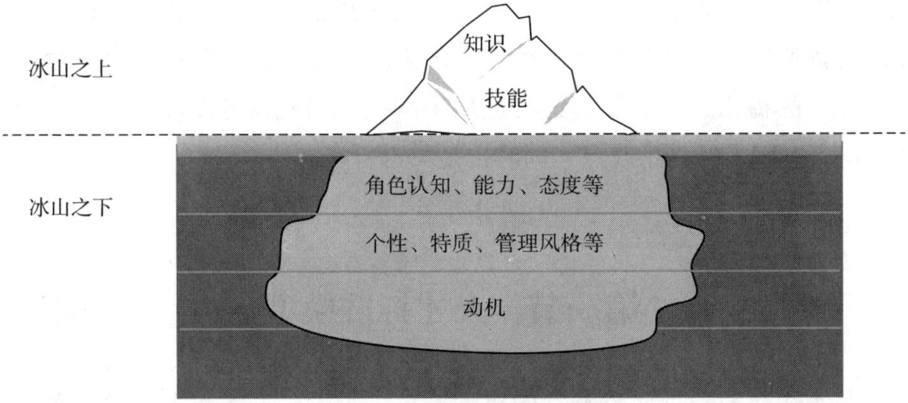

图 6-1　人才标准的冰山模型

知识、技能，是开展工作的基础条件，易于测评，也相对容易发现和发展，是人才标准中的显性成分。

在企业的具体实践中，知识，既包括对企业战略、制度、文化、岗位职责的了解，也包括对从事岗位工作所需专业知识的了解，以及对企业所处行业定位、市场情况、竞争水平的了解等等。技能，是指完成工作所需要的专业技术和熟练程度，包括办公技能、软件技能、外语技能、文字技能、沟通技能等等。

个体的自我概念、特质和动机，处于冰山之下，不易测评和被发现，但对于员工的长期发展具有更为重要的影响。其中，自我概念包括对自我的认知、觉察，对公司价值观与规则的认同与服从等，特质包括个体的能力、个性、性格、认知风格、管理风格等，动机则指影响个体深层次的动力、追求、意志等。

相比较于显性因素，隐性因素更难以改变。“江山易改，本性难移”，指的便是个体的性格不易改变。自我概念的形成是多种复杂因素综合的结果，因此根深蒂固，难以发现，也难以改变。而特质则是个体受多年人生经历的影响而最终形成的稳定人格，这种人格特征同样难以改变。动机则是个体最深层次的动力，这种动力最终决定了个体的选择、偏好和决策，在人才标准中最难以发现，也最难以改变。

二、胜任力模型

在20世纪60年代，企业的管理主要以泰勒提出的科学管理方法为主，泰勒的科学管理主要集中于生产运作管理领域，强调对工作的定量分析。这一时期，智力测评、能力测评在学术研究方面蓬勃发展，但在具体管理实践中越来越暴露出其不足。其时，美国国务院委托哈佛大学心理学家麦克米兰（McMillan）进行外交官和情报官选拔项目的研究，麦克米兰创造性地提出了“胜任力”（Competency）的概念，指出：决定人的工作绩效的因素，是综合了各个方面的“胜任力”。

1982年，麦克米兰的同事鲍耶兹（Boyatzis）发表了《有能力的管理者：一个有效绩效的模型》的论文，进一步使胜任力模型标准化、工具化，使之在各个国家得到使用以及快速发展。发展至今，胜任力模型已经运用于80%的500强企业。

三、任职资格体系

在胜任力模型快速发展的同时，另外一种人才评价的标准也在快速发展。1980年，鉴于职业教育的种种不足，英国政府设计了一种名为“国家职业资格证书制度”的体制，用于统一各行业的职业资格标准。该体制以职业能力为根基，以现场考核为评价手段，获得某一等级的职业资格证书，代表被评价者已经具备了该职业相应等级的任职服务能力。

改革开放之后，中国劳动和社会保障部引入了英国国家职业资格委员会的职业标准体系（NVQ）。其后，华为公司投入了大量的时间和精力将其引入企业，落地推广，取得了巨大的成功。

华为应用任职资格体系的成效，使得国内很多公司纷纷效仿。当前，任职资格体系已经成为企业界广为接受和认可的人才培养、选拔、发展及任用工具。

四、领导力模型

胜任力模型的重点在于明确造成绩优人员与绩差人员绩效差异的关键素质项，任职资格体系强调完成所承担工作应具备的一系列职业化的要求。不同于前两者，领导力模型更关注作为团队管理者所应该具备的领导能力的总和，从这点而言，领导力模型淡化了对专业知识及技能的关注，更强调通过示范、说服、命令、竞争与合作等一系列的途径，引导和规范追随者，从而实现既定目标。

随着管理科学在20世纪的迅速发展，对领导力系统科学研究逐渐成为管理科学研究的热点。20世纪50年代，斯托尔·迪尔首先提出企业领导人应该具备的优秀特质——“机敏、洞察力、责任感、主动性、韧性、自信心、社交能力”，这是可追溯的、相对比较成熟的领导力模型，之后，很多学者根据自身的研究提出了不同的领导力模型，而斯托尔·迪尔本人在20世纪70年代，也对自身的领导力模型进行了进一步完善，在原先的7项素质的基础上，增加了“协调能力”和“影响力”两项。

在领导力模型后续的发展过程中，研究者借鉴、吸纳了胜任力模型的部分理念，研究倾向从“个人特质”转向“模式研究”。“个人特质”强调领导者自身的个人特性，“模式研究”则强调领导者的行为模式，将领导者放置于特定的情景中，关注领导者在情景中做什么，如何做。发展至20世纪80年代，布兰查德及其同事在前人基础上提出了相对成熟的情景研究法，并对其进行详细解释，在随后的几十年里，情景研究法因其简单有效，被广泛应用，并受到越来越多企业的青睐。

如果说胜任力模型、任职资格体系能够运用到企业不同层级、不同序列的人员，领导力模型则更为聚焦，主要是针对企业的核心领导，最多延伸到企业的中高层管理人员。企业的中高层管理者，更多的时间和精力在于对工作的组织、协调、统筹和决策，所以更加强调领导者（管理者）在前瞻决策、组织领导、人员管理、事务协调等方面的能力，在企业内外部协作日益复杂、管理的重要性日益凸显的前提下，领导力模型的适用场景正在不断增加。

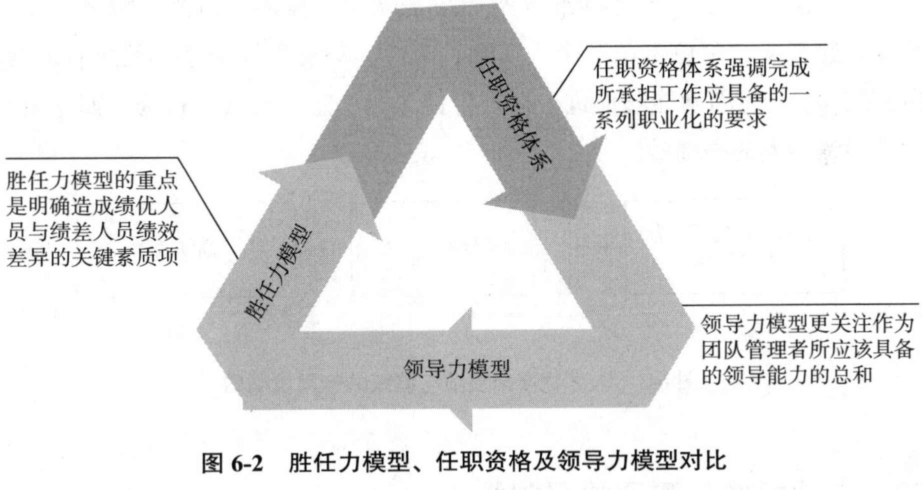

图6-2　胜任力模型、任职资格及领导力模型对比

总体而言，胜任力模型、任职资格体系、领导力模型都是当前最为流行和广泛使用的人才标准，且都有几十年的发展历史。虽然各项理论都在不断发展，各自都有新的研究成果出现，但主要的研究方法和理论框架相对稳定，全球范围内工商业领域的广泛应用，进一步促进了工具本身的系统化、标准化。

伴随未来的技术进步以及人在组织中地位的不断变化，有关于人才标准的研究还将不断发展和深化，向着更直观、更便捷、更高信效度的方向发展。

第二节　人才标准研究的发展趋势

一、人才标准与绩效的关系

在企业的实践中，人才标准最为直接的应用就是选拔能够带来高绩效的人才，因此，需要人才标准对于绩效有较高的预测效力，无论胜任力模型、任职资格体系还是领导力模型，所包含的评价指标都要与绩效有高度的相关性。

在实际应用中，人才标准的指标覆盖知识、技能、行为、智力、反应速度、感知觉、角色定位及个人认知、个性、动机等围绕个人的所有因素，研究表明：上述因素能够促进个体产生持久、稳定、有效的行为，而这些行为将导致个人的高绩效。

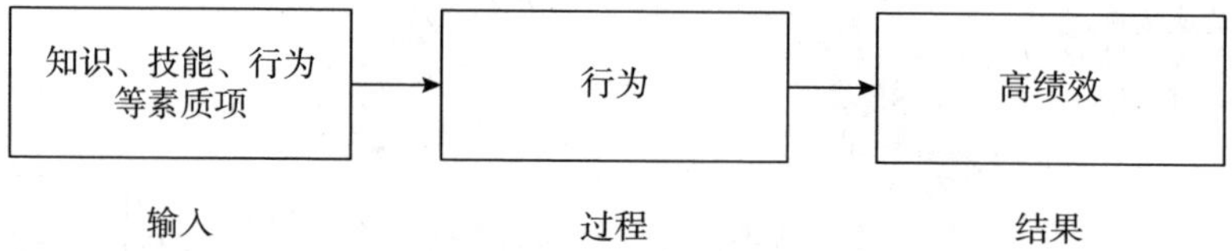

图 6-3　人才标准素质项与绩效的作用机制图

二、人才标准与测评的局限性

在人才标准的发展过程中，一个无法回避的问题是：如何对人才标准的各个要素进行测评？如果人才标准包含的要素无法测评，那么这个要素也就失去了存在的意义。著名心理学家桑代克（Thorndike）曾在其《心理与社会测量导论》中提出“凡是存在的东西都有数量，凡是有数量的东西都可测量”的著名论断。但是在实践过程中，研究者发现，有些素质项测评难度非常大，效度也很低，这也成为人才标准在构建过程中不得不同步考虑的问题。

通常来说，人才标准所包含的素质项主要分为知识类、技能类、行为类、智力类、反应速度及感知觉类、角色定位及自我认知类、个性类、动机类等。

①知识技能类素质项。指完成工作所应具备的知识和技能，测评难度不大，且测评效度也比较高，对于部分绩效的预测力较高。

②行为类素质项。指稳定、持久、有效的行为，因为对行为本身的稳定性、有效性和持久性的判断需要丰富的测评技能和敏锐的洞察力，因而具备一定的测评难度，测评的有效性有一定局限。

③智力类素质项。指认知能力类素质，目前已有比较系统的多个量表体系来测评认知能力，但因智力类素质项本身成分复杂，测评的有效性也存有疑问。

④感知觉类素质项。指先天的生理素质，如反应速度，这方面相对容易测评，测评效度也比较高。

⑤角色定位与认知类素质项。包括个体对工作的认同、对自我的觉察认知和反思等，因为涉及到个体内部复杂的人格系统与外部的互动过程，测评难度大，测评的有效性也有一定局限。

表 6-1　　各类素质项的测评难度及信效度对比

类型	测评难度	测评信度	测评效度
知识、技能	☆☆	高	高
行为	☆☆☆	中	中
智力	☆☆☆	中	中
反应速度、感知觉等	☆☆	高	高
角色定位、自我认知等	☆☆☆☆	高	中
个性	☆☆☆☆	中	中
动机	☆☆☆☆☆	中	中

⑥个性类素质项。指与个体稳定的心理特征相关的素质项，当前主要

的测评方式是自陈测验，因其受个体答题意愿、掩饰性的影响，测评实施虽然简单但效度有限。

⑦动机类素质项。指个体最深层次的内驱力，测评难度最大，有效性也容易受到多方面的影响。

三、人才标准研究的发展前景

随着人才本身的定义不断延伸，人才的标准也在不断更新，整体来看，表现出两个方面的趋势。

一方面，人才标准正在向更为全面、系统的方向发展，随着科技的进步，大数据的广泛运用，日常管理数据能够被低成本地采集，进而会导致对个体的日常工作和表现的考察将更加充分。过去因无法收集数据而无法考察的人才标准，如今在技术的加持下能够予以考察，人才标准也必将更加全面、系统、多层次、多角度。

另一方面，人才标准的各类素质项中，处于冰山之下的、深层次的能力素质项，重要性会日益增加。随着知识、技能更新迭代速度的加快，未来，快速掌握知识、技能的学习能力比知识、技能本身显得更为重要，同时，随着工作复杂性的日益提高，团队沟通、合作、系统思维、问题解决能力等素质项的重要性肯定会大幅度提升。

第七章
任职资格体系的开发与应用

第一节　任职资格体系概述

一、职业化与任职资格管理

1. 职业化的意义与价值

在过去的四十年间，中国企业得到了飞速的发展，但劳动力市场的发展速度却不能与之完全匹配，人才的稀缺成为企业发展的瓶颈。在人才数量不足的同时，人才的职业化水平不足，也成为影响企业高质量发展的桎梏。

所谓职业化，是指一种具有标准化、规范化、制度化特点的工作状态，即在特定的工作场景中，使用合适的方法、合适的语言，做合适的动作，在知识、技能、心态和行为上符合职业化的标准与要求。通常来讲，员工的职业化包括职业化素养、职业化行为、职业化技能三大要素。

①职业化素养。即职场人应遵循的职业道德，如正直、诚实、忠诚、尊重他人、承担责任等，这些素养要求不具备强制约束性，更多的是在组织和他人的引导下形成的，体现员工的自律性。

②职业化行为。即职场人符合法律法规、行业规范、公司规范的要求的工作行为，从外在表象上看，就是个人的语言、行为符合自己的身份，

做事有章法，企业也会通过培训、示范、监督、激励等方式促进员工行为的职业化。

③职业化技能。即职场人胜任岗位工作所应具备的基本技能，包含员工从事相应职业所应掌握的知识和专业技能，以及无论工作差异都必须掌握的通用技能，如时间管理、情绪清理、问题分析、危机管理等。上述技能是员工胜任岗位工作的基础。

简单总结，职业化就是专业化、规范化、流程化、模板化、表格化。它体现一个员工的岗位胜任能力，关注员工对专业知识的掌握程度，关注员工对职业技能的掌握程度，关注员工的工作成果。此外，在员工行为和做事风格上，要求做到规范化、流程化。

职业化的员工，往往具备良好的职业态度、优良的职业风范、业内认同的职业规则、优秀的职业素养。这样的员工本身就是企业管理水平的表现和企业名片。反之，如果员工缺乏职业意识和职业素养，自由散漫，不按流程做事，不按规范和制度操作，这家企业的管理效率和经营质量就不会好，也必然会导致更高的经营风险。

任职资格体系正是员工职业化的基础和基本保障手段。经由多年的管理实践，引入任职资格体系的企业在员工职业化管理方面都取得了良好的进步。任职资格体系已经成为企业和学界公认的、快速提升员工职业化程度的系统性管理方法。

2. 任职资格管理的基本思路

任职资格管理的基本思路，是以企业的业务发展特点和人员成长规律为依据，提炼同类岗位任职者的成功行为特征和能力特征，据此设计该类人员的基本任职条件、行为标准、能力素质标准、业绩标准等，并以此标准来规范员工行为，引导员工自主开展学习与技能提升，通过定期的任职资格评价实现在企业内部的能级晋升与能力发展。

通过任职资格管理，可以促进员工能力和职业化水平的不断提高，使得员工有能力承担更多责任，工作业绩不断提升，从而形成一种员工和企业共同进步、协同发展的良好局面，如图 7–1 所示。

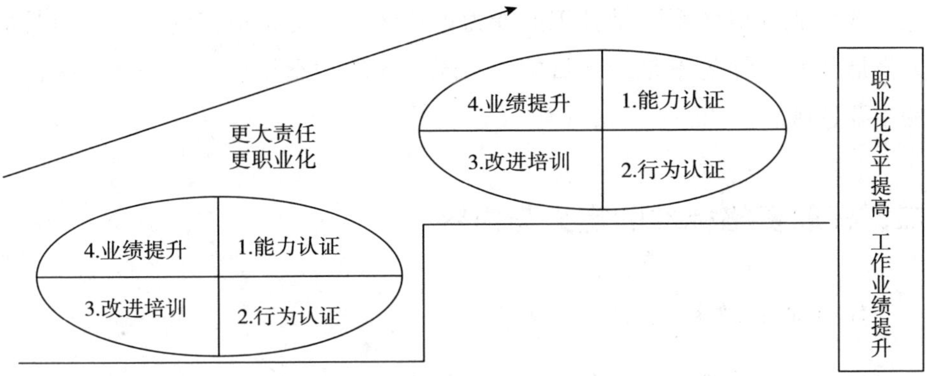

图 7-1　任职资格管理的基本逻辑

3. 任职资格管理体系

任职资格管理体系，是为实现企业战略目标而对员工的工作能力和工作行为进行梳理、规范、评价与引导的管理系统，包括任职资格标准、任职资格评价、任职资格管理三个部分，是一种新型的标杆式管理工具。

具体来说，首先，企业根据业务特点划分职位序列，确定不同序列的任职资格等级，并对各等级的人才进行画像；在此基础上，结合岗位职责、业务流程及其他相关要求，开发各序列、各等级的行为标准与资格标准（含知识、经验、技能、素质等要素）；任职者可以标准为依据，通过知识学习、经验积累、能力拓展、业绩达标等多种方式提升自身的任职资格水平；基于资格标准，建立配套的测评题库及工具包，成立任职资格评价委员会，组织开展在岗人员的任职资格等级评价；最后，将评价结果与员工薪资、培训、岗位升迁等结合起来，实现任职资格体系的落地应用。

要深入理解任职资格管理体系的内涵，应把握以下三个要点。

①任职资格评价重点评价员工在过往工作中已表现出来的、被证明的实用能力，虽然也包含对员工潜质的评价，但不是核心。

②根据特定工作领域，建立多个科学合理的职业发展通道，以及有业务针对性的行为与资格标准，是任职资格体系与其他能力型工具的最大差异之处。

③任职资格体系既是员工的能力评价体系，更是员工的成长通道与能力发展体系。评价不是最终目的，实现人才的动态管理，才是其发挥价值的重要领域。

二、任职资格标准的定义与内容

1. 任职资格标准

任职资格标准是指为保证工作目标的实现，任职者必须具备的知识、技能、能力和个性等方面的要求，通常以胜任职位所需的学历、专业、工作经验、工作技能、能力等加以表达。

按照任职资格体系的设计理念，职位所需的知识、经验、技能、素质都应通过行为的方式来体现，否则对企业而言是没有意义的，也不会为企业创造价值。同时，在任职资格认证时，也是要看被认证者“做了什么，做到了什么程度”，而是看他“会了什么”，这也是任职资格体系与传统知识技能评价的根本区别。

2. 任职资格标准的构成

任职资格标准一般包括基本条件、行为标准、能力标准、业绩标准四个方面。

①基本条件，指进入本职位序列的基础条件。

②行为标准，指员工在工作中应当达到的规范化的行为要求，

③资格标准，指胜任该工作所应具备的知识、经验、能力与素质要求，

④业绩标准，指该任职资格等级应达到的关键业绩指标，包括 KPI 指标、正负向指标等。

3. 任职资格标准的等级划分

任职资格标准，是一套分序列、分等级的标准体系，针对每一级都有明确的级别角色定义，都提出了具体、明确、可量化的标准，即达到这一

职业等级必须具备的知识、经验、技能与潜在素质。

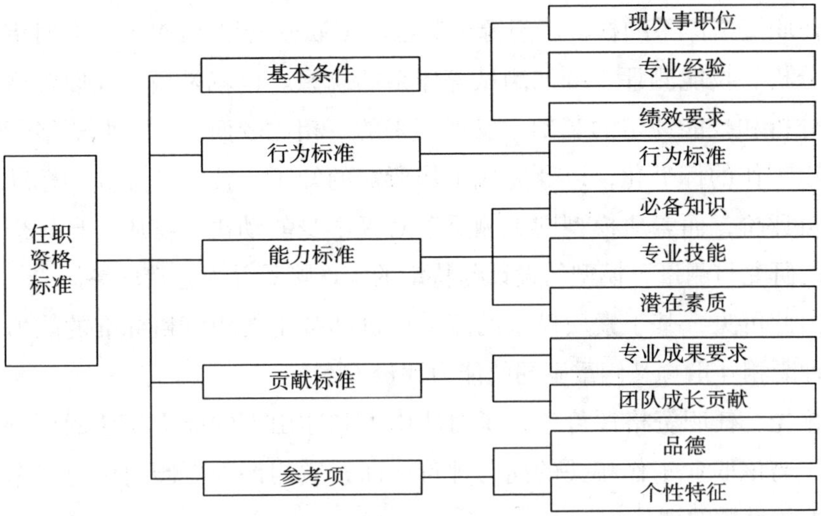

图 7-2　任职资格标准的构成

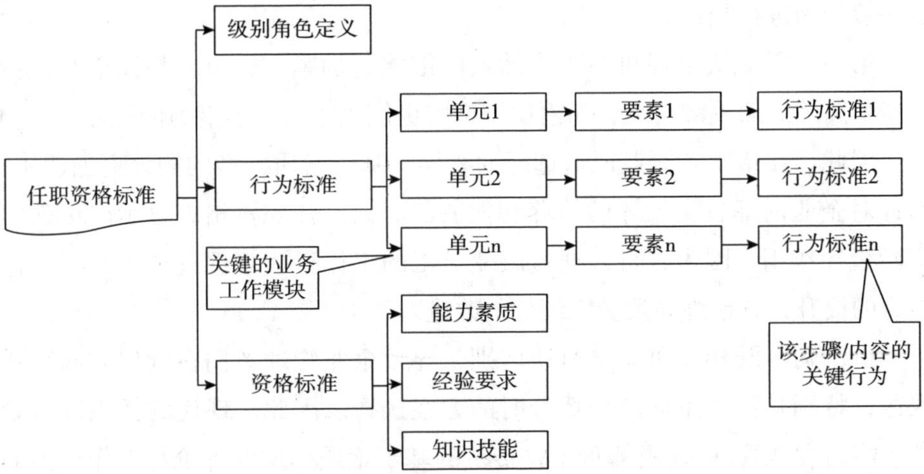

图 7-3　任职资格标准的等级划分

通过知识考试、技能评价等多种方式，员工可以清晰地认识到自己在知识、技能等方面的欠缺，从而明确自己学习与能力提高的方向，并通过工作行为表现出来。

4. 任职资格评价与素质测评的共性和差异

任职资格体系的核心思想源于英国国家职业资格（NVQ），同时借鉴了工作分析、技能测评、纸笔测试等体系的思想。也就是说，任职资格是在工作分析和技能评定的基础上发展而来的。相比较而言，任职资格管理更侧重于工作的标准化，以及完成工作所需的知识、技能、经验的标准研究与人员评价，而素质模型则更侧重于对人本身的动机、特质、自我概念等方面的研究与测量，模型的设计与特定的工作场景并无直接联系。

由此可见，基于素质模型的能力评价和基于任职资格标准的能力评价是两种既相互重叠又侧重不同的能力评价方案。

首先，任职资格评价包括了对冰山上和冰山下的能力素质的评价，但侧重于与该职业工作相关的能力评价，而素质测评则更倾向于与工作不直接相关的潜质的评价。

其次，任职资格必须要有工作实践才能评价，而素质模型可以直接根据一般行为进行测评。

第三，任职资格评价与工作绩效的链接更加紧密，也就是注重测评持续产生高绩效的关键行为，而素质模型则更侧重于对发展潜力的预测。

因此，在招聘和职业通道选择的时候，基于素质模型的测评更加适用，而针对企业内部各类人才的培养和发展的时候，任职资格就显示出更强的实际指导作用，因为它可以通过改变员工的工作行为来促进员工实际工作能力的提升，并最终导致员工绩效的改进。

由于两者既相互重叠又有所区别，导致企业管理者们在认识方面存在误区，特别是针对不同应用场合时的方案选择。因此，现代的任职资格管理（能力发展管理），更侧重于将传统的基于素质模型的评价与工作行为的评价融为一体，最普遍的做法就是先将 8 ~ 10 项核心工作技能作为能力评价的门槛条件，再将 3 ~ 5 项关键底层素质作为发展潜质的预测性指标。这样，就把职业通道选择与职业通道发展两个目标很好地结合在一起，在保留实用主义的工作行为评价的同时，也兼顾了对底层潜质的发现，从而构建成为新形式的任职资格体系。

三、任职资格在企业管理中的地位和作用

1. 华为导入 NVQ 的故事

1998 年，华为已经拥有 500 多名秘书，作为部门负责人的重要业务伙伴，秘书的能力和效率直接影响到各部门的办公效率，但遗憾的是，华为的管理层对于秘书的工作能力并不满意，秘书工作缺乏统一的标准，大家都是边干边学，没有章法，工作效率也不高。

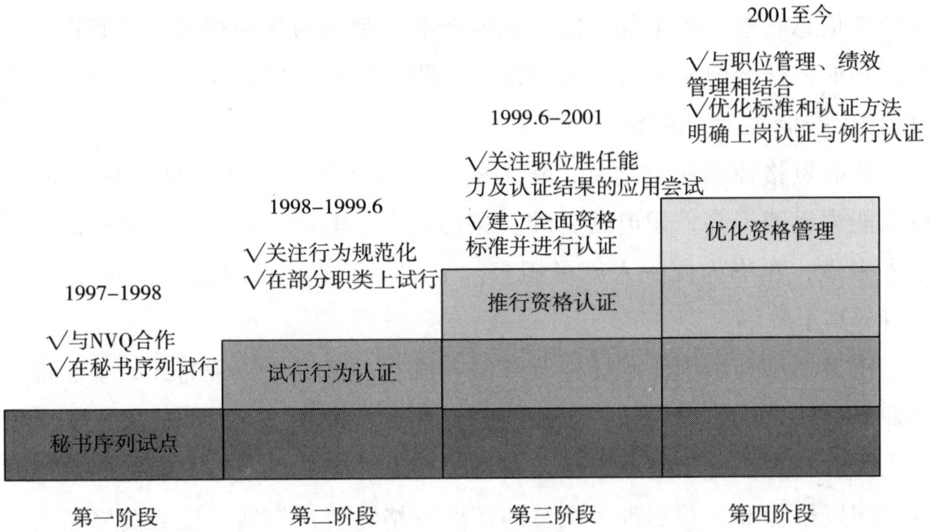

图 7-4 华为导入任职资格发展阶段图

在与国外企业合作的过程中，华为管理层发现：欧洲的知名企业中已经普及了一种叫作“企业行政管理标准”（NVQ）的标准和认证体系，体系几乎涵盖了企业行政办公的不同职级，从办公室文员、经理直至公司总裁划分为若干级别，每个级别都明确界定了实际工作中该级别所需的知识和能力，以及在工作中拥有的责任和权利。更重要的是，NVQ 体系已经为国际社会所认可和普遍使用，通过这套体系可以解决员工的职业化成长问题，而且能提高员工的积极性——考评合格的员工可以获得中英机构联合颁发的国际职业资格证书，该证书得到社会认可，是对员工能力和价值的认可。

于是，华为决定与 NVQ 合作，首先在秘书序列开始试行任职资格体系的

建设与评价工作。在引进NVQ体系的试点工作中，华为组织文秘和有关管理人员对国际企业行政管理标准进行了认真的学习，对照标准评估自身的工作状态，使员工明确了工作改进的目标，以及文秘人员的职业发展通道。

依照英国NVQ企业行政管理标准体系，人力资源部着手建设公司的人事管理和人员培训平台，确定了文秘工作规范化和职业化的目标，并根据公司的实际情况修订、细化了文秘的任职资格标准，建立了一套符合华为实际的、有多个级别的任职资格考评体系。在此原则指导下，秘书的打字速度、会议通知、会议所用的文具、会议过程管理、做会议纪要的方法、办公室信息管理、各个部门的流程连接等，都成为华为秘书的任职资格要素，比如，开会前半小时打电话落实，职业化水平也就在这些细节明确的过程中不知不觉得到提高。

任职资格体系建立之后，华为的秘书开始明确自身的职业发展路径，执业能力迅速提高，像电脑管理、文档管理、电话处理，有的企业需招三个人来做，在华为仅一人就可担当，节约了工资、管理费用、办公空间，而且提高了效率。

正是在秘书系统任职资格改革试点成功的基础上，华为开始全面推行任职资格体系的建设与认证工作，历经四个阶段、五年时间，投入了大量的人力和物力，终于建成了覆盖营销、研发、生产供应链与职能四大体系的任职资格标准，并实现了全员的任职资格评价，打通了任职资格与员工培养、职业晋升、考核激励等管理体系的关系，使之成为华为人才发展与职业化管理的基础性方法论。

2. 企业在人才发展与职业化方面面临的问题

对于绝大多数企业来说，在人才发展和职业化管理方面普遍面临如下五个方面的问题。

①哪些类型的人才是企业最为需要的？

②针对具体的每一类员工应该重点培养哪些能力？

③衡量人才能力水平的标准是什么？缺乏这一标准，对内就无法进行分级管理，对外也无法与先进对标。

④选人、用人、定薪的依据是什么？无论定岗、晋级、调岗，还是干部选拔、梯队建设、职业规划，都缺乏明确的评价依据。

⑤如何使得人才的能力得以快速提升？

总体来看，问题从“需要什么样的人”出发，接踵而来的是“衡量的标准是什么”“培养什么”以及“如何培养”“如何高效率培养”，这些问题，恰恰是任职资格体系针对、覆盖和能够解决的问题。

3. 任职资格在企业管理中的作用

作为现代企业人力资源管理的一项基础工作，任职资格管理与企业人力资源管理的各个模块都有不同程度的关联：在人才价值判断方面，它可以作为人员招聘及定级的依据，以及作为人才队伍盘点、打通人才使用局限的方法；在员工职业发展方面，它可以作为员工职业发展的路径，作为员工自我能力提升与公司人才培养的依据；在收入分配方面，它可以作为能力薪酬体系（宽带薪酬）设计的基础，以及个人职级确定和调整的依据。

任职资格管理在人力资源管理中的作用，如图 7-5 所示。

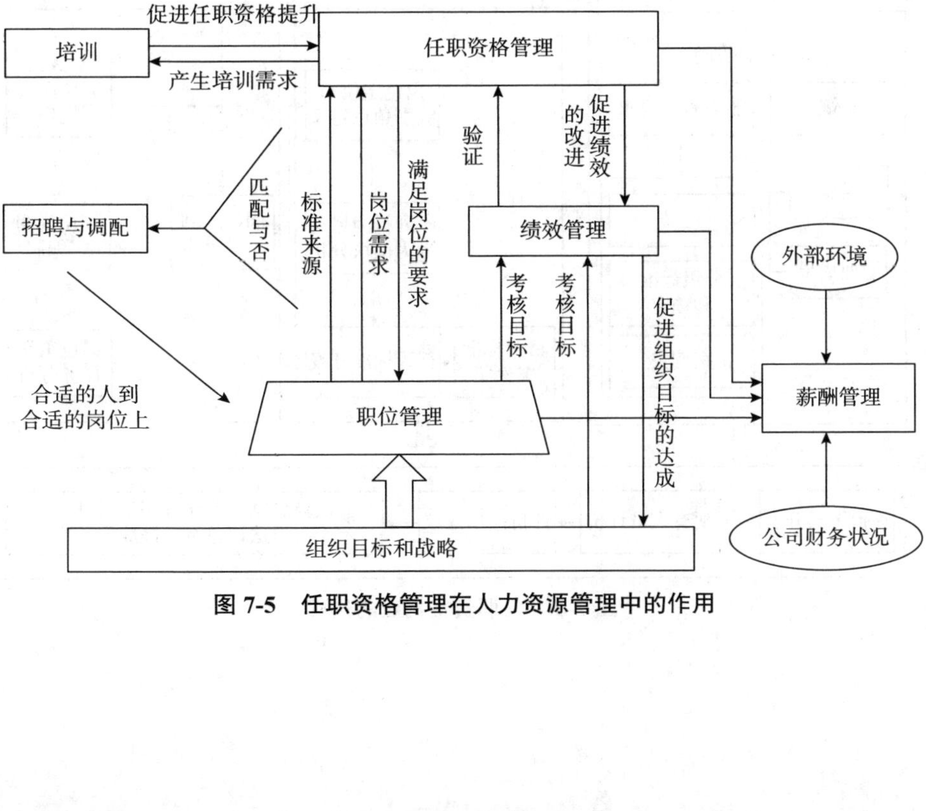

图 7-5　任职资格管理在人力资源管理中的作用

作为一个有机的生命体，企业的发展有其内在的规律，而企业人才的成长也同样需要遵循自然规律。建立任职资格体系的目的，就是要将人才发展的自然规律挖掘出来，与企业的发展阶段、业务模式和实际需求相结合，为企业提供人才能力提升、为员工提供可持续职业发展的有效途径。

四、任职资格体系的构建过程

任职资格体系的构建，一般分为五个阶段，如图 7–6 所示。

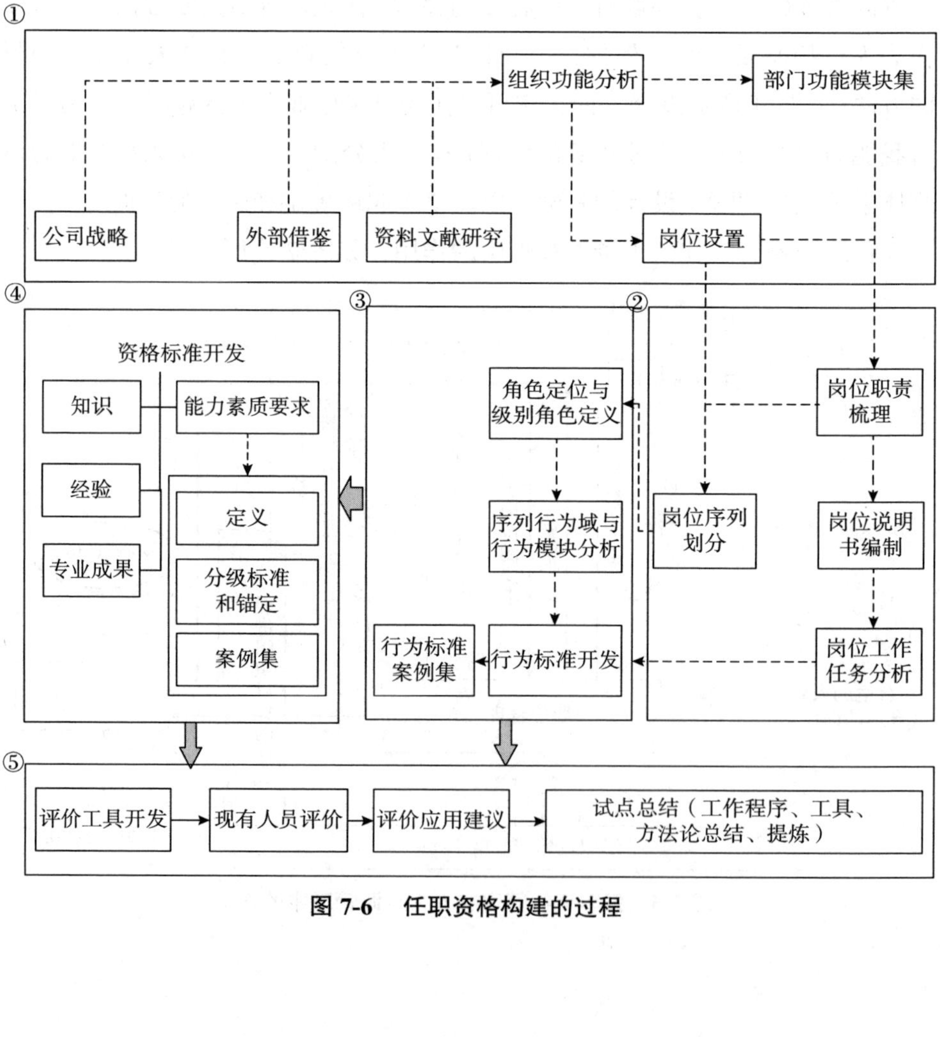

图 7-6　任职资格构建的过程

第一阶段：组织功能分析与部门功能优化。

任职资格体系的建立和应用，核心是要支持企业战略目标的实现，在本阶段，要通过对公司战略、外部标杆和内部问题的研究，对企业当前的组织架构、组织职能等进行评估和优化，在此基础上，提出岗位设置的初步方案。

第二阶段：工作分析与岗位说明书编制。

在本阶段，一方面，根据部门职责分解岗位职责、形成《岗位说明书》，并在此基础上具体细分岗位职责之下的工作任务；另一方面，在全部岗位梳理的基础上划分职位序列，建立职业发展通道。

第三阶段：行为标准开发。

编写各序列不同级别人员的《级别角色定义》，为不同级别的人员进行能力画像；同时，梳理各序列行为域、行为模块，结合各岗位工作任务，建立各序列、各等级的行为标准。如有必要，通过《行为标准案例集》的编写支撑行为标准的描述与应用。

第四阶段：资格标准开发。

基于支撑行为标准的指导思想，明确各序列、各层级所需知识、经验、专业成果（绩效）、能力素质，建立能力素质库，对能力素质的不同等级加以锚定，如有必要，通过《能力素质案例集》的编写支撑能力素质标准的描述与应用。

第五阶段：任职资格评价与管理。

此阶段工作包括：开发任职资格评价所必需的试题库、案例库，建立评价委员会，设计任职资格申请、审核及评价的工作流程，分级分类组织各类人员的任职资格评价工作，对评价结果进行分析、总结，设计任职资格评价结果与其他管理体系的对接与应用方案等，是任职资格体系的具体应用环节。

第二节　职位序列与职业发展通道设计

一、职业发展通道的定义与分类

1. 职业发展通道的定义

职业发展通道，又称职涯通道，是指一套可供员工选择的职业发展路径与阶梯系统。对于员工来说，企业的职业发展通道可以让员工明确未来的发展空间，从而结合自身优势、聚焦未来的发展方向并为之努力。对于企业来说，可以此作为与员工沟通发展方向，评估发展可能，为员工提供基于发展通道的职业生涯规划与培训发展计划的基础。

企业没有明确的职业发展通道，也就谈不到员工的职涯规划与成长辅导。

2. 职业发展通道的分类

通常来讲，企业的职业发展通道主要有三种模式：单通道模式、双通道模式、多通道模式。在双通道或多通道模式之下，又可分为职能、技术、技能等不同的通道类型，根据各行业业务性质的不同，职业通道的划分方式也有所差异。

（1）双通道模式

双重职业通道设计的思想基础是：专业技术人员的贡献是组织发展所必需，专业技术人员应在专业通道内发展而不必一定在管理岗位任职，同样可以得到企业在社会地位和经济地位上的认可。

从实践的角度来看，由于“官本位”思想的影响，专业技术岗位的重要性往往被忽视，技术人员还是要往管理通道挤；一些不想放弃技术工作的人，则通过跳槽来实现长期从事技术工作的梦想；那些跳不走或不想跳又挤不进管理通道的人，则士气低落。因此，为专业技术人员设计与管理通道各等级待遇相当的发展通道，提高技术人员的待遇和地位，从而吸引优秀人才安心从事技术开发和技术服务，意义非同寻常。

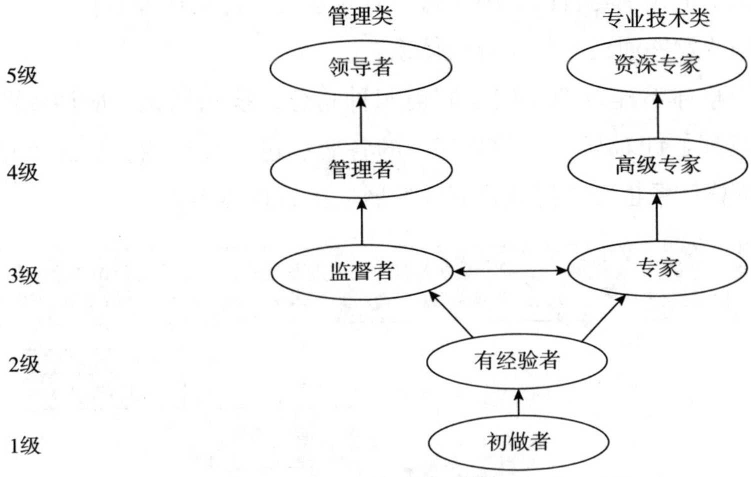

图 7-7　双通道发展示意图

图 7–7 为双通道模式示意图，其基本操作原理如下。

管理通道——沿着这条道路可以通达高级管理职位，专业通道——沿着这条道路可以通达高级技术职位。双通道模式中，员工可以自由选择在专业通道或管理通道上发展，两个通道同一等级的人员在地位上是平等的，因此，组织中既存在高水准的管理者，又能容纳高技能的专业人才。

在很多行业，如信息技术、投资等，专业人员的能力水平直接影响到组织的效率和发展，双通道模式更多地适用于以上类型的企业——承认专业人员的组织贡献，不必一定要在管理岗位，仍然可以实现薪酬和地位的平等发展。

（2）多通道模式

所谓多通道模式，一般是将双通道中的专业通道，根据业务形态的要求继续拆分为多个发展通道，为非管理岗位人员的发展提供更多、更明确的成长空间。

例如，对于通常的生产型企业，可以设计职能管理、技术研发、营销、生产供应链、操作五大序列的职业通道，分别对应于不同类型的人员。这种模式相对于双通道来说具有更强的专业性，也为员工提供了更多的发展机会，便于员工找到与自己兴趣相符、真正适合自己的职业目标。

（3）职业发展通道与任职资格体系

任职资格体系建设的基础是职类职种划分，换句话说，所谓任职资格标准，一般都是针对某一职种和其中的各职层进行设计的。从这个意义上说，任职资格体系也可以说就是职业发展通道管理体系。

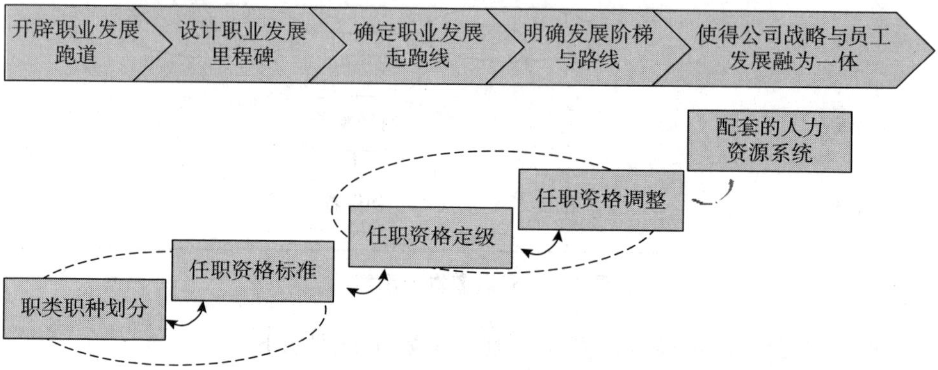

图 7-8 职业发展通道与任职资格体系的关系

具体来说，在任职资格体系建设之初，会结合公司战略、行业惯例、业务流程等多种因素划分职类、职种，将各个职位纳入职类、职种之下，由此也就实现了单一岗位的通道化管理。每一通道（职种）内部都会设置多个阶梯（职层），而每个阶梯都会有相应的标准（资格标准，分别用基本条件、行为标准、能力标准、业绩标准等表示）。随着职级的提高，标准要求也相应提高。

从这种意义上说，职业通道（职类职种）就相当于员工职业发展的跑道，而每一级任职资格标准就是通道的“里程碑”。任职资格的定级就是确定职业发展的起跑线，任职资格级别的晋升就相当于职业发展道路上的进阶晋级。

由此可见，任职资格体系就是一套可视、可落地的职业发展通道与管理体系，当然，职业发展通道的管理也可以采用任职资格之外的其他或简或繁的管理模式，如：一套简单的文件要求，一个内部公认的三级管理模式，以素质模型为基础的管理标准等。对于已经或拟采用任职资格体系的企业来说，职业发展通道管理与任职资格管理双体合一，显然有利于管理的简化和效果的凸显。

二、职位分类与职位序列划分

所谓职位分类，是指根据某些特定的原则，将相似的职位纳入一个体系统一管理。之所以要提出分类管理的概念，源于如下背景。

首先，企业内部的岗位经常随业务的需求而快速变化，本着管理快捷的原则，相当多的企业把相似的岗位合并为一个序列，当工作需要一名员工从一个岗位转换到另外一个岗位、但工作性质变化不大时，属于序列内的微调，员工的能力结构、薪酬等级、考核指标等一系列管理要素都不需要变化。甚至很多企业开始逐步取消岗位的概念，尝试按照一个序列去管理人员，这在互联网服务等企业内部尤其明显。

其次，过去的岗位管理，一岗一薪，岗变薪变，针对任何一个岗位，都有一套岗位职责、任职要求与培训体系，这样带来的问题就是对管理集约化的挑战，如：组织培训，如果按照岗位开展，企业的培训体系会非常复杂；人员调配，无法识别哪些岗位的工作能力是接近的；考核激励，只能按照岗位而无法按照“组”进行区分和管理……

所有这些问题，最后都指向到一种管理要求，即：把岗位进行分类，在需要的场景下按照“组”的模式对岗位或人进行管理，以实现整分合的统一、有序、高效。

1. 职位分类的层次关系

根据企业规模、业务复杂程度和管理的要求，职位分类可以有多个层次的设计，从而构建所谓“职位大厦”，如图 7–9 所示。

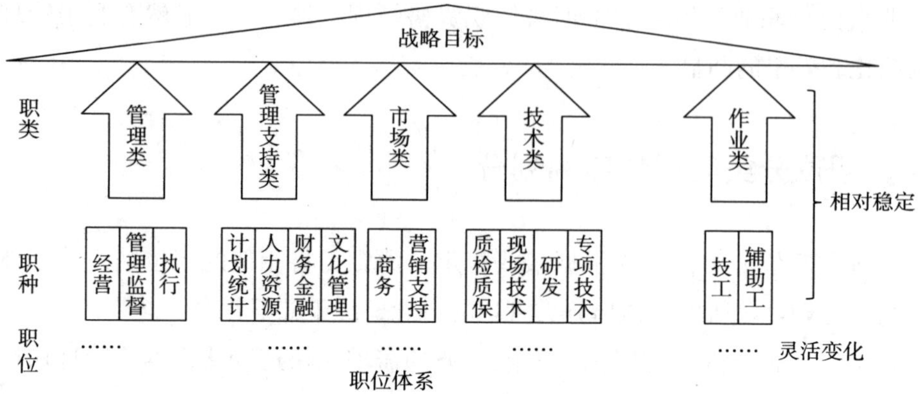

图 7-9　职位体系

同时设计相应的体系层级，如表 7–1 所示。

表 7-1　　职位、职位族、职位类区分

用语	概念
职位	需要由一位任职者来完成，具备一定任职资格要求的集合，职位强调的是以“事”为中心，而不是承担该职位的“人”
职位类	将相同职位分类归并而成，这些职位要求任职者需具备的任职资格要求与种类相同或相关，承担的职责与职能相似或相同
职位族	将工作关系以及组织结构相同或相似，绩效标准、薪酬要素等管控激励方式相同的或相似的职位类分类归并而成

居于该金字塔最底层的，也即我们通常所说的“职位”。

在职位之上，将多个相似职位归并在一起的管理单元，称为“职种”。

在职种之上，将多个相似职种归并在一起的管理单元，称为“职类”。

在职种之上，参考企业业务价值链或组织架构、对相似职种进行统合的管理单元，称为“职位族”。

表 7-2　　某公司的职位族、职类与职种

职位族	职类	职种
技能族	操作工类	车工、焊工、钳工、线切割操作工、铁工、激光切割机操作工、数控设备操作工、装配钳工、电气装配工、光学装配工
	工艺编程类	工艺编程专工
	设备维修类	设备维修
	调试类	调试工程师
	辅助类	普工、运输操作

续表

职位族	职类	职种
技术族	产品 / 项目管理类	产品线经理
	技术类	电气工程师、研发工艺工程师、生产工艺工程师、机械工程师、软件工程师、光学工程师、测试工程师、工业设计工程师、力学工程师、激光工程师、电子工程师
营销族	技术服务类	培训工程师、增值服务、技改工程师、设备保养维修、应用工程师、销售技术支持
	客户服务类	客户接待、客户服务
	市场类	市场支持、市场推广
	销售类	大客户经理、行业经理、销售
管理族	供应链管理类	采购、仓储、物控、物流管理
	职能管理类	财务管理、行政管理、企业管理、人力资源管理、标准化管理、法务管理、投资管理、项目管理、重大项目管理部司信息化管理、质量管理、品质检验
	专业管理类	研发技术管理、生产管理、营销管理、技术服务管理、供应链管理
行政管理族	经营管理类	经营管理

在企业实际操作中，规模较小、业务较为简单的企业也可将以上分类压缩为三级，即职类、职种、职位。

2. 职位分类的序列设计

职位分类的序列设计主要依据的是相似性原则，即：根据职位的职能连贯性、职责相似性、能力类型相似性三个维度来判断，把相似或相近的职位归为同一职种，再将相似性的职种归为职类，从而形成公司的“职位体系大厦”。

从职位体系最高层次——职位族的划分来看，并非无章可循，通常来说，企业会按照经营管理序列、职能管理序列、技术序列、营销序列、操作序列五个大类划分，形成五大序列和通道。

（1）经营管理序列

包括从事经营管理工作并拥有一定职权的职位，通俗的理解是“手下有兵、对经营结果负责”的人，企业因其承担经营目标的组织实施和完成情况作为主要的付薪依据。典型岗位如企业的总经理、分公司经理、事业部经理（班子）等。

（2）职能管理序列

包括从事生产、技术、营销、行政等某一领域的职能管理工作的职位，上述职位的主要职责是根据公司的总体部署，策划指导、督促执行、辅助支持公司各部门的各项具体管理工作，企业因此履行管理职能的情况而付薪。典型岗位如企业的各职能部门的管理岗位。

（3）技术序列

包括从事技术研究、产品开发、生产质量、技术管理等工作的职位，表现为需要较强的专业技术背景与技术工作经验，企业付薪的依据主要是该岗位的专业技术水平，以及类似项目奖金的目标性激励。典型岗位如企业的技术研发岗、质量管理岗、生产工艺岗、技术管理岗、信息技术岗，等等。

（4）营销序列

包括专职从事销售和市场开拓等工作的职位，这些职位的工作特点是：工作以外向型为主，工作场所时间等均不固定，但工作结果清晰易量化。对这些岗位的付薪多以基薪加绩效（或佣金、提成等）的模式。典型岗位如企业的各级销售经理、主管等。

（5）操作序列

指在企业内部从事生产作业类工作的职位，通常称为“技工”或“技能工”，是构成“基层员工”的主要群体，这些职位虽然不是管理岗位，但在相当多的企业，由于其独特的生产技术要求，企业产出的质量、数量等高度依赖于上述岗位任职人员的责任心与技能水平。企业对上述职位人员，一般采取基本工资加计件、计时或定额工资的方式。典型岗位如物流企业的快递员岗位，生产制造企业的装配岗位等。

随着企业规模的扩大，企业内部分工的精细化程度也会不断提高，职位序列的划分也必然会朝着更为精细化的方向发展，图 7–10 为华为在初期建立任职资格体系时的职位序列划分方案。

职位类别	
管理族	三级管理、四级管理、五级管理
技术族	系统、软件、硬件、技术支援、IT、制造、质量管理
营销族	销售、产品、营销策划、营销工程、市场财经、公共关系
专业族	计划、流程管理、人力资源、财经、采购、秘书
操作族	装配、调测、物料、检验、设备、技术员……

参见华为人字2002（04）号文件。

图 7-10　华为职位序列划分方案

三、职位分层与分级

完成职位分类之后，要将各序列进行分层分级，从而为员工的成长建立多个台阶和里程碑。

每一个序列应当划分多少个层级？需要考虑以下四个原则。

①组织规模与复杂度。首先需要思考的是公司目前的发展阶段和业务运作形式的分化程度。一般而言，组织的复杂度越高，所分的层级越多；人员规模数量越大，所分层级越多。

②人员的成长规律。每个序列划分多少个层级，要深入分析这类人员的成长规律，描绘人员成长曲线，看成长曲线中会出现多少个能力特征差异相对明显的阶段，据此进行层级规划，就可以在人员达到这个阶段时及时给予认可，及时落实相应政策如加薪、晋职等，从而满足人员渴望获得认可与承认的需要。

③区分度与可操作性。序列的层级划分应适中。过少，容易导致认证后大部分员工落入某一两个级别，没有区分，也不利于未来的长期使用。太多，会出现级与级之间标准重合，不宜区分的问题。同时，还要考虑体系长期运行之后，普遍晋升带来的高层次职级的需求，不能出现因为职级

已满、无法晋升的局面。此方面宜参考业界其他企业的经验，以具备持久性、可操作性为划分的依据。

④拔高原则与务实原则。有的企业认为，最高级别是代表行业最高水平的能力要求，应当是努力的目标，实际上企业内部甚至没有人可以达到，在这样的前提下，就需要在层级设置上提前规划，多留出这一级次。而有的企业则要求各级呈正态分布，就不需要这一设置。

从其他企业的实践来看，一般来说可根据序列不同划分 3 ~ 6 六个职级，销售、研发等业务类序列因为任职人较多，一般设计 4 ~ 6 个职级甚至更多，而管理类一般设计 3 ~ 4 个职级即可。如果企业各职能发展相对均衡，各序列人员数量都比较多，也可让大多数序列分级数量一致，便于横向对比和简化管理，如华为早期采用的“双通道”模式。

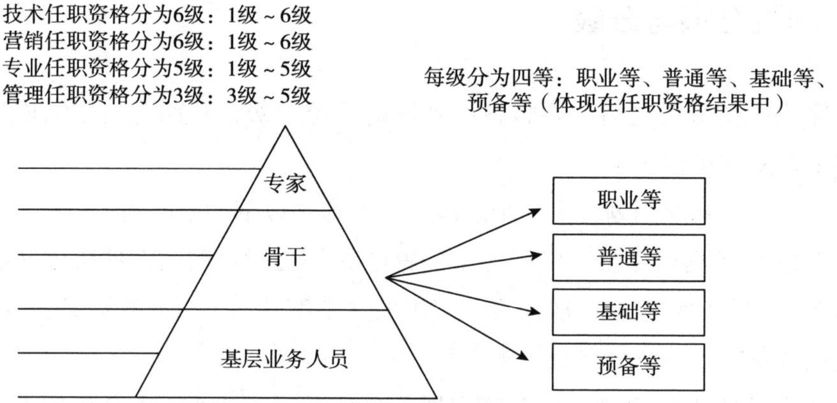

图 7-11　华为早期“六级双通道模式”

需要说明的是，在“级”之下，为了缩短新周期，增强激励性，有时还有“等”的设计。所谓“等”，可以理解为“小级”，在同一级别内不同等的能力要求略有差异。有了等的设置，就给予了任职资格体系以更为灵活的操作空间，如：只在晋级时履行严格的任职资格评价程序，而把晋等的权限适度下放给基层单位，根据任职人的业绩表现和从业年限在小范围评价、晋升即可。

表 7–3 为某工程企业部分序列的级别划分方案，在设计时就考虑了公司业务对每个序列人员能力素质的要求、各序列人员的内在发展规律、目

前各序列的在职人数、解决问题的复杂程度、需要掌握的知识技能等多方面的因素。

表 7-3　　某工程企业任职资格等级

序列	专业通道名称	任职资格标准等级	级内分等
经营管理序列	（工程）分公司总经理	3 级	
	营销公司 / 一级驻地分公司总经理	3 级	
营销序列	营销专业	4 级	其中四级含 A/B/C/D 四等
核算－成本序列	核算专业	7 级	其中二级以上含 A/B/C 三等
	内审专业	6 级	
工程管理序列	项目管理专业	7 级	
	施工管理专业	5 级	
	质量管理专业	4 级	
	深化设计专业	6 级	
	材料采购专业	4 级	
	仓库管理专业	4 级	
	安全管理专业	4 级	

四、级别角色定义与角色画像

在确定级别之后，需要对每个级别进行定义，以明确各级的定位，以及与其他级别之间的差异，此项工作称为级别角色定义。

表 7-4　　级别角色定义及角色画像

角色	级别	定义
基层业务人员	一级	具有本专业的一些基本知识或单一领域的某些知识点；在适当指导下能够完成单项或局部的业务
	二级	具有本专业基础的和必要的知识、技能，这些知识和技能已经在工作中多次得以实践；在适当指导的情况下，能够完成多项的或复杂的业务，在例行情况下能够独立运作
骨干	三级	具有本专业某一领域全面的良好的知识和技能，在某一方面是精通的；能够独立、成功、熟练地完成本领域一个子系统的工作任务，并能有效指导他人工作

续表

角色	级别	定义
核心骨干	四级	精通本专业某一领域的知识和技能，熟悉其他领域的知识；能够指导本领域内的一个子系统有效地运行，对于本子系统内复杂的、重大的问题能够通过改革现有的程序／方法来解决，熟悉其他子系统运作
专家	五级	精通本专业多个领域的知识和技能；能够准确把握本领域的发展趋势，指导整个体系的有效运作，能够指导本领域内的重大、复杂的问题解决
资深专家	六级	能够洞悉本领域的发展方向，并提出具有战略性的指导思想

1. 级别角色定义的意义与价值

首先，级别角色定义明确了企业对于该序列人员的战略性、前瞻性要求。

级别角色定义描绘了员工在企业各领域可能的成长空间和发展方向，因此，在进行定义时，要结合企业的发展战略、目前和将来可能采取的业务策略，以及在此基础上的人才需求，必须思考企业到底需要什么样的人，希望员工在未来的业务中扮演怎样的角色，尤其对于核心职位，这方面的定义尤为重要。比如，在企业尚未实施直销方式时，精通渠道销售的人员，在企业就可以称为营销专家，但如果企业改变营销策略，既做渠道，又做直销。这时候，企业的营销专家的含义可能就变了，它可能要求员工精通各种销售方式。

第二，级别角色定义明确了不同级别的行为和能力要求，是任职资格开发的基础。

级别角色定义是为每个级别的员工勾勒出了能力特征的基本轮廓，并且简要描述了该级别人员应该做什么，应该是什么样子，换句话说，是一个“级别速写”。它为任职资格标准的开发定下了基调，未来的行为标准、能力标准开发分别从能力特征和行为特征两个方面对级别标准进行细化，并使用这些标准来区分出员工的能力水平。

第三，级别角色定义勾画了员工在各专业领域的基本成长规律。

一个人在某一专业领域的成长是有规律可循的。在不同时期，他在该专业领域认识、理解和解决问题的能力、影响力是不一样的，因此承担的责任、对业务变革的作用等都会不一样。级别角色定义就是要反映员工在某一领域内的成长规律，描述各个不同成长阶段对员工专业知识、解决问题的难度、熟练度、在专业领域内的影响力、业务变革和应承担责任等方面的不同程度的要求。

表 7–5 为某企业专业技术类级别角色定义的案例。

表 7-5　　专业技术类级别定义通用模板

级别	名称	级别定义通用模板	
五级	专家	远见层面	业务流程建立的主持者或重大流程变革的发起者
			调查并解决需要经过复杂分析的系统性、全局性的特殊问题，问题往往是通过创造新的程序、方法和技术来解决
			能够指导整个体系的有效运作
			能够洞悉和把握本专业的发展趋势，并提出前瞻性的思想
四级	资深者	战略层面	在本专业大多数领域具有精深、全面的知识和技能
			对本专业业务流程有全面、深刻的理解，能够洞察其深层次的问题并给出相应的解决方案
			在专业领域能够对他人有效地施加影响，从而推动和实施本专业域内重大的变革
			能够通过改革现有的程序解决本专业领域内复杂、重大的问题
			可以指导本专业内的一个子系统有效地运行
			能够把握本专业的发展趋势，并使本专业发展规划与业内发展趋势相吻合
三级	骨干	策略层面	深入掌握本专业单一领域的知识和技能，并对相关领域的知识有相当的了解
			全面了解整个体系，能准确把握各组成部分之间的内在关系
			能够发现业务流程中的重大问题，并提出有效的解决方案
			能够预见并及时解决工作中的问题
			能够对现有的方法、程序进行优化，并解决复杂问题
			熟练、有效地完成工作任务，并能有效指导他人

续表

级别	名称	级别定义通用模板	
二级	有经验者	执行层面	具有本专业某一领域基础、必要的知识、技能，这些知识和技能已经在工作中多次得以实践
			能够运用现有的程序和方法解决常规性的问题，但是这些问题一般不需要进行分析或者是进行不太复杂的分析，工作相对是程序化的
			能够独立工作，只在例外情况下需要适当的指导
			能够理解并配合本专业领域中发生的改进和提高
			能够发现流程中一般的问题
一级	初做者	操作层面	掌握基本知识或单一领域的知识点，但是这些知识往往未在工作中实践过
			在本专业领域仅有较少的，不够全面的经验，不能为独立工作提供支持，在工作中遇到的许多问题是其从未接触和解决过的
			对整个体系的了解是局部的，并对整个体系各个组成部分之间的关联不能正确把握
			只能在指导下从事一些单一的、局部的工作
			不能完全利用现有的方法、程序解决问题

2. 通用型级别角色定义方法

对于级别角色的定义，可以从不同的维度考虑，为了使得级别角色定义更加标准化、具有更强的可操作性，国际上一般采用如下“四维度定义法”。

①专业知识。该维度主要对角色所需要掌握的知识以及掌握程度进行定义，级别越高，需要掌握的知识越复杂，在知识的掌握程度上，一般采用了解、熟悉、掌握、精通四个动词，描述对于知识和技能的熟悉程度。

②承担工作。该维度主要对角色所承担工作的范围、规模、难度、独立性等进行定义，级别越高，所负责的工作范围越大、规模越大、难度越高、独立性越强。

表 7-6 项目管理序列的级别角色定义

级别划分		项目管理专业一级	项目管理专业二级	项目管理专业三级	项目管理专业四级	项目管理专业五级	项目管理专业六级	项目管理专业七级
角色特征画像	1. 专业知识	1. 熟悉装饰、装修本专业知识；2. 了解工程行业基本规范；3. 熟悉公司制度流程及项目运营的基本知识。	1. 熟悉装饰、装修本专业知识；2. 了解工程行业基本规范；3. 熟悉公司制度流程及项目运营的基本知识。	1. 熟悉装饰、装修本专业知识；2. 熟悉工程行业基本规范；3. 掌程公司制度流程及项目运营知识；4. 了解行业内的三新知识；5. 了解本专业领域与建筑相关领域的联系，拓展知识。	1. 掌程装饰、装修本专业知识；2. 熟悉工程行业基本规范；3. 掌程公司制度流程及项目运营知识；4. 熟悉行业内的三新知识；5. 了解本专业领域与建筑相关领域的联系并借鉴应用。	1. 熟练掌程装饰、装修本专业知识；2. 掌握工程行业基本规范；3. 掌握公司制度流程及项目运营知识；4. 熟悉行业内的主新知识；5. 熟悉本专业领域与建筑相关领域的业务联系并借鉴应用。	1. 精通装饰、装修本专业知识；2. 熟练掌握工程行业基本规范；3. 精通公司制度流程及项目运营知识；4. 掌握行业内的三新知识、前沿知识。	1. 精通装饰、装修本专业知识；2. 精通工程行业基本规范；3. 精通公司制度流程及项目运营知识；4. 精通行业内的三新知识、前沿知识。
	2. 承担工作	1. 能在指导下完成小型工程项目；2. 初步参与团队管理工作；3. 能参与甲方工程部对接人员进行沟通。	1. 能在他人指导下完成项目策划；2. 能独立完成小型工程项目；3. 初步参与团队管理工作；4. 能参与甲方工程部对接人员进行沟通。	1. 能制定项目策划并组织实施；2. 能独立完成中型工程项目；3. 能指导下级项目经理开展工作；4. 能参与甲方项目部负责人进行沟通。	1. 能制定项目策划并组织实施；2. 能独立完成大中型工程项目；3. 能指导下级项目经理开展工作；4. 能参与甲方项目部负责人进行沟通。	1. 能制定项目策划并出色完成；2. 能独立完成大型工程项目；3. 能同时指挥和管理多个项目；4. 能指导下级项目经理开展工作；5. 能参与甲方分管领导进行沟通。	1. 具备较大型业务团队的综合管理能力；2. 能同时指挥和管理多个项目；3. 能有效开展人才培养；4. 能参与甲方分管领导进行沟通。	1. 具备较大型业务团队的综合管理能力；2. 能同时指挥和管理多个项目；3. 能有效开展人才培养；4. 能参与甲方高管进行沟通。

续表

级别划分		项目管理专业一级	项目管理专业二级	项目管理专业三级	项目管理专业四级	项目管理专业五级	项目管理专业六级	项目管理专业七级
角色特征画像	3. 解决问题	1. 发现项目常规问题，客观描述问题并在施工现场寻求解决。	1. 发现项目常规问题，客观描述问题、分析问题原因，协调解决。	1. 能发现潜在问题；2. 采取临时措施控制项目现场的问题。	1. 预见项目潜在问题，采取风险管控措施；2. 能有效控制项目现场突发性问题与可能造成的损失。	1. 预见项目潜在问题，采取风险管控措施；2. 能有效控制项目现场突发性问题与可能造成的损失；3. 解决多项目交叉管理问题。	1. 能预见项目深层次的潜在问题，并能通过总结形成普遍性的解决方案和案例，为其他项目提供支持；2. 解决多项目管理问题。	1. 能预见项目深层次的疑难问题，并能通过总结形成普遍性的解决方案和案例，为其他项目提供支持；2. 解决多项目管理问题。
	4. 影响变革	1. 客户基本认可、团队认可；2. 理解和接受公司地变革。	1. 客户认可，团队满意，公司基本满意；2. 理解和接受公司地变革，并参与变革的执行。	1. 客户认可，团队满意，公司满意；2. 理解和接受公司的变革，承担变革的部分工作。	1. 客户高度认可并实质性奖励；2. 能够主动参与变革，承担变革工作。	1. 客户高度认可并实质性奖励，带来后续业务介绍；2. 能够主导变革实施	1. 客户高度认可并实质性奖励，带来后续业务介绍；2. 公司树立的榜样与标杆；3. 能够设计变革方案，主导变革实施。	1. 客户高度认可并实质性奖励，带来后续业务介绍；2. 代表公司项目管理的最高水平，参与行业标准的制定，在行业内具有较高影响力；3. 能够策划推动变革。

③解决问题。该维度主要对角色解决问题的难度、复杂度、熟练程度等进行定义，级别越高，所能够解决的问题难度越大、复杂度越高、能够解决问题的数量和范围越大。

④影响变革。该维度主要对角色在企业外部的影响力水平、范围以及在企业内部组织和推动变革的能力进行评估，级别越高，在外部的影响力越大，对内部变革的推动力越强。

通过以上四个维度，就可以把某一级别的角色定义得非常清楚。

表 7-6 为某工程企业项目管理序列七个等级的级别角色定义，分别从专业知识、承担工作、问题解决、影响与变革四个方面规划了七个级别的角色画像，为后续任职资格行为标准和能力标准的开发定下了基调。

第三节 组织功能分析与工作分析

一、组织功能分析和岗位梳理

同其他人力资源体系都是建立在管理对象具有明确且清晰的组织架构之上类似，任职资格体系的建设也要基于公司当前的战略，在对业务价值链进行分析的基础上，明确组织功能定位，优化岗位设计，分解岗位职责，在清晰、完整的组织岗位体系的基础上开展岗位序列划分与任职资格标准的开发工作。

具体来说，本阶段工作主要通过以下五个步骤完成。

（1）信息采集与分析

对影响组织功能和岗位梳理的各类信息和材料进行整理、阅读、分析，提取对组织与岗位优化有关的重要信息。

其中，需要采集与分析的信息，包括但不限于公司发展战略、公司业务流程体系、各部门职责、各部门管理规划与重点工作、当前组织运行中存在的问题、行业同类企业相同类型机构的组织功能对标研究，等等。

（2）组织功能模块罗列

本阶段的工作重点是将各部门的组织功能进行梳理和罗列，确保组织功能详尽完善、无交叉、悬空情况。其中，组织功能模块的主要来源包括：现有组织机构发布令、现有部门职责、涉及本部门的业务流程、公司业务部署及部门工作重点，等等。

通过对组织功能的初步梳理，形成针对该组织的功能模块分解表，如图 7–12 示例。

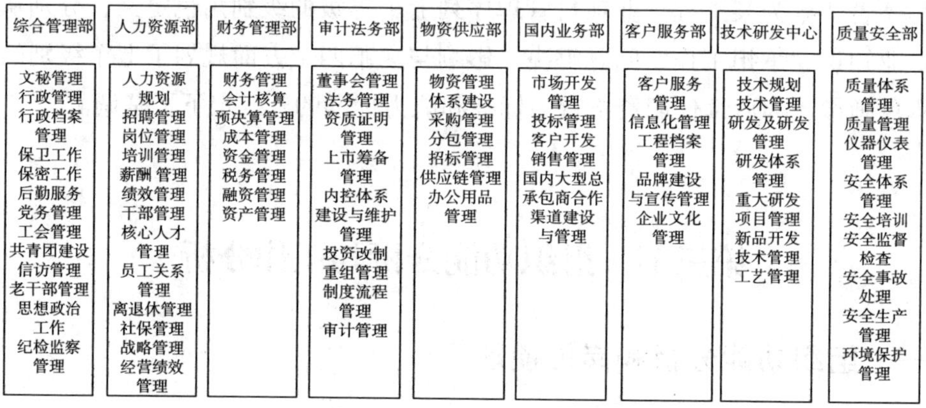

图 7-12　组织功能模块分解

（3）各模块行为要项罗列

在组织功能分析的基础上，需要进一步将每一项组织功能分解为更加细致的行为要项，所有行为要项的正常运作可以保障组织发挥其应有功能。

行为要项的主要来源包括：部门功能模块设置表、原有部门职责、岗位职责与部门工作重点、涉及本部门的业务流程、各级管理者提出的改进要求，等等，表 7–7 为某工程企业核算部门的行为要项表。

表 7-7　　某工程企业核算部门的行为要项表

模块	本部	项目公司 A 类	项目公司 B 类	项目公司 C 类
招投标及预算管理体系建设	制定公司统一的预算 / 招投标管理制度、流程、操作细则及相关模板，并实施	严格按照本部制定的相关制度、流程、操作细则及模板进行操作	严格按照本部制定的相关制度、流程、操作细则及模板进行操作	严格按照本部制定的相关制度流程、操作细则及模板进行操作

续表

模块	本部	项目公司A类	项目公司B类	项目公司C类
工程概算	编制工程概算（造价大表），并负责督促实施	执行本部编制的概算	执行本部编制的概算	执行本部编制的概算
工程预算	编制的工程预决算，并监督执行	执行本部编制的预算	编制部分预算并执行	编制部分预算并执行
总包、监理单位选择	筛选、谈判、确定总包和监理单位	参与选择总包和监理单位	参与选择总包和监理单位	参与选择总包和监理单位
大宗/通用性材料设备采购	考察、谈判、确定供应商	参与选择供应商；负责后续合同签订和管理	参与选择供应商，负责后续合同签订和管理	参与选择供应商，负责后续合同签订和管理
分包单位和材料设备招投标	备案项目公司权限内招投标（50万以下分包单位和10万以下材料设备）的招标结果和合同	本部负责招标	在授权范围内进行设备和材料招标	组织权限内招投标，签订合同并将最终结果和合同报本部备案
	审批项目公司上报的招投标文件（50万以上分包和10万以上材料设备），考察供应商，最终确定中标单位，备案招标合同	本部负责招标	在权限内负责招标，经本部确定招标结果后，负责签订合同，并将合同及时报本部备案	在权限内负责招标，经本部确定招标结果后，负责签订合同，并将合同及时报本部备案
经济签证	审批项目公司权限外的经济签证	负责权限内的经济签证，对权限外的经济签证需及时上报本部审批	负责权限内的经济签证，对权限外的经济签证需及时上报本部审批	负责权限内的经济签证，对权限外的经济签证需及时上报本部审批
竣工结算	负责A类项目的竣工结算，编制工程结算书 负责审核B类和C类的竣工结算书	参与工程结算书的编制	负责项目竣工结算，编制工程结算书	负责项目竣工结算，编制工程结算书
竣工结算审计	负责竣工结算审计，并根据审计结果进行相应奖惩	配合本部进行竣工结算审计	配合本部进行竣工结算审计	配合本部进行竣工结算审计

（4）DPE 矩阵分析

在此阶段，要将部门行为要项具体分解到岗位，对部门岗位设置情况进行评估，此处所使用的工具是 DPE 矩阵，即：针对每一行为要项，明确具体到不同岗位的决策（D）、参与（P）、执行（E）职责。通过 DPE 矩阵分析，能够发现岗位职能是否存在交叉、悬空、弱化等问题，并提出优化建议。例如：如下情况的岗位设置方案是存在问题的，需要做优化和调整。

①岗位承接的职责项过少。

②岗位对于各个行为要项都是参与，不能体现岗位价值。

③岗位承接的要项过多或者跨度过大。

④岗位对同一要项既决策又参与，又执行，不符合风险控制的原则。

⑤不同的岗位，但工作内容基本一致。

这部分工作从部门职责与行为要项表出发，采用 DPE 矩阵分析工具，最终形成部门到岗位的 DPE 矩阵分析表，如表 7-8 所示。

（5）岗位设置优化

通过以上步骤的分析和总结，对部门的岗位设置进行优化，对原有岗位体系进行增加、删减、合并等。此过程中，可参考部门原岗位方案、行业同类企业或相同类型部门的岗位设置方案、部门 DPE 矩阵分析表等，最终形成优化版的岗位设置方案。

表 7-8 财务部岗位职能分析表

一级职能	二级职能	三级职能	职责	岗位名称			
				财务部经理	财务部副经理	会计	出纳
根据公司发展规划和财务要求，建立和完善公司财务管理体系，编制财务预算，组织实施会计核算和监督，保证公司经济活动健康稳定运营	财务管控	财务监控	制定和完善公司财务管理制度和管控体系	D	P		
			监督审查公司各类财务报表和账目	D			
		财务指导	组织实施下属单位财务人员培训和学习	D	E	E	
			指导和监督下属单位会计核算及管理工作	D	P	E	
	会计管理	账簿管理	审核会计原始凭证，编制会计记账凭证	D	P	E	
			负责登记会计账簿	D		E	
			负责会计核算（账款收付、往来账目、债权债务、成本费用等）	D		E	
			负责会计对账、查账	D		E	
		资产清查	及时办理财产增减、折旧等手续清理		E	P	
			清理债权债务		E	P	
			办理银行信贷和资金筹集工作		E	P	
		报告编制	收集和汇总公司会计信息		D	E	
			编制和报出各类财务报表和报告		D	E	
		档案管理	会计凭证的整理、传递和保管			E	
			会计账簿的更换与保管			E	
			各类会计档案归档、借出和销毁等			E	

续表

一级职能	二级职能	三级职能	职责	岗位名称			
				财务部经理	财务部副经理	会计	出纳
	会计管理	档案管理	会计凭证的整理、传递和保管			E	
			会计账簿的更换与保管			E	
			各类会计档案归档、借出和销毁等			E	
	财务管理	预算管理	编制和分解公司年度预算	E			
			监控和调整预算执行	E			
			分析预算执行情况，组织实施预算结果考核	E	E	P	
		资金管理	负责银行账户的开户、销户、验资和年检等业务				E
			审核款项原始凭证，编制收付款记账凭证				E
			登记现金和银行存款日记账，并定期进行账单核对				E
			办理现金收付（现金提取、发放和报销）				E
			办理银行结算业务，并定期进行账目核对				E
			保管财物专用章、银行电子密钥、空白支票和收据本等				E
			负责库现金和各类有价票据的保管和盘点工作				E

二、工作分析与岗位职责梳理

在 DPE 矩阵分析和岗位设置优化的基础上，需要进一步对每个岗位进行工作分析，梳理岗位职责，编写或修订《岗位说明书》。

《岗位说明书》的编写或修订，要完成以下九个步骤。

①信息收集与了解。首先收集公司的管理和业务资料，为后续的岗位说明书提供依据和抓手。

②填写岗位基本信息。梳理公司的岗位清单，对部门、岗位名称、岗位数量等进行规范。

③描述岗位关系。明确岗位的上级、下属岗位，体现岗位在部门或公司中的位置。

④描述岗位目的。用非常简洁和明确的一句话来表述该岗位存在的价值和理由。

⑤关键职责描述。职责是本岗位为了完成工作目标而必须履行完成的责任，每个岗位都有若干项职责。原则上，以动宾结构描述岗位职责，列举三至八项该岗位的核心工作职责。

⑥关键业绩指标提炼。依据岗位所承担的职责，提取关键的业绩指标，明确重点考核点。需要关注的是，这部分内容并非岗位说明书中必备部分，根据公司管理需要可以选择是否体现该部分内容。

⑦工作权限描述。明确承担该项职责时岗位人员所具备的工作权限。

⑧工作协作关系描述。包括内部协调关系和外部协调关系两部分。内部协调关系指在完成工作时，本岗位需要与公司内哪些部门、哪些岗位发生联系，外部协调关系指完成本岗位工作而必须发生联系的所有公司以外的机构，包括供应商、客户、合作伙伴、上级单位、关系单位、政府机关等。

⑨工作特点描述。主要包括工作范围、是否倒班、是否高危职业等特点。

⑩任职要求描述。任职要求包括学历、专业、年龄、工作年限等方面的信息。

编写或修订《岗位说明书》应遵循以下三项原则。

①对事不对人原则。《岗位说明书》是以岗位为基准，针对岗位本身的要求进行编写、描述或说明，不能考虑或针对实际岗位所在员工的具体情况进行描摹。

②实事求是、客观公正的原则。编写《岗位说明书》要客观真实、公正合理，防止人为夸大或缩小岗位元素，要努力做到做到不增不减。

③统一和规范的原则。编写《岗位说明书》，对所需编写的每一项内容，要不遗不漏，并按照要求使用规范术语和标准进行编写。

在完成以上各步骤之后，最终形成各岗位的《岗位说明书》。

表 7-9　　某公司出纳岗位说明书

岗位基本信息			
岗位名称	出纳	所在总部 / 子公司	上虞颖泰
直接上级	财务经理	所属部门	财务部
直接下级	无	所属序列	
岗位定位			
根据公司财务管理制度，审核原始凭证，办理资金收付及协助传递外协单位相关纸质资料等外勤工作，确保公司资金安全周转			

岗位职责	
序号	职责描述
1	■ 严格审核单据、发票等原始凭证，按照费用报销的有关规定，办理现金收支业务，做到合规准确、手续完备、单证齐全
2	■ 定时盘点现金、有价证券、票据，确保账实相符
3	■ 负责现金、支票、汇票、票据、有价证券、收据、网银 U 盾、财务印章等保管，及时办理银行和现金结算业务。保证自动扣款结算业务银行账户资金充足，编制月度资金收支表、银行余额调节表和票据、有价证券备查表和融资统计表
4	■ 负责办理承兑汇票开具及相关资料传送工作，并定期与财务副经理进行承兑保证金和应付票据的对账工作
5	■ 负责工资、奖金的支付，负责办理开、销户等银行相关业务，协助办理筹融资业务资料的传递

任职资格要求
教育背景
● 大专及以上学历 ● 财务管理、会计、税务管理、金融等相关专业

续表

工作经验
● 3年以上财务相关工作经历
知识技能
● 熟悉现金管理流程；熟悉银行业务办理手续
职业认证
● 会计从业资格证
其他
● 坚守原则，细致严谨，善于沟通，性格温和

第四节 行为标准开发

一、任职资格标准的设计原则

从序列行为标准开发开始，正式进入任职资格标准设计的范畴，首先应明确任职资格标准设计的四项原则。

①源于工作。任职资格标准的级别划分、标准内容等都从对实际工作的分析而来，而不能仅从技能本身进行推理。

②结果导向。根据任职资格标准进行认证的素材，应尽可能取自于员工日常工作成果，尽量减少为认证而额外增加的工作。

③现实性与牵引性相结合。任职资格标准的级别划分，应兼顾现实性与牵引性两个方面。

现实性—达标标准。标准需要归纳提炼组织中优秀员工的成功工作行为，以反映组织员工能力的实际水平，普通员工通过努力后也可以做到。

牵引性—优秀标准。标准不能仅仅限于员工目前的能力水平，如有必要应借鉴业界优秀的做法和先进经验，并纳入标准中。要想达到标准的最高要求，组织中优秀的员工需要“跳一跳”才能够得着。

④持续改进。任职资格标准本身也要伴随组织的发展和员工能力的提升而不断完善。

适应组织业务发展的要求。任职资格标准是与业务紧密联系的，伴随组织业务的发展，任职资格标准的内容和要求也要进行相应调整，以适应组织业务的要求。

适应员工能力提升的要求。伴随员工职业化水平的不断提高，任职资格标准也要相应进行调整，以不断牵引员工能力的发展。伴随着组织中员工能力的"水平面"不断提高，任职资格标准也应"水涨船高"。

二、行为标准层次结构

行为是影响各序列人员业绩最关键的若干工作活动。行为标准描述的是成功完成业务活动的行为的总和，它的基本结构包括行为模块、关键要项与行为标准三大部分，如图 7–13 所示。

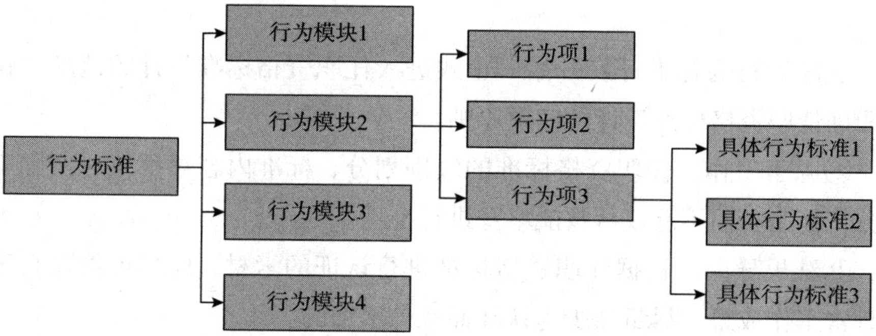

图 7-13　行为标准基本结构

所谓行为模块，是影响某职类业绩最关键的若干业务模块；所谓关键要项，是有效完成该行为模块的关键步骤；所谓行为标准，是有效完成关键要项的关键行为。这三者之间，就相当于一本书的章、节和正文三者之间的关系。

一般情况下，针对某一序列某一层级的行为模块约为 4 ~ 6 个，每一行为模块对应的关键要项约为 3 ~ 5 条，针对每一关键要项的行为标准约为 2 ~ 3 条。

三、行为标准开发方法

1. 行为标准设计方法综述

行为标准开发的常用方法有四种，分别是标杆行为分析法、过程分析法、关键绩效挑战分析法、专家研讨法。

①标杆行为分析法。通过选定标杆人物以及对标杆人员的结构化访谈，完成该序列不同等级人物行为标准与活动列表的编写。

②过程分析法。在活动列表的基础上进一步分析某一活动的具体做法与相应的行为，这里所采用的主要是流程或SOP分析的技术和方法。

③关键绩效挑战法。针对职位分析中所提出的重点、难点，在列出这项活动的行为标准的同时，对“怎么做，输出什么，做到什么程度”进行具体研究，从而使这个行为标准融入工作中可能面临的挑战、重点、难点，有血有肉，对员工的指导意义更强。

④专家研讨法。在行为标准初步拟定之后，组织相关专家和岗位绩优人员进行研讨，对基本内容进行补充、完善、升级。

在实际行为标准的开发过程中，以上四种方法往往是联合使用的，以标杆行为分析法切入建立行为标准模型，以过程分析法、关键绩效挑战法等进行细化、规范化，最后，通过专家研讨，查漏补缺，提高标准的专业化水平。

2. 标杆行为分析法的执行程序

（1）标杆人物选取

作为行为标准制定的研究对象，标杆人物必须选取每个级别中最具有代表性的人物，主要是从专业能力、经验、绩效、稳定性等方面要具有代表性。此外，标杆人物要具备良好的总结归纳与语言表达能力，能够把行为和活动“说出来，说清楚”。

在整个标准开发过程中，标杆人物将参与访谈，参与行为标准开发，以及参与后续的任职资格标准的开发与讨论工作，要有必要的时间投入作为保证。

（2）标杆人物访谈

访谈是为了达到一定目的，与访谈对象进行面对面交流和数据收集的重要方法。行为标准开发的前期工作就是标杆访谈。这项工作是整个行为标准设计的关键环节。访谈不只是收集如事实、数据等硬性信息，也需要收集印象、观点、判断等软性信息。

与调查问卷相比，访谈能够控制调查过程并深刻了解被访谈对象的反应，从中获取更多的信息，特别是对一些敏感问题的反馈。在行为标准开发的过程中，对于标杆人物的访谈可以分成四个步骤，如表 7–10 所示。

表 7-10 标杆人物访谈过程

序号	步骤	具体说明
1	访谈计划	明确访谈目的，制作访谈指引，明确访谈方向及实质
		了解需收集的数据要求，设计访谈提纲
		设计访谈提纲，成立访谈工作小组，并明确访谈人的分工
2	访谈开始	开场白
		介绍访谈人员、访谈目的、对被访谈者的益处、访谈内容、所需的时间
		与被访谈者建立合作关系，营造宽松的访谈氛围，为访谈作铺垫
3	收集数据	收集数据是访谈的主体
		将重要问题放在前面进行以获得重要信息，一般在 15 分钟之内，基本上可以获得所需要的重要信息
		注：访谈最好能够录音（但是录音须征得被访谈者同意），以免内容遗漏
4	访谈结束	最后几分钟，对访谈内容进行小结，让被访谈者确认，重问没有充分回答的问题
		抓住问“最后一个问题”的机会获取重要的信息以了解一些敏感问题
		给被访谈者时间表达自己的关注点
		获取访谈中提到的材料、文档、额外的资料
		建立进一步接触的途径，对被访谈者参与表示感谢

（3）访谈提纲设计

一般情况下，可根据已了解的本岗位序列的主要职责来设计访谈提纲，问题类型一般为行为描述性或是开放性问题。

在访谈的过程中，要注意引导被访谈者回答：做了什么，如何做的，采用何种方法和工具，取得何种结果，结果的衡量标准是什么，等等，以上信息是未来开展行为标准开发所必需的元素。

以下请看一份行为标准开发的结构化访谈模板。

××员工：

您好！根据公司领导的提名，你被选定为××职位族的标杆人物（注：任职资格等级需保密），你之所以优秀，之所以成为标杆人物，肯定有着与众不同的地方，今天我们要做的事情就是要找出这些与众不同的地方。

①请问：您的主要工作（职责、责任）是什么？如果归类，可以分成哪几个模块？

好，下面我们一个模块一个模块地进行交流。

②请问：第一个职责模块的主要流程是什么？可以用什么证据来证明？

完成了这个模块的职责，会取得什么样的贡献？衡量这些贡献的指标如何？

③请问：要履行好这个模块的职责，应掌握哪些关键的知识、技能与能力素质（关键能力项）？

这种关键的知识、技能与能力素质应该达到什么水平和级别（关键能力的级别）？可以用什么产出（或者证据）来评估这些能力？

④下面，我们接着进行第二模块的访谈……

（4）标杆人物行为分析与活动列表

访谈结束之后，即可开展标杆人物的行为分析和活动列表的搭建工作。标杆人物的行为分析应按照结构化的方式展开，从职位说明书、流程、公司战略要求、外部环境与内部关键挑战五个维度进行分析，从而完成活动列表的编写工作。

首先，收集与标杆人物相关的职位说明书、职责文件，确定标杆人物承担的职责。其后，列出与标杆人物相关的所有业务流程与管理流程，确定标杆人物在每个流程中应承担的职责。并且，不仅局限于已开展的活动，还要考虑企业战略、外部环境与内部关键挑战对该类人员的要求，以确保标准的牵引性与可操作性。

对上述研究结果进行归纳合并，形成《标杆人物活动列表》，每个职类的每个职级都要总结出这样一份活动列表，作为行为标准开发的基础。

四、行为标准开发

行为标准的开发，具体可分为确定行为模块、确定关键行为要项、描绘行为标准三个步骤，分别解决“做了什么”“如何做”“做到什么程度”的问题。

1. 确定行为模块——做了什么

行为标准中的行为模块是依据本级别内各活动的重要性来确定的，而行为是依据不同级别的可区分性来考虑的。在确定行为模块时，首先要找出不同级别标杆人物行为列表中能够体现其专业水平差异的活动项作为备选；然后，根据难度、复杂度、输出结果可量化性等要素来判断该活动项是否可入选行为模块。

比如，研发设计活动中“子模块设计——模块设计——系统设计”这样的层次区分就非常清楚。因此，“设计实现”就可以成为研发类资格标准中的一个行为模块。

任职资格标准开发小组的每一名成员，都对每一级别标杆人物活动列表中的活动项进行重要性排序，一般选取四到六项作为行为模块的“必选项”，其余活动项确定为“可选项”，或并入任职资格标准的其他活动项。

表 7-11　　某公司管理类行为模块

任职资格等级 / 行为模块	管理三级	管理四级	管理五级
01	任务管理	策略管理	战略管理
02	团队建设	部门建设	企业文化建设
03	资源利用	资源管理	资源建设
04	公司决策信息提供	影响与参与公司决策	促成公司决策
05	员工绩效辅导	部门绩效管理	促成公司发展

2. 确定行为模块的关键要项——如何做

关键要项描述的是公司期望员工以什么样的行为方式来完成行为标准所描述的活动。它是行为模块的下一级组成部分。一系列的关键要项构成行为模块，同一行为模块的不同关键要项间存在逻辑关系，从而反映出行为实现的内在规律，如表 7–12 所示。

确定关键要项，就是要明确成功完成行为模块所必需的若干关键活动。在设计关键要项时，可以按照活动流程、活动范围、活动内在组成部分三个方向去考虑。

表 7-12　某公司三级管理者行为项

行为模块	行为项 01	行为项 02	行为项 03
任务管理	制订工作计划	组织与实施工作计划	指导与评估计划实施
团队建设	建立并维护部门内工作关系	与相关部门建立良好的关系	
工作环境管理	建立与维护硬环境	建立与维护软环境	
决策信息提供	搜集选择所需信息	处理并反馈信息	
流程管理	流程制定	流程实施	流程优化
绩效改进	自身绩效改进	帮助下属改进绩效	

行为模块涵盖的内容很多，需要提取其中最关键的几个，即决定该要素能否很好完成的几个关键环节。如案例所示：某企业“软件工程师”关键要项梳理表，其中标注“A”的是该级别工程师的关键要项；标注“B”的是该级别工程师参与的非关键要项。

表 7-13　工程师序列各级需参与的活动

活动大类	活动小类	一级	二级	三级	四级	五级	六级
软件（测试）类	00 项目计划			B	A	A	A
	01 需求分析			B	B	A	A
	02 概要设计	B	B	A	A	B	
	03 详细设计	A	A	B	B		
	04 单元测试	A	A	B	B		

续表

活动大类	活动小类	一级	二级	三级	四级	五级	六级
软件（测试）类	05 软件编码	A	A	B	B		
	06 集成测试设计	A	A	A	A	A	B
	07 集成测试执行	A	A	A	A	A	B
	08 系统测试设计			A	A	A	A
	09 系统测试执行	A	A	A	A	A	A
	10 系统维护	A	A	A	A	A	A
	11 资料写作					A	A
	12 配置管理						
	13 需求管理						

标注“A”的表示的是该级别工程师的关键任职活动；标注“B”的表示是该级别工程师参与的非关键任职活动。

3. 描绘每个关键要项的行为标准——做到什么程度

行为标准就是员工完成关键要项时需要遵循的行为过程或结果。关键要项出来后，要进一步分析：每个关键要项应如何一步一步落实，即确定具体的行为标准。

行为标准要求细化到动作层面，描述具体的操作内容，以“制订工作计划”为例，其中的“如何明确目标，如何明确标准，如何分析资源情况，如何安排工作任务与进度，做计划时应预先考虑哪些问题”等一系列操作性问题，都要进行具体描述。

行为标准的设计，应遵循以下四个原则。

①行为标准不能只是一个动作和行为的描述，必须有明确的目标性和指向性。

②行为标准中应有副词，用来描述“做得程度如何”。

③对行为标准的评价是可操作的，如：可以通过数据或关键时间予以证明。

④行为标准中应至少包含一个关键评价点。

表 7–14 为某企业工程项目管理专业的行为标准。

表 7-14 某企业工程项目管理专业的行为标准

阶段	职责	关键行为	项目管理专业一级	项目管理专业二级	项目管理专业三级	项目管理专业四级	项目管理专业五级	项目管理专业六级	项目管理专业七级
20–80 阶段（进度控制）	安全管理（人）	安全教育及交底	熟悉安全管理标准并监督执行	熟悉安全管理标准并监督执行	熟悉安全管理标准并监督执行	熟悉安全管理标准并监督执行	熟悉安全管理标准并监督执行	熟悉安全管理标准并监督执行	熟悉安全管理标准并监督执行
		安全设施跟踪检查							
		定期安全文明检查							
		安全风险控制及防控							
		安全大会							
	分区管理	区域划分	划分区域落实责任人	划分区域落实责任人	划分区域落实责任人	划分区域落实责任人	划分区域落实责任人	划分区域落实责任人	划分区域落实责任人
		落实责任人							
	主材二次梳理	制定材料的动态控制表	监督跟进	监督跟进	监督跟进、见缝经营	监督跟进、见缝经营	监督跟进、见缝经营	监督跟进、见缝经营	监督跟进、见缝经营
		见缝经营							
	总结纠偏	配合互检	配合互检，针对问题及时纠偏	配合互检，针对问题及时纠偏	配合互检，针对问题及时纠偏	配合互检，针对问题及时纠偏	配合互检，针对问题及时纠偏	配合互检，针对问题及时纠偏	配合互检，针对问题及时纠偏
		策划回顾总结							
	资金收款	做好资金计划	参与收款	做好计划跟进收款	做好计划跟进收款	做好计划跟进收款	做好计划跟进收款	做好计划跟进收款	做好计划跟进收款
		跟进收款							

续表

阶段	职责	关键行为	项目管理专业一级	项目管理专业二级	项目管理专业三级	项目管理专业四级	项目管理专业五级	项目管理专业六级	项目管理专业七级
20–80阶段（进度控制）	关键节点控制	关键节点施工准备	执行关键节点计划	通过帮带对关键节点做好控制，并对进度、材料做好统筹管理	通过帮带对关键节点做好控制，并对进度、材料做好统筹管理	对关键节点做好预控，并安排落实	对关键节点做好预控，并安排落实	对关键节点做好预控，并安排落实	对关键节点做好预控，并安排落实
		明确责任人并签字确认							
		进度、人员、材料管理安排							
		落实奖罚							
	成本控制	关注班组材料领用	关注并管理材料使用	关注材料使用并及时纠偏	预控并关注材料使用并及时纠偏	制定预控措施	制定预控措施	制定预控措施	制定预控措施
		关注现场材料使用							
		关注现场半成品的保护							
	总结纠偏	根据策划、阶段总结	阶段总结，针对问题及时纠偏	阶段总结，针对问题及时纠偏	阶段总结，针对问题及时纠偏	阶段总结，针对问题及时纠偏	阶段总结，针对问题及时纠偏	阶段总结，针对问题及时纠偏	阶段总结，针对问题及时纠偏
		纠偏整改							
		重点项目互检提升							

第五节 资格标准开发

任职资格标准包括行为标准和资格标准，而资格标准又包括基本条件、知识、技能、经验、潜在素质等。

一、基本条件

任职资格标准中的基本条件，也就是对从事该职位工作员工的基本要求，往往也是企业对该职位进行招聘的基本要求，比如“学历”“专业”“职业资格证书”等，满足该条件的员工才能入职、在该序列任职，也才有可能参加该序列的任职资格认证。

任职资格标准的基本条件，可根据企业自身情况设计，但不宜过高。例如，学历要求过高可能导致大量学历较低但实际操作经验丰富（甚至顶尖）的员工无缘参加任职资格评价，企业也无法将这些员工纳入人才梯队。实际工作中，相当多员工的能力积累来自于工作实践和过程中的持续学习，作为门槛型条件，基本条件的各项要求都不建议过高，而是要在后续的评审中从严把握，逐步引导员工由低级别向高级别发展，所谓“宽进严出”。

二、知识

知识与技能都是建立在行为标准分析的基础上，基于行为标准，找出支撑这些关键行为的知识点和技能点。

1. 知识的构成

①行业知识：包括行业概况、国际和行业惯例、国家相关政策法规、竞争对手基本情况、行业标准，等等。

②公司知识：包括公司概况、公司产品、公司政策与规章制度、公司组织架构与业务流程等。

③专业知识：包括产品知识、专业技术知识、工作所需掌握工具和相关知识等。

2. 知识要点的设计

进行知识项设计时，需要对行为标准中的每一个行为要项，从专业知识、公司知识、行业知识三个方面逐项进行分析和提炼，再按序列等级进行汇总。提炼形成的知识要点必须明确、具体，要能够据此设计和开发培训课程。

知识和技能要点的开发，可以采用《知识技能分析表》进行梳理，如表 7–15 所示。

表 7-15　知识技能分析表

行为模块	具体行为标准	行为标准对必备知识的要求			行为标准对专业技能的要求		
		环境知识	公司知识	专业知识	人际技能	业务运作技能	业务变革技能

3. 知识要点的分级

同一序列中不同级别的任职资格标准中，知识项可以是相同的，但知识项的深度和广度一般是有区别的，在知识掌握深度方面，可按“一、二、三、四级”的方式进行区分，如表 7–16 所示。

表 7-16　某公司必备知识标准（节选）

企业文化知识	
定义	包含公司发展史、组织结构、使命与愿景、企业精神、经营目标、核心价值观广告通行口号等
一级	基本了解公司的企业文化现状
二级	基本了解公司的发展史、现状和文化内涵
三级	熟悉公司的发展史、现状及文化内涵，并对与自己工作相关的部分有较深的认识
四级	熟悉公司文化理念，对公司的发展史、现状及文化内涵有深刻的认知和理解，还能向他人熟练表达

此外，按照行业惯例，有时也会使用差异化的动词来描述这种掌握程度的差异，如：了解、熟悉、掌握、精通等。

了解：即能够对所需要的知识有所认识，但这种认识可能是局部或点状，并不系统，也仅仅是一般性的了解而不能运用。

熟悉：即对所需要的知识有系统性的认识，能够找到知识之间的联系，把点状的认识连成线状，且可运用知识解决部分实际问题。

掌握：即对所需要的知识有全局性的认识，能在将各个知识点串成线的基础之上认清整个知识网络，且可以在实际工作中自由运用。

精通：即对所需要的知识能够融会贯通，不仅对知识网络有清晰的认识，而且能够将其与其他相关知识相融合，能够灵活运用知识且不断创新。

表 7–17 为某工程公司项目管理专业六级任职资格标准中的《知识标准》，从一级到七级，分别用“了解、熟悉、掌握、精通”等动词设定每个知识项应达到的深度。一般情况下，随着任职资格等级的提高，对于知识项的要求也会逐渐提高。

表 7-17 某工程公司项目管理专业六级任职资格标准中的《知识标准》

<table>
<tr><th rowspan="2">任职资格等级</th><th colspan="3">知识要求</th></tr>
<tr><th>知识类别</th><th>知识项</th><th>程度</th></tr>
<tr><td rowspan="15">项目管理
专业六级</td><td rowspan="9">专业知识</td><td>招投标知识</td><td>掌握</td></tr>
<tr><td>项目施工流程和工艺知识</td><td>精通</td></tr>
<tr><td>企业质量标准（强规、通病）</td><td>精通</td></tr>
<tr><td>项目核算、结算、内外审知识</td><td>精通</td></tr>
<tr><td>财务知识（税收、票据）</td><td>掌握</td></tr>
<tr><td>项目施工安全技术标准，安全管理知识</td><td>掌握</td></tr>
<tr><td>识图、读图、节点优化及设计规范</td><td>精通</td></tr>
<tr><td>原材料生产工艺及原材料属性</td><td>精通</td></tr>
<tr><td>机电安装知识</td><td>掌握</td></tr>
<tr><td rowspan="6">通用知识</td><td>国家法律法规及政策制度</td><td>精通</td></tr>
<tr><td>行业规范与技术标准</td><td>精通</td></tr>
<tr><td>公司管理软件知识（管理驾驶舱、ERP、质量 APP）</td><td>掌握</td></tr>
<tr><td>公司通用管理制度规范</td><td>掌握</td></tr>
<tr><td>招投标知识</td><td>精通</td></tr>
<tr><td>项目施工流程和工艺知识</td><td>精通</td></tr>
</table>

三、技能

技能和知识一样，也是建立在行为标准分析的基础上，是支撑这些关键行为实现的技能，也就是本职位序列本等级所应达到的技能标准。

1. 技能的构成

（1）业务运作技能

①对工作中需要使用的工具 / 方法熟练掌握并灵活运用。

②能够迅速理解问题的本质，正确分析产生问题的原因并解决问题。

③关注工作流程与质量，用高标准严格要求，追求卓越绩效与成果。

（2）业务变革技能

①容易接受新鲜事物，理解新的规则，更新观念。

②不满足于现状，愿意尝试用新的方法与技术来改进工作，提高效率。

③不断寻求更好的方法、更优的流程，持续改进以增收节支。

（3）人际关系技能

①理解他人，愿意用沟通的方式说服别人而不是过于信赖权利来压服。

②乐于将自己的方法和经验与他人共享，指导能力低于自己的人。

③是优秀的团队成员，与同事保持良好的合作与协调，碰到难题相互鼓励并共同解决。

2. 技能设计与分级描述

需要对行为标准中的每一个关键要项，从业务运作技能、业务变革技能和人际关系技能三个方面逐项进行分析和提炼。提炼出来的技能是一个概念性的东西，不好区分，也不好分配给每个级别，因此需要对每项技能进行分析、描述之后再匹配到每个级别。描述时，应尽可能使用量化指标，以保证在评定时具有较强的操作性。如：华为的任职资格体系，对于“办公软件应用”这一项技能是这样描述的（见表 7–18）。

表 7-18　　华为公司办公软件应用技能描述（节选）

定义	指应用办公软件的能力，包括打字速度、图表编辑速度、数据统计分析速度、特殊效果处理速度四个子维度			
维度	打字速度	图表编辑速度	数据统计分析速度	特殊效果处理速度
一级	55 字 / 分钟	15 分钟	40 分钟	13 分钟
二级	75 字 / 分钟	10 分钟	30 分钟	10 分钟
三级	90 字 / 分钟	8 分钟	20 分钟	8 分钟
四级	100 字 / 分钟	7 分钟	15 分钟	7 分钟

对一些实在无法量化的内容，需要对每一个提取出来的技能进行定性分级描述，形成技能辞典，供查阅使用，表 7–19 为某企业的技能辞典库及部分技能项分级描述。

表 7-19　　某企业的技能辞典库及部分技能项分级描述

1	文字表达	7	工程预算编制	13	风险识别 / 预控	19	经营能力
2	谈判能力	8	分析判断	14	客户洞察	20	市场策划
3	信息收集	9	演讲表达	15	项目管理	21	系统思维
4	办公软件应用	10	计划管理	16	个人形象管理	22	激励他人
5	绘图软件应用	11	组织协调	17	咨询能力	23	沟通协调
6	图件识别与解读	12	应变能力	18	问题解决	24	实操能力

如果企业是在体系建设初期，还没有投入过多资源开发任职资格标准，也可使用简易描述方法，对同一个技能的掌握程度按照“一般、良好、优秀、突出”等进行描述。“一般”，即实践过的、在有协助情况下的运作能力。“良好”，即无需协助的运作能力，可以完成大多数任务。“优秀”，即独立的运作能力，可带领和指导其他人有效运作。“突出”，即可给出专家级意见，能领导其他人成功运作，被其他人当作磋商者和领袖。具有较高的评判能力，能够给出有价值的改进建议。

表 7-20　　评价标准

序号	技能项	内容				
		定义	技能描述			
			1级	2级	3级	4级
1	文字表达	以书面形式清晰、明了地阐述事件、解释问题和表达思想	能够运用基础的书面文字传递信息和表达思想、情感	能够运用书面文字准确、有效传递信息和表达思想、情感	能够丰富表达、传递比较复杂的信息、思想和情感，文字描述清晰、有条理	能够精确传递、表达很复杂的信息，通过文字传递深层次的思想、情感或抽象的感觉
2	谈判能力	准确把握对方观点，运用策略性的方法影响对方，为我方争取更多的利益和有利条件	初步具备谈判技巧，谈判时能够意识到灵活性的重要性，并能够清楚表达己方观点	具有一定的谈判能力，谈判前能做好基本的准备，谈判时按照自己的思路进行，谈判成功率一般，谈判结果达到公司要求底线	具有较强的谈判能力，谈判前做好比较充分的准备，谈判时能向对方施加较强影响，谈判成功率较高，谈判结果时常超越公司要求底线	具有极强的谈判能力，谈判前做好比较充分的准备，谈判时向对方施加强烈的影响力，谈判成功率非常高，谈判结果接近、超越甚至大大超越公司要求底线
3	信息收集	采取充分、广泛的方法收集工作所需要的相关信息，以及建立信息获取能力	有一定的信息敏感度和信息搜索能力，能通过较为明显的渠道对信息进行初步的收集与整理	有一定的主动收集信息的意识，按照正常的程序和渠道获取信息并初步进行信息有效性的筛选，能够满足工作的基本需要	有主动搜集信息的习惯，并掌握适合自己的信息搜集方法和工具，拥有较多信息搜集渠道，对信息的有效性具有明显的辨识能力	对外部信息高度敏感，有强烈的意愿和意识去主动进行信息的搜集，并熟练掌握有效的信息搜集方法和工具，不断拓展和更新自己的信息渠道，具有非常出色的对信息有效性的辨识能力

四、经验

经验是指员工在本专业或相关专业领域内的工作经历，考虑员工对公司业务及产品的熟悉程度，部分企业也会在专业经验之外要求有一定时长的企业经验。

为了实现能力的稳定升级，任职资格标准中，高层级的专业经验往往以获得低层级资格之后的某间隔时长为基本条件，如表 7–21 所示，申请主任级项目管理师的基本条件，要求在项目管理师岗位工作满 4 年。

表 7-21　　某主任级项目管理师的基本条件

岗位序列	任职资格级别	岗位名称	基本条件
工程管理序列	6	高级项目管理师	（1）本科、10 年相关工作经验；或研究生、8 年相关工作经验；或在主任级项目管理师岗位工作满 4 年 （2）近三年内绩效等级至少两次 A 级以上 （3）具有一级建造师或者注册造价师资质
	5	主任级项目管理师	（1）本科、6 年相关工作经验；或研究生、4 年相关工作经验；或在项目管理师岗位工作满 4 年 （2）原则上具有一级建造师或注册造价师资质 （3）连续两年绩效等级为 B 级以上
	4	项目管理师	（1）本科、4 年相关工作经验；或研究生、3 年相关工作经验；或在项目管理助理岗位工作满 3 年 （2）连续两年绩效等级为 B 级以上
	3	项目管理助理	（1）在下一级岗位工作满 2 年 （2）连续 2 年绩效等级为 B 级以上 （3）具有一级建造师或注册造价师资格可破格
	2	员级	（1）符合公司招聘条件的学历、学校、专业

五、潜在素质

根据麦克利兰的冰山模型理论，个人胜任力犹如一座浮在水中的冰山，包括水平面以上看得见的部分和水平面以下看不见的部分，即“显性素质和潜在素质”，显性素质就是知识、技能与行为，比较容易分类、区分和衡量。

冰山模型（见图 6–1）水平面以下的部分定义为“潜在素质”，它是指个人的态度、自我形象、社会动机、内在驱动力、品质、价值观、个性等。这些素质深藏于心，不易被别人发现和比较，同时，它们又是左右个人行为和工作绩效的内在原因——知识、技能大致相同的两个人的绩效差异，去除外部因素的影响，主要是由其潜在素质所决定。

潜在素质，是指能将某一工作（组织、文化）中表现优异者与平均者区分开来的、个人的、潜在的深层次特征，它可以是动机、特质、自我形象、态度或者价值观等内容。素质模型与任职资格模型虽然同属于能力素质类管理工具，但由于其适用场景不同，设计技术、工具及表现形式也有很大的不同。潜在素质，主要是通过选择绩优组和对照组同步开展 BEI 访谈、并对结果进行差异分析的方法来进行提炼；而任职资格体系中的行为标准，主要是通过对标杆人物的结构化访谈获取信息，这种访谈是建立在工作分析的基础之上的，两种技术所使用的的工具及方法论有很大的不同。

本章重点讲述任职资格体系，对于素质模型的开发和应用，在第八章有专门的论述。通常情况下，任职资格中的素质项会选用成熟的素质模型库，以下就两个此类模型库进行介绍。

1.HEY18 模型

HAE18 是人力资源管理咨询公司合益提出的 18 项胜任力素质，覆盖了企业管理人员需要具备的常见的能力素质。具体如表 7–22 所示。

表 7-22　　HEY18 指标及相应定义

素质项	定义
成就导向（ACH）	要把工作做得更好的企图和行为
诚信正直（ING）	行为与价值观一致，在与自己坚信的人生信条及价值观相冲突时能坚持正义

续表

素质项	定义
思维能力（T）	明确事物之间的关系，有新方法 / 新角度看待事物
人际理解能力（IU）	在别人没有直接用语言的情况下，能知道别人在想什么，感受怎样
服务精神（CSO）	能设身处地为顾客着想、行事
组织意识（OA）	对组织的政治和结构非常敏感，理解组织中的非成文约定
培养人才（DEV）	具有长期培养人才的特点动机是对“人”
献身组织精神（OC）	能与组织标准、需要及目标保持一致
监控能力（DIR）	设立严格的行为标准并指派人去完成之
关系建立（RB）	工作中能主动建立人际关系
灵活性（FLX）	在需要的时候改变策略或放弃原定目标，最终是为达到公司的大目标
自信（SCF）	对象是自己，敢冒险接受任务或敢于提出与上级有权势的人不同的意见，对自己充满信心
影响能力（IMP）	为特定目的，特意采用影响策略或战术，有具体行动
团队合作精神（TW）	强调融入团队，以团队利益作为思考的出发点
主动性（INT）	有前瞻性，能对未来的需求和机会主动作出反应
坚韧性（TNC）	在艰苦条件下表现出乐观的态度和坚持不懈的行为

2. HAN82 模型

HAN82 是国内管理咨询公司汉哲咨询集团在多年管理咨询的实践基础上，借鉴过往优秀的人才标准模型，自主研发形成的人力标准素质指标库，从能力和潜质两个维度出发，基本覆盖企业基层及中层管理者的胜任素质项。

表 7-23　　HAN82 指标库

能力指标

分类	序号	一级指标
任务层面	1	项目管理
	2	目标管理
	3	决策能力
	4	组织协调
	5	关注细节
	6	关系建立
	7	合作意识
	8	沟通能力
	9	冲突管理
	10	谈判能力
	11	钻研专业
	12	策划能力
	13	风险意识
	14	质量意识
	15	成本意识
	16	信息收集及加工
	17	管理体系建设
	18	表达能力
	19	监控意识
	20	任务指派
	21	创新能力
	22	问题解决
组织层面	23	战略视野
	24	目标规划
	25	资源整合
	26	客户导向
	27	全局意识
	28	组织认知
	29	危机意识
	30	企业家精神
团队层面	31	科学授权
	32	团队激励
	33	培养指导
	34	团队氛围建设
	35	识人用人
自我层面	36	关系管理
	37	学习能力
	38	逻辑思维
	39	精力管理
	40	应变能力
	41	情绪管理
	42	形象建立
	43	思维拓展

潜质指标

分类	编号	一级指标
动机	1	成就导向
	2	权力导向
	3	安稳导向
个性	4	适应性
	5	有恒心
	6	自控力
	7	抗压性
	8	耐挫性
	9	自信心
	10	灵活性
	11	同理心
	12	公平感
	13	外倾性
	14	影响力
	15	理性思维
	16	创新思维
	17	自律
	18	开放性
	19	心胸宽广
	20	果断性
态度品德	21	服务意识
	22	工作主动
	23	事业心
	24	进取心
	25	激情活力
	26	勤恳敬业
	27	忠诚性
	28	组织承诺
	29	执行力
	30	实事求是
	31	责任担当
	32	清正廉洁
	33	秉公办事
	34	政治意识
	35	积极心态
	36	结果导向
	37	一丝不苟
	38	诚信正直
	39	自我认知

第六节 业绩标准开发

过去，在任职资格管理中有一个误区，就是把任职资格管理与绩效管理割裂开来考虑，强调“绩效是绩效，能力是能力”，在企事业单位的实际操作中，这样的二分法带来了很多管理上的难题，有的人绩效很好，但是在所谓的能力测评和考试中成绩不佳；而有些人的实际工作业绩并不好，但因为“会考试”“会表演”，反而被评价为高能力人才。

任职资格评价与绩效结果的割裂，既不符合企业管理者的一般性认知，也使得任职资格这一工具无法与企业的实际管理活动有机结合，变成了曲高和寡。

在这里，必须为绩效结果与任职资格管理的关系正名：首先，绩效管理与任职资格管理都是企业的管理工具，面对的都是同一个员工个体，两者的结果总体上必须是一致的；其次，任职资格的高等级必然要对应高绩效，也是实现高绩效的重要保证。

为此，就需要在任职资格体系设计的过程中，增加有关于业绩标准的内容，从而打通任职资格体系与绩效体系的关联，也为任职资格体系的评价、晋升等提供更为量化、精准的依据。

这里的业绩标准，一般体现为通用的业绩门槛标准与精细化的关键业绩指标两种形式。

通用的业绩门槛标准，重点考察从事现职近一两年的绩效考核结果。无法想象，绩效较差的员工其专业能力良好且有充分的理由在任职资格体系得到晋升。因此，对于申请任职资格晋升的员工，通常要求近期绩效在“良好”或“及格”以上，具体标准由企业自己确定。

精细化的量化业绩指标，是衡量员工从事工作期间所创造业绩的标尺，在任职资格标准中一般使用累计性指标，如“最近两年”“入职以来”“从事本专业工作以来”等期间所完成的累计业绩。

量化业绩标准是任职资格标准中的关键内容，员工的能力水平评价最终体现在其从事该职位以来的累计业绩上。员工做出的业绩越多、成果越好，说明其工作经验越丰富、在工作中得到的锻炼越多，自然其工作能力也越强。

如果员工的必备知识很丰富、专业技能也很熟练，但是工作业绩不突出，说明其知识和技能的应用能力还有欠缺，就不应该获得更高级别的任职资格。

一般来说，量化业绩标准包括关键业绩指标、正向加分指标、负向指标及高压线三类。

一、关键业绩指标 –KPI

KPI 全称 Key Performance Indicator，即关键业绩指标，是影响公司发展、总体业绩的关键领域的指标，其表现形式为可测量的数值指标、项目指标，来源是公司年度经营目标的分解和落实。

KPI 是对公司战略目标的分解，是对关键经营活动而非所有操作过程的反映，是反映、识别关键业绩驱动因素变化的重要参数，它们推动公司的价值创造。最常见的关键业绩指标有三种。

一是财务类指标，如收入、利润、资产收益率等。

二是营运类指标，如签约情况、回款情况、服务效率、部门人员队伍建设、产品质量、客户满意度等。

三是管理类指标，如标准化建设、人才队伍建设、流程覆盖率等。

表 7-24　　某企业项目管理专业任职资格标准中的业绩分级标准

任职资格等级	核心业绩指标	任职资格等级	核心业绩指标
项目管理专业一级	1. 累计项目个数及产值：至少深度参与过 2 个及以上工程项目； 2. 累计管理费贡献：无要求； 3. 累计利润：无要求； 4. 回款率：无要求； 5. 地标项目数量：无要求； 6. 传帮带：无要求； 7. 客户满意度：最近一年内无低于 89 分； 8. 质量：最近一年内内检得分不低于 7 分。	项目管理专业二级	1. 累计项目个数及产值：至少主导完成过 2 个工程项目且完成产值累计达到 0.2 亿以上； 2. 累计管理费贡献：100 万元； 3. 累计利润：无要求； 4. 申定产值回款率：85%； 5. 地标项目数量：无要求； 6. 传帮带：累计培养新人 1 名； 7. 客户满意度：最近一年内无低于 89 分； 8. 质量：最近一年内内检得分不低于 7 分。

续表

任职资格等级	核心业绩指标	任职资格等级	核心业绩指标
项目管理专业三级	1. 累计项目个数及产值：至少主导完成过 3 个工程项目且完成产值累计达到 0.5 亿以上； 2. 累计管理费贡献：累计完成管理费 500 万元； 3. 累计利润：100 万元； 4. 审定产值回款率：85%； 5. 地标项目数量：无要求； 6. 传帮带：累计培养新人 2 名； 7. 客户满意度：最近一年内无低于 89 分； 8. 质量：最近一年内内检得分不低于 7 分。	项目管理专业五级	1. 累计项目个数及产值：至少主导完成过 8 个工程项目且完成产值累计达到 2 亿以上； 2. 累计管理费贡献：累计完成管理费 2000 万元； 3. 累计利润：500 万元； 4. 审定产值回款率：85%； 5. 地标项目数量：1 个； 6. 传帮带：累计培养 3 名项目管理专业一级或三级人员； 7. 客户满意度：最近一年内无低于 89 分； 8. 质量：最近一年内内检得分不低于 7 分。
项目管理专业四级	1. 累计项目个数及产值：至少主导完成过 5 个工程项目，完成产值累计达到 1 亿以上； 2. 累计管理费贡献：累计完成管理费 1000 万元； 3. 累计利润：300 万元； 4. 审定产值回款率：85%； 5. 地标项目数量：无要求； 6. 传帮带：累计培养 2 名项目管理专业一级或三级人员； 7. 客户满意度：最近一年内无低于 89 分； 8. 质量：最近一年内内检得分不低于 7 分。	项目管理专业六级	1. 累计项目个数及产值：至少主导完成过 12 个工程项目且完成产值累计达到 3 亿以上； 2. 累计管理费贡献：累计完成管理费 3000 万元； 3. 累计利润：1000 万元； 4. 审定产值回款率：85%； 5. 地标项目数量：2 个； 6. 传帮带：累计培养 4 名项目管理专业一级或三级人员； 7. 客户满意度：近一年内无间于 89 分； 8. 质量：最近一年内内检分不低于 7 分。

之所以把 KPI 纳入业绩指标，主要是因为 KPI 最能够反映员工对组织创造的价值。任职资格标准中常用的 KPI 指标包括：累计签约合同额、累计生产产品数量、累计参与某类项目的个数、累计参与公司工艺创新的次数、特定工作经历的产出，等等，表 7–24 就是某企业项目管理专业任职资格标准中的业绩分级标准。

在设计业绩标准时，需要考虑与基本条件的匹配，业绩标准设计过低或过高都有可能脱离实际，最终导致在后续的认证过程中无法使用，表 7–25 为某工程企业技术序列人员任职资格标准中的基本条件。

表 7-25　某工程企业技术序列人员任职资格标准中的基本条件

名称	一级	二级	三级	四级
工作经验	1 年	本科 2 年及以上 专科 3 年及以上	本科 5 年及以上 研究生 4 年及以上	本科 10 年及以上 研究生 7 年及以上
学历	专科及以上	专科及以上	本科及以上	本科及以上
专业	土木工程、铁道工程、交通工程、道路桥梁、地下空间工程专业等			
职称（或资质）	技术员及以上	助理工程师及以上	工程师及以上	高级工程师
工作成果	至少在局级刊物及以上发表论文 1 篇	至少独立完成一个项目的某部分工作并且至少在局级刊物及以上发表论文 2 篇	至少全过程参与过一个项目，并已经开始主持一个项目整体技术管理工作的并且至少在局级刊物及以上发表论文 2 篇	至少主持完成 3 个项目的技术管理，并且至少在局级刊物及以上发表论文 3 篇

二、正向加分指标

正向加分指标也是业绩标准的一类，但不是常规性的业绩标准，而是属于企业特别倡导但不是必须的指标。正向加分指标不是任职资格标准的必要部分，大多是针对工作内容和职责覆盖范围不是很广泛的情况，企业可根据实际情况设计正向加分机会。此类业绩的获得并不需要做平等性的考虑。常见的加分指标包括以下几类。

①特定工作经历或特殊贡献。如参与过某一类特殊项目，参与过某项标准制定，参与过某重点市场开拓或某重要技术攻关等。

②获奖。如获得过建筑工程鲁班奖、研发产品的首台套奖等。

③证书。获得公司业务所必要的职业资格证书，如造价师、注册会计师等。

④卓越的行为与品德表现。本着德才兼备的原则，发生过具有典型性的良好行为以及获得过相关表彰的，也可设计为加分指标，如获得五一劳动奖章、见义勇为、诚实守信等。员工品德虽不属于业绩范围，但可作为加分指标，同等条件优先考虑。

三、负向指标与高压线

负向指标也是属于业绩指标的一种，但其设定的目的在于给出业绩贡献的最低要求，即必须完成的业绩要求。任职资格等级的评定从来不是只有晋升一个方向，当员工获得某个级别的任职资格之后，工作表现未达到企业为其设定的最低要求，即负向指标，则会取消其本轮任职资格评定资格，或者给予降等降级处理等措施。

如果在工作过程当中触发了企业为其所设定的高压线，必然也要对其任职资格进行相应的降级处理。

这类指标通常包括：严重质量安全事故、业务经营严重亏损、客户投诉及不满意、连续多个周期绩效考核成绩不达标、严重违背公司文化导向的行为，等等，表 7–26 为某企业为员工任职资格体系设计的负向指标和高压线。

表 7-26　　某企业红线指标

否决项目	细则
项目管理	过去两年出现过红黄牌项目
质量	过去两年出现过严重质量事故
安全	过去两年出现重大安全事故
客户投诉	过去两年客户投诉数量 2 次及以上
绩效考核	过去两年绩效考核出现 D 级，或连续两年 C 级
价值观	出现过严重违背公司价值观的行为
其他	由于自身责任，给分公司或公司造成严重经济损失、名誉损失的其他行为

第七节　任职资格体系应用

如前所述，任职资格体系在人力资源管理与开发中的应用场景非常丰富，在本节，我们详细介绍任职资格体系在人才培养、人才梯队搭建、员工职业生涯规划、能力薪酬体系等方面的具体应用，有关于任职资格在人才盘点、能力评价方面的应用，在随后的章节专门论述。

一、任职资格在人才培养方面的应用

1. 人才培养方面的常见误区

①培养 = 培训。人才培养是一个系统工程，包括在岗教练和离岗训练，单纯依靠离岗培训，很难满足企业人才成长的需要。麦肯锡“70–20–10 法则”认为，最好的人才培养方式是 70% 在岗培养，20% 向他人学习，10% 自我学习。

②“救火”式培训。随着市场竞争压力越来越大，大部分企业管理层都意识到提高员工素质的必要性，但往往都是出于成本和短期利益考虑，在已经出现问题后采取的补救式培训，并且认为通过一两次培训就能够解决问题，而实际效果往往不尽人意。

③“跟风”式培训。随着国内经济发展，管理方法论创新与成功实践逐渐涌现，各类培训公司会向企业推荐各种课程，加上企业管理者根据自己的喜好也会为员工选购一些时髦的培训课程，但遗憾的是，上述培训的效果非常有限。据统计，国内企业培训投资的回报率仅相当于美国企业的十分之一。

④“盲目”式培训。培训效果要好，首先要准确定位培训需求。在未能确定“标杆员工”，不知道员工该培养成什么样，也不清楚员工目前能力状况的前提下，培训的推出过于盲目，不清楚差距在哪里，也不清楚如何通过培训去弥补这些差距。

而如果企业已经搭建并运行了任职资格体系，便可以有效解决以上各种问题。

2. 人才培养与任职资格体系的关系

企业培养人才，要满足企业战略实现和业务发展的需要，要解决企业当前面临的重要问题，要满足岗位技能提升的要求，以及满足员工职业发展的需要，最终实现员工个人能力提升，再将个人能力转化为组织能力，然后将组织能力转化为组织业绩，最终实现员工与企业的共赢。

而任职资格体系，就是员工的能力管理体系，人才培养与任职资格体系之间是相互支持的关系，任职资格标准及其评价结果，是企业人才培养体系的输入和源泉，而人才培养体系，又是员工能力得以提升、任职资格体系得以运行的支持和保障。

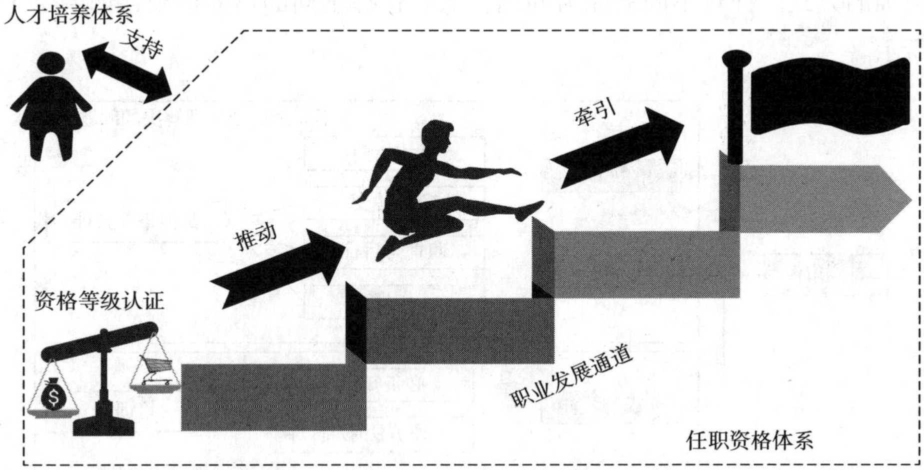

图 7-14　人才培养体系与任职资格体系的关系

3. 基于任职资格体系，制定人才培养计划

（1）人才培养需求分析

人才培养需求分析，就是分析员工的理想能力目标与现实情况之间的差距，主要来源于职位说明书、任职资格标准以及员工未来即将认证目标

级别的任职资格标准，发现需要提升的关键点。

按照职位说明书提炼的培养需求，侧重于单个职位 / 岗位，而基于任职资格标准提炼的培训需求，不但体现了单个职位 / 岗位的需求，还融入了员工职业成长与发展的需要。

为了满足任职资格标准中的工作行为、输出成果要求，员工需要具备必要的知识与技能，而这些知识与技能，就是员工培养的输入。不同任职资格级别的标准不同，不同级别的员工要掌握的必备知识和技能也就不同，按照这种思路提炼的培训需求，也就有了层级的区分，而且是系统全面的。

根据任职资格认证结果，结合日常绩效表现，员工可以进行“补短”培养，针对做得不理想的行为要项和技能，安排针对性的培养活动。

（2）人才培养措施选择

选择人才培养措施时，切记以偏概全，也不能一概而论，全都是采用培训的方式。针对不同的能力问题，需要选择不同的培养措施，如图 7–15 所示。

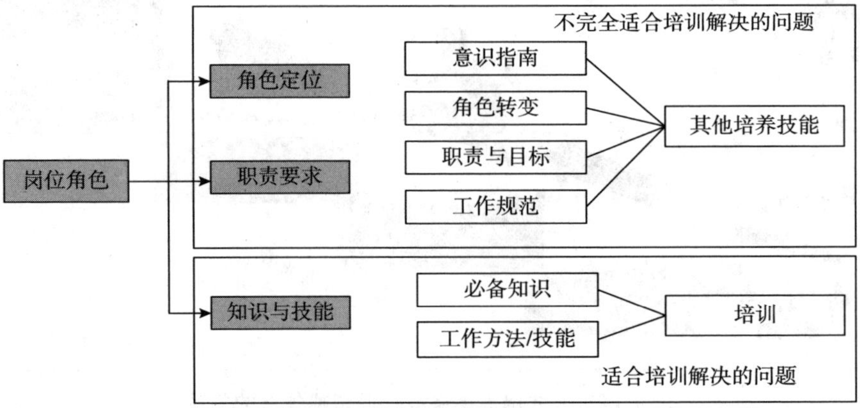

图 7-15　适合通过培训解决的问题

（3）制定人才培养计划

企业确定了员工培养需求以后，就可以着手制定人才培养计划，一个完整的人才培养计划一般包括培养对象、培养目标、衡量标准、培养辅导人、时间计划等内容。

①确定培养对象。培养对象一般包括公司 / 部门人员的整体培养和重点

能力提升对象的培养，重点能力提升对象，一般包括关键岗位人员或其后备人选、个人绩效考核结果需改进者、有明显能力短板者。

②确定培养目标。员工能力培养的目标来源于以下三个方面：根据员工任职资格等级认证发现的行为项短板，需要提升的关键点；对照员工未来即将认证级别的任职资格标准，需要提升的关键点；根据员工绩效考核过程中发现的能力短板，需要提升的关键点。

③确定衡量标准。有了具体的培养目标，就可以将其细化为多项培养子目标，一般情况下，子目标越细致，越容易确定衡量标准。针对每一项子目标，都需要制定对应的衡量标准，可以是绝对目标，也可以是相对目标。

④确定培养措施。培养措施包括在岗教练和离岗培训两大类，在此需要详细设定，常见的措施包括：课程培训、实操训练、参观学习、文章阅读、在岗训练、转岗实践、导师制等等。

⑤确定培养辅导人。培养辅导人负责该员工的培养计划实施，是该子目标达成的责任人，可以是其直接上级，也可以是其他具有较高能力水平的管理者和专业人员。

当以上各项要素确定之后，再根据目标和培养措施，形成详细的员工能力培养计划表。

表 7-27　　员工培养计划表

员工姓名或类别		培养总目标	培养子目标		培养目标衡量标准	培养措施1	培养责任人2	时间计划（月）									
								3	4	5	6	7	8	9	10	11	12
一			1														
			2														
			3														
			4														
			5														
二			1														
			2														
			3														
			4														

（4）基于任职资格的培训课程体系设计

针对不同通道、不同级别所建立的课程体系，构成了企业“分类别、分层级”的课程体系矩阵，如图 7–16 所示。

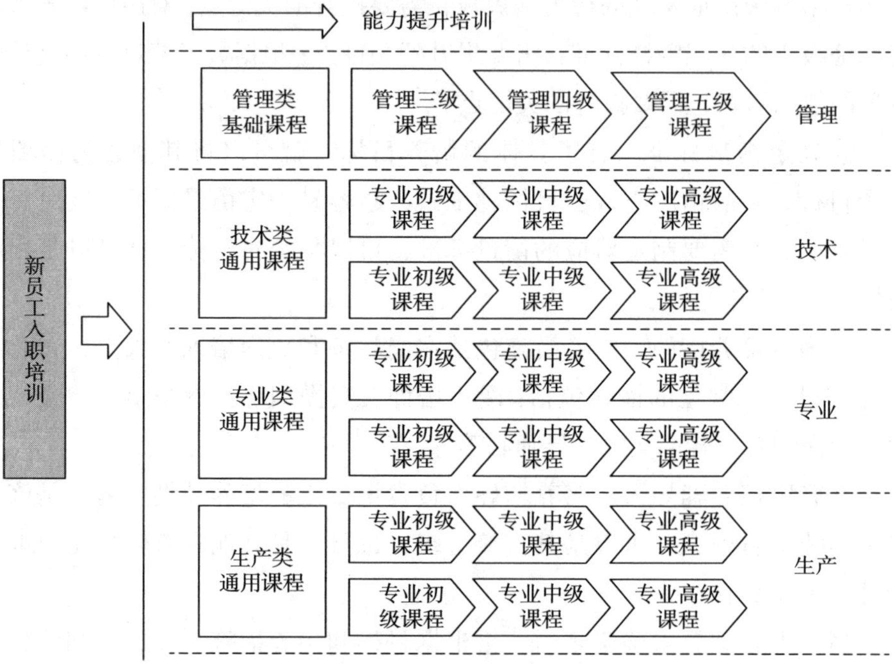

图 7-16　分类别、分层级的培训课程体系

①系统提升课程。根据任职资格标准中各通道、各级别“必备知识与专业技能”中的内容来设计的课程。

②能力短板提升课程。根据员工任职资格等级认证的情况和绩效考核成绩所设计的能力短板提升课程。

③公共课程。同一通道或部分通道各层级可设计一些通用的培训课程，也可进行分级规划，如：初级课程设计公文写作、商务礼仪、时间管理等，中级课程设计流程设计与优化、宣讲技巧等，高级课程设计战略规划、经营计划、变革管理等。

表 7-28 培训课程体系和任职资格通道等级的对应关系

管理通道	专业技术通道	培训课程体系层级
五级	五级	高级
四级	四级、三级	中级
三级	二级、一级	初级

通过以上设计，可以建立系统性的员工培训课程体系，并采用“学习地图”的形式呈现，表 7–29 为某企业研发通道软件专业的培训课程体系。

表 7-29 某企业研发通道软件专业的培训课程体系

通道	课程分级（任职资格等级）& 课程名称		
	初级（一、二级）	中级（三、四级）	高级（五级）
研发通道软件专业	CMM 二级体系规范介绍 BOM 知识 资料写作知识 文档写作规范 MRPH 知识 任职要求和行为规范 产品数据知识 研发流程知识 软件设计规范 公用模块介绍 软件测试用例讲析 现有构架技术 技术难点解析 现有软件平台介绍 正规检视规范和操作指导 经验数据库及规范 软件工 / 语言讲座 专利知识 通信协议	需求管理规范和操作指导 版本管理 任职要求和行为规范 软件工程 成本、财务知识 软件项目计划规范和操作指导 软件项目跟踪和监控 软件质量保证知识 产品设计更改控制流程 软件配置管理工具 软件评审知识 软件配置管理规范和操作指导 接口技术 沟通技巧 相关法律知识 软件工具局限性评估	系统工程 计划体系 决策评审点流程 任职要求和行为规范 产品规划、路标、版本及规格计划 产品开发综合流程和推广 技术管理 风险 / 机会 / 复杂性 / 合理开发期评估 新信息、新技术讲座

（5）年度培训计划

在建立了培训课程库及课程清单的基础上，可以结合公司发展重点及年度工作计划，制定年度培训计划和费用预算，从培训课程体系中选取各类人员、各级别人员开展相关的培训工作。

二、任职资格在人才梯队建设方面的应用

1. 人才梯队建设

人才梯队还被称为第二梯队、人才储备计划、继任计划、人才加速储备库、人才资源池计划等等，其核心价值在于为企业的战略发展培养和储备人才，确保企业的用人安全，避免人才断档情况的出现。

很多企业都发生过或者正在面临人才断档的困局，究其原因，要么是缺乏系统、前瞻的人才规划，要么是缺乏科学的梯队建设方法，如：按职位确定人才梯队、后备人才选拔与评价标准、领导推荐制度，等等，最终导致企业的人才梯队建设效果不佳。

无数实践证明，企业在开始人才梯队建设之前，首先需要明确如下问题。①人才梯队建设不只是针对企业高级管理者，企业所有级别的员工都需要；②不应按照单个职位建立后备人才队伍，而是应从职类、职位族的角度考虑；③人才选拔标准要有针对性、清晰、可量化；④人才梯队建设是一项系统工程，要建立有效的后备人才选拔、培养机制。

2. 任职资格与人才梯队建设的关系

任职资格体系建立及推行之后，人才梯队建设的各项问题都能够得到有效的解决，其原理如图 7–17 所示。

人才梯队建设的本质是建立一套动态的人才考察、选拔、培养、使用与退出机制。完整的人才梯队管理体系包括人才梯队资源池、人才区分机制、人才培养机制、人才选拔机制、人才发展激励机制五个部分，这五部分以人才梯队资源池为中心，其他四个组成部分围绕资源池运作。

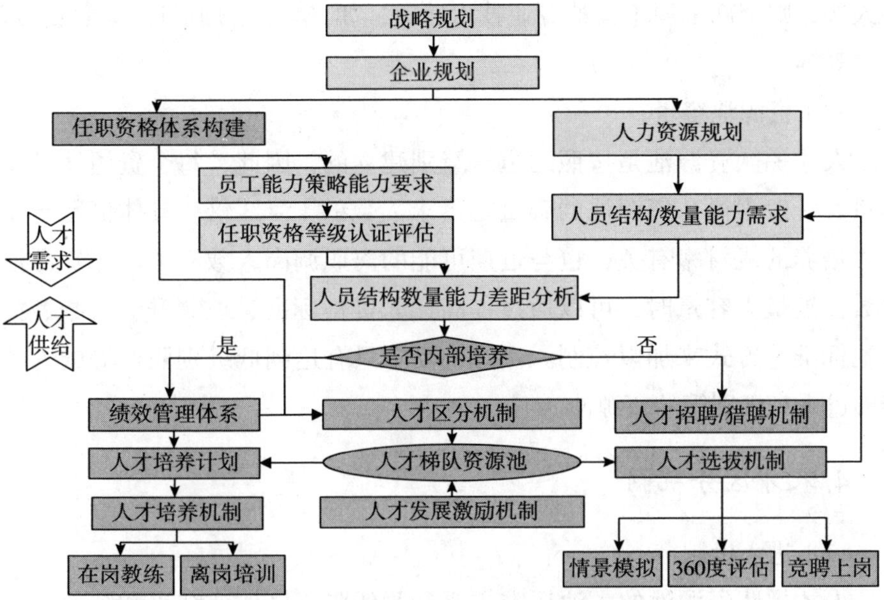

图 7-17　任职资格与人才梯队建设的关系

人才梯队资源池就像一个鱼塘，人才区分机制就像选鱼苗入池，人才培养机制就像日常喂鱼，人才选拔机制就像从鱼塘中选鱼，而人才发展激励机制则更像是对鱼塘塘主的奖励。

3. 人才梯队资源池

（1）资源池的建立原则

在任职资格体系建立之后，可以按照分类、分层的原则建立人才梯队资源池。从类别上说，可以按照管理类、营销类、技术类等进行区分；从级别上说，管理类每个级别都需要建立资源池，而专业技术类则只需针对高级别的各层级建立资源池即可。

（2）人选来源

专业通道的人选比较容易确定，获得低级别普通等和职业等且上年度绩效考核 B 级以上的人员，自然进入上一级的资源池。例如，张三获得软件技术通道四级的职业等，上年度绩效考核为 A，则他可以直接进入软件技术五级的资源池。但是管理类各通道及综合能力要求较高的专业通道后备人选，则全部来源于其他专业技术通道，如：营销管理通道，项目管理通道，等等。

（3）资源池容量

人才梯队资源池是按照通道、级别建立的，因此，每个资源池都要有容量。一般来说，资源池的容量是需求人数的1～3倍，具体倍数与企业人才培养的成材率有关，也与近期可能的离职调岗人数有关。当资源池的人数接近最大容量时，可以通过提高任职资格标准、控制升级人数、提高入池标准等方式来加以控制。例如，要求只有达到低级别职业等的人才才能够进入高级别等的资源池。

4. 人才区分机制

（1）进入机制

人才梯队资源池的入池标准主要参照任职资格认证结果和绩效考核结果两方面。只有具备任职资格某个类别、某个级别且达到一定绩效水平的员工，才能够进入资源池。后备人才的进入、培养、筛选和淘汰是一项长期的、例行化的工作。如果需要选择一名合格的人员承担某个职位/角色的工作，可以按以下规则操作。

阶段一：初步筛选。根据资源池中人员的品德、绩效、任职条件、意愿等进行初步筛选，初步筛选可以设置明确的门槛条件，通过门槛条件，一方面确保选择的人才符合任职要求，另一方面，降低进一步筛选需要投入的人力资源。

阶段二：确定最终人选。通过360度评估、情景模拟、竞聘答辩等方式确定最终人选。在这个人选确定的过程中，方式方法可以多样化，充分发挥各种评鉴方法的组合优势，最后实现确保测评结果的准确性和有效性。

阶段三：任命公示。对于确定的最终人选，按照公司任命程序进行正式任命，公示。在公示期间，如有异议，还需要做好调查、解释和回应工作。

（2）退出机制

人才资源池总体秉承“宽进严出、不晋则退”的原则，进入资源池的员工出现以下情况，必须退出。

①个人近期累计绩效较差者。

②个人能力跟不上公司发展需要，能力“相对”退步者。

③资源池“人满为患”，入池标准提高，或有更优秀的人员替代者。

三、任职资格在职业发展规划方面的应用

1. 职业发展规划

广义的个人职业发展规划侧重于员工一生的职业选择和职业发展路径，是员工个人对一生职业发展道路的设想，它包括：选择什么职业，在什么地区和什么单位从事这种职业，还包括在这个职业队伍中担负什么样的角色等。从时间维度上看，员工个人职业发展规划比组织职业生涯规划的时间更长，组织职业生涯规划只是员工在企业工作、任职期间的个人职业发展规划。

狭义的职业发展规划，指组织在考虑自身发展需要的前提下，结合员工个人的职业发展需要，为员工制定个人发展规划。其主要观点是：个人不能单纯把组织作为自己发展的工具，而应着眼于整体，为组织发展效力；同时，也强调组织领导者必须关心每个个体的持续发展，重视发挥个人的潜力。

企业在为员工设计职业发展规划时，经常会走入误区：企业为员工设计的职业发展规划，属于广义的职业发展规划时机，完全基于员工个人的意愿，没有与企业的需求有机结合，这样的发展规划在企业内部将无法落地。还有一些企业，在为员工设计职业发展规划时，虽然结合了企业需求，但还是全体员工挤管理通道的“独木桥模式”，单纯以工作年限作为晋级标准，论资排辈，这些都是不科学的做法。

2. 任职资格与员工职业发展之间的关系

经过对多家企业任职资格体系推行情况的分析，得到如下结论：部分企业在推行任职资格时，过于强调企业对员工胜任力的评价，而忽视了任职资格的另一面，即与员工职业发展的紧密联系。

任职资格体系与员工职业发展的关系，包括两个方面：首先，职业发展

的本质就是能力发展。缺乏制度化的保障，职业发展只能是一句空话，而企业任职资格体系的建设和运行，就是要将员工的职业发展与企业对人才的要求结合在一起，促使员工和企业共同发展。其次，让帮助员工发展真正成为企业各级管理者的责任。在任职资格体系中，员工可以不断提升自己的能力水平，与此同时，管理者也担负起帮助员工发展的责任，一般在管理类任职资格标准中，都会明确各级管理者在培养下属方面的责任与目标。

表 7-30　　职业发展与任职资格体系的关系

职业发展	任职资格体系
职业发展路径选择	职业发展通道
职业发展水平评估	任职资格等级标准
	资格标准认证
职业技能的持续提升	任职资格的应用（培养计划、梯队建设等）
对员工职业发展的激励	任职资格的应用（能力薪酬、人才选拔等）

3. 职业发展规划中主管和个人的责任

（1）主管的责任

①指出下属未来所需要的技能。

②对下属个人职业发展提供指导和支持。

③帮助下属制定灵活的发展目标。

④激励下属为职业发展进行努力。

（2）个人的责任

①与主管讨论个人职业发展倾向。

②制定自身的职业发展目标。

③制订发展计划与实施方案。

④与主管讨论确认发展目标、计划与方案。

（3）职业发展规划的实施要点。

①培养计划。职业发展首先是能力发展，要不断提升自己的能力。企业各级主管每年除了与员工签订个人绩效目标外，还要根据员工任职资格达标情况与员工沟通，共同制定相应的能力提升计划，此部分内容在本节第一条中已详细介绍，如表 7–31 案例所示。

表 7-31　某公司员工能力提升计划（样表）

<table>
<tr><td>姓名：张三</td><td colspan="4">部门：人力资源部</td><td colspan="4">部门经理：李四</td><td colspan="4">制定时间：2020 年 1 月 15 日</td><td>监管人：李四</td></tr>
<tr><td colspan="15">个人能力提升承诺：在 2020 年一年中，提升倾听和获取正确信息的能力，提升组织和计划能力，争取能够独立承担类似新动力训练营、新经理训练营的大型培训项目</td></tr>
<tr><td>衡量标准</td><td>实施办法</td><td>1</td><td>2</td><td>3</td><td>4</td><td>5</td><td>6</td><td>7</td><td>8</td><td>9</td><td>10</td><td>11</td><td>12</td><td>效果评价</td></tr>
<tr><td rowspan="6">1. 年终考核时经理不再认为沟通是获得良好工作业绩的一个主要障碍。
2. 独立组织一次大型培训项目，学员对教务和组织工作满意度在 4 分以上。</td><td>1. 参加公司的内部培训课程（有效沟通）</td><td></td><td></td><td></td><td></td><td></td><td></td><td></td><td></td><td></td><td></td><td></td><td></td><td>已经参加</td></tr>
<tr><td>2. 参加公司的内部培训课程（人际交往心理常识）</td><td></td><td></td><td></td><td></td><td></td><td></td><td></td><td></td><td></td><td></td><td></td><td></td><td>已经参加</td></tr>
<tr><td>3. 协助同事王五组织二期一班，二班新动力培训</td><td></td><td></td><td></td><td></td><td></td><td></td><td></td><td></td><td></td><td></td><td></td><td></td><td>表现基本满意</td></tr>
<tr><td>4. 参加第一期总经理集训营的筹备工作</td><td></td><td></td><td></td><td></td><td></td><td></td><td></td><td></td><td></td><td></td><td></td><td></td><td>走访了 ×× 企业，考察报告提出了一些有新意的想法</td></tr>
<tr><td>5. 请教一位亲和型的同事，请他在我做错的时候多加提醒</td><td></td><td></td><td></td><td></td><td></td><td></td><td></td><td></td><td></td><td></td><td></td><td></td><td></td></tr>
<tr><td>6. 走访优秀企业，了解他们组织大型培训的经验</td><td></td><td></td><td></td><td></td><td></td><td></td><td></td><td></td><td></td><td></td><td></td><td></td><td></td></tr>
<tr><td colspan="15">补充发展承诺：（因 8 月工作内容调整，从事招聘工作，补充发展承诺）提升面试技巧</td></tr>
<tr><td>衡量标准</td><td>实施办法</td><td>1</td><td>2</td><td>3</td><td>4</td><td>5</td><td>6</td><td>7</td><td>8</td><td>9</td><td>10</td><td>11</td><td>12</td><td>效果评价</td></tr>
<tr><td rowspan="2">成为独立面试人</td><td>1. 参加人力资源部主办的招聘人员培训</td><td></td><td></td><td></td><td></td><td></td><td></td><td></td><td></td><td></td><td></td><td></td><td></td><td>已经完成</td></tr>
<tr><td>2. 跟随招聘经理，组织广州公司现场招聘会</td><td></td><td></td><td></td><td></td><td></td><td></td><td></td><td></td><td></td><td></td><td></td><td></td><td>培训成绩优秀</td></tr>
<tr><td colspan="15">年终评价：经过一年发展，张三已经可以独立承担大型的培训项目，成长为合格的招聘专员，但是给予正确信息的能力还有待加强</td></tr>
</table>

②评估检查。所谓评估检查，就是确定发展的起点、关键里程碑和已到达的目标点，通过评估检查，促进目标的实现。员工参加完首次任职资格认证后，还将周期性地参加后续的认证与升级工作，这其实就是阶段性的评估和检查，通过这种形式的评估、检查，既能够明确员工在职业发展道路上已到达的“里程碑”，也给员工指明了下一步提升的方向。

四、任职资格在薪酬体系设计方面的应用

1. 基于能力的薪酬体系

薪酬体系的设计，需要考虑多方面的因素。从外部看，宏观经济水平、行业特点、人才供应状况、市场薪酬水平等因素都会影响薪酬的定位与工资的增长。从内部看，公司的发展阶段、综合实力、人才稀缺度、内部人才素质、招聘难度等，也是影响薪酬设计的重要因素。

具体到每一个员工，薪酬的决定因素也很多，包括：员工所在岗位的价值、员工本人的能力和素质、绩效评价结果等，如图 7–18 付薪因素模型图所示。

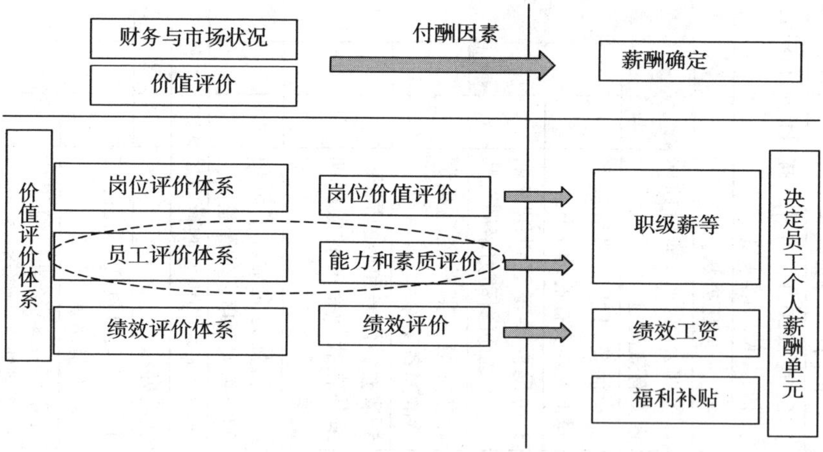

图 7-18 任职资格在薪酬体系中的运用

一般来说，与企业经营绩效相关性越强的职位类别，其浮动薪酬的比例越大；反之，其比例就越小。另外，薪酬分配的价值导向越强调能力，则

浮动薪酬的比例越大；反之，越强调公平，则浮动薪酬的比例越小。不同类别的员工，其薪酬组合可能不同；同样类别但不同层级的员工，其薪酬组合也可能不同，如图 7–19 案例所示。

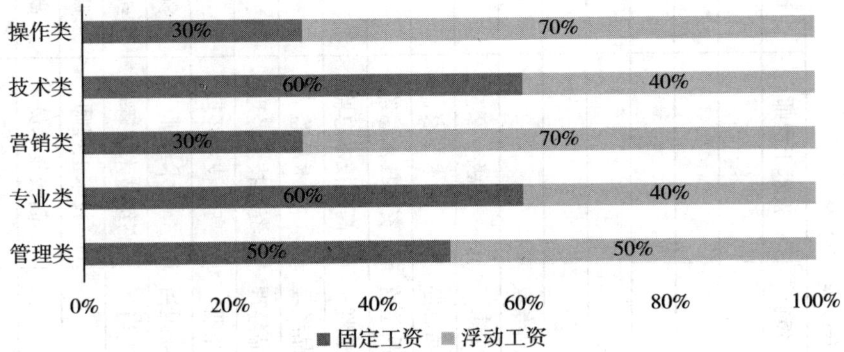

图 7-19　不同职位序列的薪酬结构

当前企业所普遍采用的是职位工资体系，这一体系的基本设想是：不同的职位对于知识、技能的要求不同，解决问题过程的复杂性不同，承担的职责也不一样，因此在不同职位任职的员工对企业的贡献和重要程度也就不同。企业应当根据员工所从事的工作，给付相应的职位报酬。

这里忽略了一个重要的问题，即“人职匹配”。相对于职位要求来说，员工的能力可能存在胜任、欠胜任、过胜任三种情况。特别是针对专业技术岗位，员工之间的能力差距会更大。为了解决这个问题，大部分企业用累计绩效成绩作为依据来进行调薪，实际上就是用累计绩效考核成绩代替了对员工的能力评价。

而基于能力的薪酬体系设计，更加重视员工能力对于薪酬的影响，常用的方法包括：提高浮动工资比例、扩大薪酬档差、基于能力开展岗位体系设计，等等。以下将介绍基于能力的岗位与薪酬体系设计方案。

2. 基于能力的岗位体系设计

将与任职资格认证结果相关的部分薪酬独立出来，通常被称为能力工资。要建立能力工资体系，必须首先建立一套基于能力的岗位体系，也就是说，员工的岗位是基于其任职资格认证结果确定的，如表 7–32 案例所示。

表 7-32　　基于能力的岗位体系

管理族（M）			专业族（P）				
职级	技术创新研究院	事业部	职级	研发工程师	产品经理	技术工程师	调试工程师
M21							
M20							
M19							
M18							
M17	研究院院长	事业部总经理					
M16	研究院副院长	事业部副总经理	P16	高级研发专家	高级产品专家		
M15		研究所所长	P15	研发专家	产品专家	高级专家	
M14		研究所副所长	P14	资深研发总监	资深产品总监	技术专家	
		所长助理	P13	高级研发总监	高级产品总监	资深技术总监	
			P12	研发总监	产品总监	高级技术总监	
			P11	资深研发工程师	资深产品经理	技术总监	
			P10	高级研发工程师	高级产品经理	资深技术经理	高级调试经理
			P9	研发工程师	产品经理	高级技术经理	调试经理
			P8	高级研发员	高级现场担当	技术经理	资深调试工程师
			P7	研发员	现场担当	高级技术工程师	高级调试工程师
			P6			技术工程师	调试工程师
			P5			高级技术员	高级调试员
			P4			技术专员	调试员

需要说明的是，图 7–30 所示的岗位体系已经不是传统意义上的岗位，而是具有能力区分特征的岗位体系。基于能力的岗位体系建立之后，通过岗位价值评估、外部薪酬水平调查等步骤，就可以建立起新的工资标准。例如：工资表中不只是表示“工程师”岗位的工资区间，而是会说明助理工程师、工程师、高级工程师等具体岗位的薪酬区间。

3. 能力工资体系设计

建立了基于能力的岗位体系之后，就可以进行能力工资体系设计，首先建立基于能力的岗位职级地图，如图 7–20 所示。之后就可以针对不同类别的员工设计不同的薪酬策略、薪酬结构、薪酬水平。

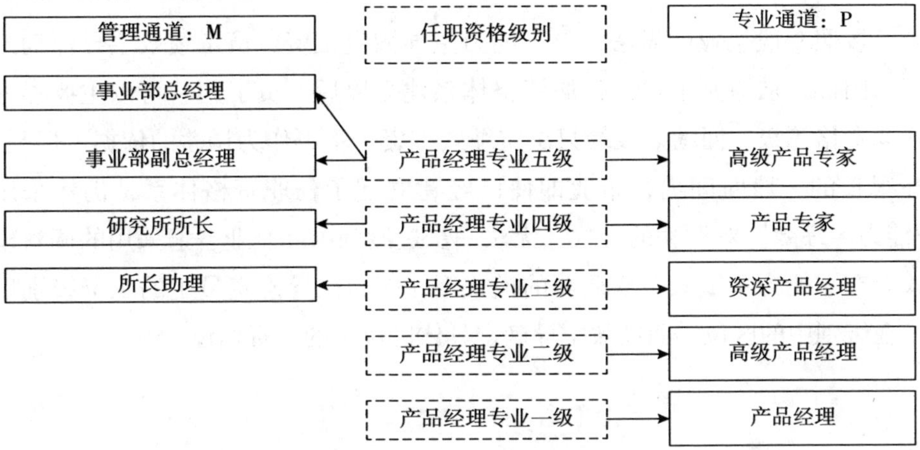

图 7-20 任职资格与晋升通道

在能力工资体系中，更强调薪酬的外部竞争性。在设计具体的薪点表时，需要对每个通道的每个级别进行外部薪酬调查，然后根据公司的薪酬策略确定薪点值。例如，确定研发通道的薪点值时，事先需要充分调查外部市场，要掌握研发技术一到五级，每个级别的外部竞争性工资水平。

如果不同通道之间相同级别的薪点值差别不大，就可以调整为同一个薪点表，既简化管理，也体现了一定的内部公平性。如果不同通道的工资结构差异较大，薪点表难以统一，就需要设计独立的薪点表。

4. 薪酬动态调整机制优化

在没有建立任职资格体系之前，企业一般将员工的年度绩效或年度综合评定成绩作为工资（年终奖）的发放依据，也是比较普遍调薪依据。表 7–33 是某企业根据员工绩效考核成绩进行调整的管理规则。

表 7-33 某企业员工调薪管理表

工资区间 绩效成绩	区位一	区位二	区位三
A（20%）	上调 10% ~ 15%	上调 5% ~ 10%	不变或晋升
B（40%）	上调 5% ~ 10%	上调 0 ~ 5%	不变
C（35%）	上调 0 ~ 5%	不变	不变
D（5%）	不变或辞退	不变	不变

按照一般企业的做法，员工能力主导固定工资，员工绩效主导浮动工资，因此，从原则上说，任职资格体系建立以后，员工调薪可以主要参考任职资格等级，而绩效成绩只决定绩效工资，不再作为调薪的依据。但是，在很长的一段时间内，企业即使已经建立起了任职资格体系，仍然采用“能力 + 绩效”双调薪的方式，无法一步过渡到国际企业普遍采用的调薪模式。在“能力 + 绩效”双调薪的模式下，能力主导确定员工的工资级别以及在级别中的区位，而绩效主导确定具体区位中的工资档位。

第八章
胜任力模型的设计与开发

胜任力模型是现代人才管理的重要基础，人才盘点、人才培养、培训体系构建等，都需要基于胜任力模型开展。自20世纪70年代以来，历经近半个世纪的发展，胜任力模型已经形成完整的理论体系，并且在企业的管理实践中得到了广泛应用。本章将对胜任力模型的发展历程、理论模型及其应用场景进行介绍，并对构建胜任力模型的五种常用方法做尽可能详尽的论述。

第一节　胜任力模型的发展历程、理论模型及其应用场景

一、胜任力的发展历程

20世纪中期，以智力测验、人格测验为代表的心理测量理论快速发展，相应的量表也不断更新，在这一背景下，对人才的选拔主要是以学历背景、专业知识、工作经验和智力测验为主。

1973年，美国哈佛大学教授麦克利兰（McClelland）发表了题为《测试胜任力而非智力》（Testing for competence rather than for intelligence）的文章，在文章中，麦克利兰指出：这种以智力测验、专业知识考察、工作学习经历分析为主的评鉴方式，可能存在两方面的问题：一是无法有效地预测个人在

生活和工作中的表现；二是存在潜在的不公平性，因为智力测验本身受到文化背景的影响，以学习、工作经历、学历为标准对无法获得平等受教育与工作机会的妇女和社会底层人士，同样存在不公平。在此基础上，麦克利兰和同事斯宾塞（Spencer）首次提出了胜任力（competence）的概念，并将其作为人才选拔的重要因素。

这种新型的人才选拔方法，被麦克利兰团队最早运用于美国国务院外交新闻官和马萨诸塞州人力服务工作者的选拔中。在美国国务院外交新闻官的选拔中，麦克利兰团队放弃了传统的对美国历史、西方文明史、英语水平及经济管理等方面知识的考察，通过"行为事件访谈技术"发现决定外交新闻官表现差异的重要因素（即胜任力）为：对不同文化的人际敏感度、对他人有积极期待、快速洞察政治人际网络等三项素质，由此，他们通过重点评测这三项胜任力素质来对外交新闻官候选人进行选拔。

1982年，麦克利兰的学生及同事鲍耶兹（Boyatzis）在大量文献检索和实证研究的基础上，对优秀管理者的胜任力进行了归纳研究，在《胜利的经理人》一书中做了系统的介绍。该书使得"胜任力"的概念得到更为广泛的传播，从学术领域扩展到企业管理者、管理咨询顾问、人力资源管理领域，并进而带来了胜任力模型应用的飞速发展。

二、胜任力及胜任力模型的定义

虽然胜任力模型得以广泛理解及应用，但其内涵和外延一直没有比较公认的界定，中外学者分别提出了自己的看法。

表 8-1　　　胜任力模型的概念

学者	时间	概念
David McClelland	1973	胜任力是与工作生活中重要成果或工作绩效直接相联系的特质、动机、知识和技能。
Spencer	1993	胜任力是与出色的有效工作绩效相关的个人潜在特征，包括六个层面：人格特质、动机、自我概念、社会角色、知识和技能。

续表

学者	时间	概念
Leford	1995	胜任力是个人可验证的特质，包括产生绩效应该有的知识、技能与行为。
王重鸣	2000	胜任力是促进高管理绩效的个性、动机、价值观、知识以及技能等特征。
Shippmann J.S.	2000	在一项任务或一个活动中“成功”的表现以及在某知识或技能领域内拥有“充分”的知识。
仲理峰，时勘	2003	胜任力是能把某工作岗位中表现优秀者和表现一般者区分，指个人潜在的、较为持久的特征。这些特征可以是认知的、情感的、意志的、态度的或动力的等。
Hoge，Tondora，Marrelli	2005	胜任力是有效的业绩所需的可以测量的能力，由个人特征、才干、知识与技能组成。
Ennis M.R.	2008	利用知识、技能、能力、行为和个人特质成功地完成工作任务、发挥特定作用或担当被赋予的角色或职位的本领。
Koeppen，k.，Hartig J.，Klieme E.，Leutner D.	2009	在特定情境下，特定的领域内，应付某种状况或完成某项任务，拥有的或需要拥有的认知性的倾向。

从以上有关于胜任力的定义中，我们不难发现，对于胜任力定义的分歧主要体现在三个方面。

①胜任力是指高绩效者应该具备的，还是区分高绩效者与低绩效者差异的特质、行为或能力。

②胜任力是指完成特定任务，还是一般性工作所需具备的特质、行为或能力。

③胜任力是指知识、技能、行为、能力、个人特质等的组合，还是只包括深层次的能力、动机等。

综合关于胜任力的所有研究，重新审视管理实践，我们认为：胜任力应该指向能够支撑高绩效行为的所有特质、能力或行为，而且对应于具体的工作任务，包括知识、技能、行为、能力、动机等各个方面。在此基础上，胜任力的定义为：在特定的工作中，能够促进高绩效的能力、动机、个性、行为、技能及知识等特征的总和。

关于胜任力模型的定义，学术界并未有太大的分歧，虽然表述有一定的差异，但其核心内涵一致，即：能够描述和表达岗位胜任力的各要素所构成的整体或组合。

三、胜任力模型的理论模型

从胜任力的不同概念中，我们可以看出，胜任力包含的范围比较宽泛，从比较容易获得的知识，到难以改变的深层动机，都可以归为胜任力的范畴。斯宾塞（Spencer）等基于大量的文献研究和理论归纳提出：胜任力模型应当包括知识、技能、自我概念、特质、动机等内容。

知识：指个人具备的、对事实和信息的掌握程度。比如：程序员掌握计算机的运行知识，医生了解人类身体的生理结构，等等。

技能：指个体运用已有的知识、经验，通过练习而形成的一定的动作方式或智力活动方式。比如：飞行员掌握飞机驾驶技能，记忆大师掌握快速记忆诀窍，等等。

自我概念：指个人的态度、自我认可和自我印象。比如：自尊、自信等。

特质：指个人具备的、对情景或信息的反应能力。比如：反应速度、空间想象能力、对情绪的控制能力等。

动机：指个人深层次的动力。比如：影视从业者对电影的热爱、科学家对真理的探索、个人对权力的追求、慈善家对他人的帮助，等等。

基于胜任力所包含的五个不同方面的构成模块，斯宾塞创造性地提出了胜任力的冰山模型和洋葱模型。

冰山模型和洋葱模型都形象地展示出：动机、特质、自我概念类型的胜任力隐性，难以测量，处于冰山底层或洋葱的深层；知识、技能类型的胜任力相对显性，易于观察和测量，处于冰上上层或洋葱外层。

大量的管理实践证明，决定高绩效的关键因素，更多的是隐性的、占据核心地位的自我概念、特质、动机这样的胜任力素质项。

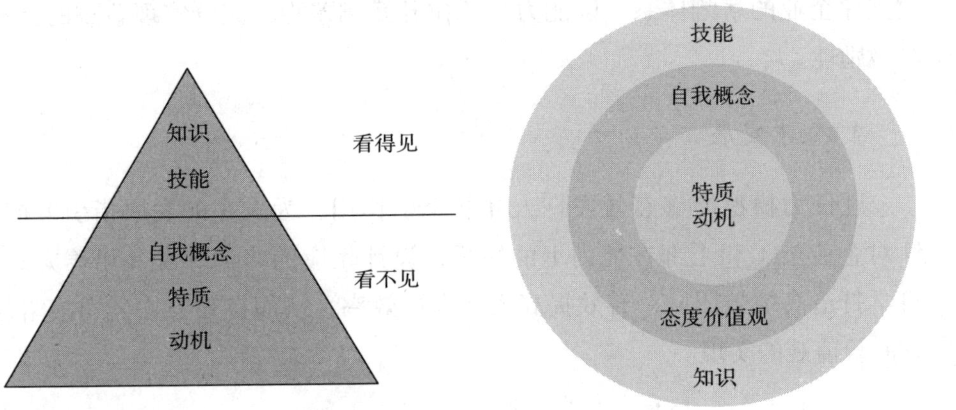

图 8-1　胜任力冰山模型与洋葱模型

四、胜任力模型的应用场景

1. 招聘选拔

在招聘选拔过程中，在多个面试者的情况下，如何确保面试官采用同一标准进行面试？以什么样的标准来评价应聘者？这对于确保招聘过程的公平性及结果的有效性来说，都是一个重要的问题。胜任力模型能够明确企业的用人标准，使企业内部按照统一的标准来筛选简历、开发题本、实施面试及评估招聘效果。

2. 梯队建设

基于胜任力模型，能够实施企业内部的人才盘点，助力企业内部开展人才现状评估，合理搭建人才梯队，确保关键岗位、核心岗位人才数量充足，避免梯队断层，为企业永续发展奠定基础。

3. 薪酬与考核体系设计

具有公平性与竞争性的薪酬体系对企业的发展具有重要作用，在企业薪酬体系的设计和优化过程中，以胜任力模型为主的能力评价体系能够有效支撑企业的薪酬体系，以能力高低拉开薪酬差距，充分实现薪酬的公平与激励性。

4. 人才发展

胜任力模型能够有效发挥人才的牵引作用，为人才的发展指引方向，针对企业员工和干部在能力上的短板，设计相应的培训课程和培养方式，科学打造高绩效团队，有效提高人才发展效率，从而有效支撑公司战略与核心价值观的实现。

第二节　素质模型开发的流程

一、胜任力模型的构成

在企业实践中，胜任力模型通常包括 7 ~ 15 个胜任力指标，每个胜任力指标由指标名称、指标定义、指标剖面、剖面定义、分级描述等组成。

指标名称：胜任力模型所包含的指标的名称。

指标定义：对胜任力的指标进行详细阐述，清晰指出指标的内涵和外延；

指标剖面：对胜任力指标进行分析，提取支撑胜任力指标的剖面，有时也叫二级指标、行为构面，指标剖面一般在 2 ~ 4 个。

剖面定义：对胜任力剖面进行详细说明。

分级描述：将胜任力指标分为 3 ~ 5 个等级，对胜任力指标在各个等级的表现进行描述，通常用优秀、良好、一般、待提升表示，有时也直接用四级、三级、二级、一级表示。

图 8-2 为海尔集团员工的胜任力模型。

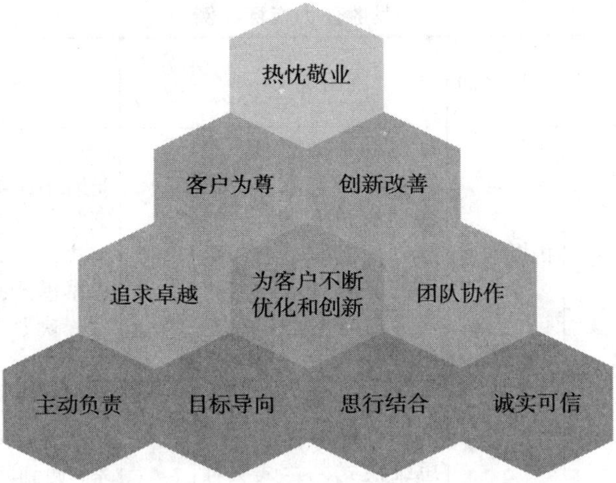

图 8-2　海尔集团的员工胜任力模型

成为海尔人的基本要求是品德保障，热忱敬业、主动负责、诚实可信这三项品德构成了海尔胜任力模型的基础。在此基础上，客户为尊、追求卓越、目标导向、思行结合、团队协作、创新改善六项要素，共同构成海尔员工胜任力的完整体系。所有胜任力要素，都服务于海尔人的核心目标——为客户不断优化和创新。

具体到某一项胜任力模型的指标，以下以某企业模型中的“沟通能力”为例，对其剖面和分级进行系统描述（见表 8–2）。

二、胜任力模型的构建方法

胜任力模型的常用构建方法包括：行为事件访谈法、素质特征问卷法、行动学习建模法、德尔菲法等。

行为事件访谈法，是通过对绩优人员和非绩优（绩平或绩差）人员进行访谈，通过编码、统计、分析，发现导致绩效差异的关键因素，并归纳形成胜任力模型。

素质特征问卷法，是通过对公司人员发放素质特征问卷，根据问卷结果，归纳胜任力模型。

表 8-2　　　　某胜任力指标样例

指标名称	指标定义	指标剖面	剖面定义	分级等级	分级描述
沟通能力	妥善处理与上级、平级以及下级之间的关系，促成相互理解，获得支持与配合的能力	积极沟通	重视且乐于沟通，愿意与人建立联系；在遇到沟通障碍时，能够以积极的心态和不懈的努力对待冲突和矛盾，而不是强权或回避	一级	平时不注重沟通，遇到冲突与矛盾以强权或回避来解决；习惯自我为中心的思维模式；缺少全方位思考，缺少协调与沟通
		换位思考	能够打破自我中心的思维模式，尝试从对方的角度和立场考虑问题，体察对方感受，促进相互理解	二级	了解沟通的作用，与工作中的各方都有比较好的关系；遇到问题与冲突时愿意体谅与理解别人，能及时回复一部分信息；略懂得聆听的艺术，愿意以制度方式明确沟通职责
		及时反馈	重视信息的分享，用心倾听各方的意见，并根据实际情况及时做出调整和回应	三级	与工作中的各方保持密切联系与良好关系；能够体谅和理解他人，愿意就具体情况做出调整与妥协；愿意就对方疑问做出及时的回应，确保信息的准确表达；倾向于以制度的形式明确沟通职责；懂得倾听的艺术
		机制保证	能够有意识地在组织中搭建沟通平台，通过机制建设确保沟通渠道的顺畅	四级	企业内部的桥梁，有着卓越的协调能力，能与上下级作好沟通，并妥善处理好之间的关系，促进其相互理解，获得他们的支持与配合

行动学习建模法，是通过组织公司管理者进行团队共创，在此过程中敏捷建模。

德尔菲法，是通过匿名条件下的多轮专家意见征询，集中专家智慧，萃取要素形成胜任力模型。

三、胜任力模型的构建流程

胜任力模型构建时，一般按照以下流程开展。

图 8-3　胜任力模型构建的流程

1. 确定模型构建的目的与对象

胜任力模型的应用场景非常广泛，可用于人才的招聘、选拔、培训及薪酬设计等各个方面，构建胜任力模型的目的不同，方法也有较大的差异。

同样，胜任力模型的研究对象不同，构建思路也有显著的差别。按照研究对象划分，可分为全员胜任力模型、层级胜任力模型、序列胜任力模型。

全员胜任力模型，指不同层级不同序列的人共用一套胜任力模型，这时的胜任力模型要具备较强的通用性。

分层级胜任力模型，指按照基层、中层、高层等层级构建的胜任力模型，这时的胜任力模型更多体现不同层级的差异性。

分序列胜任力模型，指按照研究对象所在的职位序列（如生产、职能、研发等）开发的胜任力模型，这种模型更多地体现出岗位之间的差异。

2. 选择模型构建方法

基于构建目的、对象的不同，选择相应的胜任力模型构建方法构建模型。目前来说，通用的构建方法包括行为事件访谈法、素质特征问卷法、行动学习建模法、德尔菲法等。不同的模型构建方法，技术复杂度不同，对时间和精力的投入要求也不一样，应当说各有优劣势，需要综合多方面因素来选择。

3. 构建胜任力模型

构建胜任力模型，即按照既定的模型和操作流程进行数据的采集和分析工作，从而得出相应结果的过程。

一般来说，建模工作包括开发工具准备、小范围数据采集、分析及方案优化、大范围数据采集、编码统计与数据清洗、数据分析及建模等基本步骤。因为研究方法的不同，工作步骤也会有所不同，以下各节会分别进行介绍。

实际开展中，一般会采用两种以上方法构建模型，如：以行为事件访谈、素质特征问卷法为主，岗位工作分析法、基于德尔菲法的专家意见征询为辅，等等。

4. 验证胜任力模型

胜任力模型的有效性验证是至关重要的一环，验证的方式包括指标结构分析、专家征询、外部对标、统计学验证等。

①指标结果分析：是指对胜任力模型的指标进行评估，确保指标数量合理，覆盖完全。一般情况下，胜任力指标数量应控制在 7 ~ 15 个之间，过少容易忽略关键素质项，过多则难以在应用中聚焦关键、把握重点。

此外，对于不同层级的人员，胜任力指标的指向也应有明显的区别，如：对于企业的高层来说，胜任力要求多涉及战略层面，而对于普通管理岗位来说，胜任力指标则多聚焦在团队管理等层面。

②专家征询：是指向行业专家或人力资源专家征询关于胜任力模型的意见，以尽可能保证胜任力模型的合理性、客观性与有效性。

③外部对标：是指搜集同行业、同区域企业的胜任力模型做横向对比，查找胜任力指标是否有明显的缺漏或偏差，对模型的合理性进行评估。

④统计学验证：是指通过统计学的方式对胜任力模型进行探索性因素分析，对其信效度进行分析，以此验证胜任力模型的有效性。

5. 模型的应用与修正

根据胜任力模型构建的出发点，将模型应用到实际场景中。在应用过程中，一方面要根据场景灵活变通；另一方面，要在积累了一定的应用实践之后，对模型进行修正，使其更好地适应应用场景。

第三节 素质辞典的建设与应用

在胜任力模型的发展过程中，有一个重要的环节，即素质辞典的出现。素质辞典的出现，一方面使得胜任力模型的构建过程得到大幅度简化；另一方面，促进了胜任力模型之间的横向对比。

素质辞典的发展过程中，比较知名的产品是麦克利兰素质辞典以及全球知名人力资源咨询机构——合益咨询的素质辞典。结合中国国情，汉哲咨询也开发了符合中国特色的HAN82素质辞典并获得了著作权，为中国用户的胜任力研究提供了更多的选择。

一、麦克利兰素质辞典

麦克利兰最早提出胜任力模型。麦克利兰及团队收集、归纳了过去20年内企业常见的760项不同的行为，将其中常见的360项行为归纳为21项素质特征，在此基础上又将21项素质特征归纳为6个族类，形成了现在的麦克利兰素质辞典。

表8-3 麦克利兰素质辞典族类图

族类	素特征质
成就与行动族	成就导向、重视次序品质与精确、主动性
帮助与服务族	人际理解力与沟通、客户服务导向
冲击与影响族	冲击与影响、组织认知、关系建立
管理族	培养他人、权力运用、团队合作、团队领导
认知族	演绎思维、归纳能力、专业知识
个人效能族	自我控制、自信、弹性、组织承诺、个人能力

麦克利兰素质模型的21项素质特征，每个素质项都有明确的定义和别称，每个素质项下又可分为3～5个维度，针对每个维度，也有详细的分级描述。以“管理族”的“团队领导”素质项为例：

①定义：团队领导，是指担任团队或其他群体的领导角色的意图，含有想要领导他人的意思，团队领导通常与团队合作相结合，尤其是主管和较高层的经理人。

②别称：团队领导也被称为指挥，负责管理、远见、群体管理和激励、建立群体目标、真心关心下属等。

③维度：描述团队领导的第一个维度是领导角色的强度和完成度（A），从单独主持会议到真正的号召力，也就是通过令人折服的远见和领导力启发和激励他人，第二是团队的规模（B），第三是努力以及主动同团队合作。

④各维度的分级描述，如表8-4所示。

表8-4　　团队领导指标行为剖面及分级描述

维度	名称	行为等级	行为描述
A	领导角色的强度	–1	放弃和退让。拒绝或不能领导，例如在下属有需要时，不能指示或陈述任务
		0	不适用。工作不需要领导
		1	掌控会议。陈述计划和目标、控制时间、分配工作等
		2	通知人们。让受到决策影响的成员知道发生什么事，确保新群体拥有必需的信息，为决定说明原因
		3	公平运用权威。以公平和平等的态度运用正式的职权
		4	提升团队绩效。运用复杂的策略提升团队的士气和生产力，录用和解雇的决定，团队任务分配，交叉训练等
		5	照顾群体。保护群体及其声誉，取得群体所需的人员、资源、信息，确保群体的需要得到满足
		6	将自己定位为领导者。确保他人接受领导者的任务、目标、计划、规定等
		7	提出令人折服的远见。拥有真实的号召力，激发成员对团队使命的认同、热情和承诺

续表

维度	名称	行为等级	行为描述
B	涉及的团队规模	1	3 ~ 8 人的小型、非正式群体，可能包括社交性质的群体
		2	任务小组或临时性的团队
		3	进行中的工作群体或小型部门
		4	大型部门，大约 16 ~ 50 人
		5	大公司的部门，或是整个中型公司
		6	较大型的公司
C	努力或主动积极的程度	1	不做任何额外的努力
		2	采取超出例行公事的行动，多次沟通，或采取行动
		3	付出超出平常的努力，利用自己较长的时间，可能长达数月
		4	督促他人采取非例行公事的行动，举行额外的会议等
		5	让他人也一起付出超出平常的努力

典型的领导行为包括：告知人们，让受到决策影响的人们知道发生了什么；公平对待团队中的所有成员；运用较复杂的策略提升团队士气和生产力，包括：决定录用和解雇、分配团队任务、交叉训练等等；确保群体的需求得到满足；确保他人接受领导者的任务、目标、计划、政策等。

二、合益咨询的胜任力词典

在麦克利兰素质辞典的基础上，1996 年，合益咨询提出了新的胜任力素质词典，素质的分级描述更加严谨、可靠、有效，并且在优秀的管理者、骨干员工身上得到了验证。合益咨询的胜任力词典包括通用核心素质、补充及个性通用素质、潜在素质三个部分，最常用的是通用核心素质，共 18 个素质项，每个素质项均有详细的指标和分级描述。

例如，针对“服务精神”，合益胜任力词典明确提出了“服务精神”的定义以及分级描述如下。

服务精神，即有帮助或服务客户的愿望以满足他们的要求，及专注于如何发现并满足客户的需求。其中，“客户”可以是广义的，包括最终客户、分销商或内部“客户”等“服务对象”。

针对“服务精神”这一素质，合益认为可以分为六个层级，其中：1 ~ 4 级主要为针对客户的反映，5 ~ 6 级是特别积极和可指导他人的。

①有追踪：追踪客户的要求、需求、抱怨。让客户对最新项目进展有所了解（但却不深究客户的深层问题或困难）。

②保持沟通：与顾客在彼此的期望方面保持沟通，监督客户满意度的执行。给客户提供有益信息以及友善和开心的帮助。

③亲自负责：对更正客户服务问题采取亲自负责的态度，及时地、不袒护自己地解决问题。

④为顾客采取行动：在客户遇到关键问题时，主动使自己能随时被顾客找到。例如：提供给客户自己的家庭电话，或休假时电话，或其他能容易找到自己的方式，或为解决问题在客户所在地滞留很长时间，采取超出正常范围的措施等。

⑤指出客户潜在的需要：除前面几条之外，了解客户业务或为客户的真正潜在问题寻找信息，为现有的产品或服务提供方便。

⑥运用长远观点：对待客户问题采取长远观点，为了长远利益关系宁愿牺牲一下暂时利益。从客户的长远利益出发，以顾问的身份参与客户决定的过程。对客户的需求、问题、机会、可能性等，形成自己的独立判断，并根据自己的观点推进工作，例如，推荐不同于客户想法的新的方案。

三、汉哲咨询的胜任力词典

经过多年研究，在对国内外各类胜任力模型进行充分研究的基础上，基于自身多年的管理咨询经验，汉哲管理咨询（北京）股份有限公司成功开发了更加符合中国实际的《HAN 82 胜任力词典》。

HAN 82 词典采纳了冰山模型的架构，分为潜在素质、能力素质两个大的维度，以及在此基础上的动机、个性、态度品德、自我管理、任务管理、团队管理和领导力七个二级维度，共 82 个素质项。素质项的定义、行为分级、素质剖面（典型行为）的描述，更加符合中国文化的特征。同时，汉哲咨询也开发了相应的测评系统，并将词典、测评工具共同申请了中华人民共和国著作权，已获得批准。

以下为 HAN82 素质辞典中“精力管理”这一素质的定义及描述。

表 8-5　　HAN82 胜任力指标行为剖面及分级描述样例

<table>
<tr><td>指标名称</td><td colspan="2">精力管理</td></tr>
<tr><td>指标定义</td><td colspan="2">能够对任务的轻重缓急进行合理评估，从而确定任务优先级，按照合理的计划和时间安排开展工作，并且确保工作高质量、高效率、可持续。</td></tr>
<tr><td rowspan="4">行为分级</td><td>4 级</td><td>能够按照紧急－重要四象限法、2/8 原则法等科学的方法对任务进行评估，确保要事第一，有合理的工作计划和时间安排，能够对自我体能、精力做科学评估，确保工作高效有序，张弛有度。</td></tr>
<tr><td>3 级</td><td>能够确定任务的优先级，对工作进行预先计划和安排，有科学合理的时间计划表，按照时间安排来进行工作负荷和工作节奏的调节把控。</td></tr>
<tr><td>2 级</td><td>能够对任务进行大致的分类和排序，有模糊的工作计划和时间管理意识，对自我精力有觉察和调节的意识。</td></tr>
<tr><td>1 级</td><td>缺乏对任务轻重缓急进行分类管理的意识，工作缺乏计划性、规律性，工作不够专注，效率低下。</td></tr>
<tr><td>素质剖面</td><td colspan="2">典型行为</td></tr>
<tr><td>要事第一</td><td colspan="2">准确判断各项任务的轻重缓急，如按照 2/8 原则对各事项进行分类；
合理确定任务的优先级，确保要事优先。</td></tr>
<tr><td>超前计划</td><td colspan="2">能够预先对任务进行超前计划，整体把控；
确定任务的重点、难点和关键环节，匹配对应的时间和资源。</td></tr>
<tr><td>时间管理</td><td colspan="2">对各项任务有合理的时间评估，重视工作效率；
能够有节奏、有规律、有条不紊、合理有序地开展工作。</td></tr>
<tr><td>精力可持续</td><td colspan="2">对个人体质、能力和可利用的资源有理性的评估，避免超负荷工作；
能够劳逸结合，各项工作穿插组合，最大化利用个人精力。</td></tr>
</table>

四、素质辞典的应用

前文已述，素质辞典在胜任力模型构建中正在发挥着越来越大的作用，指标精准、覆盖完全的胜任素质辞典，可有效提高胜任力模型的构建时间和质量。

在模型构建过程中，一般情况下，在时间和成本相对有限的情况下，可以选择现有的、成熟、完整的素质辞典，采用快速建模法迅速搭建素质模型，或者在现有素质辞典的基础上，根据企业的实际情况进行增补、删减，形成新的素质项，补充到企业的素质辞典中。

当然，如果时间与条件允许，且企业对素质模型有极高的精度要求，以及开展此方面的专业研究，也可以从无到有构建全新的素质辞典。

第四节　素质建模方法一：行为事件访谈法

行为事件访谈法（Behavioral Event Interview，简称 BEI），是胜任力建模最经典、最常用的方法之一，是成果信效度最高的方法，同时也是人力、时间、精力投入最多的方法。通常，行为事件访谈法按照以下流程开展。

1. 编撰素质辞典

构建素质辞典是行为事件访谈法的第一步。首先，需要根据胜任力模型的构建对象，对相关的胜任力指标进行收集汇总，形成素质辞典。素质辞典编撰时，可选用麦克利兰或合益的素质辞典作为基础库；同时，搜集本行业或层级已完成的胜任力研究成果，将其中的胜任力指标纳入基础库；第三，对当前的从业者开展工作分析，提取岗位工作的胜任力指标。通过以上三个方面的整合，形成一套可覆盖本岗位所有可能胜任力指标的素质辞典。

2. 确定绩效标准，选择效标样本

在确定访谈样本时，收集汇总建模对象当年或3年内的绩效数据，对绩效数据进行统计分析，确定绩效标准，根据绩效标准确定效标样本。

绩效标准的确定根据绩效数据的分布情况灵活划定，通常在绩效排名的前25%中选择人员作为绩优样本，后25%人员作为绩差样本。

在样本数量的选择上，没有严格的限定，但需要综合考虑质量与成本的平衡。样本数量过少，可能导致代表性不强，因偶然因素影响而导致胜任力模型的有效性不足；样本数量过多，则会给研究增加显著的工作量，甚至降低访谈质量。

一般来说，绩优组和绩差组的访谈样本数量各控制在10～30个，且各组最好能覆盖到不同性别、年龄、学历的人员，以提高访谈的代表性。

3. 实施行为事件访谈，采集原始数据

针对效标样本，设计访谈提纲，由访谈组实施行为事件访谈。

行为事件访谈，要由受过专业训练的访谈专家，按照严格的程序实施。行为事件访谈，一般采用半结构化形式，在确保标准化的同时，保留了一定程度的灵活性。

其中，访谈提纲的设计，对于提高访谈的有效性至关重要，措辞得体、严谨的访谈提纲，一方面，能够辅助访谈人员较好地实施访谈，另一方面，也能够使访谈得到的行为数据更加准确和完整。完整的访谈提纲包括开场白、成功事件的访谈、失败事件的访谈、结束语四个主要部分。

①开场白：开场白首先要对对方接受访谈表示感谢，同时对访谈目的做简单的说明；其次，对访谈时间和访谈的主要内容做简单介绍，同时，要向访谈对方告知：需要对访谈内容做录音和记录，并对访谈内容保密。

②成功事件的访谈：要求对方详细说明三件自己主导或深度参与的成功的事件，并有针对性地对对方可能遗漏或表述不清的地方进行追问。

③失败事件的访谈：同样要求对方阐述三件自己经历的失败的事件，并

对失败事件的细节、关键过程等做适当的追问。

④结束语：表明访谈结束，确认对方是否有需要补充的内容，再次向对方表示感谢。

在具体的访谈过程中，需要注意：可能有 3 ~ 5 组访谈人员同时开展访谈，因此，要确保各组按照统一的标准实施访谈。

每个访谈组的访谈人员配置统一：一般由主访谈人和辅访谈人组成，主访谈人负责访谈，辅访谈人负责人员引导、开场白及访谈过程记录。各组访谈人员的资历、工作能力应均衡，着装统一，录音设备统一，并确保各组访谈场所宽敞明亮。

访谈流程统一：各访谈组按照相同的访谈提纲实施访谈，访谈时间一般控制在 60 ~ 90 分钟之间，访谈成功事件和失败事件的时间应基本保持一致。

4. 访谈数据编码统计

在所有效标样本访谈结束之后，项目组对访谈记录进行整理，或者对录音进行文字转化（采用软件等），在此基础上，对访谈记录进行编码、统计。

（1）访谈记录整理

访谈结束之后，需要对访谈录音或现场记录进行转录或完善，在转录过程中，要尽可能保留访谈过程中的所有信息，原始记录的完备性，一方面能够确保编码过程的完整性和准确性，另一方面，能够在编码异常数据回溯时，提供更加丰富的信息，辅助判断。

当前语音识别技术的发展为访谈转录节省了大量时间和精力，借助语音转文字的软件，能够显著提高转录效率，但是要对自动转录的文本进行检查和修订，更正软件识别过程中的错误和遗漏。

（2）编码

参照素质辞典，对访谈记录进行编码。编码通常多人同时操作，但是需要提前建立统一的编码符号系统，对编码组人员进行编码规则说明和培训。

实践证明，建立一套共同的编码符号系统和编码说明，能够有效提高编码效率，比如：按照胜任力指标—等级—编码组序号的方式进行编码。

在这里，分享一种比较快捷的编码方法，可以快速将编码的内容导出。在编码选择上，统一使用WORD软件打开需要编码的文件，在WORD软件选中编码文本，在审阅模式下以批注形式进行编码，之后将WORD文件另存为“网页”格式文件，用EXCEL软件打开另存的“网页”格式的文件，这时批注内容会单独呈现在EXCEL文件的最下方，编码人员可以全部选中，复制粘贴编码内容。这样比起每个人按照自己的操作习惯来编码，既快捷又准确。

（3）统计分析：对编码数据进行处理、统计和分析

在数据处理时，首先对访谈文本中的各项胜任力指标进行频次和得分统计，在此基础上得到总频次、总得分、平均等级分数、最高等级分数，具体计算方式为：

总频次 = 访谈文本中出现的胜任力次数

总得分 = 访谈文本中每个等级的得分与频次的积的和

平均等级分数 = 总得分 / 总频次

最高等级分数 = 访谈文本中最高等级的得分与其相应频次的积

比如，在素质辞典中，“沟通影响”素质分为优、良、中、差四个等级，分别对应5、3、1、0四个分数，在某访谈者的访谈记录中，发现在沟通影响方面，表现为“优”有3次，“良”有5次，“中”有2次，“差”有1次，则总频次 = 3 + 5 + 2 + 1 = 11次，总得分 = 3 × 5 + 5 × 3 + 2 × 1 + 1 × 0 = 32分，平均等级得分 = 32 / 11 = 2.91分，最高等级得分 = 3 × 5 = 15分。

数据处理之后，需要对访谈结果进行统计分析，统计分析一般为访谈长度分析、编码信度分析、胜任力差异分析。

访谈长度分析，体现为对访谈时间和访谈内容字数的分析，通过对不同绩效组访谈时间和访谈内容字数的差异检验，确定两组的胜任力的差异

与访谈时间和访谈字数是否有关。然后，将访谈长度与胜任力的总频次、平均等级分数、最高等级分数进行相关分析，选出可用于稳定的胜任力指标的统计指标。

编码信度分析，主要体现为不同编码人员的编码信度分析，常见的信度分析包括：计算编码的归类一致性、编码信度系数和皮尔逊相关系数。

胜任力差异分析，主要体现对编码的总频次的差异分析、平均等级分数的差异分析和最高等级分数的差异分析。

5. 根据统计结果确定胜任力模型

综合编码数据及其统计分析，根据不同绩效组在胜任力总频次、平均等级分数、最高等级分数三项统计指标上的胜任力差异分析结果，提炼、鉴别胜任力要素，也就是最后的胜任力指标。

6. 验证胜任力模型

对胜任力模型的验证包括定性验证和定量验证两种方式。

定性验证，一般由该行业的专家对胜任力模型进行定性判断，评估该胜任力模型的合理性。

定量判断，一般是通过因素分析法、结构方程模型等统计方法，对最终的胜任力模型进行验证和分析。

7. 综合评估

行为事件访谈法通过一系列的步骤和方法，最终形成胜任力模型。行为事件访谈法逻辑严谨，所构建的胜任力模型与绩效高度链接，具备较高的信度和效度。作为比较经典的胜任力模型构建方法，在组织对胜任力模型的准确度有较高要求，且愿意投入时间和人力来构建时，行为事件访谈法往往成为首选。

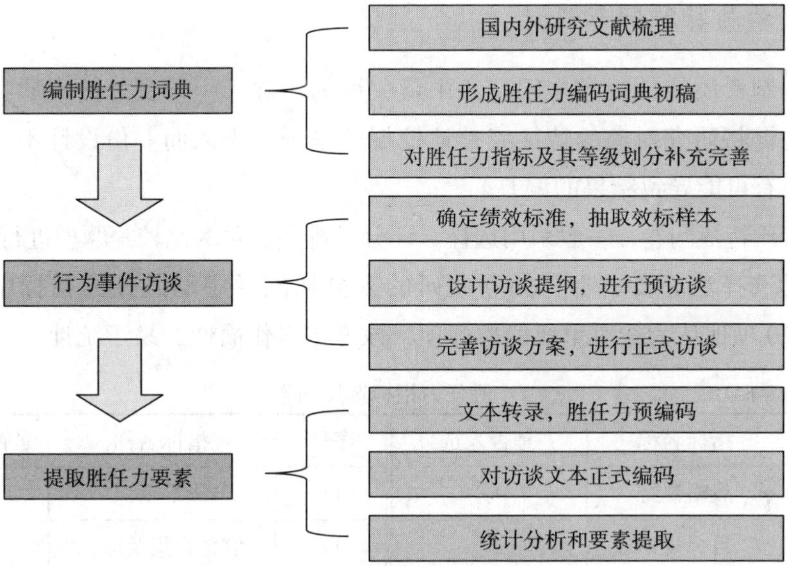

图 8-4　素质模型开发流程图

第五节　素质建模方法二：素质特征问卷法

行为事件访谈法是胜任力模型构建时最常用、同时也是信效度较高的方法，但是，它对参与建模的人员要求较高，需要投入大量的时间和精力，在企业的管理实践中，有时并不具备这样的条件，这时，就可以考虑采用另外一种建模方法——素质特征问卷法。

素质特征问卷法的建模过程包括构建素质辞典、编制素质特征问卷、实施素质特征问卷调研、调研数据统计分析、胜任力模型归纳、胜任力模型验证六个步骤。

1. 构建素质辞典

在素质特征问卷法中，构建素质辞典的步骤与行为事件访谈法一致，此处不做赘述。

2. 素质特征问卷设计

编制素质特征问卷是问卷法中最关键的步骤，一份良好的素质特征问卷，能够将研究对象的特征完整地挖掘和呈现出来，而一份设计不良的问卷，很有可能导致结果的偏差。

素质特征问卷，一般采用选择、评分、排序、两两比较等题型进行设计。

①选择法。要求参与问卷调研的人员从问卷中的胜任力指标中选择10 ~ 20项他认为相对重要的指标项，该方法操作简便，易于统计。

表 8-6　　胜任力指标选择问卷

序号	指标名称	是否入选	序号	指标名称	是否入选
1	战略视野	√	11	成本意识	
2	目标规划		12	信息收集及加工	
3	资源整合	√	13	管理体系建设	√
4	客户导向		14	表达能力	
5	全局意识		15	监控意识	
6	组织认知	√	16	任务指派	
7	危机意识		17	创新能力	
8	企业家精神		18	问题解决	√
9	项目管理	√	19	科学授权	
10	目标管理		20	团队激励	

②评分法。要求参与问卷调研的人员对问卷中的胜任力指标进行评分，一般采用五点评分法。

③排序法。要求参与调研人员对问卷中的胜任力指标进行排序，从最重要的到最不重要，依次写出序号。

④两两比较法。要求参与调研人员对问卷中的胜任力指标就重要程度进行两两比较。

在实际操作中，选择法、评分法使用相对较多，排序和两两比较法较少。

在问卷调研时，需要有相应的说明语，介绍问卷调研的目的、要求和注意事项等。在必要的情况下，对于问卷的填写时间也要做必要的限定。

表 8-7 胜任力指标两两比较法问卷

比较项	识人用人	团队激励	科学授权	氛围营造	辅导培养	沟通影响
识人用人	0	+	−	+	+	−
团队激励	−	+	−	+	−	+
科学授权	+	−	+	+	−	−
氛围营造	−	+	−	−	−	+
辅导培养	−	−	−	+	+	−
沟通影响	−	+	+	+	−	+

3. 问卷调研实施

实施问卷调研时，问卷发放人员要确保问卷填写者之间能够独立填写，问卷填写人员对问卷填写事项做相应说明之后，不宜干涉问卷填写者的填写，以确保问卷能够反映被调研者的真实想法。

4. 数据统计分析

对问卷调查结果按照以下步骤进行处理和分析。

①数据清洗：首先对于填写内容缺失、填写不规范、他人代为填写或问卷填写内容明显敷衍的问卷进行甄别，剔除无效问卷，确保问卷的真实有效。

②统计分析：对问卷填写结果进行统计，如采用选择法，则统计所有胜任力指标被选中的频次，选择最高频次的 10 ~ 15 项。如采用评分法，则统计所有胜任力指标的平均分，选择平均分最高的 10 ~ 15 项。

在对统计结果进行统计前，要确保问卷达到一定数量，对于对结果要求比较高的项目，问卷数量应至少 50 份。其中，从便于工作开展的角度出发，对于上级代表、企业负责人、专家的问卷统计结果，可以适当赋予更高的权重。

5. 搭建胜任力模型

根据统计结果，以及综合考虑各维度胜任力指标的包含关系、因果关系、均衡性、与企业文化与价值观的符合性等，确定最终的胜任力指标，搭建胜任力模型。

6. 模型验证

通过素质特征问卷得到的胜任力模型，要采用必要的统计方法进行验证，通常可采用SPSS等软件进行信度和效度分析，以确认各项胜任力指标的有效性。

7. 综合评估

素质特征问卷法的优势在于方便、快捷，不足之处在于：问卷法的信度和效度在很大程度上受到调研群体的限制，调研群体对研究对象所需能力的了解程度、对胜任力指标的理解程度，都有可能影响到建模的准确性，因此，问卷调研法通常作为一种辅助的建模方法，或者应用在精度要求不特别高的场合。

第六节　素质建模方法三：行动学习建模法

一、行动学习建模法的发展背景

胜任力模型在20世纪80年代快速发展之后，很多企业都尝试构建胜任力模型，但是，行为事件访谈法耗时耗力，素质特征问卷法受限于调研人员对建模岗位的理解，如何快速、便捷地构建胜任力模型，成为企业管理实践中的难题。行动学习建模法便是在这样的背景下发展起来，它充分调动了企业管理者的参与积极性，同时，降低了对建模人员专业性的要求，能够实现快速建模。

二、行动学习建模法的建模步骤

1. 准备胜任力素质卡片

在行动学习建模法中，首先需要准备一套胜任力素质卡片，素质卡片需要保证有覆盖范围广泛的胜任力指标，每个胜任力指标有完整的指标定义、关键行为描述。此外，还需要准备若干空白卡片，以备讨论组根据企业实际情况重新撰写或修改胜任力指标。

胜任力素质卡片是行动学习建模法的重要道具，通过对卡片选择、排序、组合，能够有效地提高胜任力模型构建过程中的灵活性和便捷性。

2. 组织胜任力素质研讨工作坊

组织企业的管理层参与胜任力研讨工作坊，工作坊人数控制在 30 人以内，以 6 ~ 8 人为一组。组织方需要为工作坊提前选定支持人、现场助理；工作坊每组要选派一名组长、一名计时员、一名发言人，组长负责组织研讨，计时员负责把控讨论进度，发言人负责总结及汇报讨论成果。

3. 胜任力素质研讨

工作坊按照以下步骤开展。

①主持人介绍工作坊的目的和讨论规则。

②在主持人引导下，各组选出组长、计时员和发言人。

③现场助理发放大白纸、胜任力素质卡片等。

④在主持人引导下，每组分别在大白纸横向和纵向依次摆放卡片，如图 8-6 所示。

⑤主持人引导各组开始讨论，将所有胜任力辞典的卡片按照横向和纵向对应的分类摆放。

⑥在所有卡片中选出最为重要的 11 项胜任力素质。

⑦在所选中卡片中选出最为重要的 7 项胜任力素质。

表 8-8 卡片摆放图

分类	非常重要	比较重要	一般重要	比较不重要	非常不重要
组织层面					
任务层面					
团队层面					
个人层面					

在这个过程中，组长要把控好工作坊的节奏，确保每组按照主持人要求对胜任力素质卡片进行分类和摆放，计时员要做好计时工作，现场助理要进行适当的辅助和指导。对于不理解讨论规则、对卡片有疑问的人员，要给予必要的说明和澄清。

⑧讨论结束，发言人公布本组研讨结果，主持人汇总各组讨论结果。

表 8-9 胜利力指标分类排序图

分类	非常重要	比较重要	一般重要	比较不重要	非常不重要
组织层面	全局意识	客户导向			
任务层面		执行推动 决策能力	沟通影响	资源整合	
团队层面			氛围营造		
个人层面	坚韧抗压		学习能力		

4. 确定最终胜任力模型

对工作坊确定的胜任力指标进行完善，构建胜任力模型，并对指标定义、行为描述等进行细化，确保最终的胜任力模型完整、丰满、逻辑严谨。

三、综合评估

作为一种新型的胜任力建模方法，行动学习建模法的优势体现为建模周期短，只需要半天或一天的工作坊，就可以输出胜任力模型，最大化地利用了企业管理层和专业人员的智慧，降低了对建模人员专业水平的要求。其不足之处在于：缺少了深入访谈、编码统计等精细化的统计和分析工作，所建立的模型在企业的针对性、个性化方面略有不足。

考虑到行动学习建模法的特点，在行动学习建模法的应用过程中，可以适当采用其他建模方法作为辅助。随着管理科学的发展和企业管理水平的不断提高，企业间管理的差异性在不断缩小，在这样的背景下，选择快速、便捷的行动学习建模法将会成为今后的趋势。

第七节　素质建模方法四：德尔菲法

一、德尔菲法的起源与发展

1. 德尔菲法的起源

在20世纪40年代，美国空军资助兰德公司开展“德尔菲项目”——站在苏军战略决策者的角度选择未来美国最有可能被轰炸的目标，在该项目中，兰德公司奥拉夫·赫尔默（Olaf Helmer）、诺曼·达尔克（Norman Dalkey）和尼古拉斯·雷歇尔（Nicholas Rescher）创造性地使用了一种新的方法进行预测，后来被称为德尔菲法（Delphi Method）

德尔菲法主要通过多轮匿名方式对专家的意见进行函询，直到专家的意见趋向一致，以此形成最终决策意见。德尔菲法最初用于定性预测，因其匿名性和专业性，可以有效避免集体讨论存在的盲目服从或屈从权威的问题，在军事、技术、医疗等领域得到了广泛的应用。

2. 德尔菲法在国内的发展

（1）引进介绍阶段：1981 ~ 1989年

1981年，许立达最早对德尔菲法决策过程中的稳定性和一致性进行了研究，1986年，王浣尘等对德尔菲法的最佳专家人数、咨询结果评价、计算公式等进行了进一步的探讨；与此同时，很多专家对德尔菲法陆续进行了研究，并引进了国外尚调查法、计算机化的德尔菲法、派生形式政策德尔菲法、决策德尔菲法等德尔菲法的派生形式。

（2）创新发展阶段：1990 至今

1990 年，合肥工业大学预测与发展研究所陈玉祥率先指出：我们应加强德尔菲法的创新研究，之后，学术界出现了大量德尔菲法的创新性理论研究，对德尔菲法的理论成果、专家类别的划分、专家意见协调性的提高、数据处理方法的改进等进行了大量研究，这为德尔菲法在实践中的运用打下了坚实的基础。

二、德尔菲法的应用场景

①评价相关领域。德尔菲法在评价体系建立与优化、评价模型构建、评价指标选择、评价指标权重确定、方案评价与选择、绩效考核与评估等方面被广泛应用。

②科技预测相关领域。德尔菲法最初便运用于预测研究，其在专项科技的长期趋势预测、综合性科技的长期预测方面都得到了青睐。

③医学相关领域。在医学相关领域，德尔菲法广泛运用于临床医学、护理学、卫生经济学、流行病学等领域，从医疗机构的综合评价到医护人员的人力资源配置等，德尔菲法都发挥了巨大作用。

④教育相关领域。德尔菲法能够运用到学生的创新实践平台建设、学校竞争力评价指标体系构建、学科群评价指标体系构建等多个方面。

三、德尔菲法的具体实施

1. 德尔菲法的评价指标

在实施德尔菲法的过程中，为了确保结果的准确性，需要特别关注以下指标。

①专家积极性。专家积极性是指专家对项目的重视和协作程度，用专家积极性系数来表示，专家积极性系数通常以专家的应答率作为衡量标准，通常应答率应至少达到 60%。

②专家权威性。指评估专家的专业性，专家的权威系数通常通过专家的知识技能、专家的经验、专家的行业地位、专家对本项目的熟悉程度等来评估。

③专家意见集中度。指项目过程中专家意见的集中程度，专家意见集中度通常通过指标均分、满分比、变异系数等表示。

④专家意见协调性。指全部专家对全部指标评估意见的协调程度，用来判定各专家彼此间对每项指标给出的评价意见是否存在较大的分歧。专家意见的协调性通常用肯德尔一致性系数进行计算，通过专家的多轮比较，计算多轮比较过程中协调系数的差异。

2. 德尔菲法的实施步骤

当前，在胜任力模型的构建过程中，一般经过两到三轮专家评估，专家的意见即可趋向一致。我们以两轮的情况来说明德尔菲法的实施过程。

①选择专家。在德尔菲法建模的过程中，首先需要选择相关领域的专家，专家选择时要考虑到专家的专业性，专家数量不少于 10 名，一般 10 ~ 30 名。

②编制问卷。在编制专家问卷时，首先需要通过文献分析、岗位工作分析等方法汇总胜任力指标初稿，完整的胜任力指标应该包括一级指标、二级指标、指标定义；其次编制评价等级说明，通常采用里克特五点评分量表，对非常重要、比较重要、一般重要、比较不重要、非常不重要分别赋分 5.4.3.2.1，要求专家进行评分，并给出相应的评分依据；最后，对指标编制开放性的问题，收集专家对每个指标的修改意见。

③首轮评估。发放专家调研问卷，要求专家按照问卷指导语的要求完成问卷。传统的德尔菲法通过信函方式邮寄问卷，现在通过电子文件、软件系统，能够实现更加方便、快捷的问卷调研。

④问卷收集与统计分析。问卷发放之后，一般预留一周时间收集问卷，之后首先剔除无效问卷，其次对问卷进行统计，确定指标筛选标准，一般用指标平均分数、满分比和变异系数作为指标筛选标准。指标平均分数 = 该项指标在所有问卷中的平均分，满分比 = 该指标为满分的问卷数 / 有效问

卷数量，变异系数 = 该项指标的标准差 / 该项指标的平均分，最后通过计算得出满足指标筛选标准的指标，剔除不满足指标筛选标准的指标，对个别指标按照专家意见进行修改，编制二次评估问卷。

⑤二次评估。将二次评估问卷发送专家，要求专家按照指定要求完成。

⑥问卷收集与统计分析。对二次回收的问卷进行统计分析，按照指标筛选标准再次筛选指标，并计算专家意见的一致性系数。

⑦确定胜任力模型。根据两轮专家评定结果，确定最终的胜任力模型。

四、综合评估

德尔菲法在各个领域应用广泛，通过定性与定量相结合的方式，能够发挥独特的优势，但是也不可避免地存在一定的不足。

1. 德尔菲法的优势

①专业性强。能够有效发挥专家在专业领域的优势，提高评价、预测的有效性。

②适用范围广。既可以运用到专家的长期规划、预测调查、专业性、学术性的课题研究，也可以运用到人力资源管理、市场调研等商业领域。

③匿名性。所有参与的专家处于匿名方式，在互不见面和没有讨论的情况下参与调研，背对背的匿名方式给专家提供了一个平等表达观点的机会，能够避免受到领导、同伴或他人给予的影响或压力。而这恰是头脑风暴、无领导小组讨论无法回避的一个问题。

④信息反馈性。一般进行两轮或两轮以上的专家意见征询，征询过程中对每轮结果进行分析和反馈，作为下一轮调研的参考，信息在这个过程中能够比较畅通地得到反馈。

2. 德尔菲法的局限性

①所需时间长。德尔菲法需要对多名专家进行多轮问卷调研，项目周期较长。

②无法避免主观性。德尔菲法属于专家预测法，虽然是由多名专家、多轮调研，但是仍无法避免专家本身的主观倾向对调研结果的影响。

③对研究者要求高。德尔菲法需要研究者妥善处理与专家的联系，同时需要研究者把控好各轮调研问卷，对咨询结果进行较好的处理和分析，从而得出有价值的结论。

案例分享　某高科技制造业企业关键岗位胜任力模型开发

一、项目概况

A 公司是食品添加剂行业的领军企业，专注于食品添加剂细分领域的研究、开发、规模化生产和应用服务，产品远销亚洲、欧洲、北美洲、南美洲、非洲、大洋洲等 30 多个国家和地区，国内细分领域市场占据 1/3 以上。为了提高企业内部管理的科学性及规范性，提高组织竞争力，公司成立了项目组，开展人力资源管理体系的系统优化工作，其中的核心环节就是要构建关键岗位的胜任力模型，助力组织内部的人员选拔与培养。

二、胜任力模型构建思路

综合比较了多种胜任力模型的构建方法，项目组决定在战略演绎的基础上，采用行动学习建模法。这是因为：一方面，项目本身需要对 A 公司的内外部环境进行分析，从而发现公司面临的机遇与挑战，制定公司的 3 ~ 5 年战略规划，并在此基础上将战略目标分解为各部门需要承担的关键任务。

运用各部门需承担的关键任务，进一步推导胜任力，一方面逻辑上合理，也能够更好地衔接现有成果。另一方面，胜任力建模只是整个项目的一个环节，利用行为事件访谈法等复杂的建模方法，对整个项目周期也有影响。在战略分析的基础上通过行动学习法敏捷建模，能够兼顾科学与便捷，此外，也能够让中高层领导干部参与到整个建模过程中，不仅可以激发干部的参与度与积极性，还可以起到很好的赋能作用。

三、胜任力建模的流程

1. 战略目标分解

项目组根据波特五力模型对 A 公司当前的外部现状进行了分析，并根据对公司外部市场环境和内部经营情况的分析，制定了 3 ~ 5 年的经营目标。如图 8–5 所示，2015 年经营目标为 1.7 亿元，2016 年经营目标为 2.2 亿元，2017 年经营目标为 3 亿元，2018 年经营目标额为 4.1 亿元，2019 年经营目标为 5 亿元。根据经营目标，提出了 A 公司需要完成的关键任务，即一级策略主题，而后将一级策略进一步细分为二级策略。

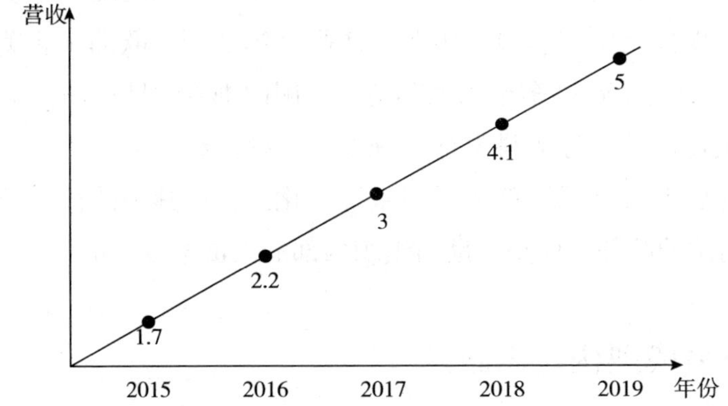

图 8-5　A 公司五年战略发展目标（亿元）

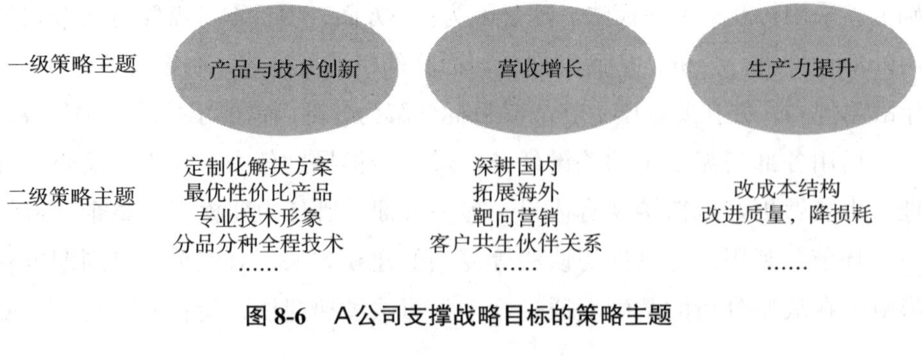

图 8-6　A 公司支撑战略目标的策略主题

2. 部门目标分解

将公司层面的策略主题落实到各部门，并对策略主题进行力场分析。在对策略主题进行力场分析时，首先对策略主题进行详细的主题阐述，而后分析现有条件下完成策略主题具备的驱动因素和阻碍因素，提取促使策略主题落地的关键要素。根据策略主题落地的关键要素，分析、推导组织的关键行为，以及完成关键行为所应具备的能力。

表 8-10　　策略主题力场分析

策略主题	主题诠释	驱动因素（有利条件）	障碍因素（阻力）	关键成功因素（策略主题落地关键点）	行为要求	能力要求
绩效与薪酬体系建设	责任系统建设的一部分，将工作目标、责任标准、绩效贡献与员工绩效收益链接，管理员工贡献，确保公司经营目标达成	公司管理层有积极的分享理念；针对性地建立了以绩效为导向的薪酬激励机制；对于目标达成，有推动作用	薪酬方案的有效性待提升，如下： 1. 薪酬设计未作整体规划（占营收比、固浮比、外部竞争力评估） 2. 薪酬设计标准和依据不充分（未进行岗位梳理、价值评估，没有构建出岗位等级矩阵） 3. 绩效工资设计的科学性待提升（如何定标才更有效和激励性） 4. 薪酬管理措施待完善（薪酬沟通、建立薪酬委员会、调整机制、保密制度）	1. 建立薪酬管理组织，设计薪酬体系 2. 进行岗位梳理、实施岗位价值评估、构建岗位等级矩阵 3. 设计以绩效为导向的绩效工资 4. 建立薪酬管理措施（薪酬审核、薪酬沟通、调薪机制、保密制度、薪酬异议处理）	1. 成立薪酬委员会 2. 构建岗位等级矩阵组织设计各领域的绩效工资结构 4. 建立薪酬管理措施 5. 执行《薪酬管理体系》 6. 实施薪酬分析，提出管理建议	1. 组织策划 2. 统筹规划 3. 分析判断 4. 沟通能力

3. 行动学习建模及岗位胜任力推导

组织公司的中高层开展工作坊，在策略主题推导得到能力要求的基础上，对各岗位所需要的能力进行进一步的讨论与分析，通过工作坊，共同决定该岗位所需具备的能力素质项及其重要程度。

表 8-11 **行动学习法能力分类表格**

分类	非常重要	比较重要	一般重要	不重要	非常不重要
战略层面	能力 A				
任务层面		能力 B			
团队层面				能力 C	
个人层面			能力 D		

表 8-12 **人力资源部关键岗位胜任力**

<table>
<tr><th>岗位</th><th>岗位角色</th><th>能力指标一</th><th>能力指标二</th><th>能力指标三</th><th>能力指标四</th></tr>
<tr><td rowspan="3">人力资源经理</td><td>组织建设者</td><td>战略思维</td><td>组织协调</td><td>统筹规划</td><td></td></tr>
<tr><td>体系建设者</td><td>目标管理</td><td></td><td></td><td></td></tr>
<tr><td>团队管理者</td><td>团队能力发展</td><td colspan="2">团队文化塑造</td><td></td></tr>
<tr><td rowspan="2">绩效管理主管</td><td>目标推进者</td><td>目标管理</td><td>沟通影响</td><td></td><td></td></tr>
<tr><td>绩效体系优化者</td><td>分析判断</td><td>信息管理</td><td></td><td></td></tr>
<tr><td rowspan="3">人才发展主管</td><td>人才体系建设者</td><td>组织协调</td><td>策划能力</td><td>目标管理</td><td></td></tr>
<tr><td>人才引进者</td><td>分析判断</td><td>识别人才</td><td></td><td></td></tr>
<tr><td>员工成长帮助者</td><td>沟通影响</td><td></td><td></td><td></td></tr>
<tr><td rowspan="2">行政主管</td><td>文化宣导者</td><td>沟通影响</td><td>策划能力</td><td></td><td></td></tr>
<tr><td>服务保障者</td><td>组织协调</td><td>目标管理</td><td colspan="2">服务能力（对内）</td></tr>
<tr><td rowspan="2">招聘专员</td><td>人才引进者</td><td>目标管理</td><td>识别人才</td><td>组织协调</td><td></td></tr>
<tr><td>员工成长帮助者</td><td>沟通影响</td><td></td><td></td><td></td></tr>
<tr><td colspan="6">全岗位通用能力：勇于担当、学习能力</td></tr>
</table>

4. 胜任力模型结构设计

根据行动学习的研讨结果，项目组确定了每个岗位的胜任力模型，而后对胜任力模型进行完善，对指标定义、关键行为、行为分级等进行了系统的描述。

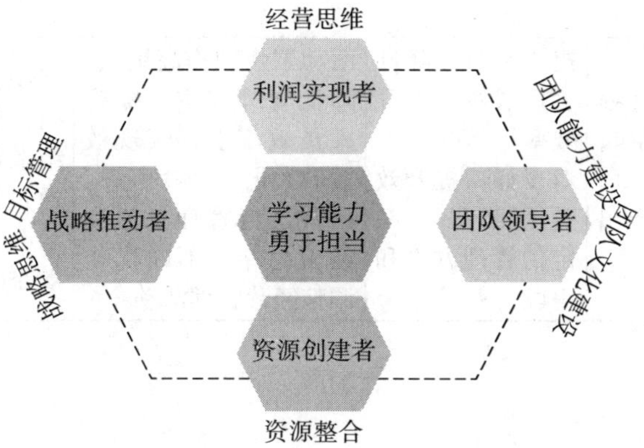

图 8-7 研发中心主任胜任力模型结构样例

表 8–13 为“经营思维”指标的关键能力构成要素、关键行为及分级描述。

表 8-13 “经营思维”指标的剖面及分级描述

关键能力要素	关键行为及分级描述			
	–1 级	1 级	3 级	5 级
业务敏锐度	对外部市场信息、行业环境、国家政策缺乏敏感性，不能根据内外部变化及时调整业务策略及自身工作的重心	熟悉自身业务具体内容与要求，理解公司战略方向及核心目标，清楚认识到自身工作的重点与方向	对于运营、管理中可能产生的问题及潜在风险有一定的预判能力，并及时调整相应措施和策略 通过外部环境的分析，结合公司发展目标，识别所负责业务领域需要提升和改进的机会点，付诸行动	不断思考和预测外部环境发展动态和变化趋势，及与所负责业务领域的关联 捕捉和把握市场需求，运用创新的想法和思路深入挖掘潜在的机会、资源或创造新的发展机会
建立竞争优势	按部就班地开展工作，对于如何建立竞争优势缺乏思考	掌握公司现有的竞争优势，通过与竞争对手的优劣势对比，引导客户认可公司的优势	根据市场和竞争对手的变化，整合资源强化公司的优势，并通过外部学习不断弥补劣势，塑造公司的竞争优势	对市场发展趋势和客户需求进行前瞻分析。采取措施推动管理模式、产品、流程、业务重点等方面的创新，以适应环境发展需求，培养核心竞争力

续表

关注效益与结果	只关注过程不关注结果，关注做什么，不关注产出和效益	提高销量，降低管理成本，提升效率 对于如何提升效益和结果有一定的管理方法和手段	活动聚焦到提高销量、降低管理成本、提升人员效率上，实现效益最大化 经常进行管理复盘和经验总结，不断优化调整经营管理活动	组织内部树立实干导向，贯彻“执行力和结果导向文化” 通过创新性的管理活动与人才经营，实现效益的持续增长

四、总结

胜任力模型的开发有多种方法，在技术路线选择时，要根据企业现状、项目目的等进行灵活选择。模型的构建，不仅需要考虑模型的精确度，还要考虑模型的适用性以及建模时间、人力投入等多种因素。此外，企业的发展是一个动态的过程，尤其是快速成长的企业，胜任力模型构建的基点是基于当前还是未来？如果是基于未来，那么是未来的 3 年之内还是 5 年之内？这些，都需要在建模过程中明确下来，从而使得方案能够达成预期的效果。

第九章
领导力模型的设计与开发

第一节　领导力模型及其发展历程

一、领导力的发展进程

领导力是当前企业管理过程中耳熟能详的一个词，对领导力的理解也可以说是“一千个读者有一千个哈姆雷特”，从词汇学的角度而言，领导包括“带领”和“引导”两方面的含义，对应到英文词汇“lead”即为动词“引导、领路”的意思，这也从侧面说明，“领导力”最核心的是需要“高瞻远瞩，明确方向”。

19世纪末20世纪初，伴随着管理科学的快速发展，领导力逐渐成为管理学科的重要研究课题，在其后的八十余年间，先后形成了三大主流领导力理论。每一种理论，在其提出时期都受到了强烈的追捧；随着理论的普及，其局限性也开始凸显，从而呼唤新的管理理论的出现。正是在这种循环迭代的过程中，领导力理论得以进步和发展。以下对三大主流理论逐一介绍。

1. 领导特质理论

领导特质理论是从领导者的能力、个性、智力、感知觉、生理和社会因素等方面讨论领导者特有的（或应有的）品质的理论。

自20世纪初到20世纪六七十年代，领导特质理论备受欢迎，研究者围绕着“卓越的领导者应具备哪些特质”开展了大量研究。管理学家切斯特·巴纳德在1938年《经理人员的职能》一书中提出：领导者应具备活力与耐力、当机立断、循循善诱、责任心、智力五大能力。心理学家吉伯在1969年提出：领导者应该具备善言辞、形象好、智商高、自信、心理健康、善于支配他人、外向且敏感等特质。

2. 领导行为理论

领导特质理论主要研究领导者具备的品质，而忽略了对下属需求的考虑。在20世纪三四十年代到60年代，通过考虑领导者对下属的管理和影响，研究者提出了关注领导者的具体行为的“领导行为理论”，并在60年代之后逐步占据主导地位。

领导行为理论重点关注领导者在管理过程中的行为，围绕着领导的管理行为，出现了对领导类型的各种划分方式，如：从领导行为导向的角度可分为“任务导向型”和“员工关系导向型”，从领导对员工行为的态度可分为“倡导型”“支持型”和“关怀型”，从领导者管理方式的角度可分为“权威型”“民主型”和“放任型”等。

3. 领导权变理论

领导特质理论关注领导者本身所具备的、一致性的个人特质，领导行为理论则进一步考虑了领导者对下属的影响，但是两者都忽略了管理情境对领导者本身的影响。20世纪60年代至70年代，聚焦于讨论不同情境下与之适宜的领导特质与行为的“领导权变理论”蓬勃发展起来。

领导权变理论认为：领导者的个性、行为方式以及行为的有效性，高度依赖于所处的情境。在不同类型的情境中，存在某种具备最佳效果的领导风格。因此，卓越的领导者应该能够根据组织成员和情境的特点灵活切换自己的领导风格，调整自己的管理行为。

20世纪80年代之后，领导力研究出现了百花齐放的局面，不断涌现新的理论，研究者从各个不同的角度对领导力进行探索和研究，但主要的研究方向，仍然是以三大领导理论为基础。

二、企业领导力模型的内涵

通常认为，领导力是指为提升组织和团队绩效，企业领导者或管理者应具备的各项特质和行为的总和。企业建立领导力模型的目的在于：发现、培养和塑造管理团队的特质和行为，进而提升企业的领导水平与管理能力。

企业领导力模型的研究方法，是以领导特质理论和行为理论为基础，借鉴胜任力模型的理念与研究方法发展而来。典型的研究成果如表 9-1 所示。

表 9-1　领导力理论及其相应的领导力素质

领导理论	代表人物	研究结论：领导力要素
领导特质理论	Stogdill	成就、韧性、洞察力、主动性、自信心、责任感、协调能力、宽容、影响力、社交能力
	Northouse	才智、自信、决策力、正直和社交能力、特质领导理论
	Horse	支配欲、强烈的影响欲、自信心、强烈道德价值观
领导行为理论	James&Barry	以身作则、共启愿景、挑战现状、使众人行、激励人心
	Howell&Costly	支持能力、指导能力、参与能力、奖惩能力和领导魅力
其他理论	Adair	群体影响力、指挥行动、冷静、判断力、专注和责任心
	Rosen	前瞻性、信任、参与意识、求知精神、多样性、创造性、笃实精神、集体意识
	Cashman	目标控制、变化控制、人际控制、本职控制、平衡控制、行动控制、个人控制
	Hughes，Ginnett & Cuephy	基本领导技能：学习、沟通、反馈、决策和人际关系 高级领导技能：调解冲突、解决问题、谈判、学习创新、组织绩效、团队建设开发计划、教练辅导、正直诚信
国内方面	张青林	领导方法、领导艺术、领导风格
	中科院“科技领导力”课题组	感召力、前瞻力、决断力、控制力、影响力

格雷恩（Graen）和尤尔比恩（Uhl-Bien）将领导力形成和发展的这一过程随着时间的变化分为三个发展阶段：①陌生阶段；②熟悉阶段；③成熟的伙伴关系阶段。

表 9-2　　领导力的发展阶段

领导力形成的过程			
时间			
	陌生	熟悉	伙伴
角色	规定的	尝试决定	商量决定
影响力	单向的	混合的	相互作用
交流	低质量的	中等质量的	高质量的
兴趣	自我的	自己 / 他人的	团队的

三、典型企业领导力模型

领导力发展至今，很多知名企业有了理论完备、经实践验证、高度成熟的领导力模型，企业的持续发展不断给予领导力模型新的内涵，领导力模型本身也在不断促进企业的快速发展，我们以以下企业为例说明领导力模型。

1. 华润集团的领导力模型

华润集团的领导力模型内外部相结合，强调组织能力的提升。主要包括“赢得市场领先”“创造组织优势”“引领价值导向”三个模块，其中“赢得市场领先”包括为客户创造价值、战略性思维、主动应变三个子维度，“创造组织优势”包括塑造组织能力、领导团队、跨团队协作三个子维度，而“引领价值导向”包括正直坦诚和追求卓越两个子维度。

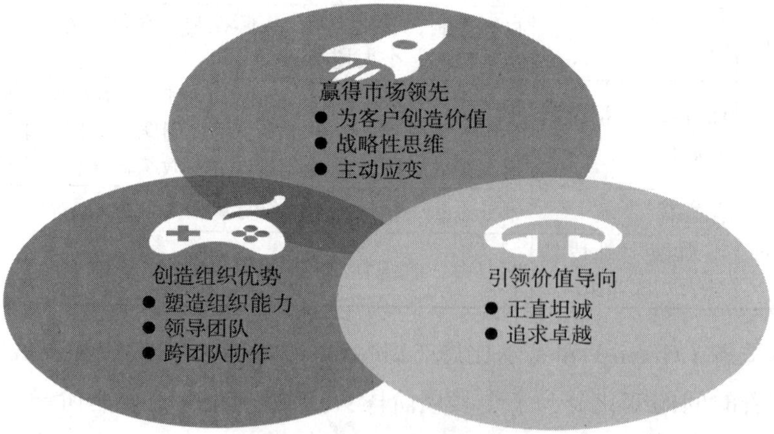

图 9-1　华润集团胜任力模型

2. 海尔领导力模型

海尔领导力模型从组织层面到个人层面，覆盖更加全面，包括突破思维、洞察市场、战略承接、构建运营能力、横向整合、部署培育、理性决策、愿景部署等八个维度。每个维度包括概念、关键能力元素、负面表现、能力层级等，共同组成了海尔的领导力模型体系。

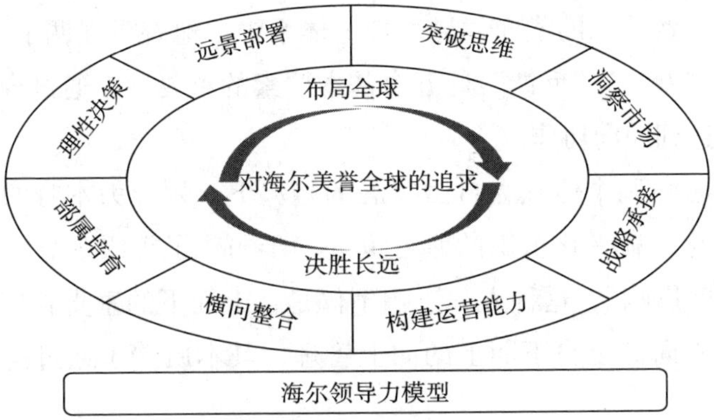

图 9-2 海尔领导力模型

3. 美国管理协会（中国）领导力模型

美国管理协会基于领导力课题研究成果和全球领导力调查，根据在中国 10 年的管理培训经验，结合 3 年来访谈众多企业高层的发现，为中国经理人建立了领导力模型。该模型把经理人的角色归结为 4 个维度：经营企业、管理运营、凝聚人心和发展能力，每个维度又细化成 3 个方面。

图 9-3 美国管理协会（中国）领导力模型

四、领导力的发展趋势

发展至今，领导力的概念不断拓展和延伸，从传统的纵向领导力延伸至横向领导力，这种延伸对于把握领导力的本质和内涵有很大帮助。

美国教授罗杰·费希尔 、艾伦·夏普在传统的领导力基础上提出了横向领导力，横向领导力更加强调平级之间的相互协作过程中如何施加影响力，在罗杰·费希尔的横向领导力理论体系中，他着重强调了“目标”“思考”“学习”“专注”“反馈”这五个基本要素的重要性，通过合理使用这五个要素，来达到横向协作。

在越来越强调个体独立自由发展的趋势下，领导力本身的强迫、权威色彩不断弱化，扁平化组织的盛行也进一步弱化了等级观念，领导力越来越强调“人际影响”，这种人际影响不仅是自上而下的垂直管理，同样还应包括横向、斜向甚至自下而上的向上管理，其本质在于通过沟通、协作解决问题。

第二节　领导力模型的开发流程

企业领导力模型的开发，主要按照以下流程开展。

一、需求分析与资料调研

在领导力模型构建的过程中，首先需要进行内部需求分析，确定领导力模型的构建对象、覆盖范围以及后续的应用场景，只有这样，才能使得最终的领导力模型有效落地，发挥应有的作用，不会束之高阁。

在需求分析的基础上，还要进行内外部调研。一方面，汇总、研究公司的各项内部资料，包括战略规划、企业文化、领导讲话、管理标杆实践等；另一方面，进行外部资料研究，调研、收集同行业、本领域标杆企业的领导力模型与领导力开发实践，作为企业领导力模型构建的基础。

表 9-3　　某企业领导力模型所收集的内部资料清单

分类	序号	名称
集团文件	1	××× 同志在央企基层党建座谈会上的发言
	2	集团公司“双示范”党支部书记培训辅导讲稿 [整理稿]
	3	集团公司在 2019 年中央企业地方国资委负责人会议交流材料
	4	××× 同志在总部机关“做好三个表率、建设模范机关”主题党课上的辅导报告
	5	××× 同志在总部机关践行“马上就办”推进会上的讲话
	6	以严细实作风抓好直属单位党委换届 推动全面从严治党落实落地
	7	××× 同志在党建质量提升年推进会上的总结讲话
	8	人工成本管理办法
分公司文件	1	××× 同志在“不忘初心、牢记使命”主题教育动员会上的讲话
	2	××× 同志在 2019 年 HSSE 工作会议上的讲话
	3	××× 同志在 2019 年公司工作会上的讲话
	4	××× 同志在公司“不忘初心勇争先、牢记使命创一流”报告会暨 2018 年中工作会上的讲话
	5	××× 同志在公司 2018 年度先进集体和个人表彰大会上的讲话
	6	××× 同志在公司干部大会暨新任职中层领导人员培训班开班仪式上的讲话
	7	××× 同志在公司绿色企业推进会上的讲话
	8	××× 同志在公司组织人事暨人才强企工作会上的讲话

二、确定领导力模型构建方法

领导力模型构建的方法比较多，每种方法都有其优劣势及适用场景，需要根据企业的实际情况选择，常用的方法包括战略演绎法、标杆借鉴法、管理情景分析法等。

①战略演绎法，是领导力模型构建中最常用的方法。组织内部的经营管理活动最终都是为了实现组织的战略目标，领导力模型的构建也是为了提升管理效率，促进经营活动的开展，支撑战略目标的落地。因此，从战略目标出发，推导管理者所应具备的领导素质，能够使得领导力模型与企业的战略目标高度相关。

②标杆借鉴法，是另外一种常用的领导力模型构建方法。尤其是对于发展比较成熟、行业内部有先进标杆的情形，借鉴同行成熟的领导力模型，

在此基础上结合自身实际进行优化和再设计，一方面能够了解外部优秀企业对管理者的要求，另一方面也避免了完全自主建模所带来的视野局限与方向偏差。

③管理情境分析法，即通过梳理组织内部的典型管理场景，从中推导、萃取管理者应具备的领导力素质。通过管理情景分析法构建的领导力模型，与组织的日常管理场景高度匹配，具有很好的适用性。然而，由于情境法对管理案例数量和质量都有一定的要求，如果组织内部没有这样的案例积累，则需要花一定的时间去收集和筛选案例，建模的成本较高，这也是情境分析法应用较少的原因。

三种方法的比较，如表 9–4 所示。

表 9-4　　常用的领导力模型构建的方法对比

方法	优势	劣势	适用场景
战略演绎法	自上而下构建，紧贴公司战略	可能超出公司当前的管理水平	公司有明确的战略目标
标杆借鉴法	外部借鉴	可能与公司实际情况脱节	行业比较成熟 外部资料容易收集
管理情景分析法	从公司的实际出发，落地性比较好	建模成本比较高	公司有比较丰富的管理案例

三、领导力模型指标的确定

领导力模型的构建，一定是基于组织需求与时间、成本等因素约束的平衡，在模型构建的过程中要注意：领导力指标数量选择应合理，不宜过少，也不宜过多。指标过多，一方面增加了开发的难度；另一方面，在具体应用中也增加了落地实施的复杂度。

如，某企业研发高管的领导力指标只有资源协调、团队管理、执行推动、钻研能力四个，而研发总监有很大一部分时间和精力会用在与业务部门、职能部门的跨部门协作、矛盾处理、冲突解决等方面，因此，这个领导力模型过于简单，无法覆盖研发高管领导力的全部内涵。而在另外一家企业，为了求全，将业务大区经理的胜任力指标设计为战略思维、执行推

表 9-5 领导力模型指标及其分级描述样例

角色	能力要项及定义	能力关键要素	行为指标描述		
			低效	有效	行为典范
团队领导者	团队能力培养：建立学习型团队文化，打造符合公司业务需求的团队整体能力，通过自身领导力提升团队凝聚力	团队梯队建设	对团队成员能力特点了解有限，分工的针对性不够，无法有效发挥员工的效用	根据公司业务需求建立合理的人才结构；能根据业务需求和团队成员特点进行合理分工配置	根据公司发展方向和业务需求建立合理的人才结构；基于对团队成员的能力、发展需求等各方面情况的了解，进行合理的分工；有效识别关键岗位，重视对关键岗位人员的保留和储备
		打造整体能力	为团队成员提出的反馈及指导针对性不足，且较为空泛，缺乏实际操作意义；对团队成员培训需求没有系统规划，提供的培训发展机会和资源支持有限	能根据直接下属的业绩表现提供具体、有效的个人反馈及辅导；通过搜集下属反馈，识别团队成员培训需求，提供相应的培训发展机会和资源支持	准确把握直接下属的能力优劣势和发展需求，为其制定具体的个人发展计划并提供有效的反馈和指导；根据业务发展方向及当前团队的能力水平，识别及规划团队培训需求，并制定相应的培养发展项目，提供机会和资源支持
		促进学习氛围	对学习的重要性重视不足，未能在公司内部创造充分的学习氛围	在公司内倡导积极学习的精神，鼓励员工的学习行为，并为员工创造学习机会和条件	具有学习的激情，以身作则，在公司内倡导积极学习的精神，努力为员工创造学习机会和条件，采取适当手段激励员工学习行为，营造学习型的组织氛围和文化
		打造凝聚力	工作中未能有效维护员工满意度和和谐的团队氛围，团队凝聚力不足	重视员工满意度，关注员工感受和需求，营造和谐的团队氛围	重视员工满意度，关注员工感受和需求，营造和谐、以人为本的团队氛围，能够以自身领导力感染和凝聚团队成员，打造高凝聚力的团队

续表

角色	能力要项及定义	能力关键要素	行为指标描述		
			低效	有效	行为典范
团队领导者	团队激励：灵活采取多种激励方式，激发团队成员的工作积极性和热情，发挥团队成员效能	制定激励政策	不重视激励政策的作用，对各种激励机制（如绩效管理、薪酬管理、职业发展管理等）理解不够全面和深入，不能在团队内进行有效运用	通过建立和运用一定的激励机制（如绩效管理、薪酬管理、职业发展管理等），激发员工积极性	能根据公司实际运营情况，充分利用现有资源，灵活运用各种激励机制（如绩效管理、薪酬管理、职业发展管理等），激发员工积极性
		认可成绩	对鼓励、肯定的态度在反馈中的重要性认识不足，对下属的工作不能给予由衷的认可	运用鼓励、肯定的态度进行反馈，对团队成员在工作中的成绩给予及时的认可，维护员工的自信和工作热情	运用鼓励、肯定的态度进行反馈，对团队成员在工作中的成绩给予充分认可，并运用公开表扬、树立学习榜样等方式，强化员工的成就感，激发其自信和工作热情
		灵活激励	对团队成员个体需求了解有限，较少采取制度外的灵活激励方式，或采取的激励手段的灵活性和针对性不足，无法有效激发团队成员积极性	在日常工作中，能运用多种激励方式激发团队成员积极性	深刻理解和把握团队成员个体需求，采取针对性的激励方式，最大化团队成员积极性

动、目标管理、沟通影响、组织协调、分析判断、绩效管理、团队协作、学习能力、精力管理、时间规划等 11 个维度，指标过多，重点不够突出，这就导致基于胜任力模型对大区经理进行的选拔、培养、发展等，都可能因为模型导向不明确而效果不佳。

此外，在领导力模型构建中还要注意，每个领导力指标都需要有明确的指标定义、行为描述和分级描述，以确保领导力指标能够完整、清晰，指标描述能够精准、客观且通俗易懂。表 9-5 是对某企业领导力模型中“团队能力培养”“团队激励”两指标的描述。

四、领导力模型的应用验证

在领导力指标构建完成之后，需要对领导力模型进行应用验证。首先，要判断领导力模型的指标是否完整，定义是否清晰，具体的指标行为是否具体；其次，要确定领导力模型是否与企业当前的现状匹配，是否能够在具体运用过程中很好地起到引领和导向作用。符合上述要求的领导力模型，才能够在企业领导层的选拔和培养中真正发挥作用。

第三节 领导力模型开发方法一：战略演绎法

战略演绎法是一种领导力模型构建的常用方法，主要通过对企业战略进行分析，从战略出发推导支撑战略实现的管理层特质。这是一种自上而下的领导力建模方法，能够使领导力模型紧贴企业战略，有助于战略的迅速落地。

一、战略演绎法的流程介绍

（1）对企业战略进行梳理

此项工作，运用 SWOT 分析、波特五力模型、价值链分析等方法，对组织当前的发展战略进行梳理，或对当前企业的战略进行解码和分析，这一过程的输出是明确的组织战略目标。

图 9-4　某企业 SWOT 分析法

（2）确定领导力模型的研究对象

此项工作包括：确定领导力模型的覆盖层级和序列，是只针对于高层还是中层、高层都适用，公司各序列领导都适用还是只适用于部分序列领导。研究对象本身决定了领导力建模的精细化程度，表 9–6 为著名管理大师拉姆·查兰在《领导梯队》中的管理层次划分。

表 9-6　领导层次划分

层级	定义
个人贡献者	公司的基层员工，负责自我管理
一线经理	公司的基层管理者，负责具体工作的监督执行
部门总监	管理部门内部的基层管理者
事业部副总经理	管理事业部的职能模块
事业部总经理	管理事业部的全面工作
集团高管	管理业务群组
首席执行官	全面管理集团

（3）从战略出发，分析管理层应具备的关键素质

此项工作包括：从公司战略出发，推导实现战略目标的关键手段，以及管理者需要具备的关键素质。对于缺乏明确战略目标的组织，需要根据战略情境梳理组织的战略目标，而后推导实现目标的关键手段及领导力素质。在整个过程中，要确保这些素质项能够支撑战略目标的实现。

分析维度 → 关键情景与目标 → 解决手段 → 胜任力要素

战略情景	目标	手段	领导力主题
公司战略转型，提出哪些战略任务目标？ 为了达成这些任务目标，面临哪些难题和挑战？ 这些难题和挑战带来了什么样的变化？ 这些难题和挑战对应的具体或者典型情境是什么？	实现公司和总部的战略，关键的战略任务目标是什么？	如何思考业务和管理的创新？用什么方式和策略来破解难题？	需要什么能力？心智模式；思维方式；知与行

图 9-5　某企业战略演绎分析路径图

（4）汇总统计素质项

对最终的素质项进行汇总，选择出现频率最高、最为重要的 7 ~ 10 项作为领导力模型的备选项。在这一过程中，要确保开发小组对各素质项有充分、深入的讨论，避免简单粗暴的数学统计。

（5）确定领导力模型

经过充分讨论，确定企业的领导力模型要素，对各项要素及其行为标准进行清晰、具体的描述。

（6）验证领导力模型

对领导力模型进行验证，验证的方法包括数学分析，也包括企业的干部管理实践，以及绩优组与对照组干部领导力素质的对比研究，等等。

表 9-7　某工程企业战略演绎法的领导力指标分析表

输入战略描述	情景	目标	手段	输出领导力指标
成为国际一流的投资咨询建设全过程的航母型企业	我国工程勘察设计行业正在努力从工程设计向全产业链延伸，从“粗放式”向“精细化”发展模式转变。	国际一流就是打造公司工程咨询、勘察、设计、建设等核心业务达到国家一流技术水平，打造公司投资咨询建设专业化服务品牌，在国内外具有较大影响。 投资咨询建设全过程服务就是指公司做好投资咨询、投资建设、后期服务的全价值链服务，成为政府及企业的智囊，为客户创造价值。 航母型企业就是在各行业、各业务领域占据优势地位，形成公司突出的综合优势。	转变传统设计院的思维和观念，从投资、咨询、设计、工程总成、设备总成、后期服务等各个环节入手，引进和建设相应的人才队伍。	全局观念 创新思维 动态思维 趋势把握
创新成就梦想、实干铸就辉煌	工程勘察设计行业技术含量高、产业链长、智力密度大，核心竞争力在于创新能力与专业能力完美结合。	创新成就梦想就是指创新是成就梦想的源头，也是关键。公司将创新作为持久的信仰与根本的准则，鼓励原创性设计、全方位创新，全员全过程创新，努力形成创新的思维习惯与行为准则。 实干铸就辉煌就是指辉煌的建筑不仅需要创新的设计，更需要脚踏实地的实干精神和工作作风。在日常工作中求真务实，严谨细致。	通过对文化、理念的梳理和升级，把握行业价值输出的规律，将创新能力和专业能力固化为具体行为。	创新思维 专业能力 勤奋实干
诚信经营、超值服务	诚信是时代的核心价值观，服务是企业的生存之道，诚信与服务是时代的主题。	诚信经营就是坚持诚实守信、信誉第一的品格，诚心诚意为客户服务，实实在在对客户守信。 超值服务就是以专业化的技术水平和能力，提供全过程让客户满意的服务，满足客户需求，超越客户需求。	通过树立诚信的品牌，在实际工作中严格要求，履行承诺，并提供超值的服务。	正直诚信 洞察客户 服务意识

续表

输入战略描述	情景	目标	手段	输出领导力指标
科学管理、激情创新	科学化、规范化、制度化、流程化是企业最基础、最主流的管理模式，而创新是一个民族进步的灵魂，企业成功的保障。	科学管理是指管理追求科学化、规范化、制度化，要依据管理制度和管理流程来操作。在各项工作中照章办事，按照流程操作，令行禁止。 激情创新就是指管理要有激情，要注重科学管理基础上的人性化。思路决定出路。	将日常行为进行制度化，流程化的管理，促进公司管理科学化的提升，制定符合公司创新需要的体制机制。	管理意识 管理能力 创新能力
协作高效、共振共赢	勘察设计行业是一个专业管理度高、专业化强的一个整体性行业，因而需要大家进行高效协作，高效沟通。	协作高效就是要引导团队成员具有高效的协同作战精神。为了共同目标，鼓励跨专业、跨单位大联合，大协作，高效率，发挥团队整体效应，释放综合能量。 共振共赢就是强调公司团队整体与成员个体的一致性，强调团队成员之间的同担责任，共扛风险，同频共振，释放综合能量，实现共赢。	通过建立高效的协作机制和团队考核机制，促进和提高员工协作意识。	沟通能力 协作能力 影响能力
项目成功我成才	行动中学习，学习中成长是人才成长的最重要模式，通过项目实践，能够快速、高效地提高员工能力。	项目是公司发展的基础，也是员工成才成长的平台，更是职业发展和锻炼的重要渠道。员工以项目为载体，打造精品工程，努力形成一个项目、一座丰碑，在项目过程中实现员工成才。	为员工提供和打造项目平台，积极主动地进行授权和考核。	引导和发展员工 充分授权
才华是金、贡献为重	个人素质是个人成长的关键，也是个人输出价值的基础。	才华是金指人才是企业发展的根本，也是市场竞争制胜的关键，仿佛金子一般珍贵。充分认识每位员工的才华，广纳贤才，人尽其才。 贡献为重强调人才要为组织做贡献，并努力为人才培养、使用和激励搭建一个没有天花板的舞台，在贡献中实现人生理想，造就幸福生活。	严格做好公司人员引进和培养机制，提高员工素质，强化价值输出，进行员工激励。	知人善任 使众人行

二、战略演绎法的注意事项

从企业战略出发梳理形成领导力指标，是一个逐步推导的过程，在这个过程中，首先，需要结合行业发展趋势和企业当前现状明确长远战略目标；其次，根据企业的长远目标，推导战略实现的手段，最终推导出战略实现所需的领导力支撑。

在这一过程中，需要注意以下两点。

①科学性与艺术性的结合。战略演绎的过程，并非仅仅是数学推导，而是包含了研究者对于企业战略、领导人才素质的深刻理解。

②战略演绎法的技术路线，是从战略到情境、到目标、到手段，再到领导素质，是以战略目标与行动为核心的能力推理模式。

第四节　领导力模型开发方法二：标杆借鉴法

一、标杆借鉴法的流程介绍

在领导力模型构建过程中，标杆借鉴法简便、快捷、易操作，在商业领域被广泛运用。在具体操作过程中，标杆借鉴法按照如下步骤开展。

（1）确定领导力模型的层级

在企业实践中，对于大型企业来说，管理层级一般可以分为员工层、主管层、经理层、总监及事业部总层、高管级等五个层级；对于中小企业，则可以按照基层、中层、高层进行简单的分类。对于层级比较少的企业，可以构建管理层通用的领导力模型，覆盖中高层即可；对于层级差异较大的企业，可以考虑按管理层级构建领导力模型。

（2）选定标杆企业

标杆借鉴法的核心环节是确定标杆企业，在确定标杆企业时，需要综合考虑行业类型、企业规模、战略模式等因素，同时，还要考虑标杆企业的领导力模型是否对企业的发展起到积极的促进作用。在这个过程中，一定要确保能够获取选定公司的领导力模型，同时，也要考虑该模型与本公司管理模式的匹配度、适应性和实用性。

（3）对标杆企业的领导力模型进行分析

对于收集、汇总的标杆企业领导力模型进行深入分析，结合标杆企业的战略、文化，分析为什么标杆企业选择这些领导力素质项，在本企业领导力模型构建中，有哪些可以借鉴的方面，有哪些需要做相应的调整。

（4）提取现有的领导力模型

在标杆企业领导力模型构建的基础上，构建本企业的领导力模型，在构建过程中，要综合考虑本企业的实际情况，如领导力模型应用的对象、范围、管理幅度和现状，切忌生搬硬套。

（5）领导力模型验证

领导力模型构建完成之后，需要对模型进行验证，可以在公司内部听取意见，也可以邀请行业专家对模型进行评估，做出必要的修订和调整。

二、知名企业的领导力模型

1. 华为战略领导力模型

华为的领导力模型包括发展客户能力、发展组织能力、发展个人能力三个方面，每个方面又具体细分了多个维度，发展客户能力包括关注客户、建立伙伴关系两个子维度，发展组织能力包括团队领导力、塑造组织能力、

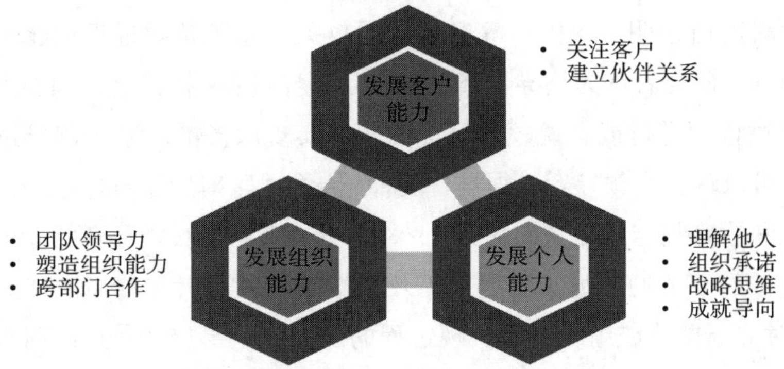

图 9-6 华为领导力模型

跨部门合作三个子维度，发展个人能力包括理解他人、组织承诺、战略思维、成就导向四个子维度。每个子维度又细分为四个层级，以此引领和指导管理者的行为。

2. 腾讯领导力模型

腾讯的领导力模型包括客户导向、组织发展、执行力、个人形象塑造四个一级维度，其中客户导向包括把握需求、关注客户、创造价值三个二级维度，组织发展包括团队管理、变革管理、人才培养三个二级维度，执行力包括工作管理、流程管理两个子维度，个人形象塑造包括职业操守、个人情商两个子维度。

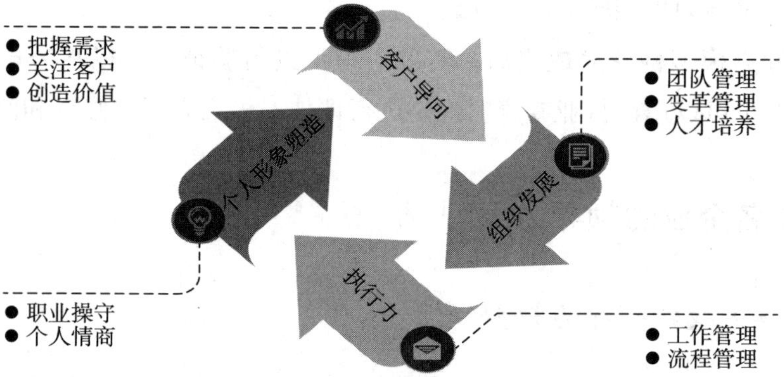

图 9-7　腾讯领导力模型

3. 中科院五力领导力模型

中科院苗建明、霍国庆等经过课题攻关，基于领导过程构建了领导力五力模型，研究者认为领导力其着力点是领导过程；换言之，领导力是为确保领导过程的进行或者说领导目标的顺利实现服务的。基于领导过程进行分析，可以认为，领导者必须具备五种领导能力：对应于群体或组织目标的①目标和战略制定能力（前瞻力）；对应于或来源于被领导者的能力，包括②吸引被领导者的能力（感召力）及③影响被领导者和情境的能力（影响力）；对应于群体或组织目标实现过程的能力，主要包括④正确而果断决策的能力（决断力）和⑤控制目标实现过程的能力（控制力）。

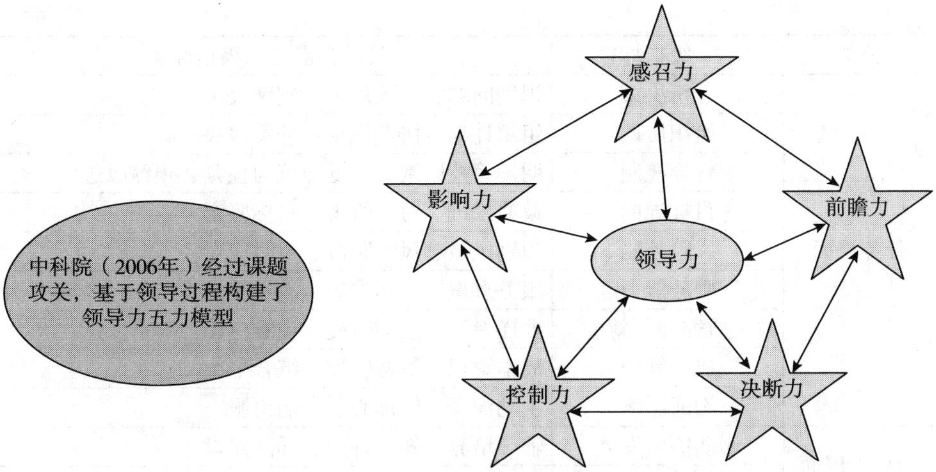

图 9-8　五力领导力模型

三、标杆借鉴法的运用

标杆借鉴法在运用过程中，在标杆的选择、借鉴的程度、借鉴的方式等方面都有一定的灵活性，需要根据需求灵活把握，敢于打破常规，突破创新。

例如，某央企二级公司在构建中层领导力模型的过程中，就参考了同为央企二级公司的 M 公司和 N 公司的领导力模型，其借鉴的过程，一方面融合了 M 公司“通用项 + 差异项”的组合方式，另一方面则吸取了 N 公司分序列建模的思想，同时，在指标方面也做了适当的借鉴，最终形成了本企业的领导力模型。

表 9-8　　M 公司的中层干部领导力模型

分类	一级指标	关键要素（二级指标）
战略层面	统筹规划	关注整体、聚焦关键、系统平衡
	战略执行	战略理解、战略分析、建立战略共识
	资源配置	资源意识、资源集成、资源优化升级
	经营思维	业务敏锐度、建立竞争优势、关注效益与结果

续表

分类	一级指标	关键要素（二级指标）
任务层面	分析决策	识别问题、系统思考、判断决策
	组织协调	组织计划、协调推动、冲突解决
	督导控制	明确管控因素、问题防范与预判、跟踪改进
	目标导向	策略推进、对标管理、目标坚定
	风险控制	识别风险、风险防范、及时应对
	服务能力	服务意识、快速响应、满足需求
	研究与创新	严谨专注、主动研究、实践应用
	成本管控	成本意识、策略管控、综合平衡
	沟通影响	主动沟通、同理心、影响说服
领导力层面	团队能力发展	辅导培养、知人善用、梯队建设
	团队文化塑造	塑造榜样、激发潜力、营造氛围
通用指标	勇担责任	责任意识、积极主动
	学习能力	主动学习、应用实践、分享与提升

表 9-9　　N 公司的中层干部领导力模型

序列	职种	专业能力素质（专项）	序列	职种	专业能力素质（专项）
1	专业管理	战略理解、流程管理、运营分析、组织协调	9	财务	财务分析、逻辑推理、风险控制、严谨细致
2	产品技术	专业创新、风险与质量、专业设计、问题解决、项目管理	10	金融	资金管理、风险控制能力、财务分析、严谨细致
3	制造工程技术	项目管理、故障识别、改进创新	11	审计	数据分析、学习能力、项目管理、逻辑分析
4	物流技术	规划设计、计划与协调、监督控制	12	人力资源	人力资源规划、目标管理、解决问题、员工关系管理
5	质量技术	策划能力、质量控制、组织协调、分析能力、学习能力	13	法务	学习能力、解决问题、公文撰写
6	IT	系统开发、学习能力、创新能力、项目管理	14	党群管理	原则性、书面表达、活动策划、学习能力
7	采购	资源规划、商务谈判、成本核算、项目管理	15	保卫	安全防范、风险控制、危机应变
8	质量管理	策划能力、质量控制、组织协调、风险控制、分析能力	16	公共服务	服务意识、资源整合、项目管理、合同管理

续表

序列	职种	专业能力素质（专项）	序列	职种	专业能力素质（专项）
17	工厂服务	组织协调、督导能力、成本管理、风险控制、目标管理、指导与培养；	20	办公	服务意识、书面表达、解决问题、团队协作
18	生产管理	组织协调、目标管理、分析能力、质量控制、成本管理	21	企业管理	组织协调、目标管理、风险控制、逻辑分析
19	战略管理	战略导向、目标管理、判断能力、逻辑分析	22	体系综合管理	流程管理、逻辑分析、风险控制、学习能力
通用能力项		责任心、沟通协调、执行力、问题分析与解决			

表 9-10　A 公司中层干部领导力模型

分类	经营管理	技术管理	生产管理	职能管理	党群管理	专业技能
专业能力素质	战略视野	钻研专业	目标规划	管理体系建设	沟通能力	项目管理
	目标规划	质量意识	组织协调	组织协调	组织协调	质量意识
	客户导向	决策能力	全局意识	全局意识	全局意识	问题解决
	决策能力	问题解决	质量意识	合作意识	组织认知	创新能力
	资源整合	创新能力	成本意识	沟通能力	服务意识	学习能力
	识人用人	识人用人	识人用人	识人用人	识人用人	钻研专业
通用能力素质	执行力、勤恳敬业、责任担当、政治意识					

第五节　领导力模型开发方法三：管理情境分析法

管理情景分析法是构建领导力模型的另一常用方法，在领导力模型构建的过程中，借鉴了行动学习的方法，从而充分调动领导层的参与度与积极性，集中集体智慧完成领导力模型的构建，具体实施过程按照以下步骤进行。

（1）确定领导力模型的应用对象

首先在公司内部确定领导力模型的对应层级和对象，通常领导力模型只针对于高级管理层，应根据公司实际和项目时间、人力投入，合理确定领导力模型的应用对象和范围。

（2）确定领导力模型构建项目组

根据领导力模型构建的对象和层级，选择相应管理层级的人员组成领导力模型建模小组，通常由人力资源部门、干部管理部门以及外部专家等组成，项目实施过程中，相应层级管理者的上级领导也要参与其中。

（3）共同梳理管理情境

组织行动学习工作坊，由主持人引导各组成员回想过往典型的管理场景，按照情景挖掘和撰写要求，在小组内部进行分享和讨论，并从管理情境出发，推导在场景中需要的领导力素质。人力资源部门人员或专家负责现场进行组织和引导，确保管理情境典型有效。通过行动学习工作坊，管理者能够掌握情境梳理和描写的方法，并基于管理情境对领导力指标进行推导和演绎。

工作坊之后，需要参会者整理、撰写各自的典型管理情境，提交项目组，由项目组进行汇总和整理。

例如：某集团公司在构建领导力模型时，梳理出如下的管理情境。

2007 年 4 月份，集团 A 子公司原总经理突然提出离职，按照正常程序，高管人员离职需要提前两个月提出，期间要经过工作交接、离职审计等一系列工作，但该高管人员突然提出离职，且要求在 1 个月内完成所有工作交接，原因据说是父母在异地，身体不好，需要照顾。

集团总裁与其交流后没有效果，同意离职，由集团另一子公司的副总经理王总接任，并接手正在运行中的 × 项目。× 项目为民用住宅项目，项目总体量 24 万方，是集团的重点建设项目。2007 年 4 月，该项目一期 11 万方开发已经竣工，销售工作正在如火如荼地进行中。但该项目的 2 期约 10 万方则遇到了很大的困难，主要原因是人员离职率非常高。究其原因如下。

①由于一期工期紧张，项目人员加班加点非常辛苦，员工认为公司的薪酬有问题，如：规划设计人员工作轻松，也不用加班加点，但工资要比子公司同等级的员工高 2000 多元。同时，本公司对比当地其他地产公司工资明显偏低，如：某行业领军企业，同类岗位工资要比公司高 3000 多元。在这种情况下，该项目的项目经理、工程总监、土建工程师等先后离职，项目人员严重缺编。

②子公司与集团规划设计部门的矛盾突出，子公司经常在工作会议上

反应规划设计部门在施工过程中施工图改动太多，最高时一个月有100多次，严重影响施工进度。规划设计部总监则说，子公司在施工过程中经常不尊重他们的意见，为了抢工期擅自更改设计，导致效果出不来，如1期中的外墙颜色擅自更改，影响了效果等。

③资金紧张。集团同时动工项目较多，造成资金调度紧张，一期销售虽然非常好，但集团财务部总监向总裁提出建议：为推动其他子公司项目如期开展，调动该子公司1期销售回款以缓解整个公司的资金压力。这种情况造成材料供应商经常到A子公司总经理办公室催账，影响非常不好，据说A子公司原总经理离职也与此有关……

以上是主要问题，可能还有一些其他问题没有反映出来。

王总临危受命，上任后第一件事就是解决资金短缺问题。为资金的事王总与财务总监多次沟通，但僧多粥少，资金紧张是整个集团的问题，财务总监表示他也没有办法，必须为整个集团负责。后来王总陪同总裁视察项目时也沟通过此事，但集团2007年大干快上，的确资金链绷得太紧，资金的挪借也是不得已而为之。后来王总提出了一个方案，希望借助基金的力量融一部分资，从而缓解集团的资金问题，这样A子公司的资金也就不用挪用了，同时，王总将自己读EMBA时认识的一个负责基金运作的朋友介绍给了财务总监。后来，集团与基金的合作意向初步达成，A子公司的资金问题也随之缓解，为此，总裁多次表扬王总有想法，财务总监与王总的关系也变得非常不错。

第二件事，就是员工的薪酬问题，王总与集团人力资源总监有过几次单独的沟通，之后人力资源部对所有子公司员工的薪酬进行了重新评估，并进行了一定程度的调整，但有部分员工王总提出来要予以辞退，人力资源部研究后同意了该建议。

对于与规划设计部门的矛盾问题，王总在总裁办公会上提出建议，希望集团重新考虑规划设计部门与子公司的职能划分问题，在集团人力资源部的组织下，王总与规划设计部门总监一起召集了多次会议，最终提出了一份新的职能划分方案，提供研究后试行。

经过短短的1个多月，A子公司的局面逐步打开，先前的悲观情绪逐步缓解。据说王总为了解决几个问题曾与总裁争论过，都知道总裁是牛脾气，但最终还是同意了王总的意见。王总上任一个半月后，组织员工到海南岛旅游了一次，员工士气也有明显改善。A 子公司的 × 项目进展顺利，总裁曾多次表示做事情要像王总一样，敢想敢干。

根据该管理情境，项目组归纳出了公司的若干领导力要素，如：创新思维、组织协调、沟通影响、勇于担当、坚韧抗压，等等。

四、汇总领导力模型素质项

汇总所梳理的典型管理情境，修订由管理情境推导出的领导力要素，对要素进行汇总、筛选，得出最终的领导力模型。

图 9-9 是某企业采用管理情境法开发领导力模型的过程示意图。项目组根据多个典型管理场景，汇总了公司总监级干部的领导力模型，并通过集中研讨，最终将模型确定下来。

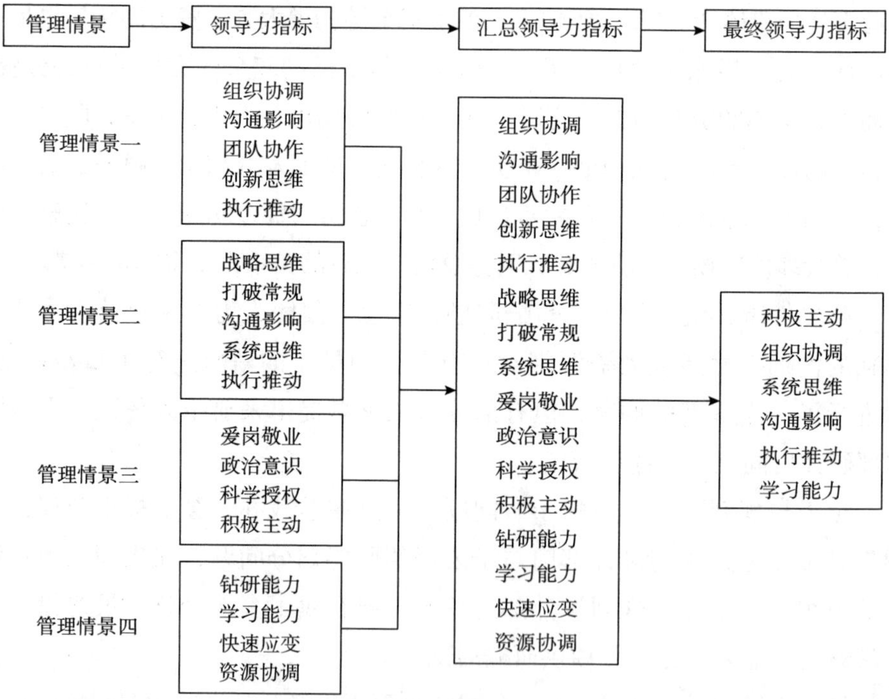

图 9-9　某公司管理情景分析法技术路径

最后，要结合公司战略、文化等，对初步形成的领导力模型进行修正和验证，以确保模型能够有效落地，推动企业发展。

案例分享　某地产集团领导力模型构建

一、项目概况

A集团是一家成立20多年、以房地产开发为主的大型集团企业，公司注册资本1.5亿元，资产规模40多亿元，员工1500多人，下设10家子公司。近几年，公司多次在当地核心地段拿地开发，已成为当地较有影响力的地产企业。

随着A集团的快速发展，公司内部也出现了越来越多的管理问题，经过调研，公司领导认为，原因在于领导干部的管理水平没有跟上集团业务的发展速度，很多干部都是随着业务发展而提拔到管理岗位，还没有从业务骨干的角色切换到管理者的角色。基于此，A公司决定聘请外部机构，协助公司构建组织的领导力模型，为提高组织内部管理者的领导能力奠定基础。

二、技术思路

为建设集团的领导力模型，公司专门成立了领导力开发项目组，项目组决定采用管理情境分析法、战略分析法、行动学习法三种方法来构建模型：管理情境分析法能够比较全面地汇总企业内部的典型管理场景，提取企业内部重要的管理能力；战略分析法能够自上而下地从组织的战略、文化等出发进行演绎推导；在管理情景分析法和战略分析法的基础上，通过团队共创、行动学习等方式，能够很好地将前两种方法汇总的领导力指标进行筛选和融合，最终形成企业的领导力模型。

三、实施流程

（1）管理情景分析法

A集团人力资源部根据过往工作记录以及集团主管副总经理、集团各部门总监、子公司总经理、副总经理等领导的意见征求，汇集了A集团典型的管理场景9个，其中管理体系、营运体系、研发体系各三个。而后由咨询公司对这9个案例进行编码分析，提取关键能力指标。最终通过管理情境分析，得到品质正直、承受压力、勇于决策、组织执行、团队管理、文化适应、迅速执行、精益求精、关系建立、影响力、组织内活动能力、积极主动、建立信任等13项能力素质。

（2）战略演绎法

根据A集团的五年发展战略，推导出在执行公司战略过程中各级管理人员需要具备的能力和素质。

A集团的愿景是：成为深受客户喜爱、员工热爱、社会尊重的卓越企业；成为中国房地产行业具有重要影响力的企业。

A集团的战略为：①专注地产，智造精品；②五年内销售额60～80亿元，总资产100亿元，净资产不低于60亿元；③五年内达到顾客综合满意度90%以上，员工满意度90%以上；④五年内拥有一家上市公司。

根据公司战略，项目组确定了各部门的主要职责，并总结了战略导向、卓越领导、督导执行、高度专业、尊重平等、成就共享、团队培养、勇于决策、业绩导向、文化塑造、市场敏锐、人际关系、项目关系、适应改变能力等14项能力素质。

表9-11　各管理层级的职责

管理层级	职位	职责
高层管理者	总裁、副总裁	明确企业发展的方向，对采用何种战略技术必须做出决策。否则公司将会再次出现目标不明的现象。同时高层领导必须充分授权，集团必须成为研究中心和决策中心。不再涉及具体的事务操作

续表

管理层级	职位	职责
中层管理者	子公司正副总经理、集团总监	成为战略执行者的角色。在深入理解公司战略及目标的情况下确定完成目标的方式。要重视人员培养，形成后备梯队。要敢于承担责任。要建立良好的工作氛围。要敢于进行变革，建立高效的工作流程，要尊重并关注员工
基层管理者	正副经理	能采用合适的方式开展工作，职业化，提升工作效率。能改善工作流程。能建立团结的工作团队，能关心下属

（3）行动学习法

在情境法、战略分析法得出初步方案的基础上，项目组组织公司管理层进行行动学习研讨，对管理情景分析法、战略分析法推导出的能力素质进行决策，最终形成各管理岗位的领导力模型，如表 9–12 所示。

表 9-12　　领导力模型匹配表

	素质要素	总裁	总经理	副总经理	总裁办主任	人力资源总监	财务总监	研发总监
组织管理	指明方向	●	●	●	●	●	●	●
	决策能力	●	●	●	●	●	●	●
任务管理	管理变革	●	●	●	●	●	●	●
	塑造关系	▲	▲	▲	●	●	●	●
	影响能力	▲	▲	▲	●	●	●	●
	项目管理				▲	▲	▲	▲
	督导能力				▲	▲	▲	▲
	客户为本				◆	◆	◆	◆
团队管理	卓越领导				●	●	●	●
	培养能力				●	●	●	●

圆圈表示，此项领导力素质对这类职位群非常重要，任职者必须完全具备此项能力，达到优秀的绩效表现，相当于四级。

三角表示，此项领导力素质对这类职位群颇为重要，任职者应当具备此项能力，达到良好的绩效表现，相当于三级。

菱形表示，此项领导力素质对这类职位群一般重要，任职者应该具备此项能力，达到一般的绩效表现，相当于二级。

四、项目总结

A集团的领导力模型构建，是要构建起覆盖全部中高层岗位的领导力模型，如果对单个岗位逐个进行领导力建模，不仅系统性、逻辑性不足，实际执行起来也会费时费力。因此，本项目立足于顶层设计，全盘考虑。

首先，考虑到A集团在日常管理中已经积累了一定数量的案例，充分利用这些案例资源，可以达到事半功倍的效果，因此，在模型开发之初，首先采用了管理情景分析法。

其次，A集团有明确的战略目标，从集团的战略目标和愿景使命出发，也可以自上而下地推导出对各管理层级的职责及相应的能力素质要求。

最后，组织中高层管理者共同研讨，将各项领导力指标分解到每一个管理岗位，从而实现真正意义上的全员覆盖。

第四篇

人才测评与盘点

第十章 测评目标与方案设计

第一节　测评及其应用场景

近百年来，在心理学、统计学、管理学等学科的基础上，人才测评技术已经相对比较成熟。在企业的人力资源管理实践中，采用多种方法对人才的德、能进行评估和盘点，已经成为基本和常用的人力资源管理方法。

一、测评的应用场景

在企业管理中，人才测评常用于以下场景。

1. 人才引进

招聘是企业发展过程中人力资源补充和提升的重要环节，在企业的初创阶段，需要志同道合、愿与公司同甘共苦的同路人加入；到企业快速发展的阶段，对人才数量和质量的需求呈现爆发式增长，如何确保外部吸纳的新鲜血液能够助力公司发展，又不会稀释公司的文化，是一个重大难题；在企业成熟稳定的阶段，企业需要选择价值观一致的人才维持企业的可持续发展；在企业的衰退阶段，需要能够引进力挽狂澜的“救星”。可以说，人才引进贯穿企业发展的全生命周期，而不同阶段的人才需求各有不同。在人才引进的过程中，对人才的精准测评显得尤为重要。

2. 内部竞聘

在企业发展的过程中，建立合理的通道，促进人才的内部流动与晋升，能够有效推动企业的稳健发展。对于企业内部的空缺或新增岗位，通过内部竞聘的方式选择最优人选，能够克服外部人员“水土不服”的问题，同时起到良好的内部激励作用，这时，就需要建立科学合理的测评手段，组织实施公平公正的内部竞聘活动。

3. 人才盘点

企业发展到一定规模和体量，可能出现企业内部斗志不足、本位主义、人员冗杂等通病，这时，往往需要通过人才盘点对企业内部的全部核心人员进行一次系统的摸底。这种摸底除了要对现有人才的业绩、资历等硬性条件进行评估之外，往往也要对上述人员的能力、潜质、态度等进行测评，从而有针对性地实施人才的保值与增值。

4. 人才梯队建设

企业的永续发展不仅当前需要数量和质量充足的人才，而且要能够源源不断地产生和培养人才，通过搭建合理的人才梯队，可确保组织的人才供应源源不绝。在人才梯队建设的过程中，发现人才、评估潜质、培养发展、任用晋升，都需要人才测评手段的辅助，以较好地实现人才的甄别、定位和培养。

二、对测评的理性认知

人才测评一方面有其不可替代的价值，另一方面也存在局限性。无论选择什么样的测评技术，本质上都是通过外显的言语、行为、反应、动作等实现对个体内部的能力、个性、动机等特质的间接探查与测量，这就不可避免地存在误差甚至偏差。研究显示，各种测评方法的效度值如表 10-1。

表 10-1 不同的测评方法的效度系数表

序号	方法	效度系数
1	完全随意预测	0
2	笔迹学、颅相学	0.1
3	普通的面试、单一的人格测验、学历与教育经验	0.15
4	公文筐测验	0.35
5	无领导小组讨论、综合人格量表	0.4
6	能力测验	0.45
7	焦点行为事件访谈	0.48–0.61
8	评价中心	0.65
9	完美预测	1

因此，对于人才测评这一方法论体系而言，需要有理性的认识，“无用论”和“万能论”的观点都是不可取的，配合其他管理工具、有限度地使用、正确地使用，才能让人才测评发挥应有的价值。

第二节 测评方案设计

一、测评需求把握

在测评项目中，测评需求的把握是测评项目开展的关键环节，测评需求直接决定了测评工具的选择以及项目进度的把控。不管作为组织内部的测评项目负责人还是外部的咨询机构，都需要高度重视对测评需求的精准把握。在项目的具体实施过程中，一般通过调研访谈和资料研读来把握测评需求。

1. 调研访谈

对于实施测评项目的咨询机构，测评项目开展时需要对组织内部的高管或项目负责人进行深入的访谈。公司高管对公司信息掌握全面，站位高，考虑问题比较全面，对高管的访谈能够从源头把握项目的开展目的和预期效果。而对组织内部项目负责人的访谈，能够对项目执行的具体要求、需要关注的问题和风险等有更详尽的了解，所以前期访谈能够确保项目不跑偏。

如果测评工作由组织自行实施，此项工作的负责人也需要与高管层保持充分的沟通，保持信息的通畅、充分和对称。

2. 资料研读

访谈需要做相应的准备和安排，资料研读则更加便捷，自由度和灵活性都比较高。对组织内部的企业文化、组织架构、制度流程、工作总结、奖惩措施等文件的研读，有助于测评的组织者加深对组织的了解，对项目的目的、需求、风险等有更加精准的把握，从而有助于项目的落地执行。

二、测评方法选择中的考虑因素

基于对需求的精准把握，测评项目组需要选择测评工具和方法，构建测评方案。在测评工具和方法的选择方面，需要综合考虑以下四个方面的因素。

1. 测评对象的层级和规模

测评项目首先需要考虑测评对象的层级和规模。比如，对于大批量的校园招聘，因为人员数量多，测评复杂程度相对比较低，可以考虑首先通过在线测评进行筛选，然后进行群体面试，最后再采用一对一的个人面试。如果是基层人员的盘点，就可以综合采用在线测评和群面进行盘点。而如果是对企业高层的面试，则需要采用评价中心、背景调查等相对复杂但精确度较高的测评方案。一般来说，层级越高，需要选择的测评工具信效度也应更高，测评方法也应更加多样化；从成本的角度考虑，测评人数越多，往往越需要选择操作便捷、成本较低的测评方法和工具组合。

2. 测评的目的与时间要求

测评的实施很大程度上受到组织愿意投入的时间和人力的制约。例如：如果只是要把测评结果作为后续培训项目开展的切口，这时就需要在测评项目中把控进度，选择短平快的方法。而有时组织有意花充分的时间和精力对内部的管理人员进行一次全面的摸底排查，这时，在测评方法的选择上就可以不太需要考虑测评周期的影响。

3. 测评精准度的要求

测评的精准度和测评的便捷性往往不可兼得，寻找一个合理的平衡点是最优的选择。有的项目对精准度要求非常高，比如对高管的评鉴就需要聚焦于测评的准确度，采用评价中心等组合方式开展测评，实现对人的精准评价。而有的测评项目只需要把表现较差的人群筛选出来即可，这时就没必要过分强调测评精度，对被测群体有一个定性分类即可。“择优”与“劣汰”模式的测评，对精准度提出了不同的要求。

4. 施策过程的组织协调难度

施测过程的组织协调也是一个需要重点考虑的因素，由于不同行业、企业、岗位的人员工作特点不同，由此也会影响到测评方法的选择。如，群面时如何合理安排时间和场地的问题；一对一面试时是当面访谈还是电话、视频的问题。比如，施工单位的领导干部大部分在现场，对这个群体组织“无领导小组讨论”难度就比较大；再如，如果是对银行柜员进行盘点，就要考虑银行柜员的排班时间问题，提前做好班次调整。

总之，测评方案的设计是一个复杂的过程，需要对测评技术和测评实施统筹考虑，在本书以下章节中，我们会根据场景的不同提出不同的测评方案供参考使用。

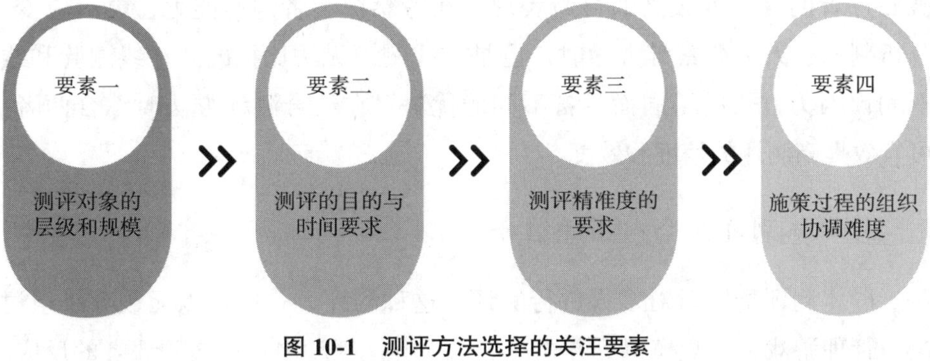

图 10-1 测评方法选择的关注要素

三、测评方法选择的原则

测评方案的设计过程中，测评技术路径的选择比较多样化，如何选择合适的测评方法呢？在这个过程中，通常需要遵循以下三个方面的原则。

1. 能力指标与潜质指标结合

在人才标准确立的过程中，往往同时要兼顾能力标准和潜质标准，能力标准是个体能否较好地完成当前工作的保障，而潜质标准是个体能否持久发展的保障。在测评方法的设计中，需要综合考虑对能力和潜质的考察，能力指标需要通过学历、知识、技能、工作年限、行为、业绩、成果等进行综合判断，而潜质指标则需要通过个体的角色认知、思维过程、工作态度、深层动机等进行考察，不同的考察内容本身对测评方法提出了具体的要求。比如，在社会招聘中，对于未从事过本领域工作的应聘者，可能他缺乏本领域相关的知识和技能，但是如果他能够快速适应新环境且学习能力较强，成就动机也较高，那么他可能就能在较短的时间内学习和获得这些知识和技能，潜质在一定程度上能够弥补能力的不足。

2. 在线测评与线下测评结合

当下，测评方法的选择往往会综合线上与线下测验。线上测验的优点是操作方便、计分快捷，在通过大量自陈题、行为题考察被测评者的个性、动机方面有着线下测评无法具备的优势；而线下测评的优点是：可获得关于被测评者的真实度较高的行为表现，在考察被测者沟通能力、灵活应变、分析判断、人际洞察等方面时，也是在线测评无法比拟的。在线测验和线下测评因为方式的不同而具备不同的优势，在组合测评方法时综合两者，可有效提高测评的信度和效度。

3. 群体测评和个人测评结合

群体测评指同时对多人进行测评，这种测评方式通常以无领导小组讨论、管理游戏、沙盘模拟等方式进行，在群体互动中观察被测评者的反应。

群体测评可以在同一时间、同一地点观察到多个被测评者的反应，相对个人测评，效率大大提升。群体测评的另一个突出优点是：提供了一个多人互动的场景，这个场景能够激发出个体大量的习惯性语言表达、行为习惯、沟通方式等，很多在个人测评中难以评价的素质项，在群体测评中能够很好地进行评价，比如团队协作、包容性、全局观，等等。

但是，群体测评对于测评师来说是一个被动的过程，测评师无法就某个被测评者的某一素质项进行精准的考察。因此，在测评方案设计时，应综合安排群体测评和个人测评，一方面对不同的素质项都能有全面的考察，另一方面对同一素质项也可以通过两种测评方法进行相互印证，以提高测评结果的有效性。

四、测评方法的发展趋势

传统的测评方法只能在有限的时间内通过某种或多种测评手段进行考察，信息技术的发展，使得数据的搜集和汇总更加快捷，特别是近年来快速发展的人工智能、大数据、云计算等，使得传统的测评技术和方法面临历史性的飞跃。传统的人才测评通过行为样本推测总体行为，进而推断能力素质，基本是基于心理学的研究；而未来的人才测评，则是基于对被测者全方位观察、全行为记录而开展的、针对海量数据常模的对比和分析，以及在此基础上得出的统计学结论。信息技术的革命在时间和空间上大幅度地提升了测评的效率，改变了测评业务的运作方式，其对测评信效度的提升也将是革命性的。

第三节　方案实施与报告设计

如果说测评方法的选择是一个测评项目的重点，那么，测评方案的实施则是一个测评项目的难点，不同的测评方法在实施过程中会有不同的注意事项与侧重点，只有把握好这些要点，才能让测评方案有效、平稳地“着陆”。

一、测评实施步骤

根据测评工具在形式上的不同，我们将测评方法分为在线测评、群体测评、纸笔测验及访谈测评。

1. 在线测评的实施要点

在线测评指通过手机端或电脑网页端答题的测验形式。在在线测评中，需要把控三个方面。

首先，要对测评系统有充分的试测，了解测评系统的负载量和测评环境，支持多少人在线答题，兼容哪些浏览器，等等，在测评账号发布时，要做好明确的提醒和说明。其次，对于测评过程中出现的特殊情况，要有明确的应对措施，比如：网络突然中断、浏览器意外关闭、试卷无法提交、答题超出时间等等，在测评系统运行期间，测评组应配备专人负责这些问题的答疑与技术支持。最后，要把控测评进度。每个被测评者对测评本身的重视度不一，对测评的配合程度也千差万别，因此，要做好测评进度的监控，在测评截止日期临近之前做好进度提醒，确保在截止日期之前所有人完成测评。此外，在测评过程中，可能有人对测评的公正性、严谨性包括测评题目本身提出质疑，项目组成员需要在不影响测评结果的前提下，做好必要的、耐心的解释。

在线测评的一个突出优势就是方便快捷，被测评者在家里、办公室、地铁上都可以点开网页测评，但是这也带来另外一个问题：如何确保答题者是被测评者本人？如何确保被测评者在答题时没有借助其他搜索工具？如何确保被测评者旁边没有人做帮助辅导？如果把被测评者都限定在同一时间同一地点，则在线测评本身的灵活性和便捷性优势就无法发挥。

随着技术的发展，很多在线测评系统可以调用手机或电脑的摄像头来监控答题过程，有的测评系统会监控被测评者答题时是否跳出答题窗口搜索其他答案，通过跳出次数和跳出时间来判断答题的有效性。

在线测评系统就是这样，在灵活便捷与有效可靠的冲突中不断进步和发展。

2. 群体测评的实施要点

群体测评通常指无领导小组讨论、管理游戏等被测评者之间可互动的测评方法。在群体测评中，同样需要把握三方面的实施要点。

首先，无论是无领导小组讨论还是管理游戏，题本或游戏本身需要具备一定的复杂性，需要激发被测群体通过相互讨论、共同协作来解决问题，这就要求题本或游戏的设计者一方面要对题本或游戏下足够的功夫来打磨，另一方面要对题本或游戏的规则不断模拟、试测和修正。

其次，无领导小组讨论施测过程中，测评师只做无干扰的观察，这个过程中既要做到对被测群体的言语、行为等有全面细致的观察，又不能影响到被测群体的表现，这个度的平衡一定要把握好。而在管理游戏中，需要主持人来引导游戏过程，在引导过程中需要做好客观中立，不做可能影响到被测评群体表现的表情、语调、点评等等，因此，测评师本身需要对自我的行为做出必要的克制与规范。

最后，由于群体测评是一个被动的过程，个别测评者可能参与度不高，或者有一些出人意料的表现，测评师可以在测评结束或者其他测评环节进行必要的询问，以便获取更为全面的信息。

影响无领导小组讨论的因素有很多，讨论过程中，小组成员的组成、知识背景、年龄差异等都可能影响到讨论的氛围。例如：在某无领导小组中，张经理因为直属领导在组内，为了避免可能的意见冲突便一直沉默不语；在某个只有一位男性成员小王的小组群体中，小王一直无法融入小组的讨论中；在某小组内，8 个小组成员中有 7 个都来自财务部，只有 1 个成员来自销售部，导致讨论的焦点一直在财务问题的细节上……所有这些细微的问题都有可能让群体测评偏离预期的方向，因此，在群体测评之前，做好对可能影响讨论的因素的分析和规避，显得尤为重要。

3. 纸笔测验的实施要点

纸笔测验一方面指传统的纸笔卷面考试，另一方面指案例分析、公文筐等需要用系统化的思考和文字等作答的测评。在纸笔测评的过程中，有三个方面需要考虑。首先，要把控题目的规范性和监考的专业性。试卷要经过多人校验，确保没有文字、标点和格式错误，以及容易引起误读的地方；其次，要做好考试过程的现场组织工作，要明确考场规则，维护考场秩序，保持考场纪律；最后，在评阅卷环节，尤其是主观题方面，要明确评分标准，规定好详细的踩分点，实现多人阅卷情况下评分尺度的统一。

纸笔测验是历史最为悠久、使用最为广泛的测验方式，从古代的科举到现代的考试，纸笔测验因其便于组织协调、试卷保密性高、相对公平公正等优势，是大量测评项目实施过程中首先想到的测评方式。但是，纸笔测验中存在一个一直难以解决的问题——主观题的评分。相对于客观题，主观题通常问题指向比较开阔，答题切入点比较多，并且不设置唯一正确的答案，这就导致答题者自由发挥的空间比较大，答案多样化，由此带来阅卷过程评分尺度不易把握的难题。在实操过程中，通常为主观题编制评分要点，由阅卷人员按照评分要点灵活把握。比如，在对人力资源部专员的主观题笔试中，有以下题目。

企业干部培训对于企业的发展至关重要，在干部培训过程中，经常会出现这样的问题：干部参加培训的动力不足，培训的内容并不是干部迫切需要的，所以导致培训收效甚微。

结合实际工作谈谈，如何解决上述问题？（12 分）

评分要点为：①用心做好企业培训需求分析，并把企业需求和相应的培训收益有效结合。②围绕企业的发展战略和目标，制定整体的培训体系。③加强对培训过程的监控，使培训效果得以落实。④加强对培训师的培训。⑤做好培训制度的完善。五项评分要点，每项要点 3 分，要求切中要点，语言表达简明流畅，逻辑严密，条理清晰，以此酌情给分，直到满分为止。

4. 访谈测评的实施要点

访谈测评是通过访谈的方式对被测评者的专业知识、技能、工作经验、履职经历等进行详细了解，从而考虑被测评者的一种测评手段。在通过访谈进行测评时，需要把握以下三个方面。

首先，在访谈前需要对测评规则进行详细说明。在测评开始时要表明，测评过程有必要的文字和录音记录，考虑到时间的限制可能会打断对被测评者的论述，测评过程会对外保密，等等。这些事先强调会提高测评的专业性，打消被测评者的顾虑，为后续的追问和打断做必要的铺垫。

其次是测评过程中氛围的营造，尤其是测评结果对被测评者的影响比较大时，测评师应该让被测评者在适度宽松的氛围下自我表现，避免因被测评者过分紧张而影响其能力发挥。

最后是测评过程的结构化设计，在访谈过程中，结构化访谈一方面可以确保全面收集每个被测评者的信息，从而得出比较严谨的访谈测评结果，另一方面结构化访谈有利于统一访谈问题的难度，实现访谈的公平和公正。此外，在多个面试官同步开展访谈测评的情况下，结构化设计的访谈可以确保不同组的访谈都按照统一的访谈思路开展，有利于不同组内的被测评者之间横向比较，降低了访谈测评的组间差异，从而提高访谈测评的信度和效度，有利于测评结果的进一步落地应用。

访谈的结构化设计是提高测评信度和效度的有效手段，因此被广泛应用于访谈测评过程中，在这个过程中，访谈提纲就显得尤为重要。通常，结构化的访谈提纲由三部分组成，首先，面试官要求被测评者介绍当前的履职岗位及岗位职责，了解被测评者当前所在的公司、部门、岗位的基本情况，为后续深入了解工作中的履职情况做相应的铺垫；其次，了解被测评者在履职过程中，对于工作的重点、难点、挑战性的工作、关键环节是如何应对的，在战略规划、任务推动、沟通影响、团队管理、自我激励等方面有哪些典型事件，从这些关键事件的表现中了解被测评者的能力素质；最后，对被测评者进行个别信息的补充追问、确认，同时了解被测评者是否有疑问等等，结束访谈。通过完整有效的结构化访谈，实现对被测评者信息的全面收集和能力素质的精准判断。

二、测评报告设计

在测评方案设计的过程中，测评成果同样需要进行预先设计，测评项目通常需要交付测评群体的个人报告和团队报告。

1. 个人报告

个人测评报告通常包括测评介绍、测评结果、使用发展建议三部分内容。

①测评介绍。在测评的个人报告中，首先需要有对测评的简单介绍，阐述测评的目的、工具、方法。比如，在某能力测验报告中，在测评介绍部分阐明：本能力测验采用了案例分析、公文筐测验等方法，测评结果一年内有效。

②测评结果。测评结果包括测评总体得分、各项内容的得分以及相应分数的解释。比如：在大五人格测验中，需要对大五人格测验的五个人格要素进行要素释义、要素得分以及得分代表的描述。

③使用和发展建议。使用和发展建议是测评报告中最为重要的一部分，基于测评结果，上级领导应如何对被测评者进行任用和培养发展，被测评者自身如何进行自我提升，这都是报告的重要组成部分。

案例10-1 ▶ **管理条线人才测评报告——×××**

(1) 能力素质评估剖面图

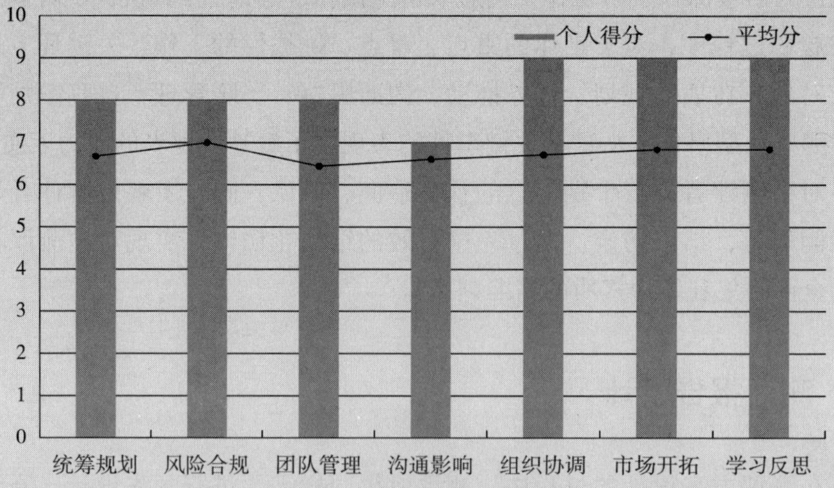

图 10-2 测评报告样例

（2）个人评价项描述

总分	82 优秀
综合评价	优秀
	优秀（80 分及以上）/ 良好（70–79 分）/ 一般（60–69 分）/ 待提升（60 分以下）
优势项	统筹规划、风险合规、团队管理、组织协调、市场开拓、学习反思
特发展项	无
综合描述	优势特征： 善于总结和思考，结果导向意识强，成就型强，对于遇到的问题力求达成。团队的汇报者，在团队协作中，成就动机强，积极表现自己，力求得到团队的认可。 工作内容和经验单一，在面对复杂情景进行分析和解决方面系统性和全面性略显不足。 工作积极负责，有较强的资源整合能力。有良好的管理潜力。 待发展特征： 沟通能力有待进一步加强。
任用方向推荐	推荐任用，建议提升沟通影响的能力。

2. 团队报告

有些测评项目需要对测评群体进行总体分析，出具团队报告，团队报告需要包括以下三部分内容。

①测评概况：对项目概况和测评群体进行整体介绍，以便对本次测评项目有一个整体认知。

②数据分析：对测评群体进行总体数据分析能够把握测评群体的整体水平，在数据分析时一般有描述统计和推断统计。描述统计一般对数据结果的平均值、方差等进行统计，推断统计则需要在描述统计的基础上进行差异检验、方差分析等更为复杂的数据分析。对于常规的测评项目，通过对数据进行描述统计即可。此外，如果测评群体由多个小群体（如：事业部、分公司、不同层级、不同专业等）组成，则需要对各个小群体分别进行分析，并在小群体之间进行比较。

③后续建议：团队报告同样需要根据团队的整体数据给出相应的管理建

议，可以是针对高分优秀人才的重点培养，也可以是对于低分人才的能力提升，或者是对于群体整体的分层分类的培养与发展计划。测评最终的结果是为了提升和发展，以实现组织效能的提高。

案例分享　某银行村镇银行板块高管人才盘点方案设计

一、项目背景

B银行成立于1998年，是当地最早成立的股份制商业银行。该行在全国各地设立了18家分行、290多个营业网点（含社区、小微支行），员工8000多人。此外，还发起设立了消费金融公司、小企业金融服务中心以及31家村镇银行，在全国16个省市设立了村镇银行。

我国的村镇银行业务始于2006年，其时，由银监会提出在湖北、四川等省区的农村地区设立试点，经过十几年的发展，多家城市商业银行、农村商业银行和农村合作银行及部分四大行、股商行纷纷入局，村镇银行在全国各地开花，已超过1600家。然而，在快速发展的同时，也暴露出了各方面的管理问题，如：吸储难度大、可贷资金少、税收压力大、人才队伍与管理水平低，等等。

B行牵头设立的31家村镇银行同样面临上述问题，而其中较为严重的是银行的高管队伍建设问题。由于村镇银行股东包括产业资本、民间资本、金融资本等，股东构成的复杂性和地域的差异性，导致村镇银行的高管来源广泛，水平参差不齐，而高管个人的能力、素质和态度又在很大程度上影响到银行的管理水平，进而影响到经营业绩，因此，全面、深入地了解村镇银行高管团队的现状，有计划地提升高管团队的素质和水平，就成为B行村镇银行业务提升过程中亟须解决的问题。

基于以上背景，B行委托测评团队，协同银行多个部室，从高管团队配置情况、高管团队胜任情况、高管团队持续性和梯队建设等角度对31家村镇银行的高管进行全方位盘点。

二、项目实施

1. 测评方法的选择

本次盘点对象为31家村镇银行的130名高管，覆盖董事长、监事长、行长、副行长等岗位，如何选择合适的测评方法，需要全面考虑、慎重决策。

首先，盘点结果影响到后续银行高管的选任，结果的准确性是需要优先考虑的，因此焦点行为事件访谈（FBEI）成为优先考虑的测评方法，通过B银行的网络系统可以实现远程访谈。

此外，考虑到对高管的个性、管理风格的测评在线测评系统更具优势，因此，在方案中同步设计了在线测评部分。

第三，由于银行高管对村镇银行的发展起着重要作用，无论FBEI还是在线测评，都是通过高管自身的表现对其进行评价，而通过周边同事的评价能够更加全面地了解高管的日常履职情况，因此，项目组同时选择了360周边访谈和360评价，使得测评的结果更加立体和全面。

由于村镇银行的高管遍布全国各地，考虑到这一实际，通过对每位高管的在线测评、FBEI访谈、360评价、360周边访谈，可以获取充分的测评信息。通过多种测评方式的有机组合，评价小组可以对上述高管群体的意愿、个性、能力、业绩、履历等有全方位的了解，并将各项测评结果相互印证，了解个人的优劣势，挖掘被测评者行为与绩效的合理解释，并提出相应的使用与发展建议。

2. 评价小组的选择

由于银行业务本身对风险合规有较高的要求，对此方面的考察需要较强的专业性，这对于专业测评团队来说比较有难度；另一方面，由于信息不对称，银行内部的运营情况测评团队可能也无法了解到，可能导致评价的偏差。因此，项目组最终决定：评价小组由B行人力资源部、风险部、审计部以及负责监管村镇银行的农村金融管理总部的部室成员，与测评团队的测评师共同组成。

在实施盘点的过程中，人力资源部和农村金融管理总部负责对村镇银行或被测评高管的关键信息进行补充，对矛盾信息进行澄清；风险部、审计部成员负责从专业角度对被测评高管的能力进行了解和评价。最终的打分环节，评价小组分别从各个角度出发，对被测对象展开充分详尽的讨论，形成最终的分数。

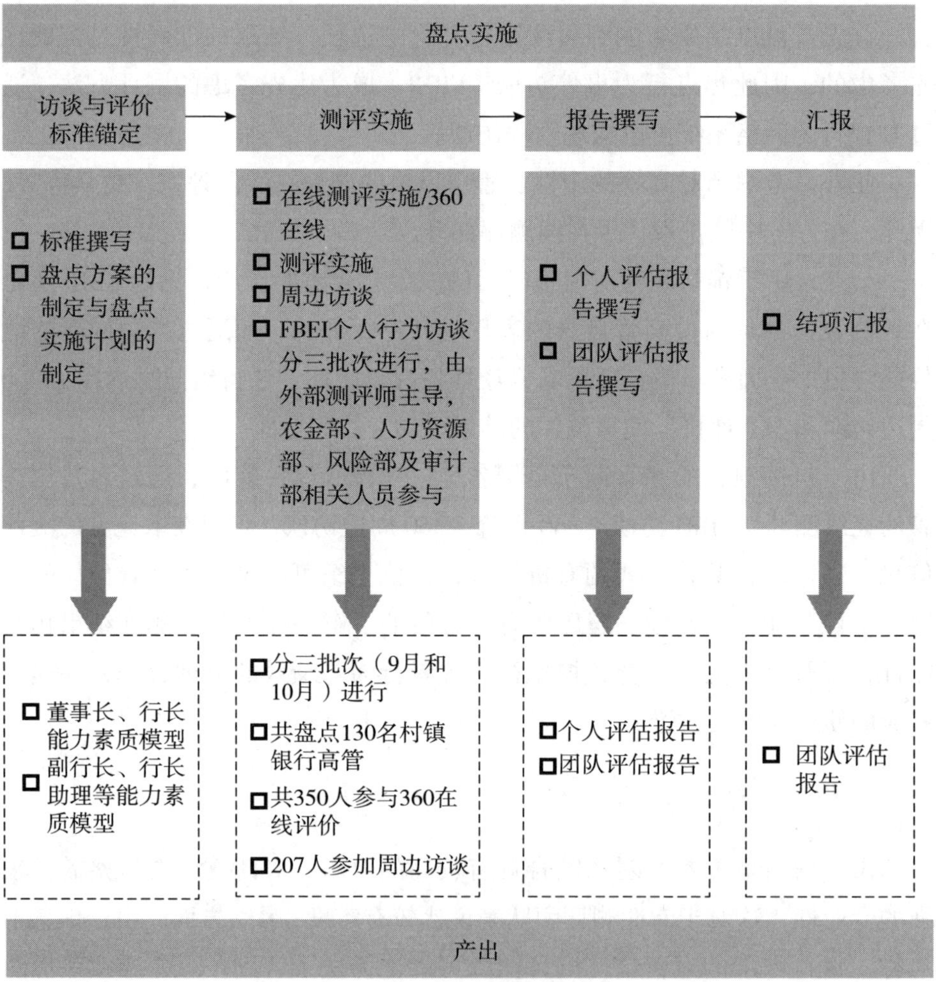

图 10-3　项目实施流程

3. 测评实施过程

考虑到本次盘点项目覆盖面广、人员组成复杂、时间协调难度大，项目确定了三个重要的保障措施，以确保项目有序开展。

① 31 家村镇银行分批次盘点，每一批次由项目组统一安排访谈顺序，尽量保证同一村镇银行的人员在同一天由同一批评委访谈，在此基础上对个别高管进行微调。

②每家村镇银行有独立的对接人负责被测评高管的引导、时间安排、设备调试等工作。

③每一批次盘点开始前，由评价小组统一讲解访谈实施流程和打分规则，确保项目有序实施，评分标准一致。

三、项目成果

经过了为期 3 个月的努力工作，本项目成功完成了如下工作。

①完成全部村镇银行高管的个人测评及报告撰写。本项目最终交付 31 家村镇银行、130 名高管的个人测评报告，其中包括：高管个人传记研究结果、个性与管理风格测评结果、专业评价结果、360 测评结果、综合测评得分以及个人评价报告。

②完成面向全体高管、各行高管的团队报告的撰写。本项目对 31 家村镇银行高管的情况进行了总体分析，对高管的整体配置情况、胜任情况进行了统计和分析，并提出了相应的管理提升建议（见图 10–4）。

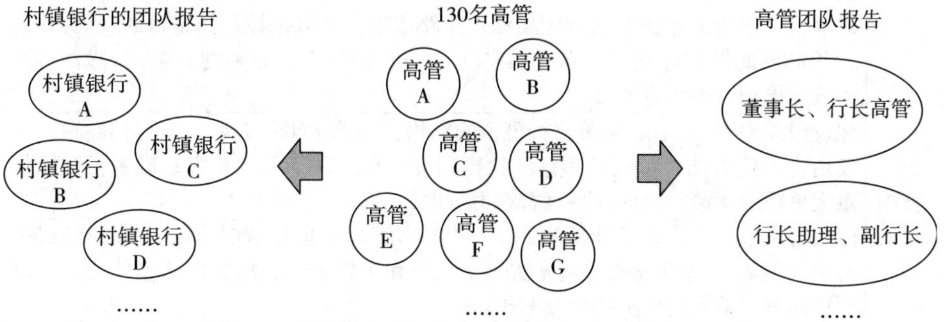

图 10-4　维度分类示意图及不同维度的团队报告

相较于传统的盘点项目，本次盘点加强了对于业绩、工作表现与专业能力的衡量，从个人背景、专业能力、管理风格、工作表现等不同维度对盘点对象实施测评，实现了对盘点对象整体测评结果的分析和呈现。

对于130名盘点高管，项目组一方面对测评结果进行整体分析，形成针对整个测评对象的团队报告，另一方面，结合每一家银行的经营业绩情况，对该行的高管团队进行群体分析，就高管之间的优劣势、搭配情况等进行研究，提出了相应的管理改进建议，项目成果有点也有面，对于村镇银行业务板块的人才使用与发展，具有直接的指导意义与长期的参考价值。

<table>
<tr><td rowspan="7">机构概况</td><td colspan="2">成立时间</td><td colspan="2">2010.9</td><td>网点个数</td><td>10</td></tr>
<tr><td colspan="2">机构人数</td><td colspan="2">120</td><td>班子人数</td><td>3</td></tr>
<tr><td rowspan="2">2016</td><td>存款</td><td colspan="2">73150 万</td><td>贷款</td><td>48547 万</td></tr>
<tr><td>利润</td><td colspan="2">1230 万</td><td>不良率</td><td>3.37%</td></tr>
<tr><td rowspan="2">2017</td><td>存款</td><td colspan="2">86393 万</td><td>贷款</td><td>59543 万</td></tr>
<tr><td>利润</td><td colspan="2">1800 万</td><td>不良率</td><td>2.71%</td></tr>
<tr><td colspan="6">× × 村镇银行规模较小，业务正处于缓慢发展阶段，相较于2016年，2017年存贷款额度都有所上升，但是利润有所下降，不良率也有所提升。在与当地银行及其他银行的竞争中，尚未找好突破点打开局面，经营情况还有待提升。当前经营班子面临的主要挑战是外部市场竞争激烈，存款压力比较大，不良资产比较多，主要任务依旧是吸纳存款、化解不良资产。</td></tr>
<tr><td rowspan="5">高管团队</td><td>姓名</td><td>岗位</td><td>分数</td><td>等级</td><td colspan="2">备注</td></tr>
<tr><td>× × ×</td><td>董事长</td><td colspan="4">管理总部领导，未参与盘点</td></tr>
<tr><td>× × ×</td><td>行长</td><td>24.0</td><td>基本胜任</td><td colspan="2">审慎，工作开展思路清晰，有条理</td></tr>
<tr><td>× × ×</td><td>行长助理</td><td>22.0</td><td>基本胜任</td><td colspan="2">工作认真，勤勉尽责，坚守原则</td></tr>
<tr><td colspan="6">× × × 村镇银行班子内部比较和谐，高管团队分工合理，目标一致，能够较好地相互协作推进工作，但是高管团队未配备齐全，力量稍显薄弱。董事长由管理总部领导兼任，行内主要工作由行长和行长助理开展，行长管理经验丰富，对本村镇银行的业务开展有大局观，思路清晰，能够把控村镇银行的发展方向；行长助理能够很好地落实各项具体工作，有责任心，原则性较强，兢兢业业，但统筹推动方面稍有不足。</td></tr>
<tr><td>管理建议</td><td colspan="6">建议组织完善 × × × 村镇银行班子的结构，当前董事长兼职，副行长空缺，主要由行长定方向，行长助理落实执行部分工作，班子不健全容易影响村镇银行重大事项的决策，也使得各高管精力分散。
建议村镇银行丰富市场开拓的手段，提高市场营销能力；加强梯队建设，通过内部培养或者外部引进的方式充实班子成员和中层干部，加强团队整体合力，以便更加有效地实现业务的增速和扩张。</td></tr>
</table>

图 10-5　村镇银行团队报告示意图

第十一章
测评方法库

第一节 测评内容、评价维度及常用方法

一、测评内容

围绕人才标准，对人才的测评正在从基本的知识、技能延伸到深层次的价值观。在企业的管理实践中，主要的测评内容包括以下方面。

①知识。对知识的考察包括通用知识和专业知识。比如，在公务员考试中，通常会对国家制度、经济发展、历史地理等通用知识进行考察；而在大部分职业测评中，对知识的考察主要集中在个体对岗位所需专业知识的理解和把握上，如，编程人员对某种编程语言的熟悉程度，会计人员对会计准则的熟悉程度，等等。

②技能。包括计算机操作、英语、驾驶等基本的办公技能和与岗位密切相关的专业技能，对于专业技能的考察经常通过实操来进行，比如：要求程序员现场调试代码，要求翻译人员现场翻译500字的文章，等等。

③能力。包括对智商、职业胜任力、专业能力的考察，其中，智商测验主要考察个体的、客观的智力水平，职业胜任力考察个体的分析、执行、沟通、合作等职场工作能力，专业能力考察个体胜任本职工作所需要的专属工作能力，如市场策划人员的文案写作能力，银行风控人员的风险意识与评估能力，等等。

④个性。对个性的考察包括对个体内向或外向、理性或感性、乐群或独立等性格特点的考察。

⑤职业倾向。职业倾向测验主要是对个体的兴趣、个性等进行测评，以提出个体最适配的行业、职业等。

⑥动机。对动机的考察，是指通过外显的个性或可观察的行为，了解对方持久深刻的内心动力（如价值观）。

此外，常见的测评还包括认知风格测评、管理风格测评、团队角色测评等等，在此不一一阐述。

二、对于测评方法的评价

不同的测评方法有较大的差异，对于管理实践的应用价值也差别巨大，通常从以下四个维度对测评方法进行评价。

①信度，即测验的一致性，如，重测信度指重复测验是否能够得到一致的结果，此外，还有分半信度、一致性信度等。

②效度，即测验的有效性，指测验结果能否真实、准确反映所要测量的内容。效度包括内容效度、结构效度、效标效度等。

③难度，主要是评估有多少个体能够答对题目，是对测评方法是否与被测群体特征相符合的评估。

④区分度，指题目能否有效地将水平不同的测评群体进行区分，题目的区分度与难度密切相关。

三、测评方法

针对所要测评的内容，常见的测评方法包括以下七种。

①纸笔考试。纸笔考试是最传统也最为成熟的测评方法，主要适用于对知识的考察，在实施过程中保密性和安全性高，虽然互联网技术的发展已经对传统的纸笔考试形成了很大的冲击，但是目前依旧可以说，纸笔考试是应用最为广泛的测评形式之一。

②在线测验。主要通过线上答题的方式进行，目前在线测验主要采用成套量表的客观题测验，如个性、动机、价值观测验等。

③公文筐测验。公文筐测验指将被测评者置于特定职位或管理岗位的模拟环境中，由测评师提供一系列该岗位经常需要处理的文件，要求被测评者在规定的时间和条件下处理完毕，以书面或口头的方式解释处理的原则和理由。

④案例分析。案例分析指提供一段背景资料，然后提出问题，要求被测评者阅读、分析给定的资料，依据一定的理论知识，或作出判断，或作出评价，或提出具体的解决问题的方法或意见。

⑤无领导小组讨论。无领导小组讨论指由若干个体组成小组，共同研究给定的材料，按照要求进行讨论，提出解决方案或应对措施等。

⑥焦点行为事件访谈。焦点行为事件访谈指通过行为回溯式的问题，了解个体过往的行为事件，提取评价要素，以此对个体进行评鉴。

⑦情境模拟。情境模拟是通过模拟真实的职场情景，要求个体在情景中做出互动和反馈。包括角色扮演、模拟工作会议、模拟上下级谈话，等等。

四、测评方法的比较

每种测评方法都有各自的特点，在具体测评方案的设计过程中，要根据各种测评方法的优劣，选择合适的测评方法或进行组合。

表 11-1　各种测评方法的比较

盘点工具	输入	输出	主要优势	主要劣势	适用场景
纸笔考试	知识、技能题目	知识、技能得分	保密性、安全性高	组织难度大，耗时耗力	对保密性要求高
在线测评	在线测评问卷	能力、潜质、管理风格、职业倾向	方便快捷	信效度有局限性	适用于“微测评”，辅助其他测评手段
案例分析 / 公文筐	管理、业务情景	管理能力胜任力	定制化强实施方便	开发成本高	辅助测评

续表

盘点工具	输入	输出	主要优势	主要劣势	适用场景
模拟工作会议/角色扮演	管理 业务情景	管理技能 胜任力	定制化强 灵活互动	开发成本高	辅助测评
无领导小组讨论	管理 业务情景	管理技能 胜任力	灵活 高效	测评指标 有限	辅助测评
行为事件访谈	个人履历 行为事件	管理技能 胜任力	效度高	操作复杂 成本高	对测评精度要求高
360 评价	上下级关系 360 问卷	胜任力 自我认识	多维度 全方位	评鉴成本高	辅助测评

第二节　在线测验

一、常见的在线测验问卷

随着互联网技术的发展，在线测验已经成为越来越普遍的测评方式，测验不再受制于时间和地点的限制，且系统可以实现分数的自动计算，多方面的优势大大推动了在线测验的普及。目前，常见的在线测验有以下几种。

①人格类测验。人格类测验的发展历史已超过五十年，成套的人格测评量表已经在互联网普及，而且基于同一人格理论的测评问卷也有多套，比如现在最受认可和关注的“大五”（Big Five）人格测验，简版、详版、修订版等各种版本的测验问卷超过二十种。除此之外，常见的人格测验还有 MBTI 量表、16PF 量表等，人格测验目前已经是非常普遍应用的测评产品。

②智力类测验。长久以来，人们对一个人的聪明程度就特别关注，尤其是智力理论的发展，让智力的测评成为可能。尽管智力理论本身备受争议且与个人成就的相关性也一直存疑，但不可否认的是，智力测验正在受到越来越多人的追捧。成套的智力测验包括韦氏智力量表、瑞文推理测验等。在商业场景中，人们通常按照言语理解、数学运算、逻辑思维、图形推演等维度来实现对个体智力的测验。

③动机类测验。动机类测验包括职业倾向测验、价值观测验、动机测验等等，个体的兴趣、爱好、追求决定了他偏好的职业和成就事业的可能性。

④能力类测验。能力类测验主要是对个体某些能力的考察，通过自陈题、行为题、案例分析题等，考察个体在某一方面的能力水平。

此外还有我们之前提到的认知风格测验、管理风格测验、团队角色测验等等，目前在条件允许的情况都可以通过在线测验完成。

二、测评系统

在线测验的完成对测评软件系统的依赖性很大，运转稳定、功能完备的测评软件系统是在线测评的强大保障。一般来说，在线测评软件系统需要满足以下三方面的功能。

①灵活组卷，高度定制。测评系统能够实现测评问卷的修改、发布，能够支持对题目的调整、选项的修改、题目顺序的调整等。在问卷发布之后，能够给予每个测评对象相应的账号、密码或者链接，在移动互联网普及的当下，能够支持二维码答题等等。这都是在线测评需要满足的基本功能。

②系统稳定，存储便捷。在测评对象答题时，测评系统需要满足多人在线答题，数据存储完备，能够自动检测、跳出当前答题窗口的次数和时间，能够记录答题时间和答题数量，这些都是测评有效性的重要指标。

③数据智能统计，报告自动生成。测评系统需要能够实现答案的自动分析，实现数据统计，实现个人报告的自动生成。只有这样，在线测评系统才能充分发挥省时省力、方便快捷的优势。

三、实施步骤

在线测评是一种相对标准化的测评方法，往往应用于大面积的基础性测评，因此，在测评开始前，需要对测评系统进行认真的调试和准备，因为测评一旦开始，一般就无法在过程中进行调整。

①系统组卷。测评人员需要在在线测评系统内完成测评试卷的组卷、试题校正、试题发布等工作。

②上线发布。在测评试卷形成后，项目组成员需要进行测试，确保系统的稳定运行，而后根据参与测评的人数和答题方式分配账号、密码或链接、二维码，通过邮箱或手机的形式发送给被测者。

③施测。在施测过程中，测评人员要随时答疑并跟踪测评进度，被测评者可能出现用户名错误、密码遗忘、浏览器不兼容等问题，这时，测评人员要做好答疑和技术支持工作，给予耐心的辅导。

④导出在线测评报告。答题完成之后，测评人员需要终止系统，而后通过系统后台下载被测评者的测评报告，导出测评数据，完成相关的数据分析工作。

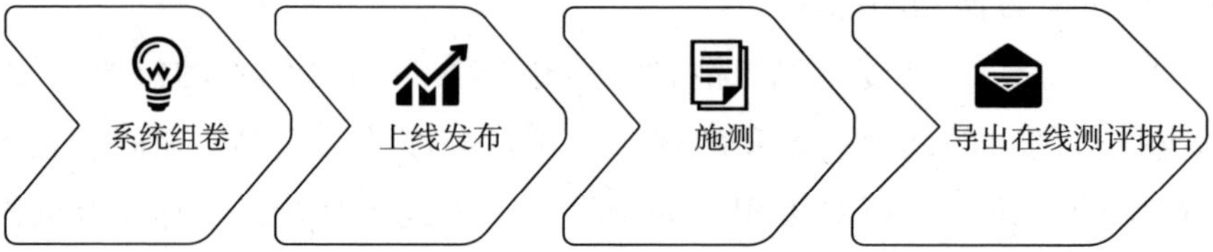

图 11-1 在线测评实施流程

四、注意事项

在线测评是一项组织协调多于技术研究的工作，通常都是采用成套的测评量表，因此，测评人员更多的是按照严谨的操作步骤完成系统上线，然后跟踪辅导，确保被测评者顺利完成测评，而后编制相应的测评报告。在这个过程中，需要注意以下问题。

①对测评系统要有充分、完整的了解。不同的测评系统所支持的操作系统、浏览器都有所差别，对系统了解越充分，就越能在施测环节预先规避，有效应对。

②做好前期的测评说明。现在电脑操作已经成为大部分职场人士基本的工作技能，但是依然有少部分人员不善于操作电脑，因此，需要预先说明答

题时间、答题规则、支持的系统和软件以及不被允许的操作。详细的测评说明能够保证施测顺利开展，同时也是保证测评信度和效度的重要措施。

③耐心做好测评过程的技术支持。在实际测评过程中，即使做了详尽的测评说明，依旧会不可避免地出现很多预料不到的问题，这时，测评人员应迅速反应，做好技术支持和远程辅导。在这个过程中，要选择对方能够理解的表述方式，指导对方完成测评工作。

第三节 无领导小组讨论

一、无领导小组讨论及其发展

无领导小组讨论（LGD）最早起源于20世纪20年代，由德国军事专家里弗（Rieffer）最早用于军事人员的选拔。在二战期间，英美两国开始采用LGD选拔情报人员和军官。LGD的成功使得心理学家对其应用进行了进一步的拓展和研究，逐步延伸到贸易、商业、教育及艺术等领域。发展到目前，不管是企业的校招，还是中高层领导干部的选拔，LGD都是备受欢迎的人才评鉴工具。

在人才测评的实际运用中，LGD一般是将若干人员组成一个临时团队，根据给定的材料，针对既定的目标进行讨论；讨论过程中，组织方不对团队进行任何外部干涉；通过观察讨论过程中小组成员的表现，对人员进行分析和评价。

二、无领导小组讨论的类型

LGD题目比较多样，根据现在常用的LGD，大体可以分为以下几种。

1. 观点类题目

观点类题目往往将被测评者置于两难情景，要求被测评者进行选择，观点类题目往往冲突性比较强，非常适用于考察被评价群体的沟通表达、逻辑思维能力。

案例11-1

在某银行校园招聘中，校招项目组设计了以下LGD题目，考察被评价者的分析判断、沟通表达等方面的能力。

您是某支行的副行长，专门负责理财产品的营销，现公司急需任命一位客户部的经理，有这样几个人选。

1. 客户部副经理刘冰，个人能力不错，才思敏捷，分析问题透彻，对外在变化能很快适应，业务思路好，创意多，能根据客户的不同情况，创造性的提出方案，赢得客户的认可。但他太咄咄逼人，听不进别人的意见，如果当经理可能日后和下属关系搞不好。他有点不太能受约束，比较喜欢我行我素。

2. 客服部副经理马城，做事不喜欢张扬，生性随和，很有耐心，对于客户的刁难都能应对，擅于团结下属，办事百折不挠，但他做事不够果断，缺乏魄力，对业务不是很精通，对内部同事也较为和气，在他手下几位员工表现很差的员工，按理说早应该被辞掉，可他却不忍心。

3. 理财分部负责人王良，有学历，懂业务、头脑聪明，积累了不少管理经验，在他的领导下分部的业绩突飞猛进，但有人检举他常违反行里的一些制度，利用制度的漏洞，公款请客户大吃大喝，借以拉拢客户，他的业绩都是用吃喝堆出来的。

通过小组讨论，确定最终的人选，并陈述理由。

2. 问题解决类题目

问题解决类题目最容易开发，也最容易激发被测评者思维拓展。相比于观点类题目，更加开放，更适合于考察被测评者的视野、想象力、发散思维等。

案例11-2

竞价排名是随着搜索引擎技术的发展而兴起的。搜索引擎技术的发展给社会带来了革命性的影响，也给企业带来了商机。一方面，搜索引擎公司通过提供搜索结果，帮助人们找到有价值的信息，避免了无用信息，为其带来了大量的点击率和流量；另一方面，面对新的市场和新的消费习惯，吸引顾客的注意力，成为网络新经济环境下企业经营的重要方面。有数据显示，每天有超过1亿人次在搜索引擎查找信息，企业在搜索引擎公司注册与产品相关的关键词后，企业就会被查找这些产品的客户找到。

但与此同时，竞价排名也因涉及虚假广告等饱受质疑与非议，竞价排名也被批评为“用户砒霜，搜索蜜糖”，曾有多名医生联名指责某搜索引擎公司虚假医疗广告太多，而钓鱼网站利用词条搜索广告骗取钱财的消息也层出不穷。在竞价排名机制仍是搜索引擎公司主要收入来源的前提下，采取合理的词条管理机制成为当务之急。

请小组成员充分、自由讨论，针对如何管理词条竞价排名机制提出6～8条建议，比如投放广告商的资质管理、词条性质及其涉及对象等。

3. 排序类题目

排序类题目一般要求被测评者对若干条目进行排序，可以是针对于某个问题的解决措施排序，也可以是重要性排序。

案例11-3

A市是某省中部的一座大型城市。近年来，随着该市的迅速发展，对劳动力的需求不断增加，已经吸引了很多外来务工人员。一方面，这些外来人员为该市的城市建设贡献了自己的力量；另一方面，也给该市的城市管理带来了问题。为了加强管理，改善外来务工人员的生活水平，以下是10条改善建议。

①实施廉租房计划，改善外来务工人员的居住条件；②向外来务工

人员提供就业培训服务，提高其职业技能，增强其就业竞争力；③拓宽办学渠道，解决外来务工人员子女的读书问题；④对外来务工人员进行有关劳动法规方面的宣传教育，提高他们依法维权的意识；⑤走进外来务工人员的生活，开展各种文化活动，帮助他们增强城市融入感；⑥加强对外来务工人员聚居区的治安管理；⑦开展宣传活动，让市民真正了解外来务工人员的生活，提高市民对他们的接受程度；⑧深化社会保障制度改革，为外来务工人员提供有效的社会保障；⑨拓宽外来务工人员的就业渠道，提供公益性岗位；⑩引导外来务工人员参与城市公益活动，增强他们的主人翁意识。

通过小组内的充分讨论，从解决问题的有效性、经济性和可操作性角度，对材料中所提到的10项措施进行排序，得出一致性的明确意见。

4. 操作类题目

受限于道具，操作类题目相对比较少见，常见的道具包括积木、卡片等。操作类题目要求被测评者参与到动手操作中，从中考察被测评者的思维灵活性、创造性、表达能力等等。

案例11-4

请根据提供的彩纸、彩笔、铅笔、剪刀、胶棒，为银行做一个企业文化宣传的海报，讨论时间30分钟，制作时间10分钟，派代表陈述设计理念5分钟。

5. 资源争夺类题目

资源争夺类题目往往要求被测评者从多种重要的资源中做出选择，由此考察被测评者考虑问题的系统性、决断性以及风险意识等。

案例11-5

在炎热的八月，你们乘坐的小型飞机在撒哈拉沙漠失事，机身严重撞毁，将会着火焚烧。飞机燃烧前，你们只有十五分钟时间，从飞机中领取物品。只能从十五项物品中挑选五项。在考虑沙漠的情况后，按物品的重要性，你们会怎样选择呢？请解释原因。

1. 一支手电筒（内置四个电池）；2. 一把军刀；3. 一张该沙漠区的飞行地图；4. 七件大号塑料雨衣；5. 一个指南针；6. 一个小型量器箱（内有温度计、气压计、雨量计等）；7. 一把45口径手枪（已有子弹）；8. 三个降落伞（有红白相间图案）；9. 一瓶维他命丸（100粒装）；10. 十加仑饮用水；11. 化妆镜；12. 七副太阳眼镜；13. 两加仑伏特加酒；14. 七件厚衣服；15. 一本《沙漠动物》百科全书。

三、题本开发

无领导小组讨论的题本开发是一项复杂的工作，正因如此，现在市场上经典的无领导小组讨论题目比较有限。好的无领导小组讨论题目能够有效地激发被测评者的讨论热情，同时让测评师充分地观察到被评价群体的表现；比较欠缺的无领导小组题目则可能让这个讨论场景“冷清”，无法实现有效测评的目标。一般来说，LGD的题本开发应按照以下步骤进行。

①分析考察素质项。题本开发团队需要对考察素质项和被评价群体进行分析，不同的素质项决定了选择什么样的无领导小组题本，比如：对于营销人员，无领导小组讨论的题本可以增加一些观点之间的对抗；而对于IT人员，题本则可以对思维的严谨性、分析判断能力考察多一些。

②搜集素材。针对需要考察的素质项，题本开发团队需要搜集相应的素材。为了保证题本的新颖性，同时也避免被评价群体过往使用过该题本，一般应紧扣当前的热点话题、流行事件进行设计。同时，在题本设计时要尽量确保被评价群体人人有话说，人人有观点。比如：在秋招时，某公司就要求秋招学生对如何解决“双十一”的快递潮问题提出解决方案；在移动支付刚兴起时，某互联网公司要求学生对“移动支付”未来的发展趋势展开讨论。这些题本紧扣当时的热点，同时，参与测评的学生对此都有或多或少的了解，因此测评的作用能够很好地发挥出来。

③整理题本。在搜集和选择素材之后，需要基于素材进行题本编写。在编写过程中，要做到语言表达通俗易懂，简洁明了；对于需要分析判断的内容，应有充分的信息作为铺垫；阅读量不宜过大；尤其是题本要求环节，需要具体和明确。

四、实施步骤

无领导小组讨论，一般有多位测评师参加，另外，设有主持和引导人员（考官），确保小组在既定的规则下进行讨论。

无领导小组讨论的实施步骤如下。

①开场白。无领导小组讨论的开场白需要清晰明确，对规则的讲述没有歧义，比如：

欢迎参加今天的无领导小组讨论，本次无领导小组讨论分为2个环节，第一个环节为小组讨论，由小组内部自由讨论，讨论顺序和每个人的发言时间小组内部自由决定，并最终决定由一人汇报讨论成果，讨论时间为30分钟。

30分钟之后，由考官宣布开始第二个环节，第二个环节为结果陈述，由最终决定的发言人对小组结果进行汇报，汇报时间为5分钟。在讨论过程中，考官不会对与讨论相关的任何问题进行任何回答。

各位有什么疑问吗？没有疑问的话我们就开始讨论。

②无领导小组讨论在开场白之后，由主持人员计时，小组成员进行讨论，在讨论过程中，测评师可以不断走动，近距离观察小组成员的表现、笔记、发言等，并进行记录。

③结果汇报。在小组自由讨论之后，由小组选派代表进行讨论结果汇报。

五、测评师的工作要点

1. 工作内容

①观察被测评者在讨论过程中的典型行为表现。在整个测评实施过程

中，要求测评师集中注意力观察被测评者的言语以及非言语行为，尤其要注意观察那些与测评指标具有关联性的典型行为表现。典型行为表现包括被测评者的语言、动作、表情等，还包括被测评者如何表达自己的观点，如何吸收别人的意见、修订自己观点，如何说服别人，如何引导小组的讨论进程；如何处理冲突、矛盾和不同意见等。

②记录被测评者的典型行为表现。为保证评分的客观性和科学性，测评师应在观察的同时，详细记录每位被测评者在讨论过程中的典型行为表现，使评分阶段的讨论评定有理有据。

③按照测评指标及其评分标准进行评分。

2. 评分模式

①每位测评师先按照评分标准，结合被测评者在小组讨论中的行为表现，针对各个测评指标打出初评分。

②被测评者离开测评现场后，测试师在主持人的组织和引导下进行讨论，逐一对各个测评指标的评分进行修正。建议的操作步骤为：测评师先就一个测评指标（如沟通能力）通过交流讨论找出表现最好的被测评者，汇总其与此指标相关的典型行为表现，在对这些行为证据进行充分讨论的基础上，结合评分标准对这位被测评者在该测评指标上的表现进行定量打分。然后以这位被测评者为评分标杆，对其他被测评者进行评分，并按此模式对其他指标逐一讨论打分。

此评分模式可概括为：先定性后定量；先找每种能力的标杆被测评者，汇总行为证据，结合评分标准打分；然后参照标杆分数给其他被测评者打分。

3. 记录及评分技巧

①小组讨论实际上是人与人之间的互动过程，讨论的过程比结果更重要，被测评者在讨论过程中的行为表现是评分的主要依据。测评师应重点观察被测评者的两个方面：讨论的内容、互动的过程。有经验的测评师总是能够兼顾这两个方面，而且更注重观察过程；而没有经验的测评师往往总是观察讨论的内

容，这是观察的误区：测评师自己也去做题了，进入了被测评者的角色，和自己观点相一致就获得较高程度的认同，得分也高，这显然是不可取的。

②测评师评分应以观察到的客观行为为依据，紧扣评分标准；在观察过程中，为保证评分的准确性，测评师一般不应在讨论进程过半前打分，对那些把握不大的指标，即观察的行为证据不充分，测评师应暂不进行评分，留待后面测评师之间交流讨论后再打分。

③对于小组中不活跃的被测评者，不能仅仅因为没有表现就全部给低分，而应该多听取其他测评师收集的证据，并经过充分讨论后给分，如果仍不能打分则应注明"需参考其他测评方法进行评价"。

④讨论一结束，建议测评师立即根据"记录""录像""记忆"，对被测评者的能力素质水平进行判断，给"测评指标"打分。如果已临近用餐时间，最好也是评分结束后再用餐，充分利用清晰的印象，在最短的时间内形成记录，以免信息损失。

六、注意事项

1.常见意外情况及其控制方法

在LGD的过程中，可能出现多种意外情况，对此，我们也设计了相应的控制措施建议。

表11-2　　LGD中常见的意外情况及控制建议

序号	意外情况	控制建议
1	讨论材料没有引起被测评者的观点交锋，争论不多，很快达成一致，完成任务	主持人根据讨论情况进行干预，指出其尚未完成的任务，或者提出新的相关任务请其继续讨论
2	讨论过程中，小组成员中无人关注时间，导致任务无法完成	主持人在宣读指导语时应强调时间限制和不能按时完成任务的后果；讨论过程中可视情况适当提醒时间进行干预
3	小组中出现一个非常强势的人主导整个讨论，使得其他被测评者没有机会表现	主持人可在小组讨论结束后增加一个测评师和小组成员的互动环节，通过抛出新的问题请其他成员借机会发言，为测评师提供补充观察证据

续表

序号	意外情况	控制建议
4	测评师由于观察不足无法评价，出现不打分情况	主持人应该引导测评师就不能打分项充分讨论，如果仍不能打分，需对该项统一做不打分处理，并在最终的记录表中注明不打分原因

2. 常见误差及其控制方法

对于测评师来说，在测评过程中因为各种心理效应，也可能会出现一些常见的偏差。对此，控制建议如下。

表 11-3　　LGD 中常见误差及控制建议

序号	常见误差	典型特点	误差控制建议
1	趋中效应	评分比较集中在中间等级，测评对象的得分拉不开差距	按照标准打分，在测评对象之间相互比较，关注差异，敢于给出较极端的分数
2	光环效应	因为测评对象的某一突出优点或缺点而给该测评对象的其他指标过高或过低的评价。在小组讨论中极易产生光环效应的指标主要是分析能力和表达能力	紧扣评分标准，指标独立评价
3	一因多果	将测评对象的某一行为特征作为几个相关联指标的证据，并由此对每个相关指标都给出一致评价	严格区分不同指标对应的关键行为，指标独立评价
4	自我参照效应	测评师评分时以自己作为参照对象	以评分标准作为判断标准，抛开个人好恶，客观评价
5	偏见效应	测评师在观察测评对象的行为和言语表现时，不要因为测评对象的某些人格特点而对其造成不应有的偏见，这样会使结果失之偏颇	
6	近因效应（recency）	受最后观察的结果影响而不考虑早些时候相反的证据	全面回顾测评对象在整个测评过程中的表现进行综合评价
7	过宽效应（leniency）	通常将人的行为往好的方面看	紧扣标准； 不同测评师间评分尺度的平衡
8	过严效应（harshness）	通常将人的行为往不好的方面看	
9	对比效应	根据不同测评对象的表现进行横向比较	与常模比，最好不要横向比较，因为各小组间会不平衡

第四节　焦点行为事件访谈法

在单一测评方法中，行为事件访谈法是信效度最高的人才测评技术之一。行为事件访谈法最初主要用于收集个体行为事件，通过行为事件推导能力素质，从而归纳出绩效优秀和绩效一般人员在能力上的差异，构建胜任力模型。后来，研究者在行为事件访谈法的基础上做了拓展和衍生，发展出焦点事件访谈法，用于对个体的能力素质进行定向测评，称为焦点行为事件访谈法（Focused Behavior Event Interview，以下简称 FBEI）。

一、FBEI 的测评机制

不同于对被测评者的学历、经验、技能、特质的考察，FBEI 重点了解个体过往参与或主导的重要工作，以及在工作过程中个体做出了哪些行为，采取了哪些举措。FBEI 认为，个体的能力和素质是通过行为而表现出来的，通过对个体典型行为的了解，可以了解个体的行为模式，从而推断个体内在的能力与素质。相比个体的思维、想法、知识、技能，行为是更加有效的预测指标。

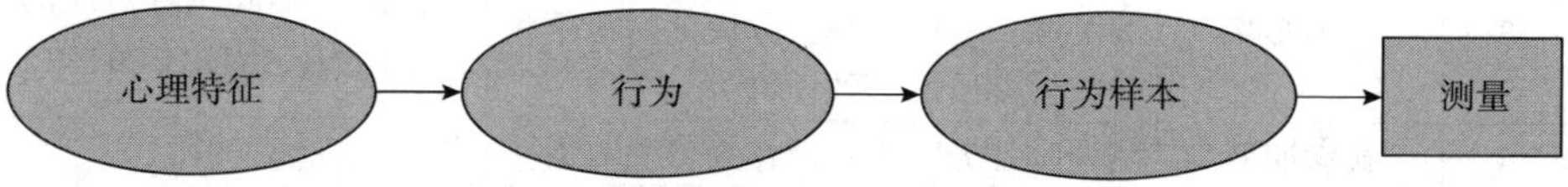

图 11-2　FBEI 测评机制

传统的面试通常主要重视个体的知识、技能、经验和特质，一方面是受限于对人的能力和素质的认知，另一方面这些信息也相对容易了解和获得。这就不可避免地带来两方面的问题：一是很多被测评者虽然学历很高，掌握很多知识，但是他并不能将这些知识转化为企业所需要的工作能力，从而产生绩效；二是很多被测评者善于思考、总结和归纳，有想法，也能够说得头头是道，但是缺乏实践工作经验，不善于理论联系实际，在过往工作中也缺乏类似的成功经历。这时，通过对方的想法、思维来判断对方的能力，存在较大的风险。诸葛亮派遣军事理论功底深厚的马谡镇守街亭，导致战役失败，挥泪斩马谡，正是这一问题的典型案例。

FBEI 的进步在于，从最直接的过往工作经历中了解个体在主导、参与工作和项目中的行为，从而具有较高的预测效力。在现代高等教育越来越普及，知识获得门槛越来越低的大背景下，不得不说，传统的面试技术面临的挑战正在加剧，而 FBEI 在这样时代背景下，必将有更为广阔的应用场景。

二、测评前准备

在 FBEI 测评之前，首先需要做以下准备。

①确定人才标准模型。人才标准模型是 FBEI 的基础，无论是精细化的胜任力模型、领导力模型、任职资格模型还是比较粗略的、基于经验的评估标准，都可以使得 FBEI 的访谈过程聚焦焦点，有的放矢，围绕标准逐步展开，如此，才能收集到有针对性的测评信息。

②确定测评小组。测评小组是具体的访谈实施人员，在 FBEI 访谈时，至少需要有两方面的小组人员。

第一，组织人员。组织人员负责访谈人员的时间邀约、顺序安排、场地安排等，并对突发事件灵活应变和进行调整。

第二，测评人员。实施访谈的测评师一般 2 ~ 3 人，其中 1 人为主测评师，负责主要实施访谈，另外 1 ~ 2 人为辅助测评师，负责测评开场环节以及过程中必要的补充提问，同时做记录、录音或摄像等工作。

③收集《个人成就记录表》。在访谈之前，需要人力资源部人员收集参与测评人员的《个人成就记录表》。《个人成就记录表》应包括基本的个人信息、工作履历、获得奖项以及最为重要的工作业绩。其中，工作业绩部分也是个人成就记录和常规简历最大的不同点，需要被测评者完成重点主导或参与的 3 ~ 5 项工作的描述，包括工作目标、团队情况、个人角色、工作关键与难点、解决措施、实施效果等，都要进行详细说明。

④安排访谈计划。FBEI 的访谈时间根据被测评者的层级有所差异，一般情况下，基层员工 40 分钟，骨干、中层后备、中层干部 60 分钟，高层干部 90 分钟。运用 FBEI 访谈时，通常也会搭配角色扮演、上级谈话、个

人述职、主题演讲等 10 ~ 20 分钟的情景模拟测评方法，需要预先做好安排。

三、实施步骤

FBEI 访谈是半结构化的过程，为了确保对所有被测评者的公平公正，严谨的 FBEI 访谈严格按照统一的流程进行。在访谈过程中，考虑到不同的被测评者有不同的履职背景和工作经历，会在访谈过程中根据实际情况灵活调整访谈问题，但访谈过程的结构化流程应严格遵守。

1. 开场白

在访谈开始之前，要对访谈的目的做相应的说明，阐述访谈目标、访谈时间，并明确对访谈内容保密，考虑到访谈需要，会做相应的访谈记录和录音，希望理解，以下是一个常用的开场白范例。

您好！

很高兴能邀请到您参加今天的访谈。本次访谈主要是和您一起回顾一下过往的工作经历以及在工作过程中发生在您身上的印象深刻的事件。访谈内容我们会全程保密，过程中我们会做一些文字记录，可能会打断您，也会问一些细节的问题，希望您不要介意。

访谈的时间约为 40 分钟左右。如果没有问题，我们就开始。

2. 行为事件访谈

在访谈过程中，行为事件访谈法一般会按照以下程序开展。

①了解过往工作经历。在陈述开场白之后，首先需要了解被测评者主要的工作经历、当前的主要工作职责等，以便对被测评者的情况有一个整体了解。在这个过程中，虽然有时候测评师提前拿到了被测评者的简历，但还是要求被测评者进行陈述，一方面能够更加详细地了解被测评者的实

际工作情况，另一方面也有利于被测评者适当放松，缓解紧张气氛，进入比较自然和轻松的状态。在这个环节，常见的访谈问题如下。

①请用两分钟的时间简单介绍一下您的教育背景和工作经历。

②您从营销中心转到行政中心的考虑是什么？

③在您这么多年的工作经历中，一定有很多事件让你印象深刻，今天我们重点回顾您近三年的经历，您可以简单谈谈这三年来的工作情况？

④您所在的岗位在整个组织架构中处于什么样的位置？公司对您有哪些方面的期待？

②开放性事件访谈。在对基本信息了解的基础上，需要询问2 ~ 3个开放性事件，了解被测评者在过往工作经历中最有成就感和挑战性的项目或事件。在这个过程中，一般通过过往三年的工作经历来考察被测评者。时间超过三年，可能预测效力有限；而把时间局限在当年，则有可能无法收集到太多的有效信息。对于新任工作岗位的被测评者，主要了解他当前面对的具有挑战性的事件，而对于在本岗位已经很多年的人，则可以聚焦于询问他在本岗位工作历史上最有成就感的事。

开放性行为事件可以让被测评者回顾自己印象最深、最难、最有挑战性的事件，因其开放性，可以让被测评者逐步进入到表现较好的状态。这个过程中也有可能被测评者平时不习惯于总结反思，一时不知道如何回应，这时，测评师需要耐心、温和地引导，并且在被测评者陈述事件完成后，做适时和及时的补充追问。常见的访谈内容如下。

①您认为目前工作中最大的挑战和难点是什么？请举一个具体的事例。

（追问1）觉得成功/挑战/不满意的原因是什么？

（追问2）当时是什么样的背景？

（追问3）当时您的任务是什么？还有哪些人参与？

（追问4）其中最大的困难/障碍是什么？面对这些困难/障碍您是怎么做的？

（追问5）您在其中的主要贡献都是哪些？您是怎么做的？

（追问6）事情的结果是怎么样的？相关当事人/部门给了什么样的反

馈？您收到了什么样的反馈？

（追问 7）从该事件中得到的经验有哪些？您认为这件事情，您做得好的地方是哪些？哪些需要改进？

②请给我们分享一件您最近两年工作经历中印象最深刻的事情。

（追问 1）当时的情景是怎样的？

（追问 2）都有哪些人参与？您的角色是什么 / 您当时的主要任务是什么？

（追问 3）您当时采取了什么行动？

（追问 4）这个事件的结果是怎样的？

（追问 5）从这件事情中您收获了什么？

③请回忆一件您亲自参与其中的，最有成就感的事情。

（追问 1）您认为做得成功的原因是什么？

（追问 2）这件事情的关键点是什么？您本人是如何在其中发挥作用的？

（追问 3）期间最大的挑战是什么？您是如何应对的？

（追问 4）事情的结果是怎么样的？您收到了什么样的反馈？

（追问 5）从这件事件中总结到什么经验？

④回想自己负责过的重点工作，有没有让自己觉得不太满意或者感到遗憾的事情？（可选问，尤其是对于似乎没有什么不足的被测评者）

（追问 1）感到不太满意的原因是什么？

（追问 2）期间碰到什么样的困难或障碍？您是怎么应对的？

（追问 3）遇到这样的情况，您当时还做了哪些努力？

（追问 4）现在如何看待这个问题？

（追问 5）如果让您重新负责这项工作，您觉得可从哪些方面进行改善？

③针对性指标访谈。除了开放性事件，测评师还需要针对人才标准里相应的指标进行定向询问。被测评者在开放性事件回答中，有些覆盖到指标的考察，有些没有，这时，测评师就要进行补充性提问。在补充性提问时，需要有意识地提高问题与所要考察的指标的指向性，同时，尽量避免被测评者觉察。这是一个需要灵活平衡的问题，测评者需要根据现场的访

谈氛围、被测评者的敏感性等进行灵活把握。

对常用的考察指标进行提问时，测评师需要掌握常用的提问方法、提问技巧，这样才能够在访谈过程中快速应变，活学活用。比如，对“积极主动”指标的考察，常问的问题如下。

请描述一次您主动改变从而使工作变得更有效率或成功达成目标的经历。

①请举一个由于您的努力而实现业务成交的例子。

②为了做好您的工作，您是如何获取他人的支持或帮助的？

③您是否做过一些超出工作要求范围的工作？请举例说明。

④过程中，您采取了哪些不同于以往惯例的工作方法，请举例说明。

再比如，对“结果导向”指标的考察，常问的问题如下。

①为了实现您为自己设立的目标，您都会做哪些工作？请举例说明。

②请描述您为自己设立的最重要的目标是什么，是如何实现的？

③当您的业绩已经达标时，您是如何超越自我，实现更大的成绩的？请举例说明。

④请讲一个您没能实现的目标，没能实现的原因是什么？当时做了哪些努力？

⑤为达到优秀的业绩，需要付出巨大的努力，请讲一次您在这方面印象最深刻的经历。

⑥请回忆一次您在工作中遇到很大困难，一度决定放弃的情况下，仍然尝试新方法获得成功的经历。

3. 结束语

在行为事件访谈结束后，测评师需要询问被测评者是否有需要补充的内容，确保访谈完整，最后对被测评者表示感谢。

四、FBEI 的技巧

FBEI 访谈是一个原理简单但是需要反复实践才能掌握的测评技术，在测评过程中，需要掌握以下技巧。

1. STAR 技术

在 FBEI 中重要的是行为事件的访谈，因此，在这个过程中，完整有效的行为事件的获得对于访谈的有效性至关重要，那么，如何确保这一点呢？在实施访谈时通常采用“STAR”技术。“STAR”是对于完整的行为事件四要素——情境（situation）、任务（task）、行动（action）、结果（result）的英文首字母的概括缩写。

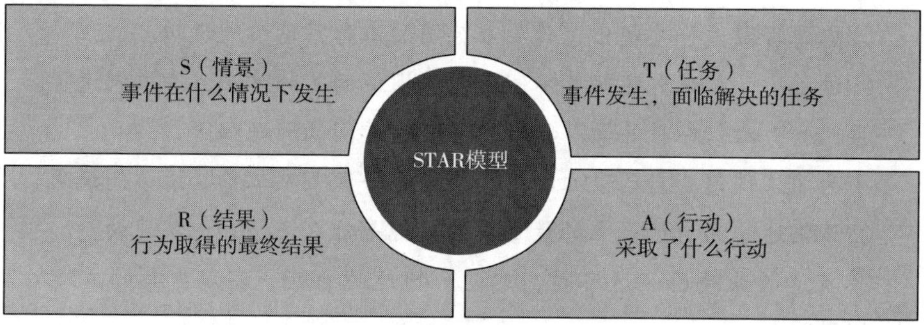

图 11-3　STAR 技术示意图

情境（situation），指完成任务的背景；任务（task），指在当时的场景下被测评者需要解决的问题；行动（action），指被测评者当时采取的行为；结果（result），指行为最后导致的效果。在 FBEI 过程中，被测评者一般不会明确地按照这样的结构来讲述行为事件，且各个要素都是模糊地融合在一起，这个时候，就需要测评师敏锐地把握被测评者忽略的部分，补齐 STAR 要素，从而对行为事件有完整的了解。

2. FACT 技术

在 STAR 基础上，兴起了新的 FACT 方法，FACT 指被测评者在事件过程中的感受（feeling）、行动（action）、结果（consequence）、思维（thinking）。相比 STAR 技术，FACT 技术加入了被测评者在行为过程中的感受以及思维的了解，这对于需要大量思维性工作或层级较高的管理岗位来说，无疑能够更为精准地洞察其内心世界与思维方式，极大地提高对于上述人员测评结果的有效性。

3. 接纳、觉察与追问

FBEI 访谈技术易学难精，要做好 FBEI，核心是要做好以下三点。

①接纳。在访谈时，接纳指的是要对被测评者不做过多的预设，在访谈过程中要时刻保持稳定、平静的情绪，对于被测评者的表述要适当给予积极的鼓励，并且时刻能从客观的角度去接受被测评者讲述的事件。在整个访谈过程中，要对被测评者给以充分的尊重。如果测评师将自身情绪带入到测评过程中，必然会自觉或不自觉地影响到被测评者的反应，甚至导致被测评者因测评师的反应而调整自己的表述方式和内容，这些都将使测评结果出现不必要的偏差。

②觉察。在行为事件访谈过程中，被测评者讲述事件的语调、声音和动作都在传达着重要信息，而这都需要测评师敏锐地感知到这些非言语信息，此外，对被测评者讲述的事件，事件本身的重点、关键、难度以及复杂度，测评师需要在被测评者讲述时有快速的感知，而后结合被测评者的行为进行追问。在这个过程中，测评师需要紧密跟随被测评者事件讲述的节奏，秉持聚焦目标问到底的精神，综合经验与洞察，发现缺失部分，澄清模糊环节，从而得到精准的测评结果。

③追问。在行为事件访谈过程中，测评师需要通过对完整事件的了解，对被测评者进行评价，依靠碎片化的信息下结论是不可取的。所以在访谈过程中，测评师需要通过不断追问，深度挖掘行为事件的关键、重点和难点，获取被测评者在事件中的角色、行为以及最终的成效。对于不善于表达、过于内向或者刻意夸大事实、隐藏关键信息的被测评者，通过追问能够获得更加丰富的细节，从而对被测评者作出精准判断。

五、评分规则

FBEI 的评分方法常用的有三种。

1. 能力等级评分法

能力等级评分法是最为便捷和容易操作的评分方法，通过访谈，基于能力等级的分类进行评分。

例如，在某地产企业的测评项目中，对中层领导干部的能力指标评分时，采用能力等级评分法，满分为5分，按照访谈，对其能力进行定向评价，低效为1分，有限为2分，有效为3分，熟练为4分，行为典范为5分。

表11-4　能力等级评分说明

分数	说明
1分	低效。被测评者在测评活动中没有表现出某项能力
2分	有限。被测评者在测评活动中，表现出具备某项能力，但是水平非常有限，基本了解该项要求，但需要他人指导才能成功运用该项能力
3分	有效。被测评者在测评活动中，在某项能力上表现出有效的水平或熟练程度，可以无需他人指导帮助，独立成功运用该项能力，但未达到非常优秀或成熟的水平
4分	熟练。被测评者在测评活动中，在某项能力上表现出优秀的水平，或体现出熟练或成熟的行为，不仅可以自行运用，也有能力对他人进行指导
5分	行为典范。被测评者在测评活动中，表现出对某项能力精通或非常优秀的水平，代表此方面的行为典范

2. 行为计点法

这种方法通过对被测评者典型行为的频率进行评分。以下为能力指标的评分标准及各能力指标对应的典型行为。

表11-5　能力指标评分标准

分数	说明
0分	在该能力指标方面，没有表现出典型行为
1分	在该能力指标方面，表现出1条典型行为
2分	在该能力指标方面，表现出2条典型行为
3分	在该能力指标方面，表现出3条典型行为

表11-6　各能力指标的典型行为

能力指标项	典型行为
产业链研究	1. 充分理解市场动态及上下游产业趋势，判断对当前业务的影响 2. 基于产业链分析，识别客户潜在需求与销售机会 3. 根据相关信息，识别价格影响因素，并具有价格调整意识

续表

能力指标项	典型行为
营销技能	1. 落实客户特殊需求，为需要定制化生产的客户提供定制方案 2. 根据交易形势、客户需求，提出可行的销售策略，例如搭售等 3. 提出可落地的生产、产品改进建议
统筹资源	1. 掌握相关方的诉求与工作安排，了解可调动的资源分布与调动条件 2. 统筹安排，推动任务按计划完成 3. 能够基于对业务长远发展的分析，提出组织内多方合作的优化建议
沟通协调	1. 耐心倾听，清晰表达观点，并有效影响他人 2. 了解客户对产品的想法并及时反馈给相关部门，做好上下衔接的传递工作 3. 在与相关方沟通中一定的沟通策略与影响意识
团队管理与协作	1. 积极参与到团队任务中，与成员良好互动，献策献力 2. 主动承担团队讨论中的各项角色职能，例如领导者、发言者等 3. 通过引导、鼓励、表扬等方式调动成员积极性，推动团队任务，发挥合力

3. 行为加权评分法

这是一种综合了行为的频率与有效性的评分方法，评分更为严谨，但是过程也更为复杂。

表 11-7　　评分标准

级别	基本符合	符合	完全符合
优秀（7～9分）	7分	8分	9分
	出现优秀行为的同时出现1项合格行为	出现优秀行为的同时出现2项合格行为	出现优秀行为的同时出现3项合格行为
合格（4～6分）	4分	5分	6分
	出现1项合格行为	出现2项合格行为	出现3项合格行为
待提升（1～3分）	1分	2分	3分
	没有出现合格行为	没有出现合格行为，且有1项待发展行为	没有出现合格行为，且有2项待发展行为

需要说明的是，优秀行为的出现是建立在合格行为出现的基础上；评分时，先确定评分级别，再根据行为在各级别上出现的多少确定最后的分数；

如出现的合格或优秀行为频次较高或影响的范围较广时，可酌情加分，但总分不超过10分；如出现的合格或优秀行为程度偏低或影响的范围较窄，可酌情减分。

以下以积极主动、结果导向、影响说服三个要素为例，说明行为描述与评分级别的对应关系。

表 11-8　　能力素质项的分级描述

素质名称	素质定义	级别	行为描述
积极主动	热爱工作，愿意主动承担更多职责，自觉付出超乎工作预期的努力，力争最大程度地提高工作绩效	优秀	超出期望：提前考虑工作中可能发生的问题，并想好各种预案，采取工作要求的行为
		合格	快速回应：对于上级领导的安排或下属提出的问题，能及时给予回应，并积极行动 主动承担：主动承担对组织有利的交叉职责与界定不清的职责，并带动团队成员全力以赴地投入 积极思考：以积极的心态面对工作中出现的问题，积极寻求解决问题的方法，并及时给领导建议或投入实践
		待发展	只作职责范围内的工作，即使对组织有利，也不愿意承担工作职责范围外的事 习惯用固定的方法解决不同的问题，不主动思考改进工作 较少提前计划和思考问题，常常在问题发生后才意识到事情的严重性
结果导向	在工作中以完成任务为最终核心的工作目标，关注任务的结果，并将资源投入到真正带来价值增值的地方	优秀	提升绩效：主动寻求影响绩效的问题和机会，寻求改进绩效的方法
		合格	设置目标：为自己设定清晰的、可衡量的、具有挑战性的工作目标 迎难而上：不会因为工作中遇到困难就降低对结果的要求 跟踪绩效：关注目标的实现状况，掌握工作进展
		待发展	常机械地、被动地按照上级安排的程序进行工作，很少考虑工作的最终目的和意义 虽然忙碌，但消耗了不少时间却没有达到预期的目标 只要一直在工作就行了，而不关心工作质量如何或者需要什么资源

续表

素质名称	素质定义	级别	行为描述
影响说服	主动展开沟通，清晰有力地表达观点，能充分理解他人，并形成良好的互动关系	优秀	赢得认同：赢得对方的认同，而不是把观点强加于人
		合格	有效理解：重视信息传递，准确把握对方的意图、需求及核心思想 准确表达：综合运用口头、书面等多种方式和手段，使对方清晰理解自己要传达的意思 策略运用：熟练掌握影响说服他人的方法，在双方意见不一致的情况下能够有效避免冲突，尽快达成共识
		待发展	单纯陈述意图但并不会运用特定的行动，例如资料数据或事例进行说服 面对不同的意见或冲突矛盾时，很难说服他人达成共识，或总是处于被动接受的状态，没有影响他人的意愿 遇到困难时很少调动他人协助，或很少向上级寻求援助

六、优势与不足

FBEI 访谈是一门复杂度比较高的测评技术，它的优势在于测评信度和效度较高。相对于其他测评技术，FBEI 重点关注被测评者的既往业绩与行为，在绩效为核心的管理背景下，对于人才的评价和判断更为精准。不足之处在于，FBEI 操作相对复杂，对测评师的要求较高，对测评的时间和人力的投入要求也比较高，这就对测评的实施方提出了一定的要求。

第五节　角色扮演

一、角色扮演介绍

角色扮演（role-playing）最早来源于心理剧（psychodrama），主要用于心理咨询治疗，通过模拟真实场景，对来访者进行心理疏导、压力释放、未完成事件治疗等。随着角色扮演的发展，研究者发现角色扮演在社会技能、行为评估方面有突出优势，于是，经过修正和完善，角色扮演开始被运用于人才评鉴和人才发展等领域。

角色扮演通常模拟一个真实场景，由被测评者扮演场景中的某个角色，测评助手扮演其他角色，根据场景中面临的问题，被测评者做出反应，测评助手会根据被测评者的反应和角色的定位，同时有相应的言语行为。通过这种场景中的互动，测评师对被测评者的思维能力、沟通能力、影响能力等素质进行评价。

二、角色扮演的类型

角色扮演范围广泛，多种多样，在人才评鉴的角色扮演中，根据情景的不同，通常有以下四种类型的角色扮演。

1. 下级谈话

下级谈话是一种经常采用的测评方式，要求被测评者站在比自己高一个层级的角度，对下属就问题进行反馈。通常由项目组成员扮演下属的角色，并对上司的问题做一些回应和反馈。比如在某测评项目中，要求被测评者扮演部门主任，对部门内部员工进行谈话，解决员工之间的问题。

你是公司某部门的主任，部门里小李和小王性格差异比较大，工作风格有很大差别，小李说话比较直，做事速度比较快，但是比较粗心；小王说话做事比较慢，心思细腻，也比较敏感，最近小李和小王在一个项目合作，两个人经常出现一些工作上的矛盾，小李觉得小王做事太慢，在一些细节问题上过于吹毛求疵，小王觉得小李粗心大意，说话也不怎么尊重他。小李和小王因为最近的一个事发生冲突，小王找你表示要退出项目。当前的项目正在关键时候，小王退出项目对项目影响较大，但是继续做项目，和小李也会出现大的冲突，影响项目组的工作氛围，请你就当前的情况与小王谈话。

2. 工作会议

工作会议通常模拟职场中真实的会议场景，由多人组成共同讨论一个议题，工作会议往往遇到的问题比较复杂，需要被测评者综合考虑多人的见解和诉求，提出自己的看法。比如，在对中层后备干部盘点时，项目组设计以下工作会议测评方法。

假设你是公司某部门的主任，一个月前部门的小王离职了，小王之前在部门里比较受大家欢迎，后来发现更好的机会就辞职了。小王离职之前和部门很多同事谈了公司长期存在的一些问题，这极大地影响了团队成员的工作积极性，现在大家工作时都或多或少带有一些负面情绪。你还撞见好几次，大家聚在一次抱怨公司的一些制度和措施。你决定就目前团队的工作氛围开一个会议，激发大家的工作积极性，以便后续更好地开展部门工作。

3. 问题处理

这种类型的角色扮演应用范围比较广泛，设计的情景比较多样化，被测评者答题的自由度和灵活性也比较高。例如：在某银行的校招中，为了考察被测评者的应变能力、沟通能力，项目组就涉及了情景测验来进行考察。

当前时间，银行只有一个窗口开放，有3个不同的人要挂失，甲因家中有人得了急症需要钱，必须很快挂失补办；乙是银行高层的爱人；丙是一个脾气很差的妇人，会在大堂大吵大闹。各有各的情况，您作为大堂经理，怎么处理，请现场模拟。

三、角色扮演的优势与不足

相比于公文筐、案例分析等情景模拟测验，角色扮演提供了充足的互动空间，被测评者与测评助手在情景中有较大的自主性，基于给定的情景，测评助手可以在被测评者回答的基础上不断拓展新的情景，考察的灵活性更强。这种灵活性的提高不可避免地带来标准化程度的减低，这就为测评师对多个被测评者评分的一致性增加了难度。

第六节　案例分析

一、案例分析介绍

案例分析最早是作为一种教学工具，运用于教育、培训行业。在学生无法现场体验或者现场体验的难度比较大时，通过模拟真实的场景，让学生对现场有真实的感受，从而提高对所学知识的感性认识。在案例模拟场景中，老师能够对学生的适应能力、反应能力、快速学习能力等有充分的观察，后来，案例分析开始成为一种测评手段，用于考察个体的应变能力、系统思维、迁移能力、抗压性等。

典型的案例分析通常先呈现一段背景材料，背景材料是虚拟的或真实的一个组织，有基本的组织状况以及面临的问题，要求被测评者根据背景内容，提出相应的解决方案。有的案例分析题目要求被测评者对材料中的组织困境进行分析，对材料中的行为举措进行评价。

二、案例分析题本编制

1. 案例分析题本编制的原则

案例分析的题本需要与被测评者所在企业、当前所处岗位有高度相似性，所以对材料的仿真程度有较高的要求。在题本编制过程中需要遵循以下原则。

①真实性原则。案例分析的真实性原则并不是指题本材料完全真实，而是具备真实性，企业业务模式、发展速度、组织架构、管理问题本身是合理并且可能发生的。在案例题本的编制过程中，背景材料通常也是根据真实的公司面临的困境或问题进行适当改编而成的。这种改编，一方面保证了背景材料内在逻辑的合理性，另一方面也能够使题本更契合被测评者的实际环境。

②典型性原则。典型性原则指题目材料中出现的问题必须为企业中经

常出现的、有代表性的事件。特定行业、特定公司才会出现的小众问题本身不具有普遍性，而且也会因知识背景的差异，使得测评结果的有效性受到影响。

③针对性原则。案例题本在编制过程中需要有的放矢，要针对测评指标进行题本开发。比如，需要考察被测评者的系统思维、分析判断等指标，就需要在背景材料中设置隐含信息，考察被测评者对信息的觉察、挖掘和分析能力；需要考察被测评者的组织协调能力，就需要设置涉及部门多、覆盖面广的任务情景，通过被测评者对这种复杂情景的处理水平，评估其在这方面的能力。

2. 题本编制过程

①素材搜集。案例分析的题本材料不是无源之水，也不能凭空杜撰。因此，在题本开发时需要通过多种渠道搜集素材，常用的素材搜集方法为内部访谈，通过对被测评者的上级领导进行访谈，可以掌握被测评者所在岗位的鲜活、典型的工作事件和工作难题，为题本开发提供直接、有效的素材。另外一种方法是通过网站、期刊、新闻等途径进行素材收集，这就要求题本开发人员具备较高的搜索、追溯、甄别能力。比如：为某石化企业中层干部进行案例分析题本编制时，命题组就搜集了国内主要化工企业的网站、化工行业网站和期刊等，从中收集、汇总了大量典型的、有代表性的素材，作为开发案例的基础。

②题本编制。针对搜集的素材，命题组开始进行题本编制。题本编制时，一定要紧扣所要考察的能力指标项设计题本背景材料、冲突事件以及需要解决的问题。

例如，对某汽车经销商的4S店总经理进行考察时，命题组设计了当地汽车保有量已经有一定的规模、同行推出新的车型、新开门店影响力不足等市场环境，要求被测评者对当前市场环境的影响进行分析，并提出相应的营销策略。

又例如，对某企业的人力资源主管进行案例分析考察时，项目组根据公司的实际情况，编制了案例分析题本，考察被测评者的分析判断、系统思维、灵活应变、资源整合等能力。案例分析题本如下。

目前你所在公司与两家高校进行合作，每年公司都会从高校挑选一批学生到公司实习，合适的就在毕业后直接转正为正式员工留用。这些实习生是补充新员工的主要途径之一，且由于这些实习生是专业对口院校，并在公司经过了一段时间的综合训练，正式入职后的表现都很不错。虽然这批学生素质很好，但每年的违约也不少，约 30% ~ 40%。签订合同之初都答应尽快到岗，但等公司投入了大量人力、物力欢迎他们的到来之时，他们却说不来了。有的学生甚至连通知都没有一个，直接找不到人。

请问，你如何看待此事？如果是你，你将如何处理？

三、案例分析评分原则

对案例分析评分时，一般遵循以下原则。

1. 先定性后定量

案例分析的评分不同于传统的纸笔考试，针对答案有个总分，而是针对所要考察的指标进行逐项打分。一般采用 5 分制或 10 分制度，最小分数单位为 0.5 或 1。将分数通过定性原则划分为多挡，在评分时首先确定被测评者的指标得分所在的挡位，其次在相应挡位的区间内进行评价。

例如，在某案例分析评分时，项目组采用 10 分制，最小分数单位为 1，对每个指标分为 3 挡，在评分时先就被测评者得分属于优秀、良好、待提升三个挡位进行定性判断，而后在相应的区间内根据具体表现进行评分。

表 11-9　能力指标评分标准样例

指标	等级	评级标准	标准说明
项目管理	优秀	8–10 分	能够较好地制定项目计划，对项目有较好的把控，严格按照项目进度推进落实各项工作
	良好	6–7 分	能够制定项目计划，但是计划合理性有限，对项目进度有一定的把控，能够推动项目完成
	待提升	0–6 分	不善于制定项目计划，缺乏对项目的整体思考和宏观把控，对项目过程的管理欠缺

续表

指标	等级	评级标准	标准说明
质量意识	优秀	8–10 分	能够进行外部对标和内部研究，超出预期高质量提交工作成果，并对工作成果的形式、内容等进行整体的质量提升
	良好	6–7 分	对工作成果的质量有一定的要求，能够自觉地对各项工作成果进行检查优化
	待提升	0–6 分	不关注工作质量，缺乏质量把控意识，工作质量比较欠缺

2. 交叉验证

在案例分析测验中，题本可能包括多个案例，或者一个案例有多个问题需要被测评者答题。这时，测评师不应根据单一问题的回答进行评分，也不应因被测评者某一案例答得好或者不好而下结论，在评分时一定要综合被测评者的所有答题情况进行整体分析，只有这样才会对被测评者所考察的能力项有一个整体的判断，从而评出合适的分数。

3. 横向与纵向对比

对案例分析进行评分时，一方面，需要根据题本的评分标准进行评价，在评价完成之后还需要对评分进行横向和纵向对比，以确保分数的可比性和公平性。所谓横向对比，指的是同一个人各项能力指标的对比，各项指标需要保持一个均衡，比如在沟通能力方面表现平平的得分为 7 分，而在分析判断方便表现平平的得分为 5 分，那么这个评分体系的尺度就不统一，在对被测评者进行指标间的对比时，结论就不可靠。所谓纵向对比，指的是对所有人就同一指标的得分进行对比，确保在同一个指标上，相同的分数对不同的被测评者是公平的，具有同样的意义。

在大规模测评的过程中，对案例分析题本的评分往往是多人同时进行的，如何确保评分人员按照统一的规则评分是一个非常复杂的问题，即使有《评分指导手册》，对各项能力指标有明确的定义，同时对每个分数对应的答案要点有统一的规范，这个问题依旧存在。这是主观题自身的复杂性和模糊性带来的不可避免的问题。因此，在评分结束之后，一方面需要单个测评师对自己评价的所有被测评者进行分数的纵向对比，另一方面需要进行所有测评师间的分数对比，锚定基准分，对测评师的最高分和最低分进行校正，之后对所有的被测评者进行分数的微调。

四、案例分析的优势与不足

作为情景模拟的一种，案例分析一方面有情景模拟的优势和不足，另外一方面有自身的优势和局限。案例分析将被测评者设置在高仿真场景，对被测评者能力的评价更接近于被测评者的真实水平，所以测评的效度较高。此外，案例分析施测过程更为便捷。但是，案例分析对于部分指标的考察有局限性，因为无法互动，对人际相关的沟通、影响等方面的指标是无法考察的；同时，对被测评者答案的深度挖掘也受限于纸笔测验的形式而无法进行；此外，由于案例分析的答案本身是开放性的，必然导致评分的一致性受到影响。

针对案例分析本身的优势和不足，测评者在使用时应扬长避短。通常，将案例分析作为一种辅助测评手段，搭配一对一面谈来使用。一方面，可以用面谈来弥补案例分析指标评价不充分的不足；另一方面，可以在面谈时对被测评者案例分析的答案做适当追问，以获得更加充足的信息。此外，通过制定详细的评分标准、使用统计学手段进行校正等手段，也可以最大化地提高案例分析的一致性。

第七节　公文筐测验

一、公文筐测验及其发展历史

公文筐测验是一种情景模拟测验，在公文筐测验中，将被测评者设置为一个与当前公司相似的组织内部的管理人员，要求被测评者模拟这个岗位角色，处理一系列这个岗位需要处理的公文。公文内容包括但不限于生产、财务、人力资源、会议接待等等，呈现方式可能包括邮件、电话、备忘录、报告等多种形式，要求被测评者灵活采用处理方式，提出处理意见，并陈述相应的处理依据。

类似于无领导小组讨论，公文筐测验也最早起源于军事领域，由美国管理专家弗雷德里克森（Fredeircksen）于20世纪50年代最早运用于美国空军官员的培训，随后由美国电话电报公司（AT&T）作为评价中心的一种测验形式，大规模地运用到管理发展和职业培训中。随着评价中心技术的迅速发展，公文筐测验逐渐在企业界和政府部门得到推广应用。尤其是美国许多大公司，如通用电气、IBM、福特汽车、柯达等先后都采用了此项技术并建立了相应的评价中心。经过近50年的发展，公文筐测验目前已经成为评价中心必不可少的测验方式。

二、公文筐题本开发

公文筐题本的开发是一个复杂的过程，通常按照以下步骤进行。

1. 公文筐背景编写

（1）企业基本情况

企业的基本情况编写可选择贴近甲方企业的背景描述，如组织为某家航空公司，则项目组可以通过改编现有的企业背景进行背景设置。示例如下。

东亚航空公司是一家总部位于中国上海的国有控股航空公司，公司成立于1993年，公司资本实力雄厚。东亚航空公司秉承“以客为尊、倾心服务”的理念，致力于建设一个“员工热爱、顾客首选、股东满意、社会信任”的世界一流航空服务集成商。

经过多年的调整优化和资源整合，东亚航空已经基本形成了“以民航客货运输服务为主，通用航空、航空食品、进出口、金融期货、传媒广告、旅游票务、机场投资等业务为辅的航空运输集成服务体系”。

（2）组织架构的编写

公文筐是建立在一套微型的公司系统上的情景模拟，组织架构标示出了被测评者所扮演的虚拟人物的活动场景和人物关系，提供了内部的权力和责任边界，这些都会影响到后续文件的处理。如：参考大型航空公司常见的组织架构改编出以下组织架构并明确了相关高管的分管范围。

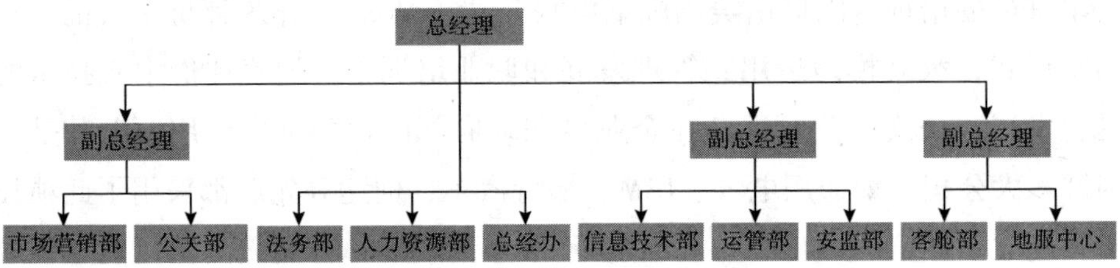

图 11-4　东亚航空组织架构图

组织架构图是被测评者批阅文件过程中传达信息流的重要参考，在最初设立相关部门时，应该尽量完整，确保在事务处理时，包含上下级关系、平级关系、外部关系；包含处理事务的前、中、后端各部门；包含人员管理、事务管理、产品管理等各个条线。同时，如果在题本开发过程中发现组织架构图中部门和职权分配不满足或不合适的问题，需要及时进行修改。

编写组织架构图的时候，需要考虑公司性质与行业习惯。如：在国企中可以设立党委、组织部门；在股份制企业中，应设立股东会、董事会等必要的治理结构。又如，根据行业分类，在制造企业中可设立采购、生产、品质、销售等部门；而在金融类服务企业中，通常都会设立产品开发部、风控部、审计稽核部等部门，这些都是根据业务链条的需要而必然要设立的。

（3）企业阶段性工作要求

组织架构提供了被测评者所扮演的人物的活动空间，而企业阶段性工作要求则设置了该人物活动的任务背景。作为高级管理人员，是企业战略落地，关键任务执行的领导力量，其对文件的处置必然要遵从企业的阶段性工作要求，以企业战略目标为导向，考虑所有的利益相关者，将目标、愿景的达成融入到企业的日常管理行为中。

同时，还要对该公司的组织文化进行必要的说明。公文筐之所以难以处理，因为在处理公文的同时，需要以企业文化或价值观为前提，通常情况下，项目组可以从目标公司的愿景、理念出发，分析其利益相关者及对各个利益相关者的责任。

对于企业的阶段性工作任务，可以从以下四个主题方向进行设计。

①社会方面。包括企业社会责任和企业公关，可以设计的主题包括：公益活动、品牌维护、广告宣传等。

②员工方面。包括企业文化体现与劳动产出，可以设计的主题包括：员工的组织承诺、组织认同、敬业度等。

③顾客方面。与企业的联系主要在企业所提供的产品与服务上，可以设计的主题包括：产品竞争力的提升、服务满意度的提高、市场分析研究、产品细节优化创新等。

④股东方面。关注企业的投资回报，与企业自身战略目标相结合，可设计的主题包括：成本控制、投资决策等。

（4）工作情境设置

工作情境设置指被测评者所扮演的虚拟人物所处的当时当地的工作情景，包括本岗职责、上下级领导关系、是否出差、近期发生的重要事件等，通过工作情景的设置，为公文的处理设置了时间和权限范围，形成了处理难度，是被测评者在答题过程中必须考虑的。

2. 公文筐情境交叉设置

管理情境的交叉可以通过与不同的沟通对象进行任务的讨论、执行与交付来实现。根据沟通对象的不同，可以简单分为内部沟通与外部沟通。决定公文筐答题难度的在于各文件中情景的矛盾点设置。

通过情景的交叉设置，就可以完成公文筐真题的“剧本大纲”，后续根据其中的“剧情冲突”即可设置具体的管理状况。

（1）内部沟通

内部沟通，指在公司内部的沟通，在公文筐中，一般不出现过分复杂的沟通网络，采用较为简单的单线沟通或者多线沟通，包括上下级之间的沟通或平级之间的沟通配合。

①水平交叉。在水平情境交叉中，出题人可以设计被测评者与平级的沟通，包括任务的协商讨论、项目协助与支援、任务推进与落实等；也可以设计跨部门间的合作项目，要协调多个部门完成不同工序或共同讨论与推进一项任务，达到共同的目标。水平交叉的题目绝大多数情况下可以涵盖沟通、组织协调、影响推动、跨部门合作等指标。

②垂直交叉。在垂直交叉的情境中，可以设计被测评者参与下级的指导与培养工作，以及上级指派的代理职权的任务。也就是说，在垂直交叉的情景中可以设计到的管理方式更为多元化，管理范围可以更广。

在情境中，可以设计当上级出差时，上级要求被测评者行使某一项权力或完成某一项任务，任务范围可能超出被测评者原有的岗位职责或层级权限；可以设计下级对某项任务的执行方向或细节不确定，请求被测评者指示；或者由其他人反映某下属员工的情况，需要对该下属的能力进行培养，或提升其工作动力。在垂直交叉中，考察更多的指标是高效执行、全面思考、团队能力培养与团队激励。

（2）外部沟通

在思考外部沟通对象时，通常考虑更多的是客户、政府、股东或其他利益相关者。在外部沟通中需要达到的目标包括：实现盈利（市场宣传、品牌推广等），树立良好品牌形象（媒体公关、客户沟通等），等等。

项目组在设计情境时，可以依据被测评者所在岗位或所处层级需要沟通的对象设计相应情境。往往对外沟通不是一个部门的事情，需要多个部门的协助与沟通，如：客户对产品的投诉，可能涉及到售后服务、渠道管理、营销、生产、设计、质检等多个部门，除了要与客户沟通，安抚客户情绪意外，更需要考虑危机公关、协调相关部门，解决客户提出的问题等。因此，在设计对外沟通的情境时，也可以加入内部协调沟通的内容。

（3）矛盾点分析

想要提高公文筐的难度，就需要在公文内或者公文间设立矛盾点，使得鱼与熊掌不可兼得，以考察被测评者的价值观取向、决策依据、行为特点和思考逻辑。一般来说，可以设计以下类型的矛盾点。

①投入与收益的矛盾。在任务执行中，被测评者所使用的资源往往有

限，甚至有时与其他项目或其他部门产生冲突，此时，需要被测评者对投入任务的人力、物力和时间进行合理分配，确保资源利用率达到最高。

在一般情况下，投入越多，收益越高，被测评者需要衡量所执行任务所用到的成本与时间，在处理问题过程中，可以设计以下情景。

人力矛盾。问题解决的关键人物同时参与了其他任务的处理，问题解决的时间与精力不够，需要重新协调人员或另外安排时间进行问题处理。

成本矛盾。公司在实行降本增效时，必然要对原来的预算计划进行调整与控制，在成本缩减、资金不足的情况下，任务目标却依然和以前一样。这就要求被测评者对手头可控资产进行重新调配，或与他人合作，或思考其他方式以高效完成任务。

②数量与质量的矛盾。在任务完成的数量与质量之间的矛盾也是常见的矛盾之一。在时间、人力、物力、分配相同的情况下，要想追求任务的质量，在完成产品数量上可能就有所减少；想要追求产品数量上的提高，对产品质量就可能产生负面影响。

③跨部门合作的利益冲突。企业中的不少工作都是跨部门的，跨部门合作面临着部门间如何配合、绩效如何分配、责任如何分担的问题；在归口部门较为明确的任务面前，主要面对的是如何有效协调其他部门的配合，争取到对方的资源和时间；在归口部门不明确的情况下，主要面对的是如何确立主责部门，工作中的权力和责任如何分配，绩效结果如何分配等问题。

④重要程度和难度的二维分析。在设计复杂的公文筐问题时，公文的重要程度和处理难度是被测评者判断公文处理顺序的关键，出题人在出题时就需要对难度进行平衡。例如公文总数是 9 个，最好设计 3 个简单的、3 个中等难度的、3 个难度较高的公文筐。

公文中事件的重要程度，就是判断难度的依据。重要程度可以根据任务的紧急程度、影响范围、涉及层级、对战略目标的影响程度等方面进行判断。任务越是紧急（危机处理、截止日期临近），影响范围越是广泛（产生国际影响的事件、大范围客户投诉），涉及的层级越是高（上级单位视察），对战略目标的影响程度越深（对经营目标、产品定位产生影响），那么公文的重要程度就越高。

将公文的难度和重要程度均按照 0 ~ 5（数字越大，难度与重要程度越大）进行分级，就可以对已经设计的管理情景在坐标轴上进行处理顺序的定位。若发现所标记的公文筐较为集中在某个区域，难度大多数过低或大多数过高，就需要对公文筐内容进行调整，增加或减小处理的复杂程度。

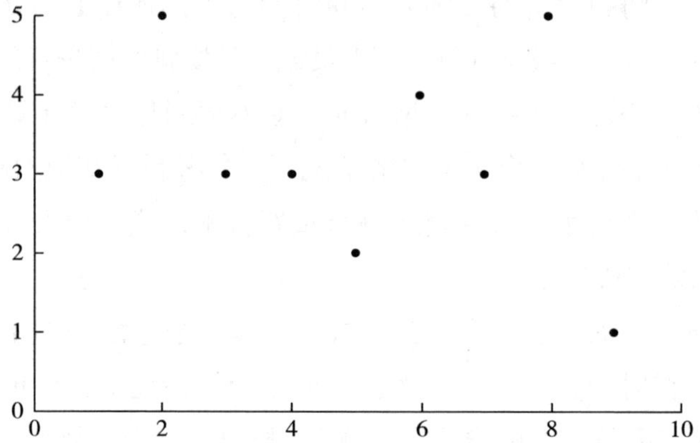

图 11-5　公文筐测验各文件的难度图

3. 公文筐管理情境设计

领导者的四项管理职能包括：计划、组织、领导、控制。不同层级的领导所行使的职能有较大差异。

基层管理者，接触一线员工，通常设置的情境为任务计划与分配、活动组织、团队指导、过程控制等。

中层管理者，在高层与基层管理中间，注重对上层战略目标的理解，战略任务的分解与下达，对部门间资源的协调，以及制定各分部的工作目标。

高层管理者，站位较高，一般不直接处理员工纠纷或任务细节等问题，更多在判断公司战略方向、制定经营目标和计划、施加团队影响等方面发挥作用。

公文筐的被测评者所虚拟的主要是高层管理者，其工作特点为方向指导、权力授予、工作要求下达、代表企业出席活动、与其他组织对等层级人员会晤、分管领域工作调研、分管领域会议的发起与主持、全公司会议的参与、跨部门协调工作的处理，等等，因此，在文件编写中，需要与其工作方式相符合。

三、评分规则

公文筐的批改需要考虑以下几个维度：①处理顺序是否合理；②回复对象和方式是否正确；③关键点是否涵盖全面；④处理意见在各相关指标上的表现。

①处理顺序。出题人需要根据出题思路确定每个公文的紧急和难易程度，越紧急的公文越需要优先处理，综合考虑关联公文间的时间矛盾等问题。在出题时已经按照问题解决的难易和重要程度顺序给出1～9的评价等级，根据难易和重要程度的等级，出题人可以给出一个处理顺序的范围。如果被测评者的处理顺序不在这个范围内，并且没有具有说服力的处理理由，则说明被测评者对事件的轻重缓急的判断不够准确，工作条理不够清晰，在分析判断、系统思考等指标上可进行适当减分。

②回复对象和方式。出题人需要明确列出每个公文所需要进行答复的相关人员和推荐使用的回复方式。如果被测评者的回复对象错误或缺漏，则说明被测评者在人际敏感、把握问题关键、推动执行等指标上可能需要减分；如果被测评者的回复方式不当，则在沟通影响等相关指标上可以进行适当减分。

③处理公文的关键点。出题人需要罗列出每个公文所需要解决的关键问题作为批改依据。如果被测评者遗漏了重要的关键点，例如：忽略了重要的时间节点或者没有考虑到其他关联公文中的信息，则在对被测评者全局思考、系统判断等指标的评价可适当降低。

④对应公文中的考察指标。出题人可在对应公文中列出可考察的指标，并给出相关指标的行为等级参照，同一个公文可能考察多个指标。根据被测评者的处理意见判断其在相关指标上的行为等级，同时给出评价。

在撰写公文筐批改意见时，需要在每个评价后面列出推断的依据，来自哪个公文筐，做出推断的处理意见是哪一条，哪些地方处理得较好，哪些处理意见欠妥当，都需要明确说明，让公文筐的评价有据可循。

四、优势与不足

公文筐测验通过模拟真实场景，对被测评者的综合能力进行考察，弥补了案例分析、角色扮演等测评方式在场景模拟上的不足，具体有以下三种主要优势。

①情景高仿真。公文筐测验测评综合了公司、岗位的信息，并且有多份涉及不同工作模块的文件，使得测评场景更加丰富真实。

②综合性强。公文筐测验的材料呈现方式多样化，要求被测评者根据文件的轻重缓急、灵活采用各种不同的处理方式来应对，对能力的考察更加综合。

③预测性高。公文筐测验模拟多层次的工作场景，在情景设计和测评评分时能够综合各文件的关联性并相互验证，测评有效性更高。

公文筐在使用过程中也存在三个方面的不足。

①投入成本高。公文筐测验是一个开发过程复杂、要求高、成本费用高的测验形式，如何设计一个高仿真的测评情景，同时确保情景与被测评者的实际工作场景高度契合，这是一个需要投入大量时间调研和整理的过程。

②公文筐测验缺乏互动性。相比无领导小组讨论或者角色扮演，公文筐测验更接近传统的纸笔测验，被测评者缺乏与他人的互动，这就导致被测评者的思维过程展现不够充分。

③公文筐测评的评分一致性难以保证。公文筐测验本身的开放性，导致在公文筐评价时，测评师本身对测验场景和被测者答案存在理解上的差异，可能导致公文筐测验的得分在一致性效度上有所局限。

第十二章
基于招聘的人才测评

第一节　招聘中的人才标准

招聘是企业人力资源工作的基础环节，也是关键环节之一，在VUCA时代，岗位之间的界限越来越模糊，对工作的创新要求越来越高，企业竞争的关键正在逐步演变为人才的竞争。对于企业的长远发展而言，能够招募到优秀的人才显得至关重要。

一、基于选拔和发展的人才标准的差异

在企业构建人才标准时，不管是胜任力模型、领导力模型还是任职资格标准体系，都应该考虑到后续的应用场景。因此，企业在选拔人才和开发人才方面的标准，具有较大的差异性。

在组成人才标准的各项素质和行为中，从容易观察到不容易觉察，依次为知识、技能、自我角色、个性、动机、价值观。知识、技能属于冰山以上相对容易观察的，同时也是相对容易培养和获得的；而自我角色、个性是被测评者多年来形成的、稳定的心理特质，相对难以改变；动机、价值观则是最为深层的，是根植于被测评者内心的持久动力源，对于大部分职场中的被测评者，他们都已经形成了稳定的动机结构和价值观，改变的难度非常大。

在不考虑其他因素的影响下，对于招聘导向的人才标准，需要在难以培养的特质方面有一定的倾斜，并且在面试过程中严格把关，而对于相对容易培养的知识、技能等特质，则可以适当放宽，因为这些素质在入职之后可以通过培训、辅导等方式快速培养起来。当然，对于部分岗位，尤其是IT、财务等技术含量要求较高的岗位，知识、技能的考察也是人才标准的非常核心的内容，需要高度重视。

二、人才标准的延伸

在招聘面试中，需要从四个层面对被测评者的六个维度进行分析。人力资源部门需要分别从岗位、部门、项目、公司四个层面对被测评者的专业能力、素质、性格、个人发展、从业经历、薪酬这六个维度进行考虑。专业能力、素质、性格属于胜任力模型、领导力模型都可以覆盖到的内容，而从业经历、个人发展、薪酬则属于额外的需要考虑的因素。

知识、技能、素质的重要性毋庸置疑，这些要素是支撑岗位工作的基础，但是同时需要考虑到，对这些内容的考察本质上是通过一个抽象的管理模型对人进行判断，无论这个模型多么全面，对人的判断多么精确，都不可避免地存在局限性，也有着难以覆盖到的“死角”，比如：在工作中对模糊情景的直觉判断，对于突发情况的灵活应变，对于项目现场情况的经验积累，这些模糊的、不确定的、没办法纳入模型的、面试中无法有效考察的要素，都是人才标准模型所无法解决的，这时往往需要通过工作年限、项目经历这些间接因素来进行判断：工作时间能够使人积累到大量非结构化的感性材料，培养很多无法觉察的隐性技能，而丰富的项目经历则可以相对全面地塑造人对项目的整体感知，比如对关键节点的理解、警惕与管控，等等。

个人发展与薪酬同样是需要重点考虑的因素，它直接关系到被测评者能力的发挥、工作的积极主动性、职业稳定性等。个人需要的平台、成长速度和发展空间是否与组织能够提供的相匹配，也会极大程度地影响到被测评者入职之后的表现。

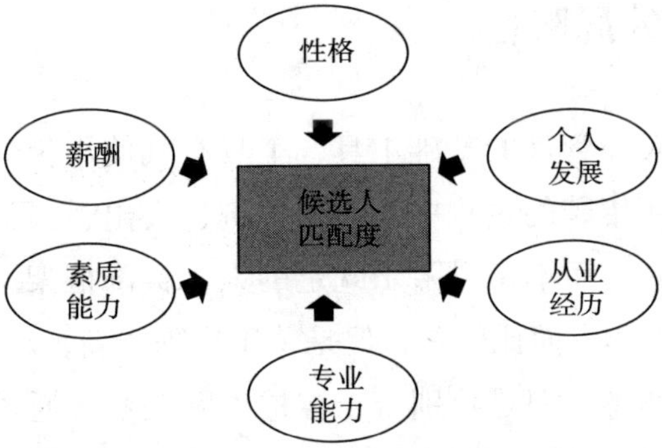

图 12-1 候选人匹配度考察的六个维度

除此之外，还需要考虑，在企业文化背景不同的前提下，一个外部优秀的人才进入本企业很可能没办法发挥价值。比如；一个千亿级别的公司出来的高管，在一个十亿级别的公司，即使只负责某个条线的业务，业务也不一定开展得好。再比如：国企、民企、外企有着不同的文化基因，这种文化基因会诞生不同的企业文化，人才在流动过程中也经常会出现“水土不服”的问题。因此，在招聘过程中，还需要考虑人才与本企业文化的匹配性问题。

综合而言，在岗位层面，组织需要重点考虑被测评者的职业素质、专业能力、从业经历以及薪酬，确保被测评者能够胜任岗位工作；在部门层面，需要考虑被测评者与部门内部成员的团队搭配，在年龄、学历、专业程度、性别、性格上能否较好搭配，薪酬水平能否与部门水平一致；在项目层面，需要考虑被测评者期望的工作地点、工作方式、出差频率、跨部门协作等；在企业层面，需要考虑被测评者与企业文化的匹配度，个人成长诉求与在企业发展阶段的匹配度，薪酬的满足程度，等等。

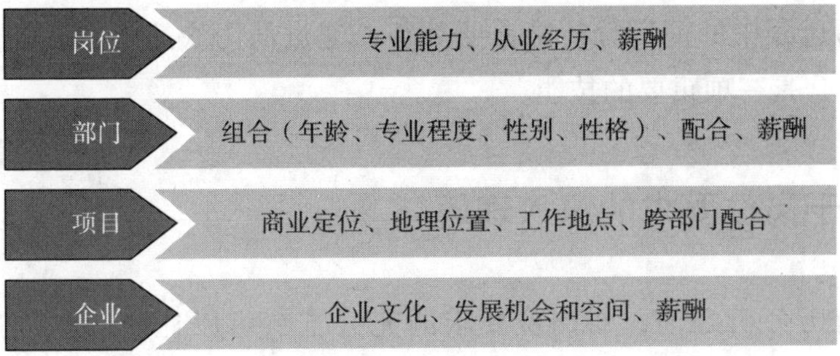

图 12-2 候选人匹配度考察的四个层面

三、人才标准的局限性

人才标准是人才管理的基础工具，工具有其使用价值，也必然有本身的局限性。在人才招聘的过程中，对于关键、突出、另类的人才，应该不拘一格、特事特办，而不是局限于既定的人才标准框架。比如，有人在按照标准流程落实工作方面比较差，但是善于推陈立新，开拓市场特别厉害；有的人对产品不熟悉，但是特别善于维护人际关系，通过良好的人际关系开拓业务；对于少数人才，需要用特殊的标准去衡量和考察。

企业的主营业务在发展到一定的规模时，需要大力发展新的业务条线来支撑企业的发展，新业务的领导干部的选拔就是一个比较棘手的问题。我们以某通信行业巨头手机业务负责人的选拔来说明。H 公司是一家信息与通信技术（ICT）解决方案供应商，服务客户为全球的通讯服务运营商。经过二十多年的发展，H 公司的运营商业务已经占据行业领先地位，但是很早布局的手机业务却一直没有起色。究其原因，在于过去手机业务领导干部的选拔都是沿用运营商业务的人才标准来进行，业务团队存在路径依赖，开拓市场的思维有所局限。认识到此问题后，H 公司大胆起用过去在组织内被认为是“刺儿头”“敢于向组织开炮”的领导，之后，H 公司的手机业务在其带领下得到快速发展，在 2 ~ 3 年的时间内已占据行业头部位置。

第二节　简历分析

招聘过程中的简历分析是首要环节，通过简历快速了解和把握被测评者的信息，是一项重要的技能。

一、对于岗位要求的深入理解

在简历分析之前，对岗位要求的充分了解可以让简历的筛选过程事半功倍，岗位要求分为刚性条件和柔性条件。刚性条件主要体现在对学历、专业、工作年限、工作技能或资格等方面的要求，柔性条件体现在同类型公司、同类型岗位、相似项目中的工作经历以及性格、爱好等方面。

岗位要求中的刚性条件是不可改变的，这是岗位对被测评者提出的最低要求，比如，有些岗位要求入职就能开展工作，所以是不对应届毕业生开放的；而有的企业则习惯于从内部培养人，因而会对应届生放出大量岗位；有的岗位只招本科及以上学历人员；有的岗位则属于窗口行业，对形象要求比较高，等等。

岗位要求的柔性条件，大部分属于难以准确界定的、模糊的、非结构化的，例如，很多销售岗位会要求被测评者阳光积极、抗压能力强、有挑战困难工作的决心；有的研发岗位会要求被测评者具备较强的学习能力、爱钻研思考；有的细分领域的岗位要求被测评者有同行业或者相似项目的工作经历等。有时，柔性条件还会以"加分项"的方式表现出来，比如有的岗位，候选人如果有一定才艺会优先录取，如果有客户积累会优先考虑，等等，对这些柔性条件的把握，有利于在简历筛选过程中进一步锁定合适的被测评者。

此外，有一些存在兼岗、一岗多责或岗位职责模糊的特殊岗位，需要对岗位进行深入了解。比如，有的公司招前台，但是这个前台同时兼着一些行政、人事管理的工作，这时按照前台或行政岗、人力资源岗等任何一个单一岗位的要求去找人，都可能不尽如人意。有的岗位是新兴起的，比如移动互联网快速发展的时候，很多互联网公司设置了"产品经理"这一岗位，这样的岗位大学没有相应的专业，市面上也没有成熟的人才，那么，对这个岗位，的深度了解就显得尤为重要。另外，有些细分领域的岗位人才特别匮乏，这时往往需要放宽要求，对于没有相关行业经历的人员开放，这就要深入思考：什么类型的公司转过来会好，有什么样的背景能够快速适应，比如同样是销售岗位，同是终端销售岗位适应起来可能就会很快，而终端与渠道销售的切换可能比较慢。

二、简历信息的分析

对岗位信息了解之后，在简历筛选过程中，对简历的各个部分一方面要快速把握，另一方面要敏锐发现其中的疑点、冲突点等。

1. 基本信息

简历的基本信息包括姓名、年龄、联系方式、邮箱、意向岗位、毕业院校、照片等。如果是结构化的简历模板，那么最好要求被测评者填写性别、籍贯、意向工作地点、期望薪资甚至家庭情况等。

对于基本信息的了解，首先需要确定的是信息的真伪。信息的真伪大部分出现在学历造假方面，对于一些不符合常理的学历信息需要重点关注，比如，候选人拿到本科学历时已超过30岁，那么需要考虑学历是否是自考的、成考的，有的学历与时间不匹配，比如某候选人的硕士学历为2年的应用心理学，而国内的应用心理学都属于学术型硕士，时间都是3年。另外，某些候选人毕业于附属于名校独立的三本院校，有可能简历中只写了名校。

基本信息本身也在透露信息，比如有的人籍贯A地，求学B地，在C地已经工作了多年，现在希望到D地工作，如果A、B、C、D四个地方距离比较远，那么被测评者的求职的动机则需要在面试时重点挖掘。有的人学的是建筑专业，工作之后有多年行政工作经验，现在又希望从事销售工作，这同样不符合常规逻辑，需要重点关注。

2. 公司履历与工作经历

公司履历与工作经历是简历中最为重要的部分，优秀的公司履历和项目经历是候选人最好的背书。

在公司履历方面，如果候选人的第一份工作是在业内管理优秀的知名企业入职，那么这个公司较好的文化氛围会很大程度上影响到他，名企招聘入职竞争比较激烈，入职之后通常有完善的员工培训制度，职业化程度会比较高。入职名企说明候选人大概率有较好的能力和潜质，并且有较好的工作习惯，培养起了基本的职场素质。此外，还需要考虑候选人所在公司的行业，比如，候选人在加班氛围比较重的互联网公司供职过，那么大概率能够接受加班文化，如果在审计、咨询等需要长期出差的公司供职过，那么大概率对出差比较多的工作相对容易接受，也能够很快适应。而如果候选人在文化比较激进的公司供职过，那么有可能也受到该公司激进文化的影响。

工作履历是候选人最为重要的能力证据，尤其是对于毕业多年的职场人士。在工作履历的分析过程中，要重点关注候选人参与各项工作的深度和广度。比如，管理咨询公司招聘咨询师，如果候选人参与过多个项目，并且对于项目的多个模块都有深度参与，且能够独立负责项目，则表明候选人的专业能力具备一定的深度和广度。对于复杂工作或重点项目的深度参与，能够培养项目成员的综合能力，这也是简历分析过程中需要重点关注和了解的。

3. 专业技能

专业技能也是简历分析过程中需要重点关注的部分，对于专业技能的掌握会在很大程度上影响候选人能力的发挥。例如，很多候选人在专业技能的描述上写明：精通 WORD、EXCEL、PPT 使用，对于专业工作需要的软件如 SPSS、SAS、MATLAB、PHOTOSHOP 等也描述为掌握或精通，但实际上，大部分人远远没有达到精通的水平，或者说对精通的理解是有偏差的，以 EXCEL 软件为例，会使用的人很多，但能熟练运用数组函数、数据透视表、宏等高阶功能的，却非常少，而这些技能对于有些工作却是非常关键的。

4. 其他信息

对简历其他模块内容的分析，也有助于发现候选人的隐含信息。其中，兴趣爱好是简历中通常会有的模块，也是候选人个性的一个窗口，个性不同的人会有不同的兴趣爱好，而兴趣爱好本身也在塑造不同的个性。兴趣爱好可以按照“动—静”“群体—个人”两个维度划分，喜欢“动—群体活动”的人个性往往比较活跃，团队协作性也比较好；喜欢“动—个人活动”

的往往精力比较好，同时也比较自律；喜欢“静—群体活动”的人个性比较亲和友善；喜欢“静—个人活动”的人个性比较安静、爱思辨。大部分人的爱好覆盖到 2 ~ 3 类，如果一个人的爱好全部局限于某一类，那其个性特征就比较明显了。

此外，有的简历会有简短的求职介绍，有的简历会有获奖情况等内容，求职介绍能够展现候选人的对工作的意向，而获奖情况则有助于把握候选人的优势与特长。比如有的人多次拿过辩论赛冠军，则说明其在表达与论辩能力方面可能具有优势。

简历本身的形式也会透露一些信息，有的人用英文写简历以表现自己的英语水平，有人在申请设计岗位时用特有的排版方式对简历进行排版，有的人投程序员岗位时自己做一个网站来展现自己，这些都是能力的表现。同样，有人的简历中也会出现字体不统一、格式混乱等小错误，这也从一个侧面反映了其人的性格特征。

三、简历分析中需要规避的雷区

在大批量招聘过程中，简历分析是一个劣汰环节，只适合于把不符合岗位硬性要求的人淘汰。如果这时依旧有大量需要面试的，则需要通过柔性条件把不太好的简历剔除。这个过程本身就是一个存在误差且无法避免的环节，有很多优秀的人才可能仅仅因为简历制作不够优秀而被淘汰，而同样有很多人可能仅仅因为简历做得好而进入面试环节。因此，在简历分析过程中要尽量避免一些误区，如最常见的光环效应。光环效应指一个人的某种品质给人以非常好的印象，在这种印象的影响下，人们对这个人的其他品质也会给予较高的评价。在简历分析过程中，名校、名企都可能产生光环效应。有名校、名企背景的候选人大概率会能力强一点，但这只是一个间接证据，一个人能力的最直接的表现还是他在具体事件中的行为和导致的经营结果。

第三节 招聘中常用的测评方式

一、在线测评

在线测评通过大量情景题、行为题、投射题、自陈题等题目对应聘者的能力、个性、行为风格、管理风格、团队角色等进行考察。应聘者的职位类型、职位层级不同，对应的能力要求也有差异，因此需要选择不同的能力测验。当前市场有很多分序列分层级的在线测验，比如，如果招聘岗位是销售经理，那么就需要应聘者完成营销序列中层管理岗位的能力测验题目；如果招聘岗位是IT工程师，那么就需要应聘者完成专业序列、基层岗位的能力测验题目；而如果是招聘岗位是分公司总经理，则需要完成职业经理人测验。此外，对于管理岗位，可以进行管理风险测验，对于需要承受较高工作压力的岗位，可以进行心理健康度测验等等。

在线测评题型丰富，考察方式灵活，考察面广泛，是一种非常有效的测评方式。信效度比较高的在线测评能够充分发挥其独有的优势，考察到很多其他测评方式难以测评到个人特质。比如，某在线测评由多个模块的题目组成，作答方式灵活，趣味性高，互动性强，有需要答题者操纵控制滑块的滑块题，有需要答题者旋转图片的操作题，有需要答题者快速反应的按键题，通过这种多样化的题目还可以考察到答题者的反应速度、人际敏感、快速学习等方面的能力，而这些素质项通过其他测评方式来考察往往事倍功半。

二、纸笔测试

纸笔测试主要考察应聘者的基本知识、专业技术能力，尤其是对于专业性比较强的技术岗位，通过笔试可以有效地考察到应聘者的专业功底。相较于在线测评，纸笔考试要求在指定的时间、指定的地点答题。这一方面也是为实现对答题过程更好的监控，防止被测评者作弊，确保题本不泄密等，另一方面是因为纸笔测验通常有正确和错误答案的区分，而很多在线测验答案并无对错之分，只是不同的人会有不同的选择而已。当前，随着技术的发展，很多纸笔测验都可以移到线上操作，但是同时为了确保纸笔测验的保密性，往往线上线下相结合，要求在固定地点和时间，通过电脑或者其他终端答题。

纸笔测验的题型包括判断题、单选题、多选题、简答题、计算题、论述题等，题本编制人员需要根据考察内容的不同灵活选择题型。比如，在某公司计划财务部经理对外招聘的过程，对于货币资金、存货、固定资产等知识模块通过判断、单选、多选等题型进行考察，而对于预算、税务等知识通过计算题来进行考察，对于投融资等知识则通过简答、论述题进行考察，通过这种方式能够全面、有效地了解应聘者对财务知识的掌握情况，从而辅助组织做出决策。

三、情景模拟

组织在人员招聘过程中，很多时候应聘者的履职经历、经验技能与当前职位的要求有一定的差距，但是这并不能代表应聘者不能够胜任当前的工作，这个时候情景模拟就是一种非常有效的测评方法，通过模拟应聘岗位的工作情景，面试官能够观察到应聘者在这个真实情景中的反应，从而了解应聘者能否把过往的知识、技能、能力、经验进行迁移、变通和灵活运用。

例如，某公司招聘部门经理，需要考察应聘者的管理技能，因此编制了以下情景模拟题目。

假如您是现在部门的负责人，小王是部门内部的骨干人才，在部门已经待了5年，主导了多个重大项目，最近小王向您申请离职，并向您坦率地表明，外部有公司能够提供更高的职位和更丰厚的薪酬，无论是职业发展还是薪酬待遇都更有吸引力。作为部门领导，您将如何和小王沟通，请现场模拟。

四、访谈面试

访谈面试是一门易学难精的测评方法，因此在招聘过程中使用最为广泛，不确定性也最高。不管是对测评技术了解极少的人，还是非常精通的人，都可以运用访谈法进行面试；但同样是通过访谈法进行面试，其测评的准确度差异可能非常大，不同的面试官对同一个人进行访谈面试，可能得到迥异的测评结论。有效的访谈面试一方面要求面试官掌握大量沟通技巧，具备敏锐的洞察力、好奇心、意志力，另一方面还需要具备丰富的社会经验，有足够的见识和阅历，熟悉岗位业务知识。在第四节我们会单独对访谈面试进行详细介绍。

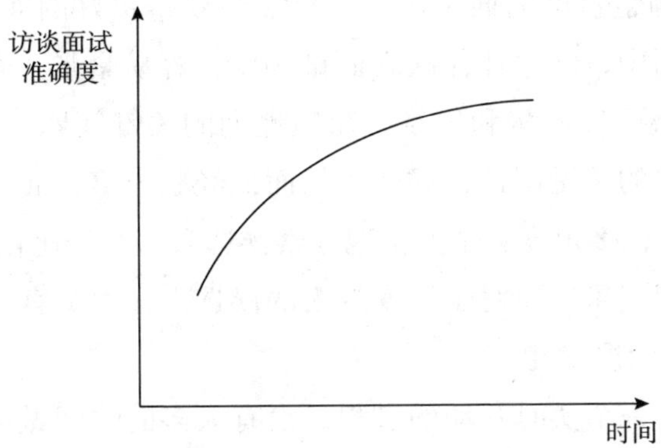

图 12-3　访谈面试准确度与时间的关系

五、总结

在招聘过程中，主要通过以上测评方法进行人才测评，另外，在大批量校园招聘中，会用到无领导小组讨论、管理游戏等群体测评方法；在企业的高管招聘中，会用到多种测评方法组合的评价中心进行测评，组织应该就岗位、层级的具体情况灵活选择不同的测评方法开展测评。

第四节 面试策略与方法

一、面试策略的选择和问题设计

面试是招聘过程中最为重要的环节。面试过程为公司和候选人提供了相互了解的窗口，面试官在面试过程中能够对候选人有更为立体、全面的了解，也能够更为有效地了解候选人的职业诉求，更好地向候选人展现公司，因此，在招聘过程中，企业尤其要利用好面试这个环节。

在面试之前，首先需要对候选人的简历进行分析，选择适当的面试策略。虽然每位面试官都有自己习惯的面试风格，如果能够适当地根据候选人的情况灵活调整自己的面试风格，显然会获得更好的面试效果。通常，在校园招聘群面中，学生往往缺乏面试经验，容易紧张，面试过程时间较短，这时往往需要快速缓和气氛，简短地询问关键问题，把握关键特质。而对社会招聘中的关键岗位，候选人的面试经验丰富，面试官需要有一定的耐心和意志力，多角度、全方位地考察候选人。对于比较紧张的候选人，面试官需要缓和气氛，而对于过度放松的候选人，面试官则需要适当调节氛围，保持面试的严肃性。

面试过程是一个实时互动的过程，没有太多的时间做深入思考，面试前必要的问题设计能够有效地弥补这方面的不足。在简历分析的过程中，对于简历中的疑点要进行记录，以便在面试过程中澄清；此外，基于简历分析的结果，针对候选人可能的优势、不足，都可以预先设计相应问题。如：候选人的供职公司比较多，那么可以重点询问离职原因；候选人参与的工作比较单一，可以询问是否参与过其他方面的工作；候选人的职业发展路径比较混乱，可以进一步了解候选人长远的发展方向。如果这些问题不预先进行设计，很可能因为面试过程时间紧、节奏快而忽略，导致这方面的信息缺失，无法对人事录用决策提供有效支撑。

二、面试中的人才考察

1. 面试氛围营造

良好的面试氛围能够有效地促进面试双方的发挥。面试氛围的营造，虽然受限于面试场所，但主要受面试官和候选人互动情况的影响。一般来说，面试场所应该选择宽敞明亮的会议室，不能太过空旷，也不宜过于局促，且最好配备必要的投影仪等，方便候选人进行作品展示，同时，面试官应着装得体，符合公司文化。

在面试的开始环节，面试官应做适当的破冰暖场，缓和面试气氛，通常可以先从候选人当前的情况谈起，不触碰敏感信息，待交流逐渐深入之后再进入深水区，从而确保整个面试氛围的轻松、和谐。

2. 综合考察

面试过程可以按照简历顺序开展，按照正常的沟通逻辑，通常先从候选人的基本信息聊起，这个过程中可以对简历中学历、专业方面的疑点做适当的澄清，尤其是对于在职的硕士、成考或自考的本科、在职的博士、海外的学历等，面试官需要对其含金量有所判断。

对候选人能力项的考察，应结合候选人的履职经历，过渡衔接自然，避免过于突兀，通常基于行为事件访谈法进行考察，了解候选人在如何开展工作，以及在工作中表现出的能力特质。在行为事件访谈过程中，面试官可以通过多种方法深度挖掘应聘者过往。

①具体化，让理论回到现实。在访谈过程中，应聘者常常会谈到对以往工作的经验和体会，但仅有这些并不能形成有效的行为访谈，这时面试官需要进行追问，为应聘者提供的理论寻找行为依据。面试官可以采用以下提问方式进行追问：能感受到这些都是您的宝贵经验总结，我很有兴趣您在其中具体采取了哪些行动？请具体说说看您当时实际上的做法？能举个您经历的实际例子？您给了我一个很好的概述，我们再一起回去看看。那个事件的某些细节我想再了解一下，等等。

②打断，聚焦于具体事件。有时候，应聘者谈到自己擅长或者需要澄清的事情会“漫无边际”地聊下去。由于访谈的时间有限，这时候必须要采用合适的方式打断应聘者，将应聘者拉回到访谈轨迹当中。面试官可以采用以下方式打断对方的谈话。但是需要注意的是，直接打断是在“不得不”的情况下使用。最好的“收回话题”方式是在应聘者讲述停顿的间隙，切入类似于“感受到这些都是您的宝贵经验总结，我很有兴趣您其中……”这样的话语，以迂回的方式引导话题。例如：对不起，打断您一下，您刚才谈了好几件事，我想可以先就前面谈到的那个事情展开。对不起，打断您一下，我很有兴趣您前面提到的某个事情，您已经说了一部分，我想请您再进一步介绍其他部分，等等。

③澄清，让模糊的词汇变得清晰。应聘者会采用“应该”“将要”“假如”等词汇描述自己的行为，这样的描述是模糊不清的，不知道应聘者是否采取了这样的行为。因此，需要对这些问题进行澄清。面试官可以采用以下方式澄清对方的谈话：您是说“假如”，实际上这件事后来没发生？这个事情怎么落到您的身上了呢？您说到“我们”，除了您还有谁呢？您在其中是什么角色呢？这是您在当时的想法还是现在回头的总结呢？

④归纳，确定关键所在。由于面试官不仅需要关注应聘者的关键行为，同时应该关注到行为背后的应聘者的思维，即“他做出这种行为是基于怎样的考虑”。这可以帮助面试官更好地辨别出绩效的关键影响点所在。因此，在行为事件访谈结束时最好让应聘者自己总结一下事件成功或不成功的原因。面试官可以采用以下方式引导应聘者确认关键点：您描述的这件事很精彩，如果现在请您回头总结，您觉得这个事情之所以做得好的关键是……？您刚才已经描述了这个故事的……，在这之中您主要做了……，是这样吗？在这之后发生了什么呢？

此外，在访谈过程中需要注意对完整事件的情景、任务、行为、结果进行补全，具体的访谈技术在行为事件访谈法的相关技术章节已有详细论述，此处不再赘述。

3. 补充提问

在面试即将结束时，可以与候选人进行比较轻松的交流，对面试进行收尾，此时也是候选人的防御性最低的时候，可以了解一下候选人的工作习惯、面试过哪些公司、对公司的意向度等，通过这些信息可以对候选人有更加全面的了解。如：在某次面试中，虽候选人一直强调想来乙方工作，但当询问他面试过哪些公司时，他提到的面试过的公司都是甲方公司，这时就需要考虑，此人是否真的有强烈的意向来公司工作，还只是了解一下。

面试时间通常为一个到一个半小时，对于比较满意的候选人，在面试结束前预留候选人陈述自己疑点的时间也非常重要，打消候选人的疑虑能够显著提高候选人入职公司的意愿。此外，也可以了解：经过面试官的介绍和答疑后，候选人如何评价公司和聘用岗位，如果有扣分，那么扣分的地方在哪里？比如，在某次面试中，当面试官询问候选人对当前岗位的评价和意愿度时，候选人表示打 8 分，之后，面试官进一步询问：另外 2 分是什么原因？候选人表示：对公司的职业发展通道、晋升体系理解得还不是十分清晰。得到这一反馈之后，一方面，面试官可以就此问题给应聘者以进一步的解释和说明；另一方面，也有利于在后续的面试中对此方面有所改进。

案例分享　H 公司招聘过程中的人才测评

一、项目概况

H 公司成立于 2000 年 8 月，从事房地产投资顾问、营销策划及销售代理业务，是一家多年从事房地产运作、具有革新传统和创造力的房地产服务商。当前公司员工 495 人，其中，人力资源结构的主要组成部分是销售人员，占公司员工总数的50%左右，共247人，分别承担公司目前代理的28个项目。

随着代理项目数量的增多，加之人员的大量流失，销售人员成为公司招聘的重点。过往公司高层对销售人员的招聘工作不够重视，人力资源部的专业性也不强，招聘标准不统一，实施流程不合理，本项目旨在通过内部招聘体系的规划和招聘测评方法的改进，提高公司销售人员的招聘效率与质量。

二、技术思路

H公司当前销售人员的大量流失，主要原因是工作能力跟不上公司的节奏、不能适应公司的文化、难以融入公司团队等，而这背后的原因则是在招聘过程中没有明确的标准，招聘流程不严谨，招聘测评准确度不高。针对这些问题，H公司决定在外部机构的协助下，明确销售人员的用人标准，规范招聘测评过程。

H公司的销售岗位有明确的岗位职责，因此，可以通过岗位工作分析与行为事件访谈相结合的方法构建胜任力模型。在招聘测评中，考虑到实施成本和效率，采用多对一的焦点行为事件访谈法（FBEI）进行测评，综合多位面试官的评价确定最终分数。

三、实施流程

1. 胜任力模型的构建

①项目组依据对销售经理的工作分析和绩效指标的确定，对在岗的52位销售经理进行了综合绩效评价。

②区分出绩效优秀与绩效一般者，各选出8名代表，形成两个效标对照组。

③对两组 16 位销售经理进行行为事件访谈，记录访谈结果并对收集的资料进行汇总整理。

④提炼形成销售经理岗位的胜任力要素，建立胜任力模型。

表 12-1　　销售经理的胜任力模型

代码	胜任力	行为描述	权重
C1	专业知识和技能	掌握房地产业相关知识，熟悉公司所代理楼盘的基本信息，具备市场营销的专业知识和技能，具有较好的计算机操作和软件应用能力	7
C2	顾客服务意识	与客户在共同的期望上保持清晰的沟通，留意客户的满意度，准确提供有帮助的信息给客户，主动与老客户保持联系，持续提供售后服务与支持	8
C3	主动积极	工作充满热情，通过自己额外付出使业绩大大超过需求，尝试采用一些新的方法来改进销售工作，具有前瞻性眼光，能及时采取行动应付潜在威胁或抓住机遇	8
C4	关系建立	有意识地致力于与客户建立融洽的关系，分享个人的信息以创造共识或交流，与可能提供帮助的人（如企业内部同事、业界同僚等）建立友善的关系	7
C5	人际理解力	具有较好的洞察力和行为知觉能力，在沟通过程中能够较快了解顾客的态度、兴趣、需求和观点	6
C6	影响力	通过满足客户需求来施加影响，显示出对客户的重视和理解，从而获得客户的持续信任与忠诚，不放弃通过劝导来引导客户行为	8

2. 招聘测评方案设计

招聘过程中的测评，主要通过焦点行为事件访谈法进行，聚焦于关键能力素质项对候选人进行评价。

在面试之前，首先确定统一的评分标准，确保面试官的评价按照统一的尺度。对于每项胜任力要素的评分采用 10 分制，通过面试，面试官对应聘者所表现出的单项胜任力素质，首先确定符合哪个层次的描述，然后进行打分，填写面试评分表。根据综合面试结果，由公司领导、人力资源部做出最终决策。

表 12-2　　单项胜任力要素的评分标准表

分值	程度	描述
0	不符合	应聘者不具备该项胜任力所描述的要求
1–3 分	符合	应聘者在极少数情况下体现出具备该项胜任力所描述的要求
4–6 分	较为符合	应聘者在通常情况下体现出基本具备该项胜任力所描述的要求
7–8 分	更符合	应聘者在多数情况下体现出基本具备该项胜任力所描述的要求
9–10 分	非常符合	应聘者在任何情况下都能体现出基本具备该项胜任力所描述的要求

表 12-3　　应聘者 ××× 的面试评分表

胜任力	面试官			单项均分
	S1	S2	S3	
C1	8	6	4	6
C2	6	7	8	7
C3	4	7	6	5.7
C4	3	4	2	3
C5	9	6	8	7.7
C6	5	8	6	6.3

四、项目总结

作为服务型企业的 H 公司，人才是业务发展的基石。打通招聘通路，在招聘时把握好人才标准，是保障企业人才结构和数量的关键，是业务发展具有延续性的基础。在本项目中，对于销售经理这样的关键岗位，通过工作分析、行为事件访谈等方法构建胜任力模型，形成统一的人才标准，一方面能够使招聘链条上的各方对岗位要求有更加深入的理解和把握，另一方面也能够有效避免招聘中的人为影响，使得岗位的胜任力标准成为一个达成共识、统一认识的抓手。在招聘过程中，基于胜任力模型，通过焦点行为事件访谈，能够有效地评估过往经历中所反映的候选人的能力，再通过小组研讨合议，就会形成相对精确的结果，由此，使得招聘工作的效果迅速得到改善。

第十三章
组织内的竞岗竞聘

第一节　竞聘的内涵

竞岗竞聘是组织内部岗位选聘的主要方式之一，相较于从外部招聘人才，内部晋升能够有效避免外部人才“空降”水土不服的问题，能够有效争取到组织内部的资源支持工作开展，因此，如果组织内部有合适的人才，应优先选择内部竞聘方式。在岗位选聘过程中，传统的自上而下的任用缺乏一定的公开性和透明度；同时，上级也缺少一个途径平等地了解被测评者，而竞聘上岗恰好可以解决这一问题。

一、竞聘的概念

竞聘是组织选拔人员的一种重要方式，即，通过公开竞聘岗位和任职条件，组织符合任职条件的人员报名竞聘，通过一系列测评方式选择胜任岗位要求的人员。竞聘包括“竞”和“聘”两个环节，通过公平公正公开的“竞”，使得组织对竞聘者有充分的认知，而后决定是否“聘”以及“聘”到什么岗位。可以说，“竞”是“聘”的过程，“聘”是“竞”的结果。

二、竞聘的原则

竞聘过程中，一般应当遵守公正公平、公开透明、全面考察、择优选拔的原则。

①公正公平。公正公平是竞聘的先决条件，否则其他都无从谈起。公正公平要贯穿整个竞聘的全过程。在竞聘岗位选择、岗位任职条件确定以及竞聘过程中，组织实施人员始终要对所有人秉持公正公平的态度。在竞聘过程中，为了确保公正公平，一般应设置亲属回避原则，甚至更为严格的部门同事、上下级回避原则。

②公开透明。竞聘过程中需要保持信息的公开透明，公开透明一方面可以保证所有竞聘者在同一条件下开展竞争，另一方面也能够打消竞聘者的疑虑，提升竞争者对组织的信任，提高竞聘过程的权威性。

③全面考察。能够胜任竞聘岗位的人员，需要掌握岗位所需的专业知识和技能，需要具备岗位要求的基本能力和素质。因此，对竞聘者的考察应该是基于岗位要求的全面考察，单一维度考察选拔出来的任职人员，很可能会因为其他方面的短板不能胜任。

④择优选拔。竞聘是个择优选拔的过程，以最后的竞聘得分为准进行人才选拔，年龄、职称、工作年限、获奖情况以及上级领导的评价等因素，都只能作为竞聘考察过程中的参考因素，竞聘得分是竞聘者能力的综合体现，也是最终选拔的依据。

三、竞聘的实施场景和前提条件

通常，组织在以下情境下需要进行人才选拔。

①定期聘任制。组织某些岗位的人员有固定的任期，每隔固定的时间，原岗位人员卸任，岗位人选重新聘任。

②岗位空缺或新增岗位。组织原岗位任职人卸任，岗位空缺，需要通过竞聘来补缺。组织新设岗位，岗位人选空缺，需要通过竞聘来补充，如某国企财务部新设了 3 个岗位，因此公布了岗位空缺和任职条件，进行内

部竞聘。

③组织变革，人员重新配置。组织在进行比较大的变革时，往往会通过竞聘进行人员的重新配置，这也是常见的竞聘场景。如，某国企改制，所有管理层要全部“起立”再通过竞聘“坐下”。

④企业冗员，需要裁员。企业在面临经营困境、内部变革时，组织架构和岗位设置会进行调整，这时，企业也会通过竞聘减员增效，重新安排。

在这几种典型的管理场景中，组织会通过竞聘进行人才选拔。竞聘过程中要注意：首先，企业进行内部竞聘时要保证有充足的人才，如参与竞聘的人员过少，则难以起到竞聘的预期效果；其次，要确保竞聘过程公正合理，竞聘的组织实施公平公正、科学有效；最后，组织的用人机制完善，竞聘成功的、落选的人员都能够得到适当的安置。

四、竞聘与传统人才选拔的区别

传统的人才选拔往往“论资排辈”，能否被选拔，主要取决于资历、年龄、辈分以及领导的认可。究其根源，是因为缺乏共识的标准。据说，最早提出“论资排辈”的是明朝的吏部尚书孙丕扬，之所以选择“论资排辈”，是为了规避朝臣任人唯亲而采取的一种折中方案，资历越老，经验越丰富，那么处理事情应该更熟练。从某种意义上说，“论资排辈”在当时的用人环境下是具有一定先进性的。不得不说，这种基于“论资排辈”的传统人才选拔方式在知识增长缓慢、更多依赖人际关系的时代有其合理性，而在知识爆炸、社会变化迅速的今天，显然已经不符合时代的要求。

相较于传统的人才选拔，竞聘更加科学、公正、合理和有效。公开透明的组织实施过程，确保了竞聘过程的公平公正；基于岗位分析得出的任职条件，比传统的、模糊的资历、职称、经验更加科学准确；竞聘过程综合多种现代测评方法，得到的测评结果比传统人才选拔中主观、笼统的评价更为有效。此外，在竞聘过程中，竞聘者拥有了自我展现和表达诉求的机会，比起传统人才选拔中隐晦、模糊的考察和沟通，也更加透明、精准、高效。

然而，竞聘也有其局限性。公开场合的竞聘过程中，沟通能力好、表现力强的竞聘者往往能够超常发挥，而不善于表现、内向拘谨的竞聘者往往因紧张或其他因素难以表现出自己的真实水平。基于竞聘表现而得出的能力评价结果，未必能够全面代表竞聘者在日常工作中的实际能力和水平，这就对竞聘标准的确定、竞聘程序的设计以及竞聘过程中测评师的能力提出了较高的要求。

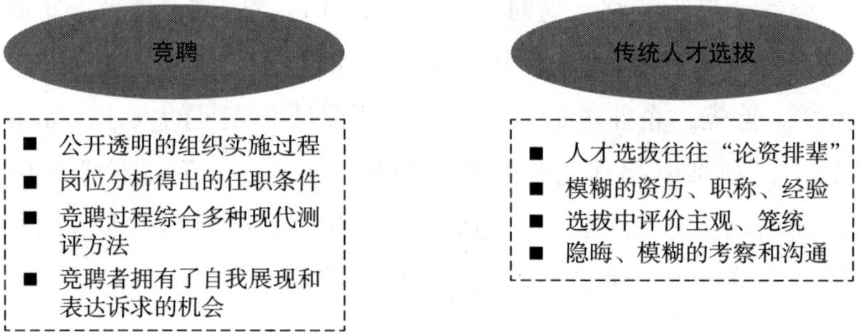

图 13-1　竞聘与面试对比

第二节　竞聘方案设计与宣讲组织

在竞聘的组织过程中，总体方案的设计能够为竞聘过程的平稳进行保驾护航，也是确保竞聘成功的重要的、基础性的工作。充分的宣讲动员工作，是让员工了解竞聘意义、程序与规则，同时收集员工心声，对竞聘过程进行优化完善的重要手段。

一、竞聘方案的设计

竞聘方案的设计是竞聘项目的关键，在竞聘方案设计时，需要充分考虑以下因素。

①竞聘背景。竞聘方案中需要对竞聘背景做简要的说明，阐述通过竞聘进行人才选拔目的和意义，明确竞聘的方向。

②竞聘原则。竞聘原则能够确保竞聘的组织实施有规则、有章法，也

有利于竞聘过程中项目组意见的统一，竞聘措施、流程等都要在竞聘原则的指导下设计和开展。

③竞聘流程。竞聘流程是竞聘具体实施的步骤，竞聘流程需要公开透明，有明确的时间节点，确保有条不紊地开展。

④计分规则。竞聘过程中，评委会通过现代人才测评手段对竞聘者进行考察，为此，需要确定明确的计分规则，使评委能够按照统一的规则进行分数评定，有利于考察的公平公正。

二、竞聘的宣讲

竞聘是一种激发“竞争”的人才选拔方式，因此，有充足的人员参与到竞聘过程中，是发挥竞聘作用的前提。竞聘宣讲的目标，就是影响组织内部的人员，使其参与到竞聘过程中来。在竞聘过程中，要充分利用宣讲环节宣贯竞聘的规则、流程和注意事项，同时，要注意收集组织内部员工的心声，融入竞聘过程中的关键环节，规避可能的风险。

在竞聘宣讲过程中，竞聘项目组要秉持公平公正的态度，对竞聘的规则、流程和实施细节做统一详尽的说明，并且预留充足的时间对竞聘过程进行答疑，

通过竞聘宣讲，贯彻组织内部公平公开竞聘的意图和决心，激发组织内部人员积极主动参与竞聘的热情。

三、竞聘的实施过程

竞聘的实施是一个复杂的组织协调过程，在实施过程中，一般要考虑以下步骤和安排。

①竞聘报名。首先，竞聘项目组需要公开竞聘岗位、岗位说明书、岗位任职条件以及报名渠道、提交材料的截止时间。竞聘者根据竞聘岗位的要求和任职条件决定是否有意愿报名以及能否报名，而后在截止时间之前通过报名渠道提交材料。当前，随着互联网技术的发展，很多企业开始通

过网络收集报名信息和材料，这对于大型竞聘活动的实施，能够节省大量的时间和人力。

竞聘报名是竞聘实施的重要环节，项目组对竞聘报名的各个阶段可能出现的问题都要有充分的预估。在竞聘报名开始阶段，可能会有大量人员踊跃报名，同时有大量人员对报名资格要求提出疑问和质疑，或提出建议与意见。项目组对可能出现的疑问要预先思考，对于质疑、意见或建议等需要作出耐心的回应或解释，对于合理的意见可以酌情采纳；在竞聘报名临近截止日期时，部分之前未考虑参与竞聘的干部或员工会改变想法，部分在多个竞聘岗位之间犹豫的干部或员工会做出最后决策，还有部分之前因为其他事情暂时耽搁了竞聘报名的会及时来报名，所以在临近截止日期时，项目组也需要给予足够的重视。

此外，对于由于客观原因或者个人疏忽、网络原因等超过截止日期还有意报名的干部或员工，项目组需要酌情考虑是否接受报名。

②资质审查。竞聘项目组需要根据岗位任职条件对竞聘者进行资质审查，对于不符合岗位任职条件的竞聘人员进行甄别和剔除。这个过程中，如有不符合任职条件的竞聘者参与了竞聘，会对整个竞聘过程的公平公正性和竞聘项目组的权威性造成影响。

资质审查可能涉及到很多“模糊地带”需要慎重把握。对于年龄、学历等比较明确的资质条件，资质审查比较简单；但是对于相关专业工作年限、相关岗位任职年限等，在部分企业内可能存在较大的模糊性。比如，某企业在销售总监竞聘时，要求有销售工作经验 7 年，对于在多个公司任职、履职经历比较丰富的竞聘者，销售经验的审查难度相对就大。所以，竞聘项目组需要在任职条件制定时就充分考虑到可能出现的所有情况，预先制定相应的规则，同时对于在竞聘过程中出现的少数例外情况，项目组根据实际情况应对，或由组织领导做出决策。

③组次和场次安排。项目组根据各岗位的报名情况进行竞聘组次和场次安排，组次指同一时间竞聘的分组，场次指同一评委组一天内参与的竞聘场次数。在组次安排上，一般来说，同一岗位序列最好由同一评委组来考察，以降低不同组造成的组间分数误差。在场次安排上，为了确保测试

师、竞聘者都有较好的精神状态，场次之间一般安排 5 ~ 15 分钟的休息时间，而且上午的场次不宜安排得过早，通常在 8：30 ~ 9：00 之间开始较好。下午的场次不宜过晚，通常在 17：00 ~ 18：00 这个阶段结束较好，晚上不宜安排竞聘场次。组次和场次安排好之后，项目组需要制作包含组次和场次的准考证，并通知竞聘人员参与竞聘的签到时间，要求竞聘人员在指定的时间段内来签到，参与竞聘考评。

④场地布置。场地包括签到室、等候室、面试间，场地内部要有必要的指示箭头，有条幅或电子显示屏营造竞聘氛围，并配备必要的麦克风和投影设备。通常，还需要准备插线板、纸张、中性笔、笔记本电脑、摄像和录音设备。

在场地选择上，签到室、等候室需选择相对较大的会议室，方便大量竞聘者有序签到和等候，同时也有利于竞聘者分散等候，减少竞聘者之间的相互交流。面试间需要选择空间适宜的会议室，过于宽敞或过于逼仄都影响竞聘氛围的营造。

⑤签到与候考。项目组需要预先安排人员组织签到、检查准考证并安排候考，在签到和候考过程中，如有竞聘者未准时签到，项目组要进行现场的灵活调整，如面试间竞聘进程耽搁，项目组同样需要对竞聘者进行说明、安抚和协调。

在签到和候考过程中，现场组织人员要做好秩序维护工作，对于部分关于竞聘流程、竞聘规则的疑问做必要的答疑，但是对于与竞聘考评中测评师的提问相关的详细问题，现场组织人员需要表明不便回应，以保证竞聘的公平公正。

⑥竞聘。竞聘考核是个专业性非常强的工作，竞聘过程中，测试师一方面需要严格按照竞聘原则实施考察，另一方面需要根据不同的竞聘者，有一些适度的灵活应变。尤其是对关键岗位、核心岗位的竞聘，能否竞聘成功对于竞聘者的职业生涯、薪酬待遇都至关重要，所以竞聘者通常都在高度紧张的状态，对于测评师的表情、言语、动作、行为都非常关注，这对于测评师的职业化和专业性都提出了比较高的要求。所以测评师需要在竞聘过程中同样保持高度专注，对所有竞聘者给予充分尊重，按照竞聘方

案中的测评方式开展测评工作，具体竞聘中的测评方法及各测评方法的实施详见本书相关章节。

⑦离场。竞聘结束之后，竞聘者有序离场。在此过程中，现场人员要尽可能降低竞聘结束人员与还未参与竞聘人员的交流，保持竞聘过程中竞聘者对信息掌握的一致性。

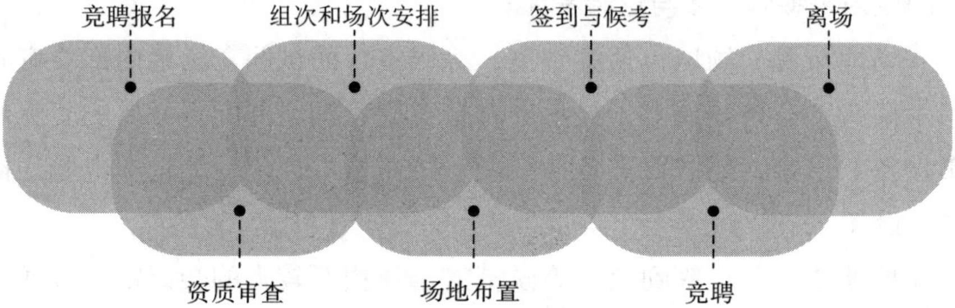

图 13-2　竞聘流程图

四、考察与聘任

通过竞聘过程，初步选定合适的人员之后，项目组还需要对拟任人员进行组织考察，包括：对拟任人员下级、平级和上级进行访谈，了解拟任人员的日常工作表现，以及在品绩方面是否存在问题等。而后，公示竞聘结果，履行聘任程序。

第三节　竞岗竞聘的测评方式

在竞岗竞聘中，对人才的准确评鉴是竞聘成功的关键，而评鉴的结果在很大程度上取决于测评方式的选择，因此，根据竞聘规模、岗位类型、人员特点、评委资源等选择适宜的测评方式，对于竞聘工作的成功尤其重要。

一、选择竞聘测评方式的考虑因素

在选择测评方式时，需要考虑以下三个方面的因素。

①测评的结构化。竞聘不同于常规的人才盘点或选拔，竞聘的岗位通常比竞聘者现有的岗位级别高，薪资待遇也更优越，因此，竞聘结果对竞聘者的影响也比较大，这就对测评的公平公正性提出了更高的要求。相对于半结构化的测评方式，完全结构化的测评手段能够有效保证测评的公平公正性，因此，在选择测评方式时，首先要考虑结构化问题。比如，在某竞聘项目中，项目小组选择了半结构化的行为面试，因为考察的问题不同，难度不统一，不同竞聘者能力水平的横向可比性较弱，造成评委打分的分歧，给竞聘过程增加了不必要的曲折。

②测评的准确性。竞聘不仅要保证程序公平公正，还需要保证测评结果的准确。多种测评方式的组合对竞聘者的考察更加全面。比如，在某中层领导干部的竞聘中，项目组通过述职演讲、情景面试相结合的方式进行考察，一方面了解了竞聘者在过往工作中的工作成就，另一方面对竞聘者在拟竞聘岗位中处理未知问题的能力进行了全方位的考察，过去与未来相结合，测评结果的预测性更强。

③测评的效率。测评的效率问题也是竞聘过程中需要关注的问题，尤其是对大规模的竞聘，测评实施时间过长，对于竞聘项目组和评委都是极大的挑战，而且会因为时间过长引起不必要的问题，因此，需要对参与人员有一个预先评估，根据竞聘人数设计相应的竞聘手段。在实际竞聘过程中，竞聘效率和竞聘准确性可能会有一定的冲突，竞聘项目组需要对两者做出权衡，掌握合适的度。

二、常用的竞聘手段

在竞聘过程中，通常通过以下竞聘手段开展工作。

①笔试与结构化面试相结合。笔试能够很好地考察竞聘者对岗位知识、技能的掌握情况，而结构化面试能够聚焦于竞聘者的能力素质进行综合考

察，笔试和结构化面试的综合考察是最为常用的竞聘考察方法。

②综合履职评价与情景面试相结合。综合履职评价是对竞聘者在当前岗位的德能勤绩廉进行考察，这种基于过往工作的、较长时间跨度的考察，能够有效弥补竞聘过程中由于竞聘者现场表现差异而对结果造成的偏差。综合履职评价可以由上级进行，也可以通过360评价来进行。情景面试通常模拟竞聘者在本岗位或竞聘岗位的上的工作场景，通过竞聘者在模拟场景中的表现，对其能力进行综合评价。

③述职演讲与评委提问相结合。同样是对过往工作的考察，综合履职评价是通过他人的评价来了解竞聘者的既往工作表现，而述职演讲则是由竞聘者对既往的工作进行总结陈述。在述职演讲之后，评委根据对竞聘者的了解以及竞聘者的自我陈述，对竞聘者的工作细节、工作总结以及经验反思等进行提问。

此外，也有在竞聘中采用更为复杂的测评手段的，如：无领导小组讨论、案例分析等。总体来说，竞聘手段的选择和组合需要满足两个条件，一是通过互补和交叉验证提高准确率，二是最大可能地节省时间和人力成本。

三、竞聘得分的处理

在竞聘过程中，竞聘者的能力评价和分数处理是一个重要的环节。

①单项分数校正。在竞聘过程中，对于竞聘者的评价需要综合多方面的因素，在评价时，首先需要降低测评师自身的评分误差。测评师一方面需要对竞聘者的各项能力项进行分数对比，另一方面需要针对同一能力项进行竞聘者之间的比较。其次，需要降低测评师之间的评分误差，测评师之间需要进行评分标准和竞聘者表现的交流，以便统一评分尺度。

②竞聘得分加权。在竞聘过程中，需要综合多种测评手段进行总分计算。在总分计算时，一般有两种计算方式：一种是分别设定各种测评手段的权重，而后进行分数的加权计算，测评师之间的分数同样加权计算。另一种是以主要测评手段的分数为主，参考其他辅助测评手段进行分数微调，

测评师之间的差异通过最后合议一个分数确定。当然，也可以采用不同测评手段分数加权，不同测评师之间合议，或者辅助测评手段的分数只做参考，不同测评师之间加权。在竞聘过程中，为了确保竞聘程序的合理性，最好都采用加权的方式进行分数统合。

③竞聘的分层分类。对于多个部门、多个岗位的竞聘，通常需要综合竞聘者的得分以及组织的用人需求进行统筹安排。在这一过程中，不仅需要考虑竞聘岗位人员的得分排名，还需要设定基本的分数线，确保拟聘人员一方面具备岗位必备的能力素质，另一方面在参与竞聘的人员中处于前列。

四、竞聘人才的选拔任用

竞聘人才的选拔是一个复杂的过程，客观地说，在竞聘过程中得分最高的未必是最适合岗位的人选，毕竟竞聘测评手段只是一个模型和工具，无法覆盖到岗位所要求的方方面面，甚至对于个别非常重要的能力素质，基于短时间的测评无法得出有效的结论。为了避免这一问题，组织并不会完全基于竞聘成绩的排名进行岗位的任用，而是综合对竞聘者个性、潜质等各方面因素的评估，进行人岗匹配。比如，在某竞聘项目中，要求竞聘者得分必须超过基准线，之后对所有超过基准线的竞聘者进行岗位的统筹安排。

例如，在某金融行业Z公司的竞聘项目中，张经理是竞聘计划财务部总监的所有竞聘者中得分最高的，李经理是竞聘金融市场部总监的所有竞聘者中得分最高的。按照竞聘成绩，张经理是计划财务部总监拟任人选，李经理是金融市场部总监拟任人选。在对拟任人选的讨论会议上，总经理王总觉得金融市场部有很大一部分也许需要市场开拓，李经理在专业性方面没问题，但是他个性偏内敛，开拓性稍显不足，相比之下，张经理则外向、善于沟通、心态也比较开放，所以匹配度会比李经理高。而在计划财务部岗位上，李经理也比张经理匹配度高一些。经过竞聘小组研讨，决定和张经理、李经理就他们的意愿进行沟通，由组织对他们的拟任岗位进行调换，以此更好地实现人岗匹配。

案例分享　某农村商业银行改制之全员竞聘

一、项目概况

为响应银监会农村金融机构改革的号召，某市当地四农信社拟改制组建农村商业银行，由成立于1952年的四家农信社合并组建，改制后注册资本达16.55亿元，共设80个营业网点，从业人员超1100名，资产规模超249亿元，存款规模超216亿元，贷款规模超124亿元，存贷款占有率位居全市金融机构前列。此次改制涉及到所有从业人员的岗位重新设置与安排，为树立公正公平公开的组织氛围，确保改制的平稳过渡，构建一支政治硬、品德好、业务精、作风正、纪律严、观念新的经营管理与业务运作队伍，该农商行全面委托中介机构，协助组织实施全行的改制竞聘工作。

二、实施流程

（1）筹建岗位竞聘项目组

项目组首先明确了由总行领导组成的岗位竞聘工作领导小组、各联社领导班子组成的联社岗位竞聘工作领导小组、落实竞聘工作的岗位竞聘工作推进小组以及实施岗位竞聘宣讲、考评的竞聘工作项目组。由于成立了多个项目工作组，使得竞聘的各项工作能够有序承接和落实。

（2）明确竞聘岗位、报名资格与条件

通过对农商行的岗位体系进行梳理，明确了竞聘岗位，根据岗位要求，结合企业当前的人才现状，确定了各层级竞聘岗位的报名资格与报名条件。

（3）组织宣讲竞聘会

由各联社岗位竞聘工作小组组织，岗位竞聘工作推进小组和竞聘工作项目组对竞聘工作进行宣讲，明确了人才选拔原则、竞聘岗位、报名资格与条件、考评方法等，并号召各联社干部和员工积极竞聘自己适合的岗位。

（4）组织实施竞聘考评

根据报名情况，对报名人员进行资格审查，在此基础上，制作《准考证》，布置考场，印刷试卷，组织人员进行笔试、面试工作。

本次竞聘工作分阶段实施，第一批进行中层领导干部的竞聘，第二批进行基层办事员的竞聘。

（5）考评成绩统计

本次竞聘综合采用了笔试、综合履职评价、面试三种测评方式，通过对三个考评结果的加权平均，得到最终的竞聘成绩。

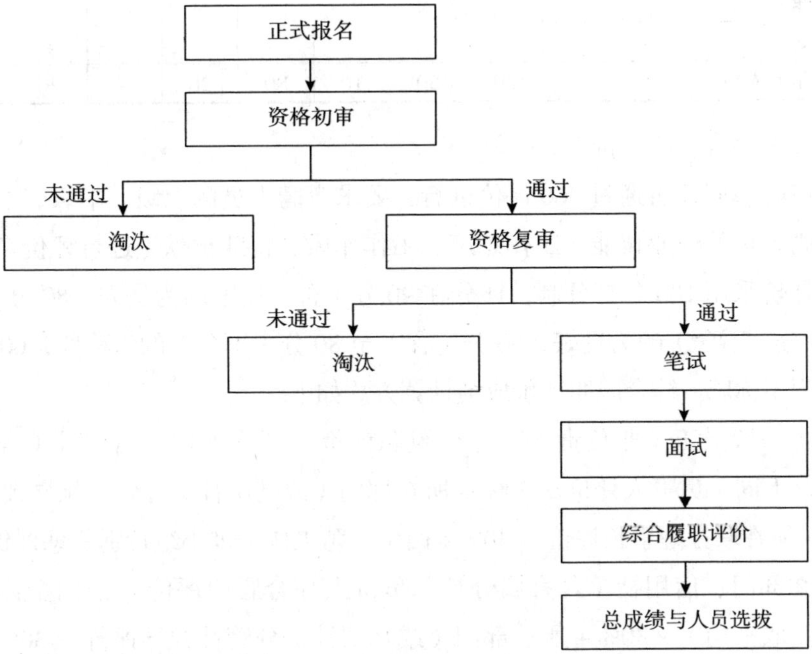

图 13-3　某农商行竞聘流程图

三、评价方法

在评价方法方面，本次竞聘通过三种方法对参与竞聘人员进行考评。

（1）笔试

通过开发笔试题本，考察参与竞聘人员的专业知识水平，仅笔试题本就包括判断题、单选题、多选题、简答题、论述题等多种题型，考察内容涵盖经济学理论知识、金融学知识、银行业知识等。考虑到不同层级的岗位对各类型考试内容的要求不一样，进而导致各种题型的分值存在一定的差异，项目组根据竞聘岗位的层级，合理平衡了各种题型的分值。

表 13-1　　不同竞聘岗位的笔试试卷分值分布

<table>
<tr><th rowspan="2">竞聘岗位</th><th colspan="4">客观题分数</th><th colspan="3">主观题分数</th><th rowspan="2">总分</th></tr>
<tr><th>判断</th><th>单选</th><th>多选</th><th>小计</th><th>简答</th><th>论述</th><th>小计</th></tr>
<tr><td>总行部门副总经理、总经理助理、一级支行副行长及行长助理</td><td rowspan="2">10</td><td rowspan="2">40</td><td rowspan="2">10</td><td rowspan="2">60</td><td rowspan="2">20</td><td rowspan="2">20</td><td rowspan="2">40</td><td rowspan="2">100</td></tr>
<tr><td>一级支行部门负责人</td></tr>
<tr><td>总行办事人员</td><td>20</td><td>50</td><td>10</td><td>80</td><td>20</td><td>–</td><td>20</td><td>100</td></tr>
</table>

（2）综合履职评价

综合履职评价通过 360 评价进行，要求竞聘人员的上级、平级、下级等对竞聘人员的专业技能、工作态度、工作作风、特殊贡献等进行评价。综合履职评价采用 100 分打分制，评分在 90 分（含）以上的为优秀，80 分（含）至 90 分（不含）的为良好，60 分（含）至 80 分（不含）的为称职，60 分以下的为不称职。综合履职评价成绩计算方式如下。

①一般员工（非负责人）综合履职评价 = 所在部门、信用社（含直属分社，下同）负责人评价 ×30% + 所在部门（或基层社）分管社领导评价 ×30% + 所在联社理事长评价 ×40% + 岗位竞聘工作推进小组特别奖惩评价。

②部门、信用社（含直属分社）负责人综合履职评价 = 部门全体员工评价（取平均）×30% + 所在部门（或基层社）分管社领导评价 ×30% + 所在联社理事长评价 ×40% + 岗位竞聘工作推进小组特别奖惩评价。

③借调至市联社及改革办工作的人员综合履职评价 = 市联社或改革办负责人评价 ×60% + 所在联社理事长评价 ×40% + 岗位竞聘工作推进小组特别奖惩评价。

④岗位竞聘工作推进小组特别奖惩评价，是指岗位竞聘工作推进小组

可根据竞聘者在改制期间对改制工作的支持与贡献给予其一定范围的评价奖惩，奖惩范围：-10 分至 +10 分。

（3）面试

由专家组分别对竞聘人员通过述职演讲、情景面试、半结构化访谈等形式进行面试。针对工作理解、角色认知、专业能力、沟通表达、分析判断、工作细致、举止仪表等评价指标，对竞聘者进行评价。

表 13-2　　评分标准

姓名	评价指标						总分	简评
	角色认知	专业能力	沟通表达	分析判断	工作细致	举止仪表		
	16–20 分：优秀；12–15 分：重点；0–11 分：待提升							
XX1								
XX2								
XX3								
XX4								

在述职演讲环节，要求竞聘者从四个方面进行论述：首先是个人基本情况，包括竞聘者的受教育程度，职称情况、获奖情况、近三年岗位任职经历等。其次为近三年履职情况，包括履职岗位的主要职责要求及工作目标、履职期间的目标完成情况、制度完善和执行情况、主管的工作及领导布置的任务完成情况、工作经验和体会等；最后竞聘者需要对自身存在的问题和不足进行自我评估，并进行相应的原因剖析，提出对应的改进措施。

在情景面试环节，需要竞聘者根据给定的情景进行灵活应对。比如某竞聘者需要对以下情景进行作答：假如您所负责的部门有一个关键岗位的人员缺口，经过多次筛选，目前小张、小李综合表现较好。小张人比较踏实上进，积极主动，但是工作能力一般，小李工作能力比较强，能够独当一面，但是他喜欢独立工作，团队协作上可能有不足。如果让您选择，您会选择哪位？请结合当前部门，说明理由。

最后，结合竞聘者的述职演讲、情景面试，测评师进行半结构化访谈，一方面对前两个环节存在的疑问进行追问，另一方面对于未考察到的能力指标进行针对性的提问。比如，对竞聘合规岗位的竞聘者，测试师询问合规方面的具体规定、风险防范措施，对于竞聘人力资源部的竞聘者，测评师询问如何做好培训工作，等等。

四、选拔任用及公示聘任

①组织考察。依据岗位竞聘规范流程，组织对干部岗位拟任人选的民主测评。根据竞聘选拔情况，结合任职资格及民主测评结果，对涉及职务提拔人员开展组织考察并形成考察材料。

②讨论决定。根据录用标准及组织考察情况初步拟定聘任人选，结合纪委或纪检监察机构意见征询情况，将拟录用名单提报党委讨论，并由党委最终确定拟任用人选。

③任前公示。对拟任用人选进行公示，公示期从发布公示通知的第二天起计算，公示期不少于五个工作日。公示期间单位及个人均可以书面或口头形式向竞聘工作领导小组反映、举报公示对象的问题。公示结果不影响任职的，办理任职手续。

④聘任。公示期满，公示无异议者按照有关规定和程序进行聘任，属于高级管理人员的须先报银监部门资格核准或备案，并实行试聘期一年。试聘期内受党纪、政纪处分或工作失误、给单位造成重大损失、群众普遍不满意的要解聘。试聘期满经考核称职的正式聘任，聘任期为 3 年（含试聘期）。

⑤建立人才库。对于竞聘中表现优秀但没有合适岗位予以安排的优秀员工纳入人才库管理。

五、实施效果

本次岗位竞聘工作，历时 3 个月最终圆满结束。通过竞聘上岗的拟任人员基本都是平时业绩优秀、领导和下属评价都比较高的竞聘者。改制后的农村商业银行在新的人才队伍的支撑下，平稳过渡，焕然一新。其中之前资本金严重不足、不良贷款高筑、防控风险能力薄弱的农信社改制后，资本充足率有效提升，不良贷款率大幅下降，历史包袱得到有效解决，各项监管指标均符合监管要求，该农村商业银行成功打通农村金融机构改制之路，受到省委高度赞誉。

第十四章
基于组织变革与发展的人才盘点

第一节 新业务拓展中的人才选拔

市场环境是一个动态变化的过程，为了应对市场变化，组织需要结合自身环境与发展阶段，灵活应对外部挑战，抓住外部机会，积极发展新业务。毫无疑问，发展新业务是一家企业扩张规模、分散经营风险和提高竞争力的重要举措，而在新业务的拓展过程中，能否为其匹配合适的人才，对于新业务的成败起着举足轻重的作用。

一、把握岗位要求

新业务在发展过程中，大部分时间处于“摸着石头过河”的过程，即使业务负责人对新业务非常熟悉和了解，但由于新业务对于组织本身是一块“未知之地”，其他部门和员工都是非常陌生的，在发展过程中会产生很多的不确定问题。在这一过程中，新业务本身也会发生定位的调整和策略的变化，而支撑新业务的岗位要求也会随之调整。

新业务岗位要求的不确定性，是新业务人才选拔的难点，由于缺乏明确的、成形的、经过实践检验的岗位要求、任职条件与人才标准，这就增加了人才选拔的模糊性；同时，新业务本身的不确定性也更容易加剧人才的流动。

在这一过程中，需要通过以下三个方面的措施来解决这个问题。首先，HR 要与新业务领导对岗位进行充分的沟通，对于岗位的职务形态、工作内容有清晰的了解。其次，HR 要与新业务领导在人才标准方面有统一的共识。这一共识，一方面要考虑岗位的要求，另一方面也要考虑到组织内部和外部市场上的人才现状，这两者需要达到一个合理的平衡。如果标准过低，则增加了筛选难度；如果标准过高，则增加了人才的搜寻难度。此外，这种标准需要体现清晰性和模糊性的结合，对于新业务开展非常重要的能力，如灵活应变、坚韧抗压、沟通影响等，应有明确的要求；而对于相对重要但并非刚性需求的能力，则应保持一定的模糊性与灵活性。最后，HR 与新业务领导都应做好对人才标准进行动态调整、更新迭代的心理准备，这是因为，新业务本身在发展中就有较大的变数，这就必然导致人才的选拔和匹配也会随之发生改变，所以双方要对此有充分的心理准备。

二、新业务人才标准的特殊性

新业务拓展过程中，对于新业务的人才标准设计，有以下三个原则。

①具有必要的知识技能。新业务因为“新”，在组织内部掌握与其相关的知识技能的人才相对较少，此时对知识技能的标准不宜过高，但同时也要有一定的要求和体现。在选拔过程中，优先考虑掌握新业务知识技能的人才，其次考虑与新业务的知识技能相关、能够快速迁移的成熟业务人才，最后考虑知识技能都比较欠缺的新人。当然，如果新业务与原业务差距非常大，或者新业务对创新性要求非常高，则新人更有可能不受思维的束缚，能够更好地适应新岗位。

②具有较稳定的能力素质。能力素质更难培养，对胜任岗位也更加重要，是人才选拔中需要考虑的核心因素。对于新业务来说，需要岗位人员对市场有更敏锐的洞察能力；因为缺乏成熟、稳定的内部管理体系，需要岗位人员具备较强的自我管理能力，更好的灵活性与适应性；而且新业务本身的工作压力比较大，需要岗位人员有较强的抗压性、耐挫力、投入度与责

任心。所有这些要求都是基于新业务的“新”而提出来的、“额外”的对人才的要求。

③有较强烈的动机。新业务因其困难性、开拓性，对人才的深层次的动机和潜质也提出了要求。对于新业务的开展，比较适合的有三类人才：第一类是喜欢变化，喜欢体验不同的新鲜事物，喜欢拥抱创新和变化的人才。这种类型的人才，本身乐于跳出原有状态，在新的岗位上尝试新的工作，开拓新的业务，在新岗位能够快速进入状态，适应岗位工作，对于新业务发展过程中的动态变化也能够欣然接受。第二类是有强烈的事业心、追求比较大的成就的人才。相较于成熟业务，新业务提供了一个更好的平台，更快速的事业发展通道，有利于有较大的抱负与成就感的人才实现事业上更大的成就。第三类是渴望抓住机遇、快速晋升、学习成长的人才，新业务面对的是从“零”开始的局面，新业务岗位人员经常面临比较复杂的工作场景，需要应对比较复杂的工作任务，参与新业务从小到大的发展，对于渴望在这个过程中提升自己的人才来说，能够得到更好的锻炼，也是很好的机会，这种心态和底层动机有利于做好手头的工作。

图 14-1　新业务人才标准的特殊点

三、新业务中的人才选拔和任用

新业务领导人的选拔，对于新业务的成败有着直接的影响。选拔过程中，需要考虑多方面的因素。

首先，新业务不同于成熟业务，新业务领导人需要具备创业家、企业家的精神，要有打破常规、勇于任事的品质，而这些特质对于成熟业务的管理者来说可能并不是必需的。

其次，在组织内部的成熟业务部门能够履职很好的人才，不一定能够做好新业务。成熟业务内部有一整套的管理体系来支撑业务的开展，而对于新业务来说，市场需要重新开拓，制度流程需要从头搭建，这需要任职人能够快速完成“守”与“攻”的思维转换。

最后，外部空降的高管不一定能够做好新业务。个人能力需要与组织内部的资源、文化有相互作用和链接，在更大体量的公司能够走得通、走得顺的路，换一家公司很可能水土不服、寸步难行。

所以，新业务的领导人选拔，还是要回归到领导者本身是否具备新业务拓展所需要的领导特质、个人的个性特征是否与新业务的组织文化相匹配、能否利用好内部资源带动新业务的发展等本质性问题。

对于新业务来说，在选拔中层和基层员工的过程中，同样要有侧重。新业务的管理体系是伴随着新业务的发展而建立和完善起来的，在没有发展到一定规模时，管理体系本身不宜过于复杂。在新业务的发展过程中，内部管理的成熟度也是动态完善的，这就要求新业务的中基层员工具备适应变化、快速行动、与新业务共发展的心态。过于追求稳定、习惯于按部就班工作的人才，难以在新业务团队中生存和发展，这也是在人才选拔和任用过程中需要重点关注的。

四、人才选拔的可持续性

新业务发展过程中，人才的流动会比成熟业务大，尤其是从外部招聘来的人才，对新业务前景的悲观认识、内部管理不完善、团队内部协作不良、对工作内容不适应等，都可能导致人才的流失，此时，HR 要做好人才选拔的持续性，主动做好思想准备，不指望运动式、项目式的人才选拔，而是要通过与新业务部门的密切互动，加强对新业务的思考和认知，做好日常人才储备工作，使人才选拔能够具有持续性交付能力。

第二节　组织转型过程中的人才盘点

人才盘点工作可以贯穿组织发展的不同阶段，从而推动组织发展的管理方法，而在组织转型变革阶段，人才盘点与发展更是确保组织平稳转型、争取变革成功的最为重要和基础的工作。

一、组织现状分析

组织面临转型变革时，往往在组织内部已经出现了比较大的问题，部分企业表现为规模萎缩。部分企业可能表现为向心力减弱，离心力增强，人心不稳，核心人才流失严重，一般人才严重过剩。还有企业表现为内部缺乏活力与创造性，官僚风气浓厚，制度繁复，缺乏有效执行。另外，常见的表现为产品竞争力减弱，市场占有率和赢利能力全面下降等。这些严重的管理现状都在倒逼企业采取适当的措施变革转型，而在人才盘点项目中，准确地把握企业当前面临的现状，有利于在项目实施过程中有所侧重，最终服务于转型变革的成功。

二、组织内部人力资源的梳理

对于面临变革转型的企业，人才盘点的工作并不像成熟企业那样，更需要体现出上承战略、下接运营的特点。

①组织内部的岗职体系梳理。在人才盘点之前，首先要对组织内部的岗职体系进行梳理，这一点对于后续的人才盘点工作非常重要。首先，需要从组织发展的视角考察整个组织的战略方向、业务目标及其所需要的核心能力与已经掌握的关键资源。而后，需要明确企业未来一段时间内相对稳定的组织架构、岗位设置、岗位序列与等位等级系统，这一系统应符合企业所在行业的特点，并能够保证企业业务的有序运转。

②人才队伍现状评估。在岗职体系确定的前提下，需要从多个维度对

组织的人力资源现状进行盘点。通常，从组织的人才结构、人才数量、人均效能等三个维度进行评估。

人才结构。需要分析当前全部员工的职级结构、年龄结构、职业发展阶段以及新老搭配状况，并评估：以上状态是否匹配组织及各部门的业务发展需要。

人才数量。需要确保企业及各系统人员相对于各部门的职数而言是充分的，同时，研发、生产、销售等主业务链条与财务、人力资源、行政等辅助业务链条上的人员数量和比例能够支撑组织的正常运转与战略目标的实现。

人均效能。通过计算人均产能、人工成本企业产出比、万元工资劳动生产率等指标，与行业内企业进行对标，对当前的人力资源组织管理能力进行评估。

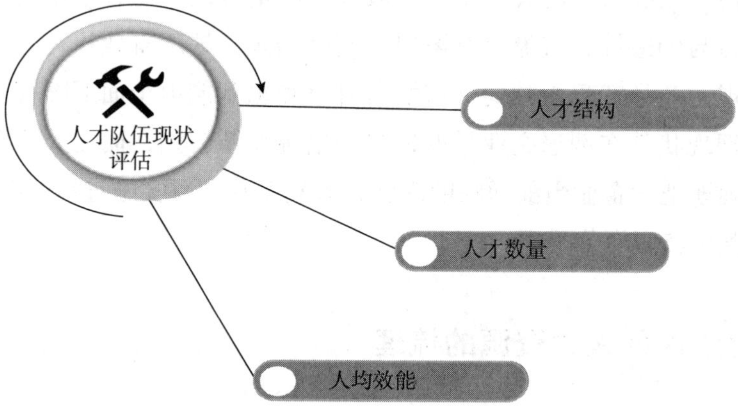

图 14-2　人才队伍现状评估模型

③目标群体的人才评鉴。根据人力资源现状，结合组织需求确定人才评鉴的目标群体。大部分企业会选择关键岗位、核心岗位、中高级管理者及其后备人员、高潜力人才等进行评估。具体盘点方法与步骤本书第十章、第十一章已有详细论述，在此不再赘述。

三、组织转型期人才盘点的关注点

组织转型期的人才盘点工作，需要注意以下问题。

①在确立人才标准时，需要体现一定的前瞻性。组织变革必然会对组织未来的发展带来深刻的改变，因此，人才标准的建立既要考虑当前的组织现状，更要具有超前思维，要考虑到组织中长期的发展。

②不同于组织在稳定发展期的人才盘点，转型期的人才盘点，往往需要跳出对单个人才独立的评价，而是要将人才放在组织的大背景中去进行综合评价。

③对人才的评价要基于客观的行为事实和关键事件，在此基础上归纳相应的能力素质，不能停留在感觉和主观判断层面。对人才进行综合评价和比较的过程，也需要基于相应的事实。同时，需要考虑到各个岗位的职务形态、特殊性及其对工作的影响。

④对人才评价的信息来源应当是综合的、全面的，需要基于被测评者的简历、绩效、周边评价、访谈信息等进行全面分析，这样的盘点结果才经得起推敲和验证。

四、变革期人才盘点的成功关键

相比较于常规的人力资源盘点，变革期的人才盘点工作对盘点过程的科学性、盘点结果的准确性以及落地性要求更高，盘点过程中遇到的挑战和阻力也更大，因此，在盘点过程中，要抓住以下关键成功要素，推动盘点工作的顺利开展。

①争取高层的推动和支持。组织变革有可能触及组织的核心利益与关键人才的基本利益，这一过程中不可避免会面临部门内部、跨部门间的不配合或摩擦，这时，争取到高层的支持就显得非常重要。一方面，高层对组织变革的方向有更加清晰的思路，其深度介入会使项目方向更加明确；另一方面，高层的支持会使项目的推进更加顺利，避免了很多可能出现的阻碍。

②密切接触业务部门领导。人才盘点的最终目的是为了推动业务发展，因为盘点工作影响到业务部门的运转或无法起到作用，人才盘点的价值就可能受到质疑。因此，盘点工作的过程中，要与业务部门密切互动保持信息畅通，根据业务部门的意见不断修正和完善盘点过程、盘点标准与盘点

方法，让业务部门真正感受到盘点工作的价值。

③完善人才盘点团队的内部管理。组织内部的人才盘点工作面临方方面面的工作，不仅有专业性较强的人才标准构建、题本开发等，还有大量的与各部门组织协调、沟通反馈的工作。这个过程中，项目团队内部的团结、统一、高效协作就显得至关重要，需要处理好项目组与盘点群体、项目组与公司高管、项目组内部甲乙方之间的关系，确立共同的目标与方向，共同推进盘点工作的开展。

第三节 基于人岗双向适配的人才测评

在组织内部，人岗匹配是一个双向过程，个体要满足岗位的能力要求，岗位同时要满足个体对工作性质、工作内容的要求。对现有岗位任职人员的人岗适配盘点，能够客观地评估当前企业的人才胜任状况；对于岗位后备人员的人岗匹配盘点，能够评估后备人员对于现有关键岗位的保障程度。此外，人岗适配情况也是人才流动、继任计划需要重点考虑的问题。

一、岗位适配性模型构建

相较于传统的胜任力模型和任职资格标准，岗位适配模型覆盖的范围更广，考虑的更加精细。传统的人才标准聚焦于人才能否满足岗位需求，更好地支撑岗位工作，而人岗适配性不仅考虑到岗位对人才的需求，同时也会考虑到人才对岗位的要求。通常，岗位适配性模型可以通过以下三个方面来构建。

①岗位能力要求。岗位本身的职责对人才的能力提出了要求，比如，营销岗位要求岗位任职人员具备沟通能力、谈判能力，技术岗位要求岗位任职人员具备钻研专业、改进创新的能力，而行政岗位则要求任职人员具备书面表达、组织协调能力，等等。显然，满足岗位职责所对应的能力要求的人员，能够较好地完成工作任务。

②岗位个性要求。岗位个性要求是指岗位本身的工作性质对于某些个性的人来说更为合适。比如，财务岗位对于追求严谨细致的人来说更合适，研发岗位对于天生具有钻研和冒险气质的人来说更合适，而公关岗位对于天生性格外向的人来说更合适，等等。需要指出的是，个性本身并不能够支撑任职者做好本职工作，其所起的作用在于，具备某些个性的人员在从事某些岗位的工作时，对于该项工作在心理上接受程度更高，相应地，工作也更为轻松和得心应手。

③岗位动机要求。动机是人内心最深层次的驱动力，具备与岗位动机匹配的人能够在岗位工作上走得更长久。比如，企业家需要具备较强的成就动机、权力动机，这样才能激发他不断将企业做大做强，而空乘人员则需要具备较强的亲和动机，这样才能促进她更好地在窗口岗位做好服务工作。

能力、个性和动机是个体心理结构的重要组成部分，岗位能力要求解决的是任职人能否很好地完成工作，岗位个性要求解决的是任职人是否乐于承担此项工作，岗位动机要求解决的则是任职人是否热爱这项工作，并且愿意长期从事此项工作。

二、全面人才评价

人岗双向适配是一个复杂的问题，不同于传统的人才盘点，在解决任职人员与岗位匹配度的同时，人岗双向匹配需要同步解决人员匹配什么岗位以及岗位需要什么人员的问题。这就要求对人才的评价不只局限于当前岗位所要求的素质项，而应扩展到对人才的全面评价。

①对人才的全面评价包括能力、个性、动机三个维度。能力、个性、动机共同构成了一个人的全貌，个体能够胜任当前工作，不代表他喜欢做前工作；喜欢做当前工作，也不代表他愿意长期从事这项工作。因此，从这三个维度出发的全面评价，能够更加立体、全面地对个体进行考察。比如，对于喜欢安稳、外向、具备良好的沟通交流和影响说服力的小王，他在能力层面能够做好销售工作并且也喜欢销售工作，但是他的深层动机并不适合销售工作。因此，在需要承担压力、业绩考核严苛的情况下，他对工作

的热情可能就会降低。

②对人才的全面评价包括短期和长期评价。在对人才的能力、个性、动机进行全面评价的同时，需要综合考虑短期和长期的行为表现。一方面，可以根据现场综合测评结果推断此人的个性与动机；另一方面，也可通过其他途径，从此人的日常行为和一贯作风等方面了解个体的能力、个性与动机。

③对人才的全面评价包括当前岗位和相关岗位的评价。对于人才流动、继任计划等项目，需要同时解决个体与哪些岗位匹配度高、特定岗位需要哪些类型人员的问题，这时就需要对个体与各岗位所要求的能力、个性和动机都进行评估，最终分别从能力匹配、个性匹配、动机匹配等多个方面进行综合判断。

三、岗位适配性过程评估与验证

人岗双向匹配是一个复杂的权变系统，不同企业本身的组织能力不同、平台体系成熟度有差异、企业文化迥异，因此，对个体的能力、个性、动机的要求自然也有所不同，人岗匹配在能力匹配、个性匹配、动机匹配方面的要求也不一致，而且人岗本身在交互过程中也会动态变化。

岗位的类型本身对任职人员会提出一定的要求，传统的岗位类型理论依据岗位对任职者履职过程中应具备的知识技能、履职行为、履职结果的要求（即“输入—过程—输出”三个方面），分为“上山型”“平路型”“下山型”三种类型。

表 14-1　　不同的职务型态划分

类型	定义	岗位举例
上山型	该类型岗位更注重工作结果，其次工作过程，最后是工作知识技能	销售岗、高层管理人员
平路型	该类型对工作能力、工作过程、工作结果同等重视	行政、人事、文职、一般管理人员
下山型	该类型岗位更注重工作知识技能，其次为工作过程，最后为工作结果	研发、设计、工程师、财务人员

由于不同的岗位对任职者提出了不同的要求，岗位本身在任职者履职过程中会影响和改变任职者，职业内在的职业化要求也在塑造任职者的性格，这就使得任职者可能经历“不适应—适应—擅长”的转变，也可能经历“擅长——般—不适应”的转变，所以这个过程中人才管理者应该以“士别三日，刮目相看”的心态去动态地进行人才管理。

同时，应该注意到任职者本身也在对职位产生影响，同一岗位由不同的任职者履职，不仅结果，可能过程也会出现较大差异。在金融业、制造业、快消行业等比较成熟行业，这样的现象可能不明显，但是在互联网、新媒体等快速发展的行业，新的岗位会被创造，而这些新的岗位的职责会由任职者来影响、改变。

在岗位适配评估过程中，应综合考虑岗位对人的要求及影响、人对岗位的要求及影响以及人与岗位交互过程中的动态作用，在评估过程中，通常会通过选取组织内部分司龄较长员工，对其素质项进行编码，对其发展路径进行分析，从能力、个性、动机等维度进行统计，由此可以通过归纳得出关键的匹配度阈限，作为人岗匹配性评估的基准，在此基准上对现有的人员进行评估，并且动态跟踪，实现人与岗的动态匹配。

四、岗位适配性的延伸

岗位适配性是一个比较宽泛的概念，年龄、学历甚至性别、形象等都可以纳入岗位适配的范围，在以人为本的趋势下，组织不仅要从岗位出发，要求人才做好岗位所要求的工作，还要深入考虑人才在完成岗位工作时的个性、动机层面的意愿与愉悦程度，考虑到个人与公司发展阶段、公司管理成熟度的匹配性，如此才能从长期角度促进组织内部人才体系的稳定与发展，从而支撑组织目标的实现，实现组织长久永续的发展。

对于创业公司来说，业务高速发展，缺乏成熟健全的人力资源、制度、流程等管理体系，工作灵活性高，强度高，稳定性差，福利保障弱，这就要求创业公司的员工一方面能够接受公司现存的问题，另一方面愿意投入时间和精力与公司共同发展。创业公司的快速发展同时也对内部的员工提出了一定的要求：需要具备快速学习的能力，能够积极主动地承担工作，有较好的心理适应能力和灵活性，有较高的成就动机。只有满足这些要求，才能说有较高的岗位适配性，公司对于员工才是通过工作创造和实现个人价值的平台。

对于发展了几十年，管理体系非常健全的成熟企业，公司内部已经有明确的业务发展和职能支持体系，组织机构稳健，制度流程体系健全，每个岗位都有明确的岗位职责，分工明确。这样的成熟企业有利于公司内部的员工形成良好的职业习惯，同时，过于明确的分工不利于员工工作技能和知识结构的多元化，过于死板的管理体系也容易限制个人的快速学习、提升业绩、开拓创新等。

在人才测评的过程中，测评师需要考虑到，对于企业来说，最重要的是选择到最合适的人才，而不是最优秀的人才，只有岗位适配性高，个人所具备的知识、技能才能够转化为工作绩效，否则，岗位工作性质会限制个人知识和技能的发挥。不能转化为绩效的知识、技能对企业没有实质性的价值。

案例分享　某石化企业基于组织变革的中高层盘点

一、企业背景与项目概况

某石化企业是央企二级单位，成立五十多年，建成了国内第一套引进的 30 万吨乙烯装置，率先实施了两轮乙烯改扩建工程，具备千万吨炼油系统，是国内第一家生产欧 IV 标准成品油的炼油基地，率先推出京Ⅵ油品，处于全国油品升级的前列。拥有生产装置 63 套，可生产 94 个品种、431 个牌号的石油化工产品，是国内重要的合成橡胶、合成树脂和高品质成品油生产基地。当前，累计加工原油 3.56 亿吨，生产乙烯 2425.58 万吨，累计实现销售收入 13953.11 亿元，上缴利税 1698.24 亿元。

2019 年，根据上级集团的统一部署，为提高组织竞争力，该石化企业决定开展人力资源价值增值与评估项目，旨在通过对组织内部人力资源进行系统的梳理和盘点，在此基础上，基于公司战略、业务需求与员工期待，找到组织内部人力资源价值增值的有效途径。该项目中最为关键的环节就是面向全体中层以上干部的人才盘点。上述中层干部覆盖本部、分子公司的各个部门，以及技术、管理等不同业务条线是该企业的核心人才队伍，通过对上述干部的胜任力评估，就可以对整个企业核心人才队伍的能力水平与优劣势有一个全面的评价，也才能够找到人才队伍价值增值的准确方向。

二、胜任力建模的过程

上述 180 多名干部覆盖本部、分子公司各个部门，为了既体现企业对于干部的共性要求，又能够反映不同序列干部的专业素质，在充分了解以上人员岗位工作性质的基础上，决定采用“通用项 + 差异项”（N+X）的模式开展建模工作，具体步骤包括：

①文献研究：对集团发文、公司领导重要讲话、会议发言、公司战略发展规划、人才工作会议纪要等进行研究，从中归纳企业发展对于干部的要求。

②以“HAN–82 管理者素质模型”为基础，设计专项问卷调查，了解公司领导对于中层干部履职能力的看法。

③对标同等规模、体量的其他制造企业，以其中层干部胜任力模型作为借鉴和参考。

④通过对中层干部的岗位职责进行分析，演绎、推导支撑干部做好本职工作的能力素质。

特别需要说明的是，本次胜任力模型的构建，是基于上述调研的结果，从 HAN–82 管理者素质模型的 82 个素质指标中进行选取，就像在一组卡片中挑选合适的卡片一样，因此，这种方法也称为“卡片建模法”。

综合四个方面的调研工作，通过卡片建模，最终形成了该企业中层干部的胜任力模型。如图 14–3 所示。

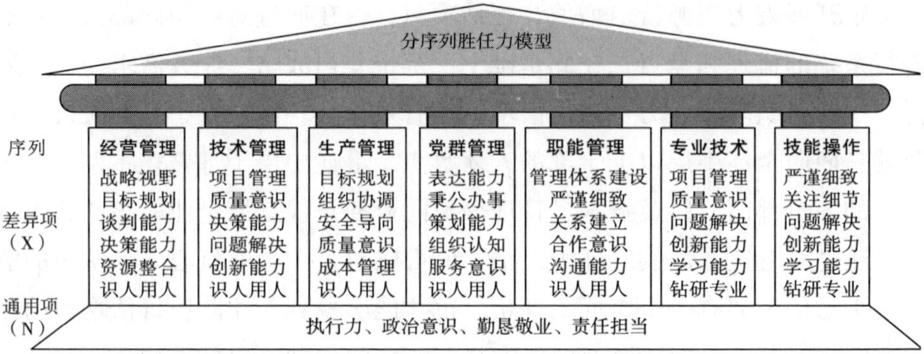

N：代表通用胜任力，体现企业在组织层面对中层领导的能力素质要求

X：代表差异胜任力，体现不同序列的岗位对中层领导的能力素质要求

图 14-3　某石化企业的胜任力模型

三、人才盘点的组织实施

对于上述 180 多名干部的素质评估，综合采用在线测评、公文筐测验、专家访谈、360 评价四种方式构建的“评价中心”进行测评。

①在线测评。根据各序列中层干部的胜任力指标进行组卷，通过《HAN- 82 在线测评系统》进行测评，被测评者通过手机扫描二维码或网页链接登录系统界面进行答题，系统自动生成测评报告。

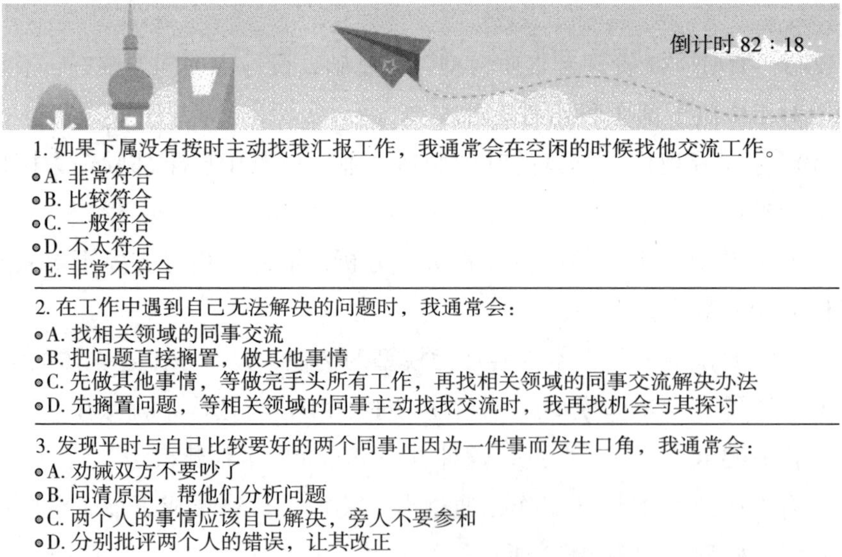

图 14-4　在线测评系统

②公文筐测验。根据企业的市场环境、业务体量、组织架构等，项目组定制了公文筐测验题本，高度模拟了该企业干部在工作中经常遇到的工作场景，要求被测评者根据题本要求完成测验，由专家进行评分。

【事例】陈总：

近期经常有员工私下议论，内容涉及到对公司管理的看法、个人成长等问题。针对这种情况，我部进行了相关调查，发现以下几个问题比较突出：①有些部门团队氛围不太好，内部沟通渠道不通畅，员工即使有意见和建议，也没有渠道表达；②部分部门管理人员的管理和激励手段有简单化、主观性倾向，员工不服气；③很多员工和管理人员自我保护意识强烈，明哲保身，不愿意发表不同的意见和看法，认为不受公司重视，说了也白说等。

为此，我们提出以下建议：

①计划于 2019 年 12 月中旬，组织公司基层管理干部培训活动，重点内容是：基层管理者沟通协调、辅导培养和团队激励技能提升；②设立员工意见箱，鼓励员工积极提意见和建议。

如您有更好的建议，请批示。

③专家访谈。由人才测评师组成的小组对每位中层干部进行半个小时到一个小时的单独访谈，访谈以 BEI 方法为基础，通过了解中层干部对自身工作的认知、对工作重难点的把握以及日常工作的行为表现，对由此折射出的素质特征进行评分。

④上级评价。采用 360 度评价中的向下评价，由公司领导班子根据对被测评者日常工作的了解，按照项目组提供的评分标准，对被测评者各项能力素质进行评分。

最终，项目组综合以上四种方式得到的结论，在加权平均的基层上，得到每个被测者、每个指标的得分以及最终的总分。

四、工作输出与成果

通过对180多名中层干部基于“评价中心”的全面测评，针对每个个体提供了面向个人发展的《综合测评与发展报告》以及HAN–82专项测评报告、职业性向测评报告、MBTI性格倾向测评报告等，使得每位干部都能够明确自身的优劣势以及今后的努力方向。

同时，通过对全体干部素质评价结果的分析，可以清晰地看到，在岗位胜任方面，有多大比例的干部是满足要求的？面向未来发展，又有多少干部是具有潜质、可以通过培养成功转型的？这些干部分别占有多大的比重。

结合公司的关键岗位盘点，可以清晰地看到，关键岗位的人才充足度是怎样的，当前在岗人员的胜任度是怎样的，公司未来能够递补上述岗位的人才有多少，是否存在较大的人员缺口，等等。

测评报告

一、总体情况

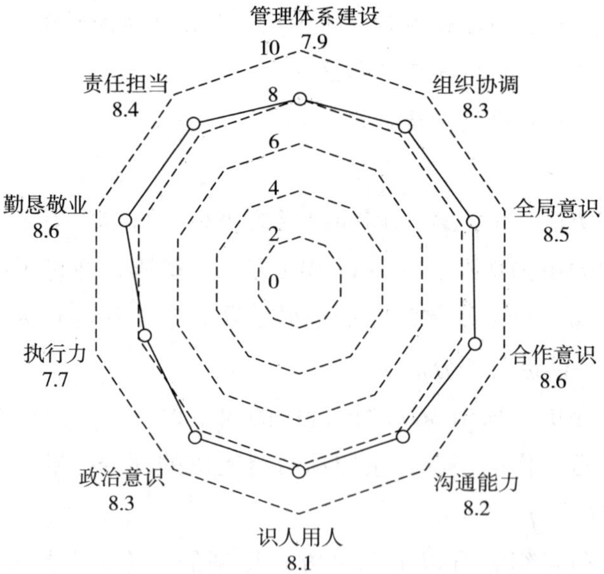

总分：8.26分

外显素质：合作意识、全局意识

不外显素质：执行力

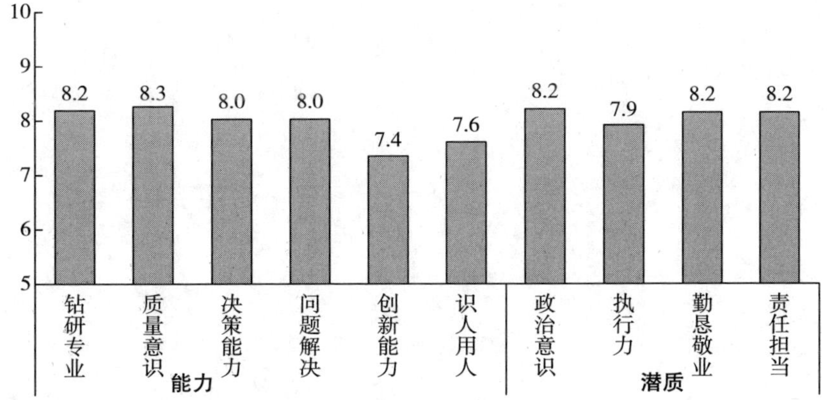

技术管理序列各指标综合得分

图 14-5　测评报告

五、对于企业的作用

通过这次系统、科学的人才盘点，该石化公司为上述 180 多名干部建立了人才档案，根据盘点中发现的共性问题，制订了新一年度的人才发展与价值增值计划。

同时，站在企业发展的角度，也明确了未来的业务需要多少人、现在有多少人能胜任，未来几年每年有多少人退出，人才如何递补、引进与培养等问题，从而摸清了家底，为后续人才工作的升级与提高奠定了坚实的基础，而在接下来的一年中，该石化企业的对组织内部的人才体系进行了系统的优化升级，并得到了集团的高度认可，成为人才价值增值的标杆企业。

第十五章
经营管理人才的素质评价

第一节　中高层领导干部的盘点

一、中高层管理层级

企业的中高层管理者是企业发展的中坚力量，在组织内部起到承接组织战略、落地执行的关键作用，所以中高层管理者的盘点工作对于组织的发展有非常重要的作用。

依据经典的拉姆·查兰领导梯队理论，大型企业内部可以分为个人贡献者、一线经理、部门总监、事业部副总经理、事业部总经理、集团高管、首席执行官七个层级，对于规模较小的公司，企业内部可能只有员工、经理、总监、副总、总经理五个层级，一般经理、总监级领导为企业的中高层管理者。

二、中高层常用的测评指标

对于中高层领导者来说，他们工作的重要内容是进行管理，决定他们绩效的关键要素也是管理能力，所以对于中高层管理者的盘点通常围绕他们管理能力展开。按照管理的层面，可以将管理分为组织层面、任务层面、团队层面和个人层面。

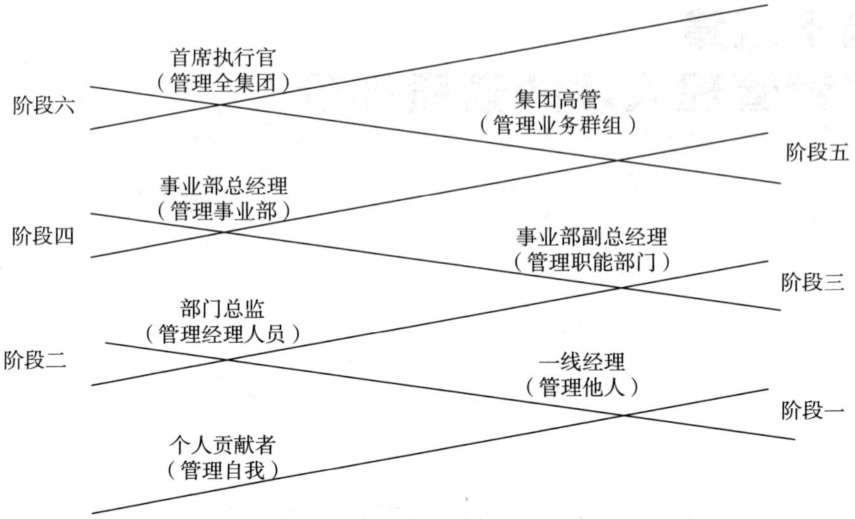

图 15-1　拉姆·查兰的领导梯队模型

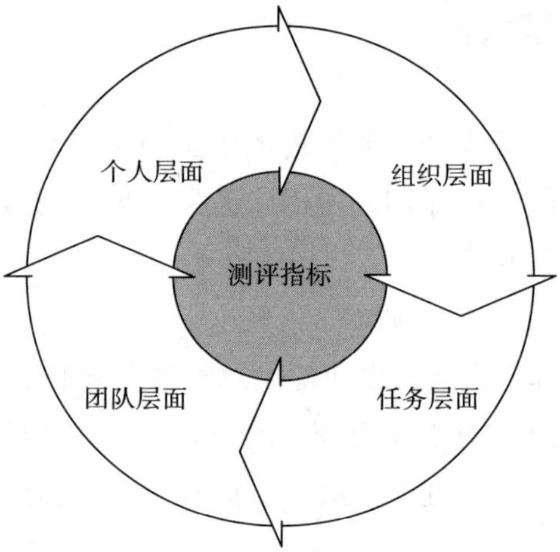

图 15-2　测评指标的四个层面

①组织层面。中高层管理者通常负责组织一个多个独立模块的工作，该模块的工作其影响范围覆盖到公司层面。在这个维度常用的测评指标有战略视野、目标规划、资源整合、客户导向、全局意识、组织认知、危机意识、企业家精神等。

②任务层面。虽然中高层管理的影响范围在公司层面，但其领导和管理的范围在部门内部，更多的工作是落实具体的任务。所以在任务层面的

能力指标的考察是对中高层管理者考察的重点，中高层管理在任务层面的指标主要有与业务相关的项目管理、目标管理、决策能力、关注细节、策划能力等，与人际相关的有组织协调、冲突管理、团队管理、合作意识等指标。

③团队层面。中高层管理者都需要带队伍，所以在团队层面的相关考察指标有科学授权、团队激励、培养指导、团队氛围建设、识人用人等。

④个人层面。在个人层面的考察主要体现为对中高层管理者的个人素质、自我管理的评鉴，通常考察的指标有学习能力、逻辑思维能力、精力管理、情绪管理、形象建立等。

三、中高层管理人员的测评实施

对中高层管理人员的测评实施通常按照以下四个步骤进行。

①确定中高层管理人员的测评模型。通过多样化的方式构建中高层管理人员的测评模型。构建模型的方法比较多样，如果组织希望构建的胜任力模型能够用 3 ~ 5 年，而且愿意投入大量时间和精力构建模型，那么通常用行为事件访谈（BEI）的方法建模，通过对大量绩优和绩平人员的访谈，提取两部分人员群差异的能力素质项，对照胜任力素质词典，构建胜任力模型，同时结合战略演绎法、管理情景分析法等方法进行补充。如果组织希望把大量的时间和人力用来开展测评过程的实施或者后续的培养环节，那么通常采用敏捷建模的方式，快速建模而后组织在后期迭代更新。敏捷建模通常采用行动学习建模法，通过组织工作坊，要求中高层领导在既定的卡片中进行筛选、排序等，通过最终的统计结果达到快速建模的目的。项目组在测评模型构建的过程中应该根据组织需求灵活选择。

②确定盘点方法，实施测评。为了确保测评结果的准确性，通常采用多种测评方法对被测评者进行盘点，常用的测评方法包括半结构化访谈、角色扮演、无领导小组讨论等。中高层管理人员对于企业的发展有重要作用，所以对中高层管理人员进行盘点时也需要考虑到对他们日常职场表现的考察，360 评价能够很好地实现这一目的：上级、平级、下级对被测评者的打分是基

于与被测评者的日常协作，这能够有效地弥补半结构访谈、角色扮演等在有限的时间内对被测评者进行考察的不足。但需要注意的是，考虑到360评价由不同的测评师打分，每个人可能有不同的标准，所以在打分时容易出现标准不一的现象，所以在360评价操作时，要有明确的打分标准，在打分时要求对被测评者日常的行为进行评价。相比于直接对被测评者的能力进行评价，对被测评者的行为进行评价更加客观，方便评价者统一评分尺度。

③进行人才画像，构建人才地图。项目组基于测评结果撰写人才测评报告，好的测评报告对被测评者的评价综合、立体，一方面能够勾勒出被测评者典型的个性特征、管理风格，能够使报告阅读者对被测评者有整体把握，另一方面需要对被测评者的优劣势、行为习惯、风险因素有较好的描述，同时需要提出相应的管理和使用建议。这样的测评报告对于人事决策和人才培养才有参考价值。

对于参与盘点的人员，通常通过能力—绩效绘制九宫格，将所有参与盘点的人员放置在九宫格中进行定位，通过九宫格可以一览企业内部的明星人才、潜力人才、后进人才等各种类型的人才的数量和分布。

四、中高层管理人员测评的注意事项

①日常工作的考察。在测评过程中，如果仅仅是通过专家访谈、公文筐测验、案例分析等方法进行测评，那么测评结果很大程度上容易受到被测评者临场表现的影响。对于善于沟通、交流和表现的被测评者，他们在测评过程中容易表现最好的一面，项目组对被测评者的判断也主要是基于被测评者的最优表现。但是在职场工作场景中，与被测评者绩效相关的更多的是被测评者日常的工作行为和表现出来的职场能力。所以如果综合360评价、常态化考核数据等更能体现被测评者日常工作的评价方法，那么对被测评者的考察会更加立体和精准。

②测评结果的反馈。对中高层管理人员进行测评结果反馈和报告解读，能够使中高层管理人员对自我有更加清晰的认识，同时通过测试师和被测评者就测评结果的沟通，有利于双方就测评结果得到更加一致的认识。在测

评结果反馈的过程中，项目组需要首先倾听被测评者对测评结果和测评报告的感受，其次对测评报告各个模块进行详细的说明，并针对被测评者有疑问的地方进行耐心细致的答疑，双方就以后的提升和发展做深度沟通。

测评报告反馈的过程中，反馈人员首先要进行暖场，如果是由外部咨询公司在反馈，那么首先需要进行自我介绍，并解释反馈会议的目的，其次分享在评鉴过程中观察到的各种具体行为表现以及行为模式，在这个过程中需要对测评背后的理论依据和标准做简单的相应说明，并引导被测评者参与到互动沟通过程中，最后结束反馈会议。

第二节　高潜人才的盘点

一、高潜人才的定位

高潜人才（High Potential Talent）最早由欧洲企业提出并开始在商界流行。在欧洲企业高潜人才指追求高层管理职位、具有潜力的高水平管理者。高潜人才的概念进入国内后，不同学者对高潜人才的定义提出了不同的见解。

周国平及邵廉慧等认为高潜人才指通过一系列严格的标准和程序挑选出来的、有很大可能成为公司领导人的人才。王凡等人认为高潜人才指由于缺乏某种机会或某种条件，尚未取得引人关注的成就，以至于他们暂时未被社会承认，但是具有与生俱来的人才发展潜质或潜力的人才。赵晓伟及蒋振贤等人认为，高潜人才是潜在形态的、处于已经成才的进程中或正在成才的进程中的、已经取得初步创造性劳动成果但是还未能够被社会所正式承认的人才。

综合学者的定义，我们可以通过对高潜人才的特征描述来界定高潜人才，即高潜人才表现出来的三方面的特征。

①潜在性。高潜人才目前还未拥有与他们能力相匹配的职位或机会，他们具备对于更高一层的职位的胜任潜力。

②机遇性。高潜人才本身的“潜”带有一种不确定的可能性，他们的

成长有较大的机遇性，这就使得他们可能脱颖而出，也可能永久埋没。

③成长性。高潜人才的成长速度比较快，他们会随着平台的变化、经历的锻炼而使个人能力得到快速提升。

二、高潜人才的测评模型

高潜人才的测评模型一方面体现了人才标准的通用性，另一方面也体现出了对潜力的重点考察，目前国内外高潜人才的选拔模型主要有表 15–1 中所示 16 种。主要围绕以下几个方面。

①动机。对高潜的人才动机指标，大体体现为三个方面，首先为扩大范围方面，包括领导动机、超越职责范围工作、敢于冒险、致力于影响追求等，其次为追求结果方面，包括结果导向、追求卓越，最后为内在动力方面，包括主动性、活力、内驱力、尽责性、敬业等指标。

②认知能力。认知能力方面的指标首先体现为包括智力、理解力等的基础认知智力，其次为体现思维高度与广度的战略性思考、宽阔视野、在更高的层级看问题等指标，最后体现为与解决问题相关的解决复杂性、模糊性问题的能力、判断力、决策力等指标。

③品格及人际能力。这方面的能力首先体现为正直、企业文化和价值观榜样等指标，其次为毅力、韧性、乐观、专注、个性成熟、支配性等品格与个性指标，最后为人际能力、情商、同理心、自知之明等与人合作的能力。

④学习力。学习力包括学习动力方面的求知欲、好奇心等和学习能力方面的乐于接受反馈、灵活性、适应性、学以致用等指标。

⑤领导力。领导力包括领导经历、发展人才、影响力、激励他人、建立高绩效团队等团队领导力方面的指标以及驱动变革方面的变革管理、挑战现状。

⑥绩效记录。绩效记录主要体现为高潜人才在过去一段时间内的多样化的任务中的工作表现。

⑦其他。部分学者和管理公司在确定高潜人才时，还会考虑文化适应性、专业技能等。

表 15-1　**高潜人才选拔模型**

潜质因素	动机	认知能力	品格及人际能力	学习力	领导力	绩效	其他
Juhdi N 等（2015 年）	客户导向 结果导向		人际能力	灵活性	创造高绩效团队	绩效	技术能力
Aon Hewitt（2013）	结果导向和创造性解决方案、渴求更大责任和挑战、追求领导职位机会、工作超越本职职责	预测组织和客户需求、优先处理和优化以获取成果、有效管理模糊性	文化和价值观榜样	快速学习 灵活性	建立追随力 自信并被尊重	持续超越期望持续高绩效	热爱商业
Dries 和 Pepermans（2012）	求知欲、尽责性、结果导向、领导动机	战略洞察力、决策力、解决问题能力	毅力、情商	乐于学习、适应性	自我推销		利益相关者的敏感性
Ready D 等（2010 年）	追求卓越、结果导向、进取精神	判断力、敏锐的感知力		学习催化力			
Silzer 和 Church（2010）	结果导向、活力、抱负、敢于承担风险、组织承诺、驱动力	战略思考智力、处理复杂性和模糊性问题的能力	人际能力、支配性、韧性	学习变量	领导技能、领导经验	绩效记录	文化适应性、专业能力等变量
Jian Quan T 等（2009）	奉献	社会判断力、决断力	人际能力、情绪稳定性、军人气质	学习与运用知识能力	计划与组织、书面交流能力、口头交流能力、影响他人		
Van M 和 Hogan R 等（2008）	结果导向、卓越运营	战略性推理、解决问题策略性、判断力	坚韧合作、尊重他人、自知之明		人才发展		

续表

潜质因素	动机	认知能力	品格及人际能力	学习力	领导力	绩效	其他
Bill Tiffan（2009）	工作超越本职职责、结果导向未来导向、愿意承担风险活力	专注与优先考虑、前瞻思维	团队合作		影响他人	绩效	组织关键领域所需的技能
Hay Group（2008）		全方位视角	成熟个性、理解他人	乐于学习			
MDA Leadship Consulting（Barnett，2008）	内驱力、组织承诺	认知能力	支配性、稳定性、善交际	学习导向、多才多艺			
Duckworth 和 Peterson 等（2007）	主动性、活力、责任心、敢于冒险、追求进步、权力和控制	智力认知复杂性	乐观、支配性	适应力	管理人才、领导经验、驱动变革		处理量化和财务信息
Corporate Leadship Council（2005）	敬业度、进取心	认知能力	人际能力、情商				技术 / 实用技能
Slan 和 Hausdorf（2004）	结果导向	决策力、战略思考		适应力	领导能力、团队合作、沟通能力、激励他人、发展人才、变革管理		向上二个层级多样化工作经历、商业敏锐性
Lombardo 和 Eichinger（2000）	困难下夺取成果、开拓精神、激情	善于应对复杂性、政治嗅觉灵敏、善于利用资源、从新的角度考虑问题	因人而异做出回应、自我认知、压力下的冷静和韧性	好奇心、乐于思考、从经验中学习、喜欢用案例测试、自我提升技能	建立高绩效团队、激励他人获取卓越绩效、自己出现的场合他人都有信心、影响力、领导变革		向他人解释自己的思考

三、高潜人才的实施流程

①确定高潜人才评估。高潜人才的评估模型可以从两个角度展开，一种是采用成熟的高潜人才模型进行评估，比如通过领导力潜力模型对高潜人才进行评估；另外一种是采用高潜人才目标岗位的胜任力模型作为评估模型，比如对高潜人才的上一级岗位为部门总监，被测评者具备成为部门总监的潜质，则采用部门总监的胜任力模型作为评估模型。

某公司的“领导力潜力模型”设定了9级目标岗位，分别为个人贡献者、小组长、初级管理者、中级管理者（管理经理人）、职能领导者、业务领导者、高级职能领导者（跨职能）、高级业务领导者（多业务）以及CEO九级。测试维度分为7个，分别为学习敏锐度、经验度、认知度、领导力特质、内在动力、逻辑思维、管理风险因素等，每个维度下面又细分多个子维度。测评时首先选定职业目标岗位，再对被测评者的七个维度的领导潜力进行测评，并与相应的目标岗位做对比，以选定最合适的高潜人才。

②确定组织内部测评人员范围。组织内部需要明确参与高潜人才测评的门槛，通常采用绩效标准的方式，比较严格的绩效标准可以设置为30%，比较宽松的绩效标准可以设置为50%，对于符合绩效标准的人，通过个人提交申请或上级推荐的方式报名，项目组进行内部审核之后通知是否参与测评。

③确定高潜人才测评方法。对于高潜人才的测评通过线上与线下、群面与个面相结合的方式进行，确保每个指标都由2种及以上的方法综合评测的得分统合而成，形成汇聚性得分。常用的线上测评方法包括能力测验、个性能力、动机测验、潜质测验等等，线下的个面方法有FBEI访谈、案例分析、公文筐等，群体测评的方法有无领导小组讨论、管理游戏测评等。

④实施高潜人才测评。制定高潜人才评分标准、评分表，统一评分规则，之后实施高潜人才测评。在测评过程中需要做好相应的文字、录音记录，评委组进行多轮合议和沟通，确保测评过程公平公正，达到应有的测评目的。

四、高潜人才测评的结果应用

高潜人才测评最终的落脚点在于结果的应用，所以在高潜人才的结果应用方面需要注意以下几方面。

①对测评结果的深度解读。对高潜人才的评价是多方面的，实际的工作场景中很少有人能够各个方面都优秀，所以对测评结果需要精细化的解读。首先，测评总分的参考价值有限，总分本身是为了对测评者有一个整体评价，但是这个总体评价掩盖了被测评者在各个维度的得分信息。比如被测评者张经理和王经理的总分都是10分制下的8.5分，但是张经理乐于沟通，善于人际关系，而李经理内敛谨慎，喜欢钻研，总分对这些方面的信息是无法体现的。其次，不仅要分析被测评者在不同维度的表现，还要考虑被测评者在不同的测评方式下的表现，这样才能透过测评本身看到深层次的东西。比如王经理在一对一面试中各项得分都不错，但是在无领导小组讨论测试中分数却很差，那就需要考虑是不是无领导小组中竞争性的压力环境阻碍了王经理的表现。最后，测评结果一方面需要放在整个测评群体中看，另一方面需要放到整个行业场景中，这样对这个得分在真实的职场中所代表的含义才有更加明确的把握。

②优劣势选择性的培养方式。对高潜人才的培养是一个需要精细化设计的过程，尤其是一对一的培养计划。高潜人才的培养并不是一味地聚焦于劣势提升能力短板，同时要考虑到是否需要聚焦于被测评者的能力优势，使其优势进一步放大，成为他突出的能力长板。比如对于不善沟通的技术方向的工程师，沟通能力本身是一个复杂的、培养难度比较高的能力项，与其花过多时间来培养他这样的能力，不如聚焦优势，给予更多的资源使其在擅长的技术领域继续深耕。在任用时发挥他的技术优势，分配任务时适当规避沟通难度比较大的工作。

③高潜人才的事件历练。高潜人才的培养需要紧贴目标岗位，使其“潜在”的能力素质变成“显性”的。高潜人才本身的性格差异性很大，自我提升的方式方法也有差异，学习敏锐度比较高的能够快速觉察，而韧性和毅力比较高的习惯于专注和深入研究。所以需要基于高潜人才测评的结

果，根据他们的性格特征、学习偏好选择灵活的培养方式，将其置于必要的事件历练中，提升对方的能力素质。

总之，高潜人才的测评不仅需要强调对人才的选拔和评鉴，同时需要结合测评结果，对人才进行有针对性的培养提升。

第三节 基层管理人员的盘点

一、基层管理人员的特点

基层管理人员是企业战略方向落地的关键环节。在企业的人力资源管理中，通常会对企业的中高层、中层后备、核心人才、骨干人才、高潜人才等进行盘点，对基层管理人员的盘点往往容易忽略，事实上，基层人员的选择和任用能够确保企业的人才有充足的储备，这对于企业人才梯队的建设、组织能力的提升也能够发挥重要作用。

相较于中层管理人员，基层管理者直接管理公司的一线人员，这种组织内部的定位，一方面要求基层管理人员在知识、技能方面必须精通，另一方面需要具备一定的管理技能，能够基于自己的岗位职责，对管理幅度范围内的员工督促、沟通、协调、控制等。

二、基层管理人员的盘点方案

对于基层管理人员的盘点，需要综合考虑企业基层管理人员的现状，在盘点方案设计上，可以考虑以下几方面的因素。

①分阶段实施。对于基层管理人员的盘点通常分阶段实施，分阶段实施有多方面的好处。首先，由于基层管理人员承接公司的具体业务的执行，集中对基层管理人员测评，不可避免地影响到公司业务的开展，这会给被测评者及其领导带来或多或少的抵触或反对心理。其次，分阶段实施可以降低测评项目组的工作量，减少测评实施过程的难度。最后，先对某个条

线或某个部门的基层管理人员进行盘点，之后对盘点过程进行复盘，如果测评过程出现比较大的阻力，也可以在小范围内发现并及时完善测评流程、方法等。

②采用群体测评。为了提高项目的效率，对于基层管理人员的测评往往引入群体测评，通过无领导小组讨论、沙盘模拟、管理游戏等手段，群体测评在提高测评效率的同时，还能够考察到在个体测评中相对难以直接考察的团队合作、组织协调、思维灵活性、团队包容性等能力素质。

③简化个体测评。如果严格按照评价中心的施测方法对于基层管理人员进行测评，那么企业需要投入大量的人力、时间，所以在个体测评时可以通过比较便捷的在线测评、公文筐、案例分析或者结构化程度比较高的行为事件访谈法进行测评。

④多样化的团队报告。基层管理人员因为业务、岗位、管理幅度等的差异，对基层管理人员的团队报告的撰写需要更加精细化，分业务条线、分部门、分板块进行团队报告撰写，并在不同的团队之间进行横向对比，这有利于发现更多的团队之间的差异。

三、对基层管理人员盘点的注意事项

在基层管理人员盘点过程中，有以下注意事项。

①测评结果的准确性。对于测评项目来说，测评结果的准确性是需要优先考虑的问题，但是同时需要考虑的是，测评结果的准确与否并不是一个非此即彼的问题，也就是说测评结果不能简单粗暴地用准确或不准确来界定，准确程度是一个在不准确与准确之间的连续体，可能60%，也可能70%，也可能80%，结果的准确程度与测评的时间、人力的投入高度相关。项目组需要在测评结果的准确性能够接受的前提下最大化地简化测评过程，而不是一味地为了追求测评结果的精确性而投入时间和精力。在企业的人力资源实践中，组织往往并没有大量的人力和时间来进行测评，所以敏捷建模、快速测评、持续迭代是以后的发展趋势，尤其是对于基层管理人员，精细化建模、深度测评越来越只适用于特定的场景。

②题本的保密性。对于基层管理人员，一方面需要对测评流程、测评过程公开透明，另一方面需要对测评题本严格保密，无论是案例分析、公文筐还是行为面试访谈，测评过程中需要通过有效的隔离措施降低测评者之间的交流，确保题本保密。在分阶段实施的测评项目中，在不同阶段，笔试题本需要更换，面试题本同样需要根据测评者的差异而做适当调整。

③实施过程的风险防范。测评项目本身有一定的敏感性，在组织内部，测评结果与培养发展机会、薪酬水平、人事决策都高度相关，所以在测评过程中，被测评者可能对测评过程、测评结果有建议或者意见，项目组需要留出被测评者反映自己观点、看法和疑问的渠道，及时解答疑问，回应质疑，调整不科学不合理的流程。对于可能导致项目进程出现阻碍的因素进行预先充分的考虑，对于可能引起重大反响的举措慎重决策。

总而言之，基层管理人员的测评人数多、时间紧，由此会带来很多衍生的问题，微小的失误也会化大，导致测评项目的权威性受到质疑。测评项目组需要充分考虑所有因素，而后开展项目。

案例分享　某互联网金融企业高潜人才盘点项目

一、项目概况

M 公司是上海集优质资产管理与信用管理于一体的专业创新型的互联网金融企业。公司主营网络信贷信息撮合服务和在线出借业务。致力于为互联网出借人群实现专业、互动、稳健收益的出借专区服务以及为资金运行提供稳定、持续的安全防护，最近几年 M 公司已成为行业内最具发展力的品牌之一。

为了提高公司贷款业务的发展速度，M 公司开展了“HPO”高潜人才发展项目，预计在公司贷款业务中心的门店经理中选拔高潜人才，培养为贷款业务中心的分部总，进一步提升贷款业务中心的市场开拓能力。

二、技术思路

项目整体分为“定义人才”和“评估人才”两步进行。“定义人才”即通过潜力测评、行为事件访谈、焦点小组讨论三种方法共同确定高潜人才的胜任力模型，在本项目中，高潜人才是针对于现任的门店经理未来出任分部总而言的，所以以分部总的胜任力模型为基准。“评估人才”即通过线上评估、行为事件访谈对被盘点群体进行评价，最终确定高潜人才。

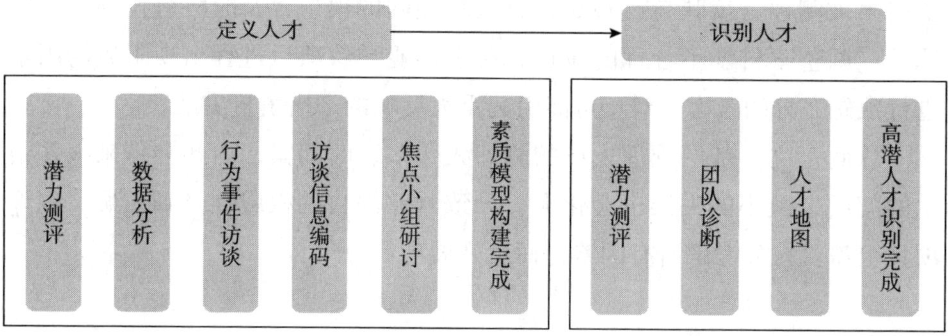

图 15-3 技术思路流程图

三、高潜人才胜任素质模型构建

1. 潜力测评

项目组从现有的贷款业务中心分部总中选择绩优人员和绩差人员进行测评。选取近 4 个季度的绩效考核中排名前 20% 的为绩优组，后 20% 为绩差组进行性格测试和胜任力测试。最终有 9 名绩优人士、7 名绩差人士参与测评（绩优人士中有 3 人分数相同）。

对测评得分进行统计分析，选取绩优组与绩差组平均分差异最大的 5 ～ 8 项作为胜任力关键指标。

表 15-2　　**M 公司全方位胜任力测评数据的描述统计表**

能力素质项	样本组（n=9）	对照组（n=7）	样本组标准差	对照组标准差
	均值	均值		
适应和应对改变	5.833	2.400	1.897	1.677
领导和监督	6.500	4.400	2.424	0.782
写作和报告	6.833	4.800	1.287	1.965
企业家和商业思维	7.833	5.800	1.333	2.000
学习研究	7.167	5.200	2.584	2.068
创造和创新	6.500	4.600	2.300	1.878
制定策略和概念	7.833	6.000	2.591	2.351
应用专业知识和技术	7.000	5.200	2.413	2.007
达成个人工作目标	7.167	5.400	1.703	2.028
分析	7.167	5.400	2.413	2.121
联系和建立人脉网络	4.833	3.200	1.853	2.007
说服和影响	5.833	4.200	1.578	1.563
与人合作	5.000	3.600	1.932	1.394
呈现和交流信息	5.667	4.600	1.333	1.364
计划和组织	6.833	6.200	1.287	1.414
作出决定和采取行动	6.000	5.400	1.418	1.225
交付成果和达到客户期望	5.667	5.600	1.509	0.546
坚持原则和价值观	4.000	4.400	2.011	1.414
处理压力和挫折	4.167	5.000	2.312	2.088
遵循指示和程序	4.833	6.200	1.171	1.764

表 15-3　　**平均数差异较大胜任力素质项得分**

类别	适应和应对改变	领导和监督	写作和报告	企业家和商业思维	学习和研究	创造和创新
均分分数	3.433	2.100	2.033	2.033	1.967	1.900
样本组均分	5.833	6.500	6.833	7.833	7.167	6.500
对照组均分	2.400	4.400	4.800	5.800	5.200	4.600

2. 行为事件访谈

对贷款业务中心的分部总绩优人员、贷款业务中心分部总的直接领导区域总与高层领导进行访谈。被访谈人不同，访谈的侧重点也有所差异，在访谈过程中，与绩优人员访谈主要关注基于工作职责的岗位挑战，通过行为事件洞悉岗位所需的能力素质；与直接领导的访谈更关注企业战略目标下各层级的目标分解，细化到目标岗位所面临的工作挑战及胜任力。与高层领导访谈时关注企业战略目标的达成中，对于目标岗位的要求及所需的能力素质，以及人力资源工作的支撑着力点。

对最终的访谈结果进行访谈编码，形成高潜人才的胜任关键指标。

表 15-4　M 公司行为事件访谈编码结果

序号	能力素质项	频次	人次
1	领导和监督	25	10
2	达成个人工作目标	22	10
3	呈现和发挥影响力	20	10
4	分析	19	8
5	计划和组织	18	8
6	企业家和商业思维	17	7
7	作出决定和采取行动	17	7
8	学习和研究	17	7
9	制定策略和概念	17	6
10	适应和应对改变	16	6
11	应用专业知识和技术	16	6
12	创造和创新	16	6
13	写作和报告	0	0
14	联系和建立人脉网络	5	5
15	说服和影响	4	4
16	与人合作	4	4

3. 焦点小组访谈

召集贷款业务中心的分部总、区域总及高层领导，分小组对贷款业务中心的高潜人才的胜任力指标进行讨论，并用 3、2、1 分别赋分。最终形成 8 人的研讨得分。

表 15-5　M 公司“贷款业务中心分部总”能力素质模型焦点小组研讨得分统计

序号	能力素质项	A	B	C	D	E	F	G	H	总分
1	领导和监督	3	2	3	3	3	3	3	3	23
2	计划和组织	2	3	3	3	3	3	3	3	23
3	作出决定和采取行动	3	3	2	3	2	3	3	3	22
4	达成个人工作目标	3	3	3	3	3	2	3	1	21
5	呈现和发挥影响力	2	3	2	1	2	1	2	2	15
6	分析与解决问题	3	2	2	1	2	2	1	2	15

续表

序号	能力素质项	A	B	C	D	E	F	G	H	总分
7	制定策略和概念	3	2	2	1	2	2	1	2	15
8	企业家和商业思维	1	1	1	2	3	3	1	1	13
9	学习和研究	1	1	3	2	2	1	2	1	13
10	创造和创新	1	2	1	1	1	1	2	2	11
11	适应和应对改变	1	1	1	1	1	2	1	2	10
12	写作和报告	1	2	1	2	1	1	1	1	10
13	应用专业知识和技术	2	1	1	1	1	1	1	1	9

4. 归纳胜任力素质模型

综合潜质测评得分、行为事件访谈、焦点小组讨论的结果，对各项指标进行权衡和比较，最终形成高潜人才的胜任力模型，如图 15–4 所示。

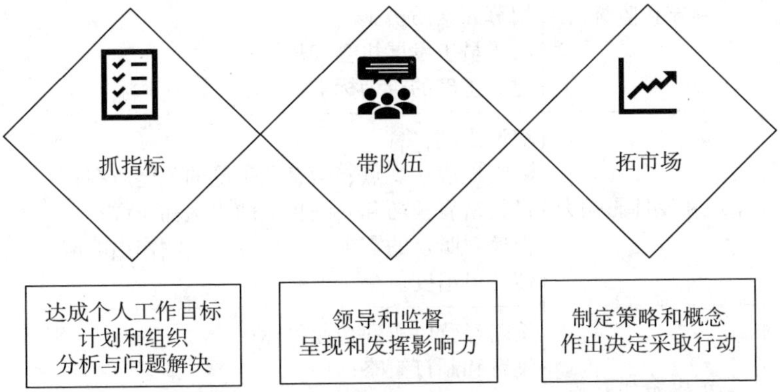

图 15-4 M 公司“贷款业务中心分部总”能力素质模型

其中对于各项能力素质，项目组明确了每项素质项对应的能力素质描述，以便对各个能力素质项有更加准确和清晰的把握，如表 15–6 所示。

表 15-6 能力素质项描述

分类	能力素质项	能力素质描述
抓指标	达成个人工作目标	积极接受和应对苛刻的目标； 努力工作，必要时加班完成目标； 努力晋升至拥有更大责任和影响力的职位； 确定个人发展要求，充分利用发展或培训机会。

续表

分类	能力素质项	能力素质描述
抓指标	计划和组织	制订明确的目标； 事先拟订好行动的计划并考虑到可能改变的情况； 确定和组织完成任务所需的资源； 有效管理时间； 根据最终期限和目标时程监督业务表现。
	分析和问题解决	分析数字数据和其他所有信息源，将它们分解成多个组成部分、模型和关系； 查探关于某个问题的更多信息或进行更深入的了解； 通过掌握的信息和分析作出合理的判断； 了解某个问题如何构成更大型体系。
带队伍	领导和监督	为他人指引明确的方向； 对他人进行激励和授权； 招募高素质员工； 给予员工发展机会和培训； 建立正确的行为标准。
	呈现和发挥影响力	演说流利； 清晰地表达观点、信息和争论的关键所在； 进行富有技巧和充满自信的表达和演说； 快速对听众的需求及其反应、反馈作出响应； 传达可信度。
拓市场	制定策略和概念	策略经营以实现企业目标； 设置和制订策略； 确定和制订积极、激励人心的企业未来发展愿景； 考虑企业内部以及和企业相关的诸多问题。
	作出决定采取行动	负责行动、计划和人员安排； 主动采取行动和自主负责； 主动采取和开展活动并对工作流程加以改进； 制定包含艰难选择或可预见风险的快速、明确的决策。

四、开展高潜人才盘点

对于能力素质的考察通常采用线上测评及线下评估两种，线上线下评估的素质项如表 15–7 所示。

表 15-7　　能力素质项评估方案

能力素质项	线上测评				线下评估
	全方位胜任力	能力测试 – 归纳推理	能力测试 – 数字推理	能力测试 – 语言推理	行为事件面试法
达成个人工作目标	✓	——	——	——	✓
计划和组织	✓	——	——	——	✓
分析和问题解决	✓	——	——	——	✓
领导和监督	✓	——	——	——	✓
呈现和发挥影响力	✓	——	✓	✓	✓
制定策略和概念	✓	✓	✓	✓	✓
作出决定采取行动	✓	✓	✓	✓	✓

1. 线上测评

组织贷款业务中心的门店经理完成在线潜力测评，通过潜力测评了解被测评者的各方面的能力。最终 34 人参与测评，每人需要分别完成全方位胜任力测评和能力测试（含归纳推理、数字推理、语言推理）2 份在线测评，共完成 68 份测验报告。

2. 线下评估

线下评估通过焦点行为事件访谈测评，聚焦于胜任力指标，通过焦点行为事件访谈了解被测评者的能力素质。焦点行为事件访谈通过了解被测评者在急难险重的工作任务中的行为表现，判断被测评者的能力素质。

在焦点行为事件访谈时，主要通过 STAR 技术了解被测评者在关键的行为事件中的行为，如对于计划和组织能力素质项，面试官会提问“请描述一个您将总体性目标转化为清晰可行性计划的事情”，对于被测评者的回答，如果情景或任务描述不清晰，会追问“描述那些您必须将它们变为计划的目标”“描述您将目标转化成一项计划时的思维过程”“您是怎样开始设定计划的具体内容？”“您怎么知道这个计划会帮助您完成目标？”如果被测评者对具体的行为描述不清晰，则可追问“您是如何组织资源来确保计划得以实施？”“过程中遇到的最大障碍是什么？如何克服的？”“在实施计划的过程中您扮演的是什么角色？”如果被测评者对于结果描述的不清晰，则可以追问“您的计划结果怎样？”“您的目标达成了吗？”“您觉得调整哪些举措结果会更理想？”

3. 测评结果统计分析

对最终所有评委各个维度的指标分数进行加权，得出被测评者的各项能力素质项的测评得分，对所有被测评者的各项素质项的全貌进行分析。

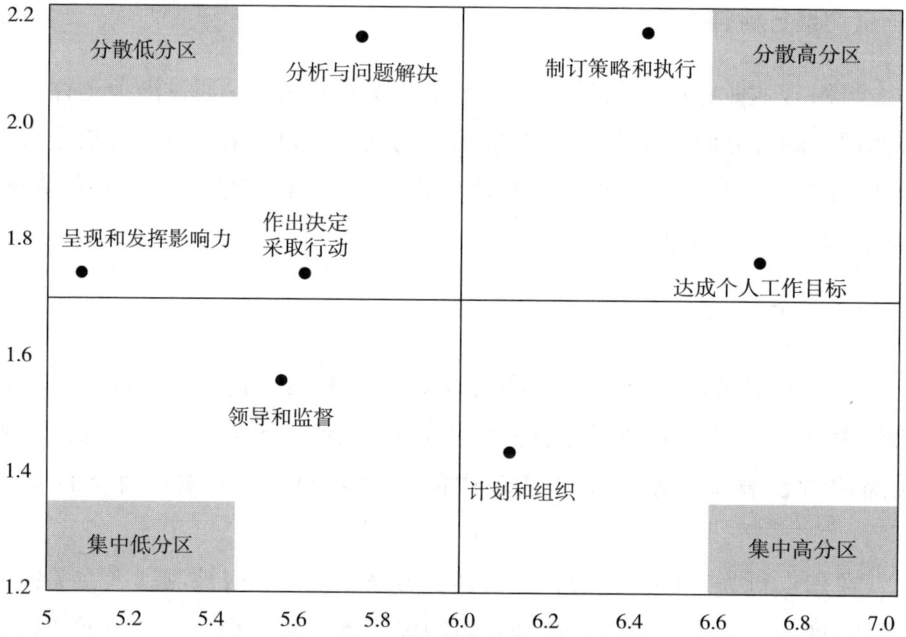

图 15-5 测评群体整体素质项分布

同时，根据参与测评的人的绩效得分，绘制人才九宫格，形成对所有被测评者的分类，针对不同类型的人才制定后续的培养发展计划。

潜力（纵轴）；绩效（横轴）

7、关注人才 刘某某（7.43）	2、核心人才 邢某某（7.43）　赵某（7.43） 卢某某（7.43）　王某某（8.71）	1、明星人才
8、自我提升人才 黄某某（5.57）　陶某（6.71） 陈某（5.57）　赵某某（6.43） 赵某（6.43）	4、核心人才 张某某（6.86）　王某（6.29） 盛某（6.43）　陈某某（5.71） 吴某某（6.29）　朱某某（5.43）	3、核心人才
9、提升绩效人才 黄某（4.71） 要某某（3.43）	6、稳定人才 冯某某（4.57）　熊某（3.29） 王某某（4.29）　林某某（3.29）	5、稳定人才 胡某某（4.86）

图 15-6　人才九宫格分布

五、项目总结

贷款业务中心高潜人才的培养对业务的持续发展有着重要作用，本项目通过在线测评寻求导致绩优人员和绩差人员的绩效差异的关键能力要素，相比于大规模的行为事件访谈更加便捷，在项目中结合焦点小组讨论、行为事件访谈共同来构建高潜人才的胜任力模型，由此使胜任力模型更加科学合理。最终采用通常的线上线下相结合的方式来进行人才盘点，评鉴高潜人才，并制订相应的人才发展计划。

第十六章 基于职业化评价的人才盘点

第一节 职业化与任职资格等级认证

一、什么是职业化

所谓职业化，就是一种专业化、规范化的，能够圆满完成本岗位工作要求以及成为职场优秀成员的素养、行为与技能的集合。职业化素养、职业化行为与职业化技能共同构成员工职业化体系。

职业化素养，是职业化这棵大树的根系，它包括职业道德、职业意识、职业心态等内容，是职业化的最根本内容。企业往往只能对员工的职业化素养进行培训和引导，但缺乏强制约束力，多数基于员工的自律。

职业化行为，体现在遵守行业和公司行为规范方面的要求，包括职业化行为、职业化语言等。每个行业、每家企业都有自己的行为规范，职业化程度高的员工能够快速掌握行为规范，严格按照规范行事，使自己的行为和语言符合自己的身份。

职业化技能，是指员工胜任本岗位工作的知识、经验、能力等，包括职业资质、职业认证以及通用管理技能如沟通、协作、时间管理等。

职业化的作用，体现在其对于工作价值的创造能力上。工作价值 = 个人能力 × 职业化程度，如果一个人有 10 分的能力，而职业化程度只有 50%，那么，其工作价值只能达到 5 分。一个人如果能力比较强，却总是感觉发挥得不理想，总是感觉“怀才不遇”，那很可能就是自身的职业化程度不够高造成的。

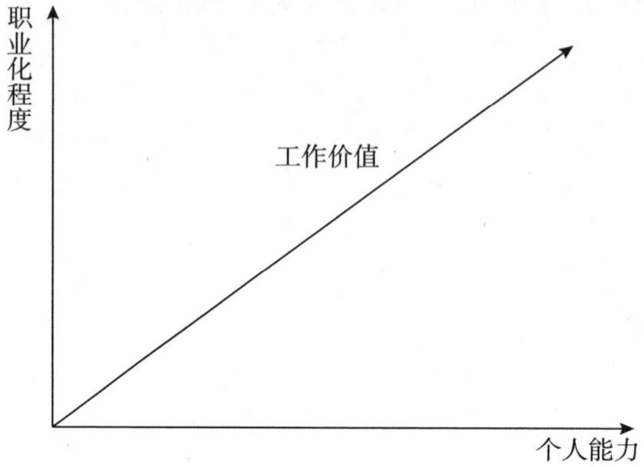

图 16-1　个人能力与职业化程度的关系

二、任职资格与职业化的关系

任职资格等级与职业化的关系非常密切。如前文所述，任职资格标准体系包括行为标准、资格标准（知识、技能、经验、素质等）和业绩标准，形成这些标准的基础，恰恰是岗位的工作内容。也就是说，基于该岗位或岗位序列的工作要求，开发形成了胜任该岗位的工作行为标准、资格标准和绩效标准，达成上述一系列标准，也就意味着胜任岗位，即满足于职业化的要求。

由此可见，任职资格标准也可以称为职业化标准，是可见的、可衡量的职业化标准。符合岗位任职资格的人员，应当就是具备职业化素养、行为和技能的人员。

三、任职资格等级认证的概念

有了员工职业发展通道和各序列的任职资格等级标准，我们可能会想到，能否用这套标准评估现有人员的能力，对人才队伍进行盘点？答案是肯定的。

通过特定的程序和方法收集信息，将员工工作表现、知识技能水平、业绩水平与任职资格等级标准进行对比，从而评定员工的任职资格等级，为公司使用和培养人才提供依据，也为员工的个人发展提供依据，这一过程，就是任职资格评价。

通常来说，任职资格等级认证的结果包括所在职业发展通道、任职资格级别、任职资格级等三大要件。

四、任职资格等级认证的目标

任职资格等级认证，是根据任职资格标准对员工能力进行客观评价，是对员工已具备专业能力及水平的及时认可，也是对员工能力相对于岗位任职资格的不足之处所提出的发展要求，具体来说，其要达成的目标包括如下四个方面。

①开辟通道。明确专业人员的职业发展通道，体现公正、公平、透明的原则，鼓励专业人员在专业化道路上持续发展。

②规范行为。规范专业人员的职责和关键行为，提高企业的职业化水平。

③提升技能。明确专业人员的应知应会，以此为基础建立相应的培训体系，提升人员的专业技能。

④盘点人才。通过认证过程，全面盘点专业人员队伍现状，打破人才使用局限，着眼专业队伍的长期储备、培养与发展。

第二节　任职资格认证的组织

一、任职资格认证的组织原则

为了实现推进员工职业化的目标，企业的任职资格认证，一般应遵循以下原则。

①以核心技能为中心。员工在工作中所用到的知识和技能非常丰富，只有少数核心技能能够决定绩效的差异，因此，任职资格认证要聚焦核心技能而非全部。

②以工作实绩为导向。任职资格评价要将绩效结果纳入考虑，且赋予较高的权重，这是因为，任职资格建设的最终目的是创造高绩效，脱离绩效谈能力，容易造成评价与发展的困惑和误区。

③分层分工原则。对于一家企业特别是人员数量较多、地域分布较广的企业来说，任职资格认证工作有较大的工作量，要根据企业组织形式和员工的能力等级，科学划分各组织层级的认证职责与权限，实现高效认证与管理。

④自高及低原则。任职资格认证工作的推进，一般是先认证申请较高级别任职资格的人员，再认证申请较低级别的人员，这样，可以为申请较高级别但未通过的人员留有在低级别申请的机会，从而确保全员纳入体系统一管理。

⑤公开、公正原则。任职资格认证的程序、方法、组织形式、规则等都要公开、公正，以保持制度的严肃性与客观性。

⑥测试、评议相结合原则。对于不同的任职资格等级以及不同的评价维度，要设计有针对性的认证方法，既要有笔试等客观测评方法，也要有专家评议等主观评价方法，要实现多种方法的结合使用，以高质量、低成本完成认证工作。

⑦面向应用原则。任职资格认证结果要在岗位、职级、薪酬、培训等方面加以应用，以发挥任职资格体系在促进职业化、助力员工成长、提升企业核心能力等多方面的作用。

二、任职资格认证的产品类型

任职资格等级认证可以分为“初次认证”和“定期认证”两种情形。

①初次认证。所谓初次认证，是指员工第一次参加任职资格等级认证，在此之前，员工属于哪一职业通道、在通道中处于哪一级别，都没有初始值。参加初次认证后，员工将被明确所在职业通道、当前任职资格级别、级等，由此实现员工任职资格等级的“初始化”。例如，张三是一位软件工程师，他参加初次认证后的结果为：研发技术通道、二级、普通等。

②定期认证。初次认证后，每隔1 ~ 2年，员工可参加定期的任职资格认证。还是以上面的张三为例；通过参加定期任职资格认证，张三可以晋升到研发技术通道、三级、预备等，但也可能级别不动、级等晋升，例如，由二级普通等晋升到二级职业等。当然，也不排除这期间张三的业绩严重不达预期，能力发展状况不佳，导致任职资格等级下降的可能性。

三、任职资格认证机构及其职责

1. 认证组织机构

与任职资格认证相关的组织机构包括：任职资格管理委员会、人力资源部门、公司级认证专家组、分支机构认证专家组等，其主要职责如表16–1所示。

表16-1　认证组织及职责

组织	人员	主要职责			
		评价方案设计	评价组织实施	评价结果审核	申诉受理
任职资格管理委员会	由主要领导班子成员组成	核准任职资格认证实施细则		对评价结果进行审核	仲裁任职资格认证过程中的争议与申诉
人力资源部门	人力资源负责人、HRBP、任职资格体系负责人员	组织制订任职资格管理制度；组织制订任职资格认证实施细则	组织认证工作宣导。指导及监督各级组织开展认证工作	审核分支机构的认证结果	受理申诉，协调和解决，在无法协调时，上报管理委员会处理
公司级认证专家组	分管领导、一级领导、资源池专家	参与方案设计	参与公司权限范围内人员认证	做出认证结果	
分支机构认证专家组	分支机构领导班子、部门负责人、资源池专家	参与方案设计	参与权限范围内人员的任职资格认证工作	向人力资源部门提交认证结果	受理申诉，协调和解决，在无法协调时，上报人力资源部门处理

2. 专家资源池

由于任职资格标准的开发、认证评价等，都需要对本专业具有深刻的认知与丰富的经验，因此，在评价认证时，各序列应分别建立专家资源池，参与本序列任职资格标准的开发与人员的认证工作。

公司级专家资源池应保持适度的人员数量，一般每序列在 5 ~ 10 人之间。规模较大、业务与总部有显著差异的分支机构，也应建立各自的专家资源池，负责本专业任职资格标准的开发及权限内人员的认证工作，一般每序列 3 ~ 5 人。

对于进入资源池的专家，其基本要求包括：担任过本序列较长工作时间，业绩突出，经验丰富，能够代表本公司本序列最高的专业水准，认同公司文化，具有较强的公平意识与使命感，等等。

第三节 任职资格认证实施流程

一、认证方式及流程概述

1. 认证内容及认证方式

任职资格标准包括基本条件、行为标准、能力标准和业绩标准，每个部分都要采取不同的认证方式，其中，行为标准一般采取个人或他人举证方式，业绩标准一般采用客观评价 + 述职的方式，知识与技能的评测通常采用考试、论文、实操、模拟等方式，潜在素质一般在员工入职或晋升管理层之前进行测评，在任职资格认证时一般不作为重点，如确需进行，一般采用综合面试、线上测评、评价中心等方式开展，本书后续章节会对上述方法进行详细介绍，此处不赘述。

2. 认证实施流程

任职资格等级认证流程，一般分为两个阶段。

第一阶段：级别划分阶段。此阶段需要对员工的基本条件、业绩标准、能力标准三项进行认证评价。

第二阶段：级等确定阶段，此阶段需要对员工的行为标准进行认证评价。

认证的总体流程如图 16-2 所示。

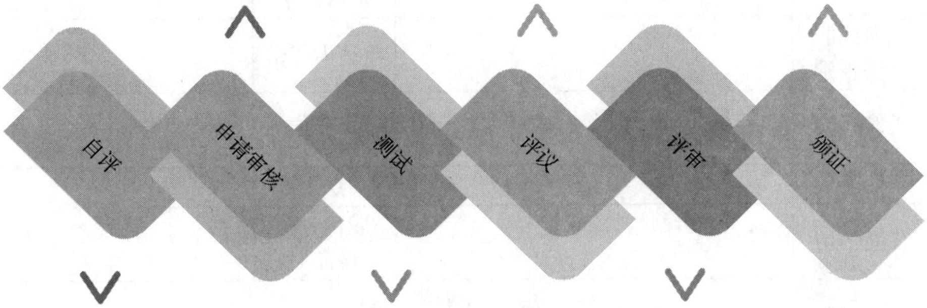

图 16-2　任职资格认证流程

针对各家企业的实际情况，一般都要制订与本公司管理模式和业务特点相关的任职资格认证流程，包括流程步骤、责任主体、工作重点及关联文件等。

二、任职资格认证第一阶段：划分级别

本阶段主要是对员工的基本条件、业绩标准、必备知识、专业技能四个方面进行考察，考察通过后，员工便可获得相应的任职资格级别。

此部分的主要程序包括申请与审批、《基础条件》符合性审查、知识技能测试等。

1. 申请与审批

被评价人参照《各等级任职资格标准基础条件》，对照个人情况填写《员工任职资格认证申请表》，并按照《申请表》的要求，以附件的方式提供相关证明文件及电子扫描件。表 16-2 为某工程企业设计序列《任职资格认证申请表》示例。

表 16-2　　某企业设计序列任职资格认证申请表

基本信息

申请人姓名		工号	
一级部门		二级部门	
岗位名称		现有任职资格级别	
申请任职资格级别		申请人年龄	
入职时间	年　月	本领域工作经验	（年）
毕业院校		专业	
最高学历		职称 / 资格证书	

工作经历

起止时间	所在单位	岗位	主要职责	证明人及联系方式

项目工作经历

项目名称	项目起止时间	个人参与时间	项目面积	项目中角色	工作内容	证明人及联系方式

传帮带情况

受帮带人姓名	受帮带人岗位	受帮带人任职资格等级	帮带时长	帮带内容	帮带后任职资格等级晋升	证明人及联系方式

获奖情况

获奖日期	奖项名称及等级	颁奖单位及级别	本人署名、排名序号

证明材料清单

材料类别	材料名称

续表

<table>
<tr><td colspan="3" align="center">个人专业自述</td></tr>
<tr><td colspan="3">在本岗位、本职级的基本情况自述，包括主要工作内容、个人成长历程、专业能力水平、工作成绩等，大概 600 ~ 800 字。

本人签名：
时间：</td></tr>
<tr><td colspan="3" align="center">任职资格基础条件符合性清单</td></tr>
<tr><td>序号</td><td>基础条件要求内容</td><td>个人情况</td></tr>
<tr><td>1</td><td>项目个数</td><td></td></tr>
<tr><td>2</td><td>项目面积</td><td></td></tr>
<tr><td>3</td><td>获奖</td><td></td></tr>
<tr><td>4</td><td>传帮带</td><td></td></tr>
<tr><td>5</td><td>认可度、设计事故及客户投诉</td><td></td></tr>
<tr><td>6</td><td>获得低一级任职资格 X 年以上</td><td>/</td></tr>
<tr><td>7</td><td>年度考核</td><td>/</td></tr>
<tr><td colspan="3" align="center">领导审核</td></tr>
<tr><td colspan="3">（该员工在本岗位、本职级的工作表现概况，是否同意申请等）

设计所负责人签名：
时间：
（该员工在本岗位、本职级的工作表现概况，是否同意申请等）

设计院负责人签名：
时间：</td></tr>
<tr><td colspan="3" align="center">备注：领导审核从本岗位的直接上级开始审核</td></tr>
<tr><td colspan="3" align="center">材料审核</td></tr>
<tr><td colspan="3">（提供材料是否真实、个人情况是否满足所申请任职资格等级的《基础条件》等）

本级人力资源负责人签名：
时间：</td></tr>
<tr><td colspan="3" align="center">设计条线负责人审批</td></tr>
<tr><td colspan="3">（该员工在本岗位、本职级的工作表现概况，是否同意申请等）

签名：
时间：</td></tr>
</table>

续表

<table>
<tr><td colspan="4">笔试成绩</td></tr>
<tr><td>本专业知识分数：分</td><td>相关及通用专业知识分数：分</td><td>文化价值观分数：分</td><td>□通过 □未通过</td></tr>
<tr><td colspan="4">认证评议结果</td></tr>
<tr><td colspan="4">过程记录：认证评议过程记录，主要描述申请人所抽考题、回答概要、现场其他表现等情况。
记录人签名：
时间：</td></tr>
<tr><td colspan="4">评委意见：由评委代表填写，主要包括该申请人的整体表现概述、优缺点、未来提升建议等内容，对于评议结果是有保留通过的情况一定要明确改进建议。
评委代表签名：
时间：</td></tr>
<tr><td colspan="2">认证评议得分：　　分</td><td colspan="2">认证评议结果：□通过　□有保留通过　□未通过</td></tr>
<tr><td colspan="4">所有评委签字：</td></tr>
<tr><td colspan="4">分管领导审批</td></tr>
<tr><td colspan="4">审批建议：是否同意评议结果。
分管领导签名：
时间：</td></tr>
</table>

对于申请人提供的材料，由受理单位本级人力资源管理人员组织材料核实及初审，主要审核两方面内容。

材料真实性：由人力资源部门负责组织审核，其他相关部门根据需要提供数据资料，核实项目包括但不限于：证书、奖励、资质、经验等各类提交文件、数字、案例的真实性。

基础条件符合性：由本级人力资源部门会同各部门，特别是任职人所在部门，收集基础条件审核中提出的各项指标的支撑性数据、案例、文件等。

在两项审核通过之后，《申请表》应交直接主管审批。其中，申请高级别人员的《申请表》还需由更高级别领导审批签字，认证小组方可受理。

2. 基础条件符合性审查

在任职资格认证实践中，企业的困惑点在于：任职资格标准中存在大量软性指标，主要靠任职人个人自荐、评价小组评价，似乎缺乏科学、严格的依据和标准，这就必然导致评价结果的公信力降低。为了解决这一问题，大规模的任职资格评价，一般要设计比较刚性化、数量化的“基础条件”，基础条件审核通过后，才有机会进入后一步的认证环节。

其中，基础条件是以任职资格标准中的“基本条件”和“业绩标准”为基础设计的，但不是所有标准都纳入基础条件，根据每次认证所面对的人员群体情况、公司战略与业务模式变化、员工培养导向等因素进行选择，但基础条件的指标、量化要求等一般相对稳定，表 16–3 为某工程企业设计序列部分级别的基础条件示例。

表 16-3　某工程企业设计序列部分级别的“基础条件”

等级	任职资格标准基础条件
专业设计三级	1. 项目个数：参与至少 6 个项目
	2. 项目面积：负责单个项目面积至少 2000 平方米以上或在单个项目中承担设计的面积至少 2000 平方米以上
	3. 获奖：参与项目国家级获奖至少 1 个
	4. 传帮带：无要求
	5. 认可度：获得项目负责人的认可、高评价
	6. 设计事故及客户投诉：过去两年内无严重的设计事故、客户投诉情况
	7. 本公司经验：获得设计专业二级 3 年及以上
	8. 年度考核：最近两年 B 级及以上
专业设计四级	1. 项目个数：独立负责完成至少 10 个项目
	2. 项目面积：负责单个项目面积至少 5000 平方米以上或在单个项目中承担设计的面积至少 5000 平方米以上
	3. 获奖：参与的项目国家级获奖至少 3 个
	4. 传帮带：成功帮带至少 3 名独立开展工作的设计专业二级员工
	5. 认可度：获得业主的认可、高评价
	6. 设计事故及客户投诉：过去两年内无严重的设计事故、客户投诉情况
	7. 本公司经验：获得设计专业三级 4 年及以上
	8. 年度考核：最近两年 B 级及以上
专业设计五级	1. 项目个数：独立负责完成至少 15 个项目
	2. 项目面积：负责项目累计面积至少 20 万平方米以上
	3. 获奖：参与项目国家级获奖至少 7 个
	4. 传帮带：成功帮带至少 3 名独立开展工作的设计专业三级员工
	5. 认可度：获得业主的认可、高评价
	6. 设计事故及客户投诉：过去两年内无严重的设计事故、客户投诉情况
	7. 本公司经验：获得设计专业四级 5 年及以上
	8. 年度考核：最近两年 B 级及以上

同时，为了在人才队伍建设中充分体现企业文化和价值观导向，不让不符合或严重危害公司文化氛围的人进入到高层次的人员结构之中，有的企业还会设立《负向指标及高压线》，见本书第七章第六节相关内容。

表 16-4　　某企业红线标准

否决项目	细则
项目管理	过去两年出现过红黄牌项目
质量	过去两年出现过严重质量事故
安全	过去两年出现重大安全事故
客户投诉	过去两年客户投诉数量 2 次及以上
绩效考核	过去两年绩效考核出现 D 级，或连续两年 C 级
价值观	出现过严重违背公司价值观的行为
其他	由于自身责任，给分公司或公司造成严重经济损失、名誉损失的其他行为

由此可见，基础条件符合性审查包括两个方面的工作，一是申请人的个人情况是否满足所申请任职资格等级的基础条件，二是是否存在公司《负向指标及高压线》所列示的情况。

对于存在《负向指标及高压线》情况的个人，取消其申请资格，并通过其主管领导通知。

对于个人申请等级与基础条件不符的，初审人员可对本人提出修改建议，由本人修改申请后（如调整申请级别）重新提交，或待条件满足后再行申请。

3. 知识测评

知识测评，主要考察员工对必备知识的掌握程度，是否能够达到所申请级别的要求。

知识测评一般采用笔试方式，各级专业人员的笔试分数，需达到所申请级别的最低分数要求。

①题库建设与命题。在进行笔试之前，各序列应建立本专业试题库，由公司级认证专家根据各专业任职资格标准中的知识与技能要求完成题库建设工作，次建立的题库数量应高于每次考试所选用题目的 5 倍以上，后

续每年对题库进行扩充和更新。

②学习与准备。任职资格认证中的知识测评，不是甄选型考试，目的在于让申请人了解自己的应知应会知识点，因此，一般会事先下发《任职资格考试范围》，并组织应试人员进行学习和考试准备，然后再组织测试或考试，目的在于督促员工认真学习和掌握上述内容。

③笔试程序。考试一般采用电子化形式，标准化考题，每次考试考题由题库自动生成，在个人的电子设备上作答。

在笔试窗口期，应试人员一般可以进行多次线上考试，直至通过申请级别的分数线为止。

表 16–5 为某企业任职资格认证中各等级的知识测评最低分数要求。

表 16-5　某企业任职资格评价中“知识测试”环节的考试方案设计

<table>
<tr><th>分类</th><th colspan="2">本专业知识</th><th colspan="2">通用及相关知识</th><th>文化价值观</th></tr>
<tr><td>抽题数量</td><td colspan="2">50</td><td colspan="2">25</td><td rowspan="3">根据现有考试方式执行</td></tr>
<tr><td>考试时间</td><td colspan="2">60 分钟</td><td colspan="2">30 分钟</td></tr>
<tr><td>总分</td><td colspan="2">100 分</td><td colspan="2">100 分</td></tr>
<tr><td rowspan="2">分数线</td><td>一级</td><td>二级</td><td>三级</td><td>四级及以上</td><td rowspan="2">80 分</td></tr>
<tr><td>60 分</td><td>70 分</td><td>75 分</td><td>80 分</td></tr>
</table>

4. 专业技能评价

任职资格标准中，“专业技能”的种类过于丰富，针对不同的技能，测试方法也是多种多样，例如：测试文字表达能力可采用“限时命题写作”的方式；测试办公软件使用，可组织现场操作；测试外语能力，可采用外语现场面试沟通等。

以上测评方法针对性较强，但效率相对偏低，企业不一定有时间和精力完成上述测试，因此，对于专业技能的考察一般通过两种方法，一是同知识测评一样采用考试方式，二是专家评议方式。以下对专家评议方式进行重点介绍。

专业技能评议前，员工可通过任职资格认证申请材料提供本人专业技能方面真实有效的证据，此项工作在第一步个人申请时已完成。

在任职资格评价会议上，认证专家组成员分别对员工的每个专业技能项进行评议、讨论，并给出该专业技能项的集体鉴定结果。合格的专业技能项要有证据，不合格的专业技能项要说明理由，并明确是哪些专业技能项尚未达到要求。

通常情况下，评议的技术路线有两种。

①以员工为主线，每位员工从第一个技能项依次评议到最后一个技能项，然后评议下一位员工。这种路线适合于评定小组成员对员工比较了解的情况。

②以技能项为主线，对于同一技能项，将同一小组的所有员工进行横向对比，然后评议下一个技能项。这种路线更适合于评定小组对员工了解不足的情况下使用。

通过了基础条件审查、知识测评、技能评议三关的评定，员工即通过了任职资格的级别评定，由员工直接主管将评定结果、评定小组成员的意见与建议等一并反馈给参评员工。对于没有通过评定的员工，直接主管同样需要与员工进行沟通，做好反馈和改进建议，鼓励其参加下一轮次的申请与评价。

三、任职资格认证第二阶段：确定级等

任职资格级别确定之后，需要在级别之下确定级等，级等确定的方式可采用“行为标准认证法”。行为标准认证，是考察员工行为是否符合任职资格之行为标准的过程，其目的在于引导员工规范业务行为。

行为标准认证的方法很多，最常见的方法包括述职答辩、360度问卷调查、360度访谈、行为面谈等，各种方法各有优劣势，在信度和效率之间各有所长，以下主要介绍述职答辩法。

1. 述职答辩的组织方式

①组织答辩委员会。由员工的直接主管、人力资源负责人、资源池专家、业务相关专家构成。

②确定答辩方式及时间。述职可采用现场评议、远程视频等多种方式，一般情况下，申请级别越高，答辩时间越长，一般人员在 20 ~ 30 分钟，中高层人员在 60 ~ 90 分钟。

③准备环节。员工收集、准备个人素材，主要包括工作成果、对照标准的行为举证等。

④答辩环节。包括以下内容：申请人自述；个人工作成果介绍；个人行为举证；评价小组现场提问 2 ~ 3 个问题，即时回答。

⑤评议环节：

答辩结束后，由现场专家评委独立打分，各专家评委打分结果经过加权平均，形成最终评价得分。

要做好行为评价的比例控制，所有人中，一般只设定 10% 为最好，20% 为良好，40% 为表现正常、20% 为表现较差，以及 10% 表现最差。

当然，以上判断的前提是：行为举证是有效的、真实的、准确的。

2. 行为标准认证判断方向

员工对照任职资格级等标准，收集、准备个人行为素材，参加任职资格级等认证。无论采用何种方法，判断员工的行为是否达到行为标准要求，需要在以下三个方面做出判断，在认证时也应重点考虑这些方面。

①做了没有。是否在实际工作中按照标准内容做了？

②做的结果如何。个人在实际工作中的行为符合标准要求的程度，对行为标准及行为标准关键点是否有深入的认识和理解？所做出的文本、时间是否紧扣关键点？

③实际工作中行为的一致性（出现的频率）如何？是否达到了经常的程度？

3. 行为标准认证评分规则

行为表现是否达标，需要核对申请人的实际表现与其申请级别标准的符合程度，一般来说符合程度评估分为 4 ~ 5 级，如：基本不达标、大部分未达标、基本达标、完全达标、完全达标且部分超标，等等，具体如表 16-6 示例。

表 16-6 行为标准认证评分规则

评分	含义	行为标准认证判断标准	补充说明
5 分	完全达标且部分超标	形成了职业化的做事习惯，过程规范具有一贯性，并融入相应的流程、制度、规范或模型、案例	行为标杆
		工作总是能提前或按时完成	
		任职活动输出超出质量要求，符合规范、到位	
		有公司 / 产品开发方面重大突出的关键事件支撑	
4 分	完全达标	基本按时保质完成	形成习惯
		活动输出完全符合规定要求	
		除达到了 3 分的标准之外，有一些重大贡献、成果突出、荣誉奖记录，或具备来自上下游部门良好的评价和反馈	
3 分	基本达标	综合考虑管理范围和综合难度，属于正常情况	所有的行为标准项都有一个合格的证据证明，即曾经做到过
		从工作的覆盖面、频率来看，平时基本都做了，未出差错	
		从进度来看，进度把握较好，未出差错	
		没有好的可圈可点的（突出）表现或关键事件	
		虽做得不错但与期望有一定的差距	
2 分	大部分未达标	许多方面存在需改进的地方	大部分的行为标准项都可以找到不合格的证据证明
		被动执行，无大的差错；仅仅按照要求完成所负责方面的工作任务	
		进度要求等方面属于正常情况，但过程中有一些小的问题，但影响不大	
1 分	基本不达标	该关键行为活动出现例行活动的重大工作失误事件	差距显著
		在职业道德、行为规范方面有重大违规事件	

4. 行为标准认证结果

根据行为标准认证评价得分，划分任职资格级等。

①达标及部分超标：职业等。

②完全达标：普通等。

③基本达标：基础等。

④大部分未达标：预备等。

⑤基本不达标：降级。

降级的情况下，可以重新申请较低级别的任职资格，再在该级别之下重新申请相应的级等。

四、任职资格认证第三阶段：结果审批、公示与资料归档

1. 审批、反馈及公示

①由主管领导与被评价人交流。

②初步评议结果由认证专家组、人力资源部门进行整理归集后，报分管领导审批。

③评议结果面向全体员工内部公示。

④如对本人评议结果有异议，可向认证专家组、人力资源部门提出复议申请，受理单位应给予回复。

如对回复意见仍不满意，可向公司任职资格管理委员会进行申诉，委员会的复议结果为最终意见。

为了体现认证的公开性、透明性，经任职资格管理委员会同意，可对认证结果及考试成绩等进行查询。

2. 资料整理与归档

①认证结束，认证过程相关资料由人力资源部门录入系统或归入档案保存。

②认证结果向公司各相关部门正式发布，作为岗位调整、工作任务分配、人员配置、薪资调整等各项工作的依据。

第四节　任职资格动态管理及人才库建设

一、任职资格的动态管理

1. 任职资格调整的意义

任职资格不是静态、固定不变的，而是需要实行能上能下的动态管理。对于能够不断学习、提升自己的职业技能、为企业创造价值的员工，企业可以通过认证调整他们的任职资格，给他们以更好的发展机会和回报。反之，则有必要反向调整。通过任职资格调整，可以保持员工对于职业发展的热情与活力，形成动态的职业发展机制，构建积极向上的组织氛围。

2. 任职资格调整的周期

任职资格调整的周期，在一定程度上影响到员工职业发展的速度。调整周期短，意味着员工在任职资格等级调整方面的机会多，员工对于职业发展的意愿和学习、进步的节奏相应较快。当然，任职资格调整的周期也并非越快越好，其设定受到多种因素的影响。

①职业技能稳定性的影响。职业技能稳定性比较强，其变化不是短期内就能发生，任职资格的稳定性相对就较强，任职资格调整周期也会比较长。反之，技能成长较快，任职资格的调整也相应加快。

②职业技能掌握的速度。不同专业，职业技能掌握的速度与难度也不一致，如信息技术、大数据技术、人工智能等，技术日新月异，领域从业人员的技能掌握必须很快，较一般行业具有加速度；反之，财务、质量管理等人才，其技能变化和发展速度就相对慢一些。

③人才竞争的形势。企业面临激烈的人才竞争的情况下，如果职业发展速度太慢，不利于留住人才；反之，竞争环境相对平稳，员工职业发展的速度也可以相对平稳一些。

鉴于上述原因，企业在确定任职资格调整周期时，需要综合外部环境、自身特点与运作成本来统筹考虑，通常而言，任职资格调整周期以 1 年或 2

年为宜，一方面给任职者充分的技能提升时间和机会，另一方面，也便于集约化管理。

3. 任职资格动态调整思路

员工在确定了任职资格初始等级后，会在与之能力水平相应的岗位及职级上开展工作，其任职表现会呈现出不同的状态，通常有三种情况。

①在任职周期内，员工绩效表现非常优秀，不仅能够胜任当前工作，而且可以承担更多的责任，完成难度更大、挑战性更高的工作。在这种情况下，企业可以给予员工任职资格升级的机会，但具体能力是否确有提升，需要根据具体的评定方法认定。

②在任职周期内，员工绩效一般，刚好能够胜任目前工作，企业也认为他的能力基本保持了既有水平，这种情况下，可以认定该员工保留现有的任职资格等级，不需要进行评价。

③在任职周期内，员工的业绩不尽如人意，企业初步判定该员工能力水平不能适应任职等级的要求，则员工有两种选择：一是任职资格降级，仍在原有职业通道中发展，二是选择另外的职业通道。

二、任职资格动态调整实务

任职资格的动态调整实务，主要包括晋级、升等、降级、降等四种情况。晋级认证，是在任职资格的级别上整体上升“职级”；升等认证，是在原有的任职资格职级内进行职等调整；降级和将等则是晋级和升等的反向操作。实际操作中，还会遇到职级职等不变以及破格晋升等特殊情形。

1. 晋级认证

任职资格级别的晋升应通过任职资格认证，任职资格认证按照既定的调整周期（一年或两年）举行，员工对照《任职资格标准》自我判断，如能满足上一级别的条件且已获得低级别的普通等或职业等资格，就可以申请相应的任职资格级别，任职资格认证流程同上。

2. 升等认证

级等调整一般每年一次，升等到本级最高等为止。原则上，升等认证可以采取与晋级认证相同的方法，但考虑到操作性和效率，一般采用简化办法，参照绩效考核结果执行，如年度绩效考核排名、年度业绩排名等等。

绩效排名举例：某企业根据员工年度绩效等级确定级等，A 级可认证为职业等，B 级可认证为普通等，C 级可认证为基础等，D 级可认证为预备等，绩效成绩 D 级以下或者总排名后 2% 的人员降级。

业绩排名案例：分公司所有同级人员进行业绩排名，其中前 50%（含）的升等，排名最后 5% 的人员降等，其他人员级等不变。

升等程序为：①个人填写《任职资格认证升等申请表》；②提交至认证专家组评议通过；③报人力资源部门汇总；④公司领导集中审批；⑤升等结果向公司各相关部门正式发布。

3. 降级和降等审批

如发生《负向指标和高压线》中所列事项，主要责任人应视为不能符合本任职资格级别的要求，应视情况由评价主管单位提出降级动议，履行降级审批程序。

根据任职资格行为认证结果，属于“基本不达标”的情况，应该降级。

业绩排名最后 5% 的人员，应该降等。

具体的降级降等条件和程序，由企业根据实际情况设计，但一般降级降等都需要设定特定程序，以保证决策慎重、程序严谨。如：某员工触发了《负向指标和高压线》，企业可以立即启动“降级降等程序”，由主管领导和认证专家组成动议委员会，集体决策。

三、基于任职资格的人才库建设及应用

任职资格评价完成之后，在现有人员均已具有评价结果的前提下，可以将所有人员纳入序列、等级所形成的人才库矩阵，如表 16-7 所示。

表 16-7　某企业内部人才库

等级	星级	人数	计划
三级（2人）	★★★★	1	
	★★★	1	
	★★		
	★		
二级（7人）	★★★★	2	
	★★★	3	
	★★		
	★	2	
一级（9人）	★★★★		
	★★★	2	
	★★	2	
	★	5	

这一内部人才库的作用如下。

①全面掌握公司现有人才的基本情况，为后续各类项目及工作的人员安排提供依据。

②清晰洞察公司在各岗位序列和等级的人才分布，明确后续人才培养与引进的方向和目标。

③为员工树立标杆，明确学习和进步的方向。

任职资格的动态管理，使得这一人才库具备动态刷新的能力，从而能为企业的各项人事决策提供强有力的支撑，这也是任职资格定期认证的重要价值之一。

第五篇

人才培养与发展

第十七章
人才发展与学习地图

本篇重点研究如何搭建人才成长所需要的学习框架，以何种方式或方式的搭配组合进行人才培养，以及针对不同的人才群体，如管理者、专业人才、新员工、骨干人才，如何开展具体的培养与发展工作。

第一节　人才发展的基本路径

一、人才发展的轨迹

人的成长与发展，既是一个组织的战略性课题，也是员工个人终其一生所追求的日标。其中，对于职业生涯的认知与管理，是人才发展历程中的关键环节。

1. 职业生涯管理

美国组织行为学家道格拉斯·霍尔（Douglas T.Hall）指出：职业生涯，是指一个人一生工作经历中所包括的一系列活动和行为。完备的职业生涯管理系统能够协调员工的行为及其与组织的关系（包括进入组织、融入组织与离开组织），有助于员工尽快适应组织环境，取得职业生涯的成功。

①站在个人角度，职业生涯管理强调员工个人的职业规划意识，强调

通过自我评价、上级辅导与自我调整，制定个人的职业生涯规划并对规划进行管理，内容包括但不限于：自我定位、确定目标、选择路径、规划行动、评估调整等一系列环节。

②站在组织角度，组织职业生涯管理是指组织为了满足自身经营发展需要，协助员工规划其职业生涯，并为员工提供职业发展通道以及必要的学习、教育、培训、轮岗、晋升机会等一系列管理活动。

2. 职业生涯阶段划分

有关职业生涯管理，存在众多的理论研究，如：施恩的职业锚理论、帕森斯的职业与人匹配理论、霍兰德的人业互择理论、萨柏的职业生涯阶段理论、格林豪斯的职业生涯发展理论、道尔顿与汤普森的职业发展阶段理论，等等。

在此，我们借用哈佛商学院教授道尔顿与汤普森的职业发展阶段理论，对人才进入职场后的成长阶段进行介绍。根据该理论，一个人在成为职业人后通常会经历四个发展阶段：成长依赖期、独立贡献期、指导授能期、策划指导期，各阶段的特点有所不同。

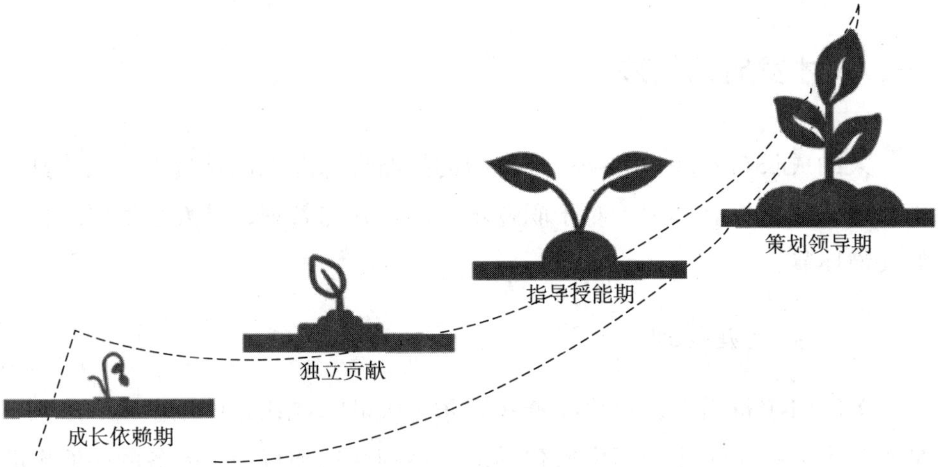

图 17-1　成长阶段图

（1）第一阶段：成长依赖期（Depending on others）

处于这一阶段的员工，主要是职场新人，具有基本的素质和良好的潜质，但是还不能完全胜任本职工作，需要接受指导和不断积累，该阶段员工的主要特点如下。①能够胜任日常基本工作。②主动接受指导。③在指导之下发挥创造性、主动性。④参与工作任务并有良好表现。⑤在时间或资源的压力下能够正常开展工作。⑥积极学习团队共同的工作方式。

（2）第二阶段：独立贡献期（Contributing independently）

处于这一阶段的员工，已经度过了依赖期，掌握了完成工作必备的技能，已经能够独当一面完成工作，重点是建立良好的协作关系，该阶段员工的主要特点如下。①对本职工作尽职尽责。②较少依赖督导，能够独立完成工作且表现良好。③专业技能有所提高。④开始有树立信誉与威望的意识。⑤注重建立良好的内部工作关系。

（3）第三阶段：指导授能期（Contributing through others）

处于这一阶段的员工，被组织授予了一定的管理职能，成为了中基层管理者。除了具备专业技能之外，视野也更加开阔，开始进入培养他人的角色，该阶段员工的主要特点如下。①专业技能得到拓宽。②视野更加开阔。③以自己的知识和技能激发他人。④以上司、导师的角色培养人。⑤代表组织与客户和外界有效交往。⑥逐步建立良好的内外部关系网络。

（4）第四阶段：策划领导期（Organizational leader）。

处于这一阶段的员工已经走上了高级管理岗位，参与组织重大决策，有一定的行政权力，发展关键后备人才、拓展外部资源成为新的使命，该阶段员工的主要特点如下。①为组织指明方向。②发现机遇，引导业务需求。③负责任地行使权力。④获得必要的组织资源。⑤寻找关键人才与后备管理人员。⑥代表组织处理重大战略性事务。

二、科学的人才培养方式

尊重客观规律，正确认识人才的发展路径，并以此为出发点进行人才培养方案的设计，才能做到以人为本、事半功倍。具体来说，人才培养方式的设计包括两个重要阶段。一是人才培养体系的基础建设，包括人才规划、通道建设、任职资格与素质模型搭建、人才测评等；二是人才培养方案的设计实施，包括学习地图设计、培养方式选择、培养方案设计及实施等。

1. 人才培养体系的基础建设

①人才规划。人才培养，首先需要根据组织的发展战略，对当前人才的数量、结构、质量等进行统计和分析，进而明确未来企业所需要人才的数量、结构、能力要求、渠道来源等，这项工作称为人才规划或人才队伍规划。相关内容在本书第二篇已经进行了全面的论述和分析。

②人才发展通道设计。在对职业生涯管理的研究中，已有学者提出了职业发展通道这一概念。常见的职业发展通道包括纵向通道，即基于管理职级的、垂直向上的职业晋升通道；横向通道，即强调员工在同一岗位层级上，通过岗位轮换、岗位多样化等方式，促使员工保持活力和积极性；双重通道，将管理和技术通道进行区分，既有聚焦专业领域发展的技术通道，也存在面向管理层级的管理通道，并行存在和运行；多重职业通道，即将双通道进一步细分为各种具体的业务与管理子通道，使得职业发展通道更为具体和明确。相关内容在本书第二篇、第三篇均有论述和分析。

③任职资格体系建设。为了明确不同通道、不同层级人员的任职条件，进一步细化和明确组织对任职者的要求，任职资格体系应运而生。所谓任职资格体系，就是针对职业通道中不同层级的角色进行画像，根据其级别角色应履行的职责，建立相应的知识、经验、技能、能力素质、工作成果与业绩标准。相关内容在本书第三篇、第四篇均有相关的论述和分析。

④胜任力模型建设。有人形象地说“与其教会鸭子上树，不如找到一只乌鸦”。由此说明了素质本身对于人才成功的决定性作用。因此，对于人才的培养，除了明确职业发展通道和任职资格标准之外，还要建立相应的胜任力模型，为需要的人才进行素质画像。有了胜任力模型，就可以通过测评技术对人才进行评价，认定人才当前的素质特点，将之放到最为合适的岗位上去，也便于为人才的培养提供针对性的指导。相关内容在本书第三篇、第四篇均有相关的论述和分析。

2. 人才培养方案的设计实施

①绘制学习地图。所谓“学习地图”，是基于岗位任职资格标准与胜任力而设计的、面向该序列全体员工的、系统化的学习方案，同时，也是该序列每一位员工实现其职业生涯发展所需的学习路径图和学习规划表。通过这张“地图”，可以让员工清晰地了解到职位晋升或转换所需要学习的课程和培养的能力，从而为自己的学习和发展导航。

②选择培养方式。除了有“学习地图”的导航，进入到具体的培养环节，还要有“培养方案库”的强有力支撑，从而匹配最优的培养或学习方式。例如，部分专业知识的学习可以通过在线课程，对于新员工则需要安排导师进行面对面指导，而管理者能力的拓展有时需要通过“行动学习”类项目进行。只有建立了一个内容丰富的“培养方案库”，才能够从其中各取所需，实现最高效的学习与提升。

③培养方案设计与实施。基于“学习地图”与“培训方案库”，可以设计针对不同群体的培养方案如“新员工速成营”“新晋干部训练营”“干部梯队三年培养计划”等，并组织实施。

综上，人才培养的基础建设是根基，是做好人才培养的基础性工作；人才培养方案的设计实施是枝叶，是实现人才培养与发展的举措与行为，是看得见的成果。

三、当前企业人才培养中的问题

人才培养在很多企业均有所开展，尤其是近几年，央企、国企、大型民营企业对于人才的培养更为重视，很多企业内部设有专门的培训部门，甚至建立了自己的培训机构。但是，很多中小型企业仍然面临着人才发展困境，随着竞争压力增大，业务发展的紧迫性日益提高，管理层的关注点越来越聚焦于业务，对人才培养的关注不坚决、不持续、不深入。这些问题体现在以下几方面。

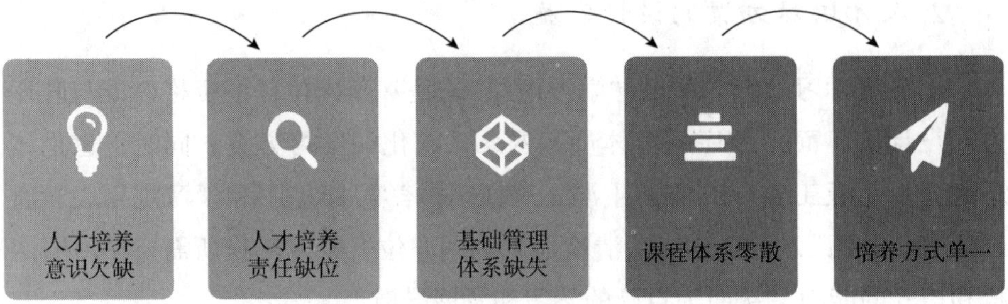

图 17-2　人才培养中的问题

①人才培养意识欠缺。中高层管理者的注意力大多集中在业务发展上，很多人认为，业务是第一位的，人没了可以再招。对于人的培养要么缺乏一定的方法，要么缺乏长远的考虑。用人的时候招不到合适的人，有了好战略、好业务却没有合适的人去执行，类似的现象比比皆是。

②人才培养责任缺位。时至今日仍有很多企业将人才培养的责任归于人力资源或培训管理部门，而非管理者和业务部门。实际上，根据“721”学习法则，对于成年人的培养，有相当一部分场景发生在日常的工作与互动之中，而不是通过集中授课实现。各级管理者和业务部门的责任缺位，难免使得人才培养与工作脱节，效果大打折扣。

③基础管理体系缺失。当下企业员工的主要构成为 80 后、90 后、00 后，除了收入之外，员工对工作有了更多的期望，明确的职业发展通道、任职资格标准与能力素质要求，成为员工工作满意度的一个重要评价指标。然而很多企业目前还没有建立系统的员工职业发展通道、素质模型、任职资格标准等。由于基础管理体系缺失，企业的人才培养工作缺乏明确的目标和针对性的培养规划，培训的实际效果并不好，难以达到有效的培养人才的目的。

④课程体系零散、缺乏系统性。很多企业执行课程很多，但是课程主题的提出以及组织实施随意性比较大，临时情况比较多，且缺乏对培训需求的认真、深入的分析，缺少对课程的系统规划，没有建立起课程学习、人才成长与企业发展之间的良性互动关系。培训工作的开展被动且零散，虽然对于促进经营有一定的效果，但对配合企业的战略目标实现、人才的

储备发展以及留人育人的帮助有限。

⑤培养方式单一。提到“人才培养”很多企业会提到培训课程，其实，以“培养”达成为目标，培养方式可以多种多样，比如E/M-learning，导师制、教练辅导、轮岗制、标杆游学、行动学习等等。囿于培训部门在认识、经验、资源投入等方面的局限性，导致员工培养方式多以课堂讲授为主，忽视了人才培养多场景、多渠道、多维度的特点，难以调动管理者及员工的积极性。

正是基于以上问题，20世纪90年代就有企业在探索并研究“学习地图”，并将这一系统性的人才培养工具在众多企业中进行实践和传播。学习地图，既承接了企业的战略要求，又明确了员工的成长通道与发展标准，更为重要的是，对员工在职业发展过程中的学习内容、学习路径等进行了设计，变“要我学”为“我要学”，从而充分调动了管理者和员工参与学习、自我培养与发展的积极性，提高了企业相关领域人员的专业化程度，一举多得。

第二节　学习地图的基本概念

一、学习地图的起源

学习地图（Learning Maps）起源于学习路径图（Learning Paths），是在既定的目标下，以员工职业技能发展为主轴而设计的一系列学习活动。1993年由美国通用公司全球学习顾问史蒂夫·罗森伯姆和印度区学习顾问吉姆·威廉姆斯联手创立学习路径理论，完成系统概念并开始执行咨询项目。其项目主要目标是有效缩短员工成长时间、提高岗位胜任率，进而提升个人绩效与企业效益，能够使得企业依据员工职业发展路径，有效整合内外部培训资源，建构出一套较为完整及有效运作的培训体系。

学习地图的系统概念源自罗伯特·卡普兰和大卫·诺顿于2004年提出的战略地图，并以哈佛大学教授、著名心理学家大卫·麦克里兰提出的素质模型为基础开展的设计。学习地图能够清晰地告诉员工，在能力发展的每一个阶段，应该学习什么内容？努力的方向和目标是什么？晋级和轮岗应该具备什么样的能力？同时，也能让员工理解到学习内容和学习目标之间的关联性，培养“自主学习”的能动性。因此，可以说，学习地图是以员工关键职业发展经验为核心的整体人才发展框架，能够显著提高企业人才培养的效益。

二、学习地图及与之相关的概念

提到学习地图，我们有必要同时了解一下“战略地图”和“知识地图”，这三张地图所起的作用不同，同时也存在一定的联系。接下来我们就通过三张地图的对比，来进一步理解学习地图。

①战略地图，更普遍地体现在战略解码或平衡记分卡的使用中。它由平衡记分卡的创始人卡普兰和诺顿在对实行平衡记分卡的企业进行持续研究的过程中总结得出。他们认为，战略地图的主要价值在于让企业认识到，只有通过运用人力资本、信息资本和组织资本（学习与成长）等无形资产，才能创新、建立战略优势和系统效率（内部流程），进而把特定市场价值带给客户，从而实现企业的财务目标。换言之，战略地图通过建立平衡计分卡四大维度之间的指标关系，来实现对战略的描述以及达成共识。

②知识地图，更广泛地应用在组织的知识管理领域。它是一种知识（既包括显性的、可编码的知识，也包括隐性知识）导航系统，显示不同的知识存储之间的重要联系。知识地图又分为面向程序的知识地图、面向概念的知识地图、面向能力的知识地图以及面向社会关系的知识地图。其中，面向能力的知识地图与我们本章所要阐述的内容更为相关。所谓面向能力的知识地图，是将一个组织的各种技能、职位甚至个人的职业生涯视为一种资源并进行记录，从而勾画出一张该组织的智力分布图，它的功能在于，使员工方便地找到胜任本岗位工作所需要的各种知识（比如专项技能、技术和/或职责描述）。

③学习地图，更准确地归属与于人才培养与发展领域。它是指企业围绕实现战略目标所需能力而开展的、丰富多彩的培训/学习活动，帮助员工获得或改进与工作有关的知识、技能、态度和行为，提高员工和企业的绩效水平，并帮助员工实现职业发展目标的学习路径图。通过“学习地图”，员工可以找到从一名最基层的新员工直至成为公司最高领导人的学习发展路径。通常，学习地图中拥有不同的路径，如业务条线学习地图、管理条线学习地图等，同时，学习地图提供职业生涯纵向升迁的晋级学习包与横向轮换的轮岗学习包，帮助员工能够短时间完成职位角色的转换。

三、学习地图的意义

“高度决定视野，角度改变观念，尺度把握人生”，这三“度”最能够说明学习地图的意义。

1. 高度：超越通常意义上的课程体系

学习地图关注的核心内容超越了通常意义上的课程体系，能从一个更高的视野来审视对员工学习的支持。

员工能力的提升需要丰富的学习内容，这就需要更有针对性和多样化，并与能力需求紧密匹配。根据不同层级涉及的不同技能知识点，为学习者配备相应内容，是决定学习地图“导航性能”的关键。

与一个知识或技能点相匹配，可以在知识地图中为员工提供多种学习方式：可以去教室，可以在网上自学，也可以参加一个行动学习，或者加盟一个针对性的实践社团。在学习地图中，员工可以自选适合自己偏好和需求的学习活动。

随着学习发展领域理论与实践的进步，各种新的学习方式层出不穷。引入多种学习方式，不仅能够激发员工的学习兴趣，也能让员工在学习上收到更好的效果。

2. 角度：服务于企业，同时助益于员工

学习地图既满足员工个人发展的需要，也便于企业人力资源管理或培训部门的实施管理。

①从培训管理部门的角度来看，员工在各个阶段进行学习内容的选择，而管理部门可以根据年度培训资源的情况、培训经费的多少等条件确定适合的学习方式，从而提供相应的学习活动。例如，对于轮岗非常频繁的企业来说，学习地图中“轮岗包”的设计应以岗位标准化课程为主，提供给员工 2 ~ 3 小时的在线学习课程，使员工能够方便、迅速地掌握新岗位的工作要求；而对于晋升成为管理人员的轮训而言，轮训包的内容应更为具体，多个内容可组合成为一个大的行动学习项目。

②从员工角度来看，学习地图能清晰地告诉员工，在能力发展的每个阶段应该学习什么内容，努力的方向和目标是什么，晋级和轮岗应该具备什么样的能力。同时，也能让员工深入理解到学习内容和学习目标之间的关联性，并以事业生涯为目标、能力提升为导向建构个人学习发展计划，在众多课程中拟定出最适当且最佳的课程修习路径，自主安排学习进程。

3. 尺度：为员工职业发展提供动态的能力标尺

学习地图优于一般意义上基于能力清单的、静态的课程体系，可根据员工职业生涯发展而进行动态调整。从新员工到转正后成为普通员工，员工的学习与发展是单线条的。当成为骨干员工之后，员工需要面临是走专家路线或是管理路线的抉择，学习地图在这里分为两条通道。分别进入专家路线和管理路线，即“Y”型发展通道。

学习地图为员工的职业生涯发展提供不同的通道，具有很强的适用性，让企业中不同特点的员工都能尽其所能。针对每一个职位族或每一个亚职位族，学习地图均能提供“Y”型发展通道，当员工职业生涯发展或工作安排发生变动时，学习地图可为这种选择提供不同的岗位学习包。

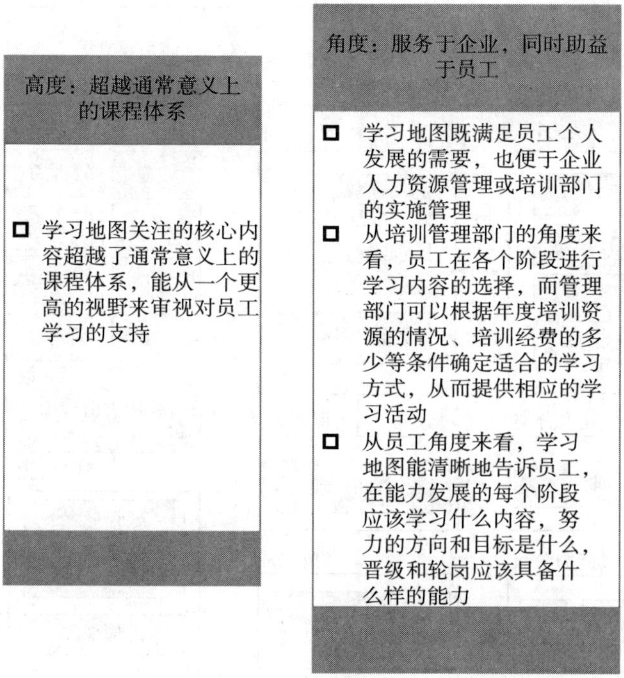

图 17-3 学习地图的应用

第三节 学习地图的开发

学习地图的开发，需要建立在任职资格或素质建模开发的基础上，相关内容已在本书第三、第四篇中有所体现。根据任职资格或素质模型的要求，设计培养方案或培训课程，可以最大可能地降低培养项目或培训课程的成本，提高培训效益。

具体到学习地图的开发，可以按照工作分析、能力建模、课程设计、体系建立四个步骤开展，所对应的成果分别是“岗位库”“能力库”“学习内容”“学习地图”。

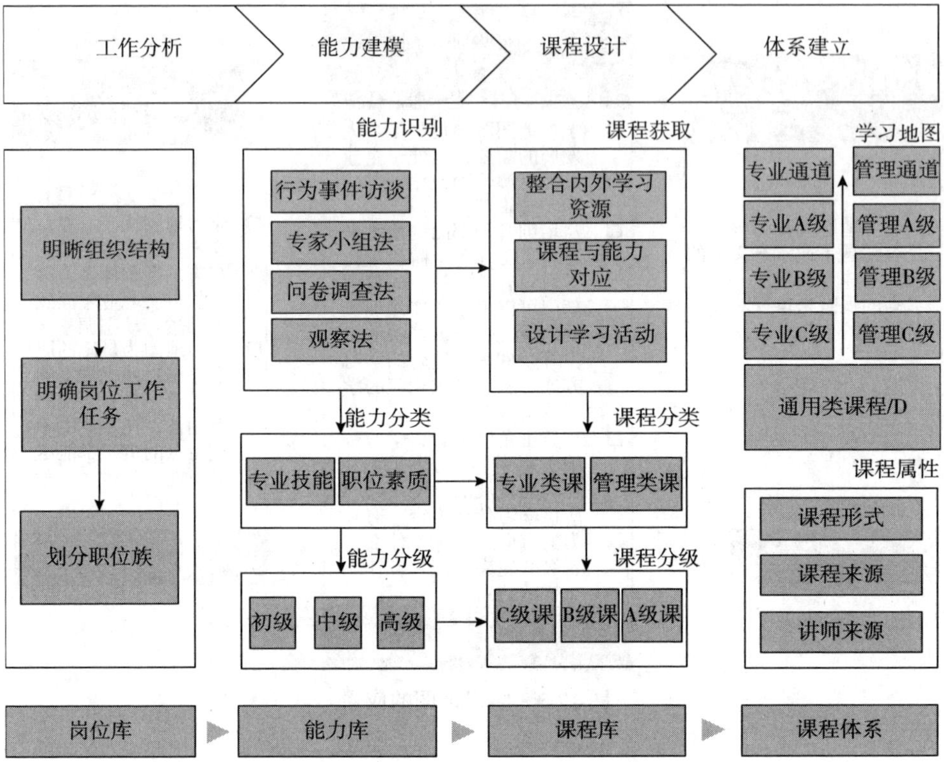

图 17-4 学习地图开发步骤

一、工作分析

在企业学习地图绘制过程中，需要首先开展工作分析。其原因在于，工作分析是基础性的人力资源工作，如果对企业的组织结构、岗位说明还没有全面、清楚的了解，学习课程的设计自然会出现偏差。同时，工作分析也是岗位能力建模的基础，有效的能力素质模型必然是与企业的业务特点、各岗位的职责以及具体的工作任务密切相关的。

通过工作分析，全面梳理企业现存的岗位及岗位职责，将工作职责相近的岗位纳入相同的职位族，将大大降低知识与能力要项梳理的复杂度，以及课程库的冗余和重复。

二、能力素质建模

在工作分析的基础上，通过行为事件访谈等方法建立能力素质模型，是绘制学习地图的基石。基于能力素质模型的学习地图，使得员工的学习与发展不再盲目，而是紧紧围绕企业战略层层分解下来的能力素质要求。优秀的学习地图必然建立在良好的能力素质模型基础之上，而良好的能力素质模型，应当具备以下四个特点。

①可衡量性。所建立的能力素质模型应当是可被衡量或可通过员工工作绩效、行为予以观察的，否则无法为其设计课程并评估其学习效果。

②全面性。能力素质模型不仅包含专业技能，还应当包含领导力、人际关系处理等方面的能力素质。

③独立性。能力素质模型中不同能力素质应相互独立，不应重叠。

④清晰性。能力素质模型的描述应当清晰，确保不同人员在理解与传播能力素质模型时能够保持一致，同时，也有助于课程的设计与开发。

三、内容设计

学习内容设计是学习地图建立的主要内容之一，涉及对“学什么”和“怎么学”进行一系列的梳理和设计。

“学什么”，主要完成基于能力的学习内容映射，针对所建立的能力素质模型，建立对应的能力提升措施。在选定能力素质后，分析该能力素质的描述信息，挖掘该能力素质的关键要点，然后确定学习对象。不同培训对象所需求的学习内容差别很大，例如，面向管理层，可提供一些抽象的、深层次的理论阅读材料；而面对职场新人，则应更多地借助形象的、多媒体化的培训形式。

“怎么学”，主要包括在分析能力素质描述信息并确定培训对象后，检索已有的培训资源，包括企业内部、合作伙伴以及市场供应，若已有成熟的课程模块，则可直接购买；若无，则考虑是否可将能力继续分解，设计或购买学习单元（指模块化的学习材料，如某学习材料的某章节），组装、形成所需的学习材料，完成学习材料映射。学习材料获取之后，应当依据前阶段的能力分类与分级，相应地对学习材料进行分类与分级，形成针对不同序列、不同层级的专业技能或管理技能学习内容。

四、体系建立

汇总以上学习材料，根据不同职业发展路径的要求，将学习材料分为新员工学习材料、普通员工学习材料、管理路径学习材料、专业路径学习材料，并按照职业发展路径形成相应的晋级包，依据岗位核心工作要点形成轮岗包。至此，清晰、完整的学习地图体系也就形成了。

原则上，每一个职类都应有一套独立的学习地图，在地图的研制过程中，应汇集该领域的专家共同完成。完整的学习地图应包括技术标准、教材工具软件、教学及教材标准、师资标准、认证标准等，然后才是课程规划、教材规划、师资筹备等微观工作，最终，将师资库、知识库、教材库、能力素质库在一个大的平台上进行整合，并进行有效管理。

第四节　学习地图的实施

“721”学习法则，认为成人学习 70% 来自真实生活经验、工作经验、工作任务与问题解决，20% 来自反馈以及与其他角色榜样一起工作并观察和学习该榜样，10% 来自正规培训。而且从学习效果而言，成人学习也体现出自己的特点，如图 17–5 所示，通过教授给他人、实践、讨论等主动学习的方式，学习效果明显优于示范 / 演示、听与看、阅读、听讲等被动学习。

从学习地图落地成为学习培养项目或培训课程开始，我们就要关注这一法则，从尊重成人学习规律开始，充分挖掘人才培养的场景，并设计更加符合成人学习需求、目标和特点的培养方案，建立起适用于员工的培养和学习体系。

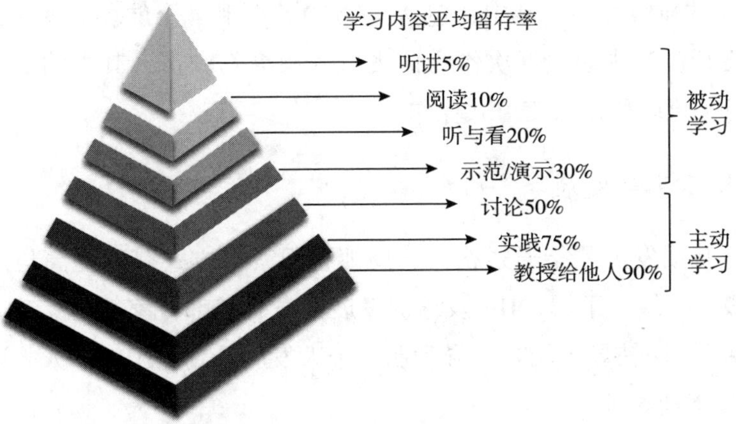

图 17-5　成人学习的金字塔模型

一、地图落地三大方式

学习地图落地，主要通过三大方式，即关键职业经验、人际互动、正式培训。具体的培训方式，在接下来的一章中还会做详细的介绍。

1. 关键职业经验

关键职业经验，是指员工为胜任某岗位层级所必须经历的业务实践锤炼，如创造一项新业务、领导跨职能团队、解决棘手的业务问题等。

在领导人才培养方面，根据对通用电气、高露洁、诺华、德士龙等世界级企业的深入研究，拉姆·查兰提出了高管的“轮岗培养模式”（Apprenticeship Model），即通过岗位轮换，以岗位锻炼、领导反馈、自我修正和重复实践等方式来提升其领导力，帮助有领导潜质的人才在短时间内，将他们的领导能力提升到炉火纯青的境界。

再比如，在专业人才培养方面，类似的实践也被广泛采用。以培养要求最为严格的飞行员为例，飞行员职业发展的各个阶段，分别从情景、角色、任务等方面进行了严格的界定，在岗实践经验决定了航线资格，如某一级飞行员的航线资格要求为：“具有不少于 150 小时的飞行经历和不少于

10个航段的航线经历，其中，包括至少30小时和4个航段的观摩，包括至少4次飞行，其中至少3次作为该飞机的操纵驾驶员，其中的1次操纵应当在飞行关键阶段以人工方式操作。”

2. 人际互动发展

人际互动发展是指通过指导、反馈、观察等方式获得提高与发展，包括与上级、同级、下属、HR及培训发展人员、外部专家等的互动。相应的形式包括：在岗辅导（OJT）、导师制、个人发展计划（IDP）、人才测评中心（AC）、教练辅导等。

建立正式的人际互动发展机制的关键是，明晰相关方在人才发展中的角色、责任并确定互动的形式与重点。这类机制的建立成本通常不高，却可以有效地加快人才培养。在拉姆·查兰提出的“轮岗培养模式”中，上级领导能否近距离地观察有潜力的管理者，定期检查评估，持续精心反馈，是加快领导人才成长的关键。

3. 正式培训

正式培训，是最为常见、也最为基础的一种培养方式。虽然我们需要把越来越多的精力转向职业经验、人际互动等发展手段，但正式的培训项目仍然不可替代，通过与关键职业经验相整合，正式培训项目发挥着“加油站”与“催化剂”的角色：在员工职业发展的关键节点，通过系统的培训项目提升员工面向未来岗位的胜任力，给员工“加满油”“充足电”。

二、明确人才发展责任

在这样一种复合的人才培养体系下，人才发展的责任将走向整合，责任主体将回归到各级管理者这一“本位”，培训发展部门更多地扮演机制建立者、督导者和支持者的角色。

①管理者的角色要从“人才使用者”转变为“人才开发者”，承担起人才开发的主要责任。管理者天然处于观察、指导人才的最佳位置，可以实

时了解员工在岗位上的能力发展状况、业绩完成情况及职业兴趣等信息；在员工发展遭遇挫折或面临新的机遇时，可以为员工提供及时指导，并可根据公司需求及员工能力发展状况，适时安排恰当的岗位。

②作为人才培养的专业管理部门，培训与发展部门除了传统的组织开发设计与实施正式的培训项目之外，还要建立公司统一的人才标准，构建一体化的人才发展机制，并督导机制的实施、为管理者提供支持。特别是在关键职业经验管理方面，因为管理者通常要兼顾完成业绩指标与发展核心人才两方面的任务，尤其需要人才培养部门的监督与指导，以确保人才发展目标的实现。

案例分享　宝钢国际的学习地图开发

作为中国规模最大的钢铁企业，宝武钢铁集团有着长远的人才培养历史、扎实的人才培养基础以及良好的人才培养理念与方法，在此以宝武集团旗下企业——宝钢国际的学习地图开发为例，供大家参考和理解。

一、建立以学习地图为基础的职业导航体系

宝钢国际在人力资源管理体系的建设工作上，搭建了以员工为中心的系统，通过 E-HR 系统、学习地图系统（员工职业导航系统）、E-CELS（员工能力提升学习系统）及知识协同区进行支撑，实现人力资源体系化、机制化、专业化、效率化、数字化建设。

以“学习地图”为基础，建立的员工职业发展导航机制（如图 17-6 所示），是通过“图卡表”与“成长里程积分”的有机统合，为员工的学习与成长提供“拉动式”导航服务，以拉长员工职业发展半径、扩大员工职业发展空间、激发员工成长内驱力为目标，让员工集聚持续不断前行、发展的动力与能量。

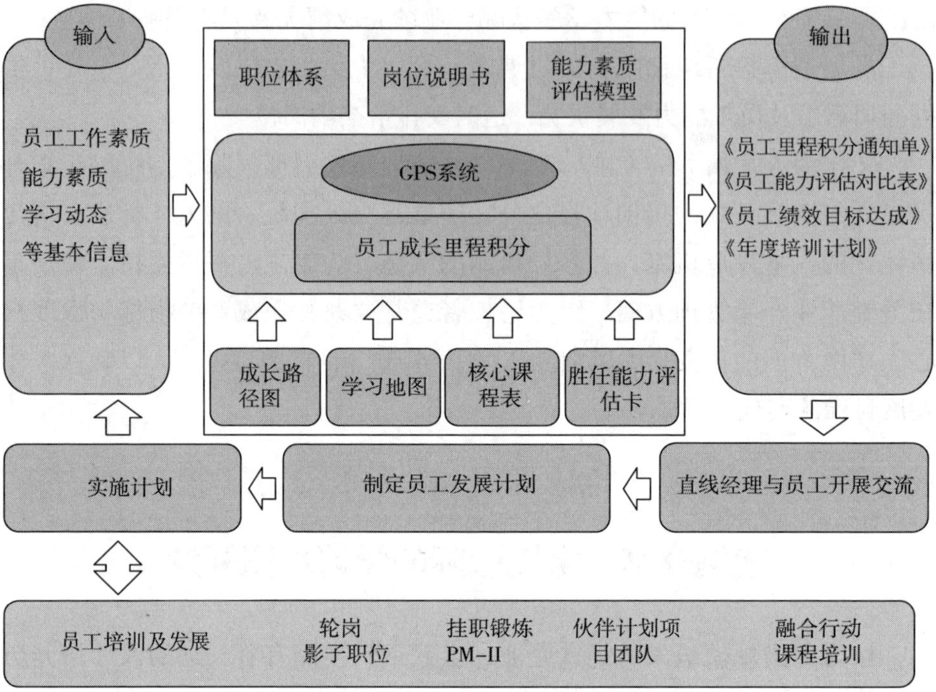

图 17-6　员工职业发展导航机制

根据公司《员工三年培训大纲》的阶段性目标，需要为员工绘制“清晰而系统的学习地图”。基于公司岗位族群梳理、能力素质模型设计及学习资源库建设，绘制了与公司岗位族群配套的 22 套学习地图。

1. 学习地图系统有机统合了图、卡、表及员工成长里程积分

学习地图系统将员工成长路径图、学习地图、能力评估卡、核心课程表及员工里程积分进行了统合（如图 17–7 所示）。

（1）为员工职业发展标准导航

不同族群、不同层级、不同技能知识点是学习地图“导航性能”的关键因素。将公司的发展目标、职位规范有机导入到对员工的能力素质要求之中，清晰告知员工每个阶段的学习内容、努力方向与目标，令新员工进入公司的第一天开始，就知道未来自己的学习与成长发展路径。

（2）为员工职业发展授能助航

学习地图为每个族群、每个岗位员工的职业生涯发展提供“Y”型通

道，并提供评价工具、培训项目及职位平台等有效的支撑资源。学习地图是培训管理的指南针，提供统一管理视角，建立系统科学的培训规划，确定适合的学习方式，标注最佳学习方法、资源配置和测量标准，标注不同学习阶段的里程碑，为员工能力提升提供"套餐"，学习内容和能力需求紧密匹配，并提供相应的学习活动。

（3）为员工职业发展全程护航

在员工学习发展与能力提升的PDCA全过程中强化沟通与辅导。《我的里程积分》《我的岗位积分》《我的薪资积点》《我的课表》《我的项目》既是个人成长的记录和下一个目标的起始点，也是直线经理人与员工沟通交流及指导员工成长的工具。

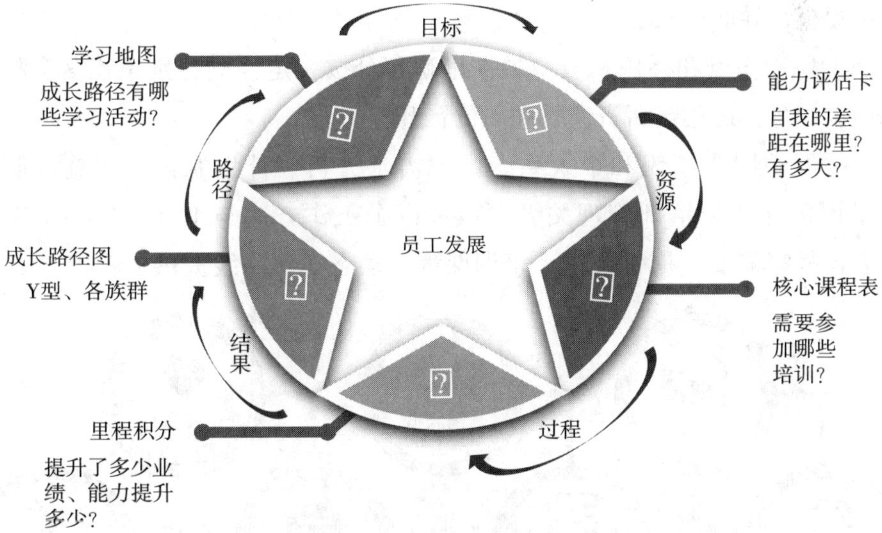

图17-7　卡、表及员工成长里程积分有机统合的能力模型

2. 学习地图系统，为员工提供职业发展看板

学习地图系统主要由以下内容构成。

① Y型成长路径图，该图展示了管理、技术、操作不同结点可移动的成长路径。员工点击"管理/技术/操作类人员"成长路径图上的任何位置，即可展示该岗位序列包含的岗位族群。

②专业族群，包含了公司所有的岗位族群。点击任何一个岗位族群，

则展示该族群的成长路径图。

③成长路径图，展示每一岗位族群的成长路径，点击右上方“查看学习地图”，则显示本族群的学习地图。

④学习地图，展示不同族群、不同阶段的工作经历、职业资质、职称、外语水平、专业知识和受教育年限等素质要求。点击不同岗位层级的专业知识，则显示该岗位族群、岗位层级的核心课程表。

⑤核心课程表，是展示每一个族群、不同岗位层级所对应能力标签的核心课程，员工可在该界面进行年度培训课程的申请。

⑥里程积分通知单，通过年度能力评估、业绩评价和职业资质、外语水平、专业知识、文化程度及工作经历七个标签十三个模块的积分统计，明确短板，导航成长。

⑦薪资积点和岗位积分，根据里程积分按一定规则分别累积薪资积点和岗位积分，运用于薪资调整和岗位晋升。

学习地图为组织和个人系统掌握需求分析、计划制订、实施控制及效果评估这四个培训管理关键领域提供了工作方法与工具，也为员工匹配公司战略需要、岗位要求、培训课程、动态学习路线提供了看板。

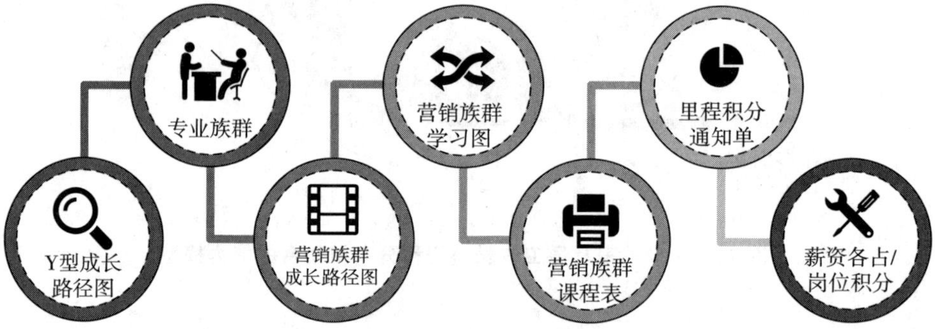

图 17-8　学习地图主要内容

二、人才培养方式多元化

从培训到学习，使得培训项目不再孤立和零散，员工参加培训不再消极被动，培训形式不再单一枯燥；使得员工愿意学、用心学，并在行动中检验了效果，在岗位实践中实现了成长。

①打造培训管理体系。根据公司“为员工提升价值、为公司创造价值、为客户创造价值”的培训宗旨，按照培训基础管理、资源管理、保障与评估管理等维度建立培训管理体系。

②优化培训流程，构建员工学习价值链。基于学习地图系统，结合能力模型，实现培训需求自下而上征集和自上而下沟通，严格实施培训计划，并通过 E-CELS 的课程跟踪系统进行管理，践行培训行动计划书的后评估。在此基础上，提出下一年度培训项目，系统打造员工学习价值链。

③源头介入，优化模式，强化新进员工的培训。宝钢国际新进大学生职业发展培养工作主要是对新进大学生开展“321”培养模式，即根据新进大学生入职引导、岗位培训及全面规划三个不同阶段的要求，通过培养和评价两个手段，努力造就一支素质优良的年轻后备人才队伍。

④拓展人才培养范畴，加快操作员工队伍建设，构建现场竞争力。结合工贸一体化的业务特点，宝钢国际从 2007 年底开始实施《加工中心操作维护人员培养方案》，从成长路径、培训资源、机制保障等方面，为技能人才的培养提供了土壤。

⑤聚焦于员工的岗位发展和职位转换，创新员工职业发展学习包。如管理人员能力发展学习包，为适应岗位发展的新任经理人、领导力加速的管理者提供研修的机会；营销人员能力发展学习包，从普通营销员的《宝钢内贸人员资格认证》，到能够提供顾问式销售的销售代表的《营销“1+2”培训认证》，再到能够熟练处理质量异议的客服经理的《客户服务经理（异议处理）认证》。

⑥建立“三跨界”行动学习模式，助力人才快速成长。推动培训向学习转变，首先要引导员工在行动中学习，在行动中检验。宝钢国际构建的“跨业务、跨地区、跨职能”的行动学习模式，聚焦企业面临的重要问题和员工发展亟需提高的关键能力，组织员工或员工团队对实际工作中的问题、任务、项目等进行处理，从而达到锻炼人才、解决问题的目标。

三、人才培养工作的成效

经过以上人才培养与学习系统的设计与实施，取得了良好的成效。

①三年以来，员工成长里程积分平均每年提升 3%，成长累积分从 –4.1 上升为平均 4.89 分。

②聚焦公司关键业务和关键人才群，建立起了一支涵盖贸易、加工配送、物流三大体系的后备人才队伍。

③三年中，宝钢国际向集团、股份公司输送人才 10 名，上百名员工获得提拔，走上新的工作岗位。

④企业的劳动效率显著提升，最近年度人均销售钢材提升 5%，加工中心人均加工量较效率目标增长 6.7%。确保了公司生产经营目标的顺利实现。

⑤员工的感受和体验较好，满意度调查中回答“十分满意”“满意”的达到八成以上。

基于学习地图的职业发展导航机制，将企业目标有机导入员工的发展要求，有效降低了企业发展目标与员工目标之间的偏差；图卡表及员工成长里程积分等工具的运用，增强了员工的价值主张，激发了员工在职业发展中自我评价、自主管理的内驱力，形成了由职业发展驱动的学习需求，促进了员工培训向员工学习的转化。

第十八章 培养方案库

在学习地图的基础上，根据已经规划好的课程主题或课程规划，接下来便需要进行培养方式的选择或学习方式的设计。如果每一次都根据学习地图去设计培养方案或学习方案，显然是一种低效的解决方式。对于大中型企业来说，建立一个可随用随取的“培养方案库”，根据学习地图的要求，在方案库中选取适宜的培养方案，进行有针对性的改良与二次设计，是一个切实可行的方式。

为了便于企业培养方案库的建设，结合多年来的咨询经验和案例，我们对企业的培养方式或学习方式进行了广泛的搜集和整理，在这里提供给大家，供参考和选用。

第一节 培养方案库总览

在本章中，我们就培养方式或学习方式进行了分类，并按照典型性、实施难度、指导意义等维度，筛选了部分方式进行详细介绍及案例分享。

以下是对十四种培养方式的分类与整理。

表 18-1　培养方式分类

序号	方式	特点	主导来源		功能属性			受众范围	
			内部	外部	获取知识	提升能力	完成任务	小范围	大范围
1	E-Learning（&M-Learning）	侧重在线内外部平台的知识性学习	√	√	√				√
2	OJT（&S-OJT）	侧重内部在岗指导或培训	√		√	√	√	√	
3	面授课程 - 讲解课程	包含内外部讲师的讲授课程，以讲解、案例分享为主或辅以练习	√	√	√	√			√
4	面授课程 - 实操课程（沙盘课程）	侧重外部讲师引导下的沙盘课程，以沙盘演练为主，辅以讲解或引导		√	√	√		√	
5	讲坛 / 研讨	包含内外部人员主导的分享或研讨	√	√	√	√		√	
6	资格认证培训	侧重送外的技能认证培训等，如一级、二级		√	√				√
7	脱产进修	侧重送外的进修、学习等，如 MBA、硕士等		√	√			√	
8	标杆游学	侧重优秀企业、标杆企业、典型企业等的游学、交流与研讨		√	√		√	√	
9	拓展训练	侧重户外的、团队整体参与的能力拓展		√		√		√	
10	行动学习项目	侧重内部开展的行动学习项目，以解决实际问题为主	√				√	√	
11	教练辅导	侧重外部教练或内部教练引导下的教练辅导		√		√		√	
12	导师制	侧重机制化的师徒制的培养项目	√			√	√	√	
13	轮岗制	侧重机制化的岗位轮换的培养项目	√			√		√	
14	自我学习	侧重自我主导下的或由组织鼓励的自我主导下学习行为	√		√	√	√	√	

以上十四种方式，既有传统的培训方式，如面授课程、资格认证培训、脱产进修、轮岗制、导师制等，也有随着技术发展和培养理念革新而产生的新模式，如M-learning、S-OJT、拓展训练、标杆游学、教练辅导等等。各种方式特点不同，适用的情形亦有所不同：

①从主导来源，即培训资源的提供方来看，相当一部分方式要依靠外部专业机构或外部资源，随着企业对人才培养的日益重视，越来越多的企业正在建立自身的人才培养基地和内部培训能力。也有一部分培养方式以内部为主，比如OJT、行动学习、导师制、轮岗制等，以内部立项的方式，通过项目管理模式对培养项目的实施过程和效果进行管理。

②从功能属性，即培养效果上看，各种方式在获取知识、提升能力、解决实际的工作问题等方面表现亦有所不同。大部分方式均可以获得知识，尤其以E/M-learning、面授课程、认证培训、脱产进修等方式，更能够帮助员工或学员获得系统的知识。还有一部分培养方式具有一定的实操性质，比如OJT、拓展训练、导师制、轮岗制等，这类培养方式能够在实际工作场景中帮助员工或学员提升能力。如果需要提高管理层解决实际问题、推进组织变革方面的能力，那么标杆游学、行动学习等方式更能够带来实际的效果和影响。

③从受众来看，即现场实施的互动及影响范围来看，E/M-learning、面授课程，讲坛等一次性覆盖的人员范围较广泛，而导师制、标杆游学等更加适合以项目的方式开展，对参与人员有数量上的限制，更强调针对性、互动性以及交流的深入性，覆盖范围一般比较小。

综合考虑典型性、实施难度、指导意义等方面，我们在此筛选了以下五种方式（实际是5+3种方式），进行详细的介绍：E-learning & M-learning、OJT & S-OJT、导师制 & 教练辅导、轮岗制、行动学习。以下将对这几种培养方式或学习方式逐一介绍，同时附上相关案例，供企业参考与使用。

第二节　E-learning & M-learning

一、E-learning：将学习转移到互联网

1. 概念

E-learning 起源于美国，也在美国获得了快速发展。美国教育发展训练协会（ASTD）对 E-Learning 的定义是："E-learning 是学习者应用数字化媒介学习的过程，数字化媒介包括互联网、局域 / 广域网、录音 / 录像带、卫星广播、交互式电视和光盘等。" E-learning 是一种基于互联网技术平台支持的、开放式的学习和教学方式，它将网络化学习、电子化学习和数字化学习相结合，具有成本低、效率高、不受时空限制、可选择性强等特点。

网络解决方案供应商 Cisco（思科）公司早在 1995 年就开始建设自身的 E-learning 系统，如今该系统已经覆盖了公司在全球的所有分支机构，其 80% 的培训都是通过 E-learning 的方式完成，节约了 40% ~ 60% 的直接培训成本，已然成为 E-learning 系统应用最成功的典范之一。

2. 特点

（1）E-learning 的优势

与传统的面授课程相比，E-learning 有以下五方面优势。

①摆脱了对学习时间和地点的限制。在 E-learning 学习环境下，学员可通过 Internet 或企业内部局域网接入，自主选择课程，安排学习进度。当前比较成熟的 E-learning 系统普遍采用文本、图表、音频、视频等多种多媒体手段开展教学，不仅满足了学员的学习需要，也提高了学员的学习热情，促进了自主学习，有效地扩大了培训的范围。

②体现了学习的个性化。传统的面授课程要求所有学员"步调统一"，这就难以对知识水平参差不齐、学习能力不同的学员做到因材施教。而在 E-learning 系统中，课程由专家或熟悉业务的管理者设计完成，学员可根据自己的学习特点，结合自己的职业发展规划，自主选择合适的学习资源，

以自己的方式和速度开展学习。

③方便即时更新和丰富学习资源。考虑到成本和时间的问题，传统的面授课程很难及时更新并传递给学员，而且由于资源有限，学习材料也比较受限。E-learning系统中的教学资料可以做到低成本实时更新，便于学员及时更新并提升自己的专业知识和技能；同时，可借助E-learning平台分享更多的阅读材料、辅助材料等，丰富的学习资源也是吸引学员参与学习的动力之一。

④促进互动协作学习方式的形成。E-learning系统是友好的交互式学习平台，学员不仅可以收听收看各种类型的课程、下载学习资料、拓展阅读等，还可以向专家/老师提问，与其他学员互动交流，从而增强学习氛围，调动学员的积极性。

⑤控制成本且提升效率。企业采用E-learning开展培训，一是提高了教学管理的效率，资源可以实时更新，可以被广泛分享，学习可以被跟踪评估，教学管理效率提升；二是提高了学员学习和工作的效率，学习进度可以自行掌握，也可以随时随地进行学习，从而减少了学员集中化培训的时间，保障了工作的投入与效率；三是控制了企业培训成本，通过最大范围的资源共享以及教学和工作效率的提升，相当程度上控制了培训成本。

（2）E-learning的不足

E-learning虽然有上述的优势，但与面授课程相比，依然存在以下三方面的不足。

①教学中的互动性被弱化。传统的面授课程，培训老师能够当场与学员互动和答疑，现场听讲的印象更为深刻，教师会根据现场气氛和学员状态调整教学方法。这种现场的互动性与灵活性是E-learning所不能提供的。

②学员的深度思考与现场反应被弱化。由于E-learning系统中的学习，多以学员自主学习为主，而且多是收听收看已经录好的课程。学习中，缺少了培训老师的现场引导与启发，学员深度思考机会减少，现场反应难以反馈给学员自身，一定程度上影响了学员的学习效果。

③自律性与真实的学习效果难以被控制或评估。E-learning更多的是提供一个学习平台，对于学员是否真正保持良好的状态，认真学习，是难以被监控的，甚至会出现学员在系统中“刷课”的现象。系统可以记录

学习时间、所学课程，但是难以验证学员是否真的在认真学习，这也是E-learning系统难以控制的内容。

E-learning优劣	E-learning劣势
•摆脱了对学习时间和地点的限制 •体现了学习的个性化 •方便即时更新和丰富学习资源 •促进互动协作学习方式的形成 •控制成本且提升效率	•教学中的互动性被弱化 •学员的深度思考与现场反应被弱化 •自律性与真实的学习效果难以被控制或评估

图 18-1　E-learning 的优劣势对比

二、M-learning：将学习从网上带到身边

1. 概念

近些年，移动互联网与可携带设备已经成为人类“器官的延伸”，变得不可或缺。随着移动互联网的快速发展，人们的工作生活方式被改变，学习方式也正在被重塑——M-learning应运而生。所谓M-learning，就是移动学习，是一种依托无线通信和流媒体技术，融合人才管理理论，通过可携带的电子设备（如手机/平板等）有效呈现针对性的学习内容，提供角色间沟通交流的学习模式。

英国移动学习专家约翰·特拉克斯勒认为，对任何组织而言，移动学习都变得愈来愈重要，而且它的本质已经从组织内部设计的技术或者课程，转变为一项更广泛而深远的、需要组织去充分关注和利用的社会现象。移动学习创造了无限的可能，也带来了复杂的挑战。

2. 特点

如今越来越多的企业已经或正在着手引进M-learning，搭建专业的移动学习平台。M-learning的价值发挥与创造，有赖于建设者对移动学习特点以及移动学习平台运营模式的把握，具体表现在以下几个方面。

①面向场景做设计。M-learning 平台建设之初，首先需要对学习场景进行分析，根据学习场景的需要进行产品定位，并嵌入工作流程。根据学员经常切换的多个场景植入移动学习方案，如传统培训、翻转课堂、难题问答、社交互动等，如此多个场景的植入，真正实现了正式学习和非正式学习的无缝整合。

②实现精准的课程推送。聚焦于满足工作需要，从学员自身兴趣出发，以微型化、独立性和趣味性相结合的原则设计推送内容。同时，为学员拟定个人成长计划，匹配对应的学习资源，开展个性化的能力提升。

③利用游戏化激发热情。传统的培训方式相对单一，如今企业中员工多以 80 后、90 后甚至 00 后为主，这些新生代的员工思维方式、知识结构和交流方式已经与传统培训思维产生了较大的差距，他们更加追求个性化，注重参与感，渴望得到认同。在培训过程中，采用“游戏 + 培训”的模式，设计有趣的“玩法”，把严肃的教学内容轻松化、娱乐化，更加有助于激发学员的热情，提升学习效果。

④有精品内容也有互动。在新媒体时代，“内容为王”已经是显规则，内容有干货才能拴住不安分的学员，让学员成为 M-learning 平台的“粉丝”。当然，这并不意味着只是单方面的知识灌输，而是要让学员参与、体验和互动，而且互动需要更加多元化，为社群化学习创造空间。

随着科技的快速发展，AI 悄然兴起，基于大数据和人工智能的学习时代已经到来，小视频、直播、微课也在不断地丰富着移动学习的方式。学习的方式在改变，学习的效率在提升，学习的效果在加强，M-learning 比以往任何时候都更加融入人们的工作和生活。

三、学习平台维护与运营的“三把钥匙”

随着新技术和新平台的不断涌现，学员从来没有像今天这样有如此多的选择，注意力也从未如此分散。不像传统培训，对于学员具有较强的可控性，移动学习如果完全寄希望于学员的自主管理，结果往往不尽如人意，因为学习者的热情既不会自动自发地开始，也不会自然而然地保持。为了提高学习质量、学习覆盖率及学员黏性，必须把握住平台、内容、运营这“三把钥匙”。

①以用户为导向的平台。一个功能完善、好用易用、体验良好的平台是最基本的技术起点。好的平台绝不是功能的堆砌，而是根据用户需求选择合适的维度，让各个模块整合运营起来，最大化价值和使用程度。

②以用户为导向的内容。需求是学习平台应用的核心驱动力，管理者应借鉴产品经理的思维去打造符合用户需求的内容。有用、有效的培训，来自对一线业务热点、痛点与难点的认识和了解；碎片化的学习并不等同于随意的内容分割，而是要把系统化的知识通过有序的碎片化方式，有计划、有目的地呈现出来，让学员通过一段时间的学习累积，最终形成完整的知识架构。

③以用户为导向的运营。运营是学习平台可持续发展的关键。平台的管理者不仅要在系统维护、故障处理、优化升级上提供高效的技术支持，还必须参与学员互动，有响应且速度快；持续关注大数据，根据现实反馈及时调整运营策略；在与企业其他管理系统协调、宣传推广、促学方案、品牌打造上也必须下功夫，从而赢得学员的认可与拥戴。

案例18-1 ▶ 南航乘务员在线英语学习平台建设

民航业连接全球，量级庞大。乘务员培训是保障航班安全、提升航服品质、健全人才储备的长效机制，而英语语言培训又是其中的重要环节，在此，以中国南方航空公司（以下简称“南航”）乘务员英语语言培训系统为例，对专业主题的在线学习平台建设进行分享。

为推进国际化服务战略，对标国际一流航服标准，提升乘务员英语语言服务能力，南航开展了一系列的“英语工程”。2013 年起，南航启动明珠之蓝 3E Program（English Talents，Extraordinary opportunities，Excellent lives）英语类乘务员培训项目，出台《乘务员岗位英语能力评级与激励实施办法》，正式实施基于欧洲语言标准 CEF（A2，B1，B2）框架的南航乘务岗位英语能力测试（Test of English for Cabin Crew of China Southern Airlines）。

为提高培训效能，南航采用线下线上混合式培训模式。在此，仅就线上英语培训即 PC 端和移动端的培训组织与开展进行介绍。南航培训中心对两大终端进行了清晰定位：PC端被定位为课程“粮仓”，负责提供系统培训以及课程观看学习；移动端被定位为“互动专区”，实施各类碎片化学习，便于实时互动交流。

1. PC端学习平台：南航e学

南航于2006年上线E-learning1.0系统，2014年上线E-learning2.0系统。PC端“南航e学”面向所有员工，以课程中心、考试中心、社区中心、个人中心为框架，提供岗位技能类、职业素质类等海量课程。以“英语”为关键词进行搜索，可以找到36项纪录，其中课程类29项，考试类7项。针对乘务岗位的英语学习，提供“English for Cabin Crew”“乘务员英语”“初级乘务英语”“新乘英语”“空中服务实用英语”“公务舱五星服务英语”“服务英语—明珠篇”“服务英语—中转篇”“乘务岗位英语一级、二级、三级样题”等网络课程。

课程输出基于E-learning国际技术标准SCORM（Shareable Content Object Reference Model，共享内容对象参考模型），允许统一格式的学习资源在不同的学习管理系统中重复使用并具有互操作性，实现了教材的复用与共享，避免了资源迁移过程中出现的格式不匹配、大小不匹配、分辨率不匹配、接口标准不匹配等情况。

PC端网络课程相当于传统线下课程的电子版，以图文、音频、视频、动画等为载体。“个人中心”保存学员学习记录和学习概况；“社区中心”下设群组、论坛、知识中心；“平台数据统计”下设课程排行榜、积分排行榜、学习排行榜、投票、调查问卷等。

“南航e学”系统也并非万能，在实际使用中也存在着各种各样的问题，如：视频课程时长30～45分钟，非必修课程很难让人坐下来面对显示器屏幕完整看完；“在线问答”很难得到管理员的及时反馈；虽有社区功能，但学习圈子基本没有建立起来；平台使用率和用户活跃度仍然不够理想，等等。虽然“南航e学”通过“PPPCD”即精细策划（Plan）、痛点营销（Pain points）、游戏化设计（Play）、社区化交流（Community）、数据分析（Data analysis）的运营策略在一定程度上提高了学员的上线率和学习完成率，然而，面对移动学习的巨大需求，PC端的发展瓶颈依然无法回避，学习的强制性和指令感依然明显，用户体验依然不够理想。在此背景下，南航开始尝试新的学习方式作为补充。

2. 企业微信公众号：南航学习在线

伴随着微信的兴起，南航2013年推出了微信公众号“南航学习在线”（CSAIRONLINE），作为专门针对乘务岗位的M-learning学习平台，该账号自推出至2017年4月，关注人数达34000多人。

“南航学习在线”公众号中的英语语言学习版块，内置新乘英语、核心词汇、测试指南、测试攻略和客舱广播等子版块。其中，核心词汇版块提供飞机构造与设施设备、餐饮、服务产品、飞行阶段与情况、广播词等资源；测试指南和测试攻略可以帮助乘务岗位顺利通过英语能力测试。

同时，该公众号每日固定推送的微课也表现良好，第一节微课《英语角—社交用语》于2013年11月11日正式发布。据统计，2016年1月至2017年3月共推文986篇，累计送达25570431人次。其中，英语语言类相关微课235篇，按内容二次细化为乘务岗位业务英语类微课110篇、乘务岗位英语能力测试类微课37篇、通用英语类微课88篇，累计送达5985135人次。在微课的制作上，南航力争做到“有干货的微课”“有趣的微课”“可衡量的微课”。

自媒体形式的微信公众号启动速度快、运营成本低、覆盖面最大化，提升了用户的接触频度，增加了信息总量与流动效率。当然，在发展过程中，微信公众号也存在着一些不足，受限于细致功能、细微体验及内容安全的事实逐渐凸显。为此，为区分不同的用户使用场景与使用诉求，南航着手开发了“南航移动学习APP”。

3. 移动学习APP：南航移动学习APP

“南航移动学习APP”于2016年上线，是集移动微课、移动考试、在线评估、实操考核测试、后台学习管理、知识管理等功能于一体的学习平台和混合式培训工具。针对PC端与微信公众号的不足，移动学习APP在诸多方面进行了改善。

①APP不仅将PC端内容加以整合，更增加了“全局搜索”“扫一扫”“我的学习”“我的问卷”等功能，帮助学员即刻解决业务痛点，迅速找到专属学习资源，支持根据个人爱好和工作需要对课程进行自定义。

②游戏化是一种提高用户投入度、忠诚度、参与度的有效方式，APP结合业务场景和职业发展设计了“闯关游戏”，从新手、熟手到高手的剧情游戏化闯关，有利于营造沉迷学习、职场成长的氛围。

③为了解决移动端微课碎片化和体系化的矛盾，APP还专门设立了“专题培训”功能，把同一专题的不同微课集成在一起，组成一个个课程包供学员学习。

④鼓励学习者与平台之间、学习者与学习者之间的互动关系，建立持续交流的学习圈子，促进深度探讨，甚至允许学习者自创内容，进入分享、共建的正向循环。

⑤通过APP实现对面授培训的管理，新的培训项目中学员报名、签到、日程查询、线上学习、考试、评估、学员互动等都通过移动学习平台来实现，从而将其价值最大化。

从PC端学习平台，到企业微信公众号，再到移动学习APP，南航乘务英语学习系统三大产品的发展，真正反映了从E-learning到M-learning的不断探索与变革的过程。在实际应用中，各种培训终端都找准了自己的角色和定位，与线下培训有机结合，这种混合式培训模式有效满足了南航对于培训效能和效果的要求。

第三节　OJT & S-OJT

一、OJT：工作中无时不在

1. 概念

OJT是英文“On the Job Training”的缩写，意为“工作中训练”“现场训练”“职场内教育”等。OJT是美国人在第一次世界大战中，为了快速培训船舶建造工人而发明的训练手段，其含义是“在日常工作中，上司（或老员工）对部下（或新员工）所进行有操作、有目的、有计划的全方位指导、教育活动”。

二战以后，随着日本经济的迅猛发展和近代企业制度的建立，初级熟练技术人才的大量需求，促使日本企业组织认识到员工培训的重要性，于是OJT的训练手段被引进到日本。半个多世纪的实践证明，通过“在工作中学习工作”的OJT训练，新员工工作能力迅速提高，业绩也提升很快，进而大幅推动企业业绩的增长。OJT也因此为日本企业界普遍认可，并逐步发展成为特色鲜明的人才培养模式。

OJT的特点是将培训和教育融于日常工作，通常以在岗培训的方式开展，而非脱产。OJT的应用场景多是实操的生产环节或执行环节。在工作中，经常表现为“师傅”一边示范讲解，“徒弟”一边实践学习；“徒弟”有不明之处可以当场询问，“师傅”加以补充和纠正，双方还可以在互动中发现以往操作中的不足、不合理之处，共同改善。

OJT的实施时间长短可以视公司的实际情况而定，有的企业或岗位对任职者的岗位技能要求较高，需要假以时日方能培养出合格的技术或管理人才，那么这个时间可能需要至少一年甚至更长，而对于一些技术简单且相对稳定的岗位而言，岗位胜任仅需要安排岗前培训或定期培训即可实现。

2. 目的作用与应用方式

OJT的目的，简单地说就是为了培育工作能力强的人才，从而提高组织的综合实力。工作能力强则意味着具备基本技能、自觉履行职责、有自信心三个方面的意义。从内容上看，OJT的培训或训练主要针对以下三种能力。

①基本技能，包括机器的操作、生产流程、产品知识、不合格产品的处理、生产变化的对策、同事变动的应对、书写生产报告、机器故障排除等技能。

②体验技能，包括了解操作对象的架构、体验相邻生产线或一个车间的生产过程，掌握其知识、技能等。

③解决问题的技能，特别是对于管理层人员，要求提高编制生产计划

及预算的能力、市场分析能力、解决问题能力、沟通能力、团队精神、领导力等。

从应用方式上，OJT分为“正式的OJT”和“非正式的OJT”两类。正式的OJT是“有形的”，即是说有某种可以看到的指标，例如指导者的指定、培养目标、培养时间、效果检验项目等。而非正式的OJT则是“无形的”，即几乎没有明确的指标，是在工作中自然执行的OJT活动。

3. OJT实施的四个阶段十个步骤

在组织实施OJT培训中，会经历四个阶段、十个步骤。

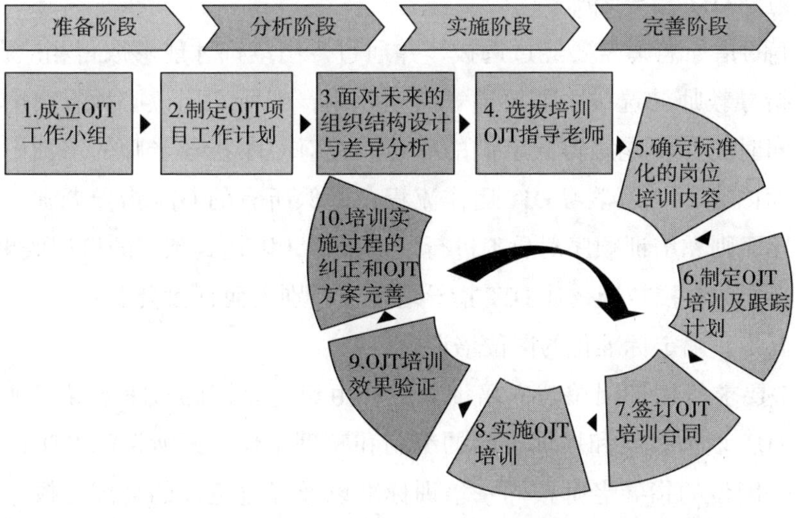

图18-2　OJT实施的四个阶段十个步骤

第一阶段：准备阶段。

第一步，成立OJT项目小组：工厂和各实施部门均成立专门的项目小组，确定关键人员及其职责分工。

第二步，制定项目方案计划：项目小组制定工作计划，并按步骤实施项目推进。

第二阶段：分析阶段。

第三步，面对未来的组织结构设计与岗位/技能差异分析。

差异分析是按照实际工作的需求，确定员工已经掌握的技能，以及需要进行再培训的领域，这是OJT计划成功实施的关键点之一。差异分析的要点包括：针对工厂产能提升的需求，分析高效轮班生产的班次及人员安排，并由此得出人员、技能需求与目前人员状况之间的差距；针对差异找出在人员技能方面制约部门绩效提升的薄弱点、关键点，确定最需培训的岗位和具体人数等；根据以上的差异分析，制定出基于部门未来发展战略的人员培养计划——部门OJT培训方案。

第三阶段：实施阶段。

第四步，选拔培训OJT指导老师。

在差异分析的基础上，需要明确：哪些人需要培训；需要多少老师；由哪些人担当OJT指导老师。

OJT的指导老师需要经过选拔，并通过专门培训才能够取得相应资格。在OJT指导教师的选拔中需要遵守两项原则，即所在岗位必须有较突出的能力，同时工作中能赢得同事们的尊重。在对OJT指导老师的培训中主要有两方面内容，一是学习OJT运作流程，确保所有的OJT指导老师遵循同样的指导原则和培训顺序对员工进行培训教育，以达到预期的培训效果；二是培训必要的教授技巧，让OJT指导老师能教别人而且教会别人。

第五步，确定标准化的岗位培训内容。

OJT要求所培训岗位建立培训教案，由经过培训的OJT指导老师负责本岗位OJT培训教案和培训资料的编制和整理工作，即所谓的OJT课程方案。同一岗位的指导老师按同一培训标准以及经过论证的合理传授方式和顺序进行传授。

第六步，制定OJT培训及跟踪计划。

在规范化的培训教案基础上，针对不同的培训目的和培训对象，制定适宜的、灵活的培训计划，一是需要量体裁衣，因人而异，时间、难易程度不能千篇一律；二是通过自选式学习方式，学习那些没有掌握的内容；三是培训可以根据需要分阶段进行。

第七步，签订OJT师徒培训合同。

培训是教与学的双向过程，在此过程中，只有教与学双方均担当起自己的职责，学习才可能转化为可以观察和测量的行为改变。因此，双方签订培训合同很有必要，这是对OJT指导老师和学员的责任与义务以及培训实施过程中的激励机制进行的明确，同时也体现了企业、业务部门对该项目的重视程度。

第八步，实施OJT培训。

OJT培训与课堂式培训的最大不同在于OJT培训需要指导老师一边承担日常生产任务，一边培训，完成培训计划中的课程内容。因此在OJT培训实施过程中，不仅需要OJT指导老师和学员的付出，还需要各层次管理人员的参与和支持，以确保OJT生产培训计划得以顺利实施，参与事项包括：来自培训主管部门的政策支持、方法指导、监督控制；部门管理层对生产培训资源的统一协调；设备、工艺、安全等专业职能人员的技术支持等。

第四阶段：完善阶段。

第九步，OJT培训效果验证。

每一阶段的OJT培训结束后，应该由OJT指导老师、当班工段长，以及被培训辅导的员工一起，对照事先已经明确的培训目标进行学习效果的验证。只有当每一阶段的所有培训目标均合格通过时，被辅导的员工才可独立担当岗位操作。这一过程中，各级管理人员甚至主管副总也应不定期参与阶段性验证过程，以跟踪OJT培训的实施质量。

第十步，培训实施过程的纠正和OJT方案完善。

被辅导员工顺利且合格地通过所有阶段性验证只是OJT培训计划的一部分，在OJT培训实施过程中，各级人员要随时关注过程中出现的各类问题并通过分析给予纠正，在实现过程、改进中使OJT运作流程更加规范，使指导老师的教授技巧不断提高，使OJT课程方案得以动态维护不断完善。

二、S-OJT：进一步强化“结构性”

1. 概念

OJT的确是一种让指导者与被指导者都能够兼顾培训与业务的培训方式，但是在实际的执行中，往往由于过于个性化而影响到执行的效果，这时候，S-OJT 便应运而生，并在企业中得到了广泛的应用和推广。

所谓 S-OJT（Structured On-the Job Training）是指有计划地将员工技能提升和工作结合起来的一种系统培训方式。具体而言，就是要针对工作岗位的技能要求，通过有计划的设计，合理利用各种资源，由资深员工在工作现场或者与工作现场相似的环境中，对新员工进行有针对性的培训。

2. 特点

S-OJT 在培训师、学员、培训实施、效果检查四个方面与传统 OJT 有着明显的区别，如表 18-2 所示。

表 18-2 OJT 和 S-OJT 的对比分析

分类	OJT	S-OJT
培训师	操作技能高的员工； 师傅只有任务，没有明确、细化的培训要求	操作技能、表达理解力强的员工，并经专门培训； 培训师要按照计划、课程方案、任务清单里要求的内容和进度进行培训
学员	新进入岗位的员工； 学徒期间对要学习的目标和内容一无所知，只能依靠师傅的讲授	新进入岗位的员工、本岗位技能尚有欠缺的员工； 学员可以通过课程方案里的资料明确地知道培训的目标，根据自己掌握的情况确定是否已经完成了培训内容
培训实施	没有计划的、零散的； 依据师傅积累的操作经验进行讲授，每位师傅教授的内容、方式各不相同； 即兴的口头传授和观摩指导	有计划指导的、系统的； 按统一的课程方案、标准作业指导书进行讲授； 根据学习内容的不同分课堂讲授、自学、现场示范、实践练习四种方式进行，不仅讲如何做，还讲为什么做
效果检查	过程中徒弟的学习进展模糊，受师傅操作技能水平影响大； 师傅在每次培训中的采用不同方法，结果差异大	每单元培训结束后须以工作任务单方式检验学员实际技能掌握情况，力求培训效果的一致性； 记录员工已接受培训的岗位和已学会的技能，为以后的岗位培训提供依据

S-OJT 更加系统性、结构化，力求效果的可控、可达成，一定程度上克服了传统 OJT 的缺陷，是 OJT 的一种进化。

S-OJT 效果明显，通过跟踪实施 S-OJT 的企业发现，S-OJT 相对于传统的 OJT 能够节约 4 ~ 6 倍的时间，节省 2 ~ 8 倍的成本（见图 18-3）。

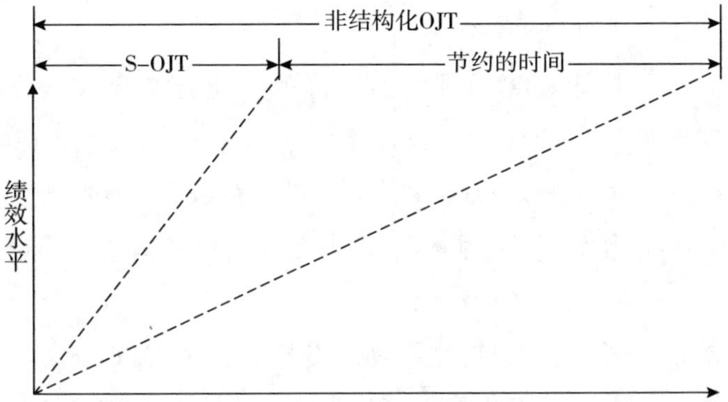

图 18-3 S-OJT 效果图

案例18-2 ▶ 青岛啤酒某下属公司OJT项目

青岛啤酒股份有限公司（以下简称“青岛啤酒”或“青啤”）的前身是 1903 年由德国和英国商人合资在青岛创建的日耳曼啤酒青岛股份公司，也是有着百年历史的啤酒制造厂商，目前品牌价值 1637.72 亿元，连续 16 年蝉联中国啤酒行业首位。

作为一家制造企业，青岛啤酒非常重视基层生产操作人员的培训与发展。2004 年，OJT 首次进入青啤，短短几年便在企业中开花结果。OJT 在青啤的有效推进，得益于青啤在基层员工岗位规范化、SOP（标准作业指导书）和 CPCP-R（关键控制点回顾）等方面扎实的基础，以及青啤独特而浓厚的学习氛围。

在此以青啤下属某公司推行的 OJT 项目为例，进行 OJT 组织实施的介绍。在总部的指导下，该公司自 2011 年开始推行自己的 OJT 项目，取得了良好的效果。

1. OJT 项目五要素

该项目在设计实施中，重点关注了五个要素：OJT 计划制定（差距分析）、选择和培养指导老师、确定课程方案、工作任务清单考核、培训跟踪。

（1）OJT 计划制定（差距分析）

差距分析，是把 OJT 学员已经掌握的技能与实际工作的要求相对照，确定需要进行再培训的领域。差距分析分三步（如图 18-4 所示）：第一步，根据工作要求为 OJT 学员确定必备的技能；第二步，确定 OJT 学员目前的技能水平；第一步和第二步之间的差额就是培训差距；第三步，准备一个缩小差距的方案。

根据差距分析，由 OJT 指导教师安排学员的 OJT 培训。这就需要公司部门根据企业生产淡旺季、人员班次等为员工安排培训计划，灵活地实施 OJT 员工交叉培训和员工一人多能素质培训，并制定一个培训时间表。根据差距大小，为每位 OJT 员工制定短期或长期的培训目标。

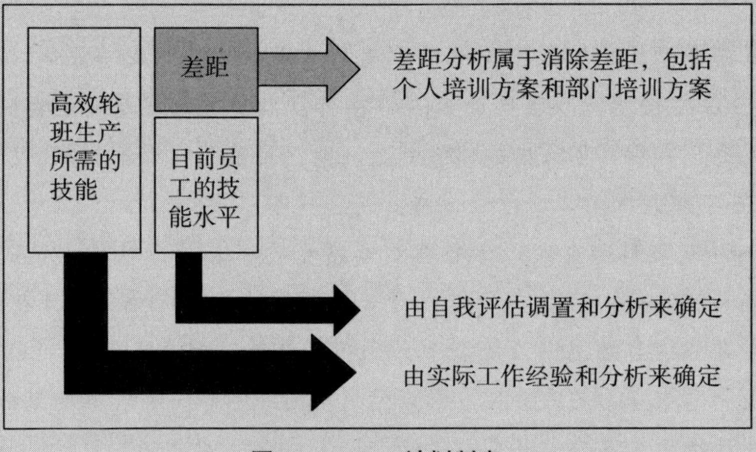

图 18-4　OJT 计划制定

（2）选拔 OJT 指导老师和 OJT 学员

OJT 指导老师是 OJT 培训的核心。评估岗位的候选人时，管理者应当考虑备选者的这些特点：能够胜任岗位工作或对岗位设备拥有丰富的实践经验；具备较好的人际交往能力（良好的交流与倾听能力）；积极的工作态度；良好的职业道德；积极的典范（为同事和班组长所尊敬）。

OJT 学员则必须做到：认识 OJT 的重要性；积极对待培训；对所参加的学习负责；做笔记、问问题，对所学内容感兴趣；记录自己在 OJT 过程中的进步；必要时，申请额外的培训；按照指定的质量等级，安全、高效地执行工作清单中的任务。

2. OJT 培训方案

OJT 的指导老师可以利用岗位主管提供的信息来准备培训方案，以下是某岗位 OJT 课程方案的关键因素。

表 18-3　某岗位 OJT 课程方案的关键因素

岗位名称	过滤工段
课程标题	岗位介绍与安全
授课时间	30 小时
课程设置	主要实施课堂培训
培训目标	学完本课之后，学员将能够：
	①叙述工厂使命、愿景
	②列出滤酒岗位职责
	③描述过滤生产工艺流程
	④描述药品及各种辅料对啤酒过滤产生的影响
活动安排	⑤讨论本课的课堂参考资料
	⑥讲解过滤生产及设备工艺
	⑦在生产现场，指出过滤生产线主要设备
	⑧依据过滤工段《安全手册》进行安全培训
	⑨组织进行氨逃生的安全演习
授课安全	如果设备出现异常情况，指导教师必须立即干预，以保护学员和设备的安全
参考资料	《滤酒岗位职责说明书》
	《过滤工艺流程》
	《过滤工段安全手册》

3. OJT 培训考核

在 OJT 过程中，当完成任务后，OJT 学员需要填写工作任务清单，OJT 指导老师、岗位主管、部门负责人实地考察后，在填好的工作/任务清单上签名。经公司人力部门验收合格后，这份文档作为员工的培训记录永久保存。

某岗位的 OJT 工作任务清单如表 18-4 所示。

表 18-4　某岗位的 OJT 工作任务清单

安全	Yes	No
本课程结束学员是否能够掌握		
陈述标准操作各项标准要求		
描述滤酒岗位有关安全操作的注意事项		
陈述过滤工段各项安全防护措施		
常规		
本课程结束学员是否能够掌握		
描述过滤生产线工艺流程		
陈述过滤工段滤酒岗位职责		
陈述下列主要过滤设备的位置及基本功能		
—缓冲罐		
—硅藻土过滤机		
—PVPP 过滤机		
—硅藻土捕集器		
—PVPP 捕集器		
—高浓稀释系统		
—CO_2 补偿/分析系统		
—清酒罐		

4. OJT 培训跟踪系统

培训跟踪系统用来跟踪 OJT 指导老师和员工用在 OJT 上的时间，由岗位主管或 OJT 指导老师来报告数据，公司人力资源部门根据员工的个人培训方案，在开始培训之前将学员的姓名登记在培训跟踪系统中，员工的每次培训情况和当前技能掌握状况都可以通过技能跟踪系统即时了解，也可以明确的显示出培训的效果和成绩。

5. OJT 推进的具体做法

（1）制定切实可行的 OJT 推进计划

结合公司现状，制定详细的 OJT 推进计划，严格按照计划执行并定期回顾，必要时进行计划调整，保证推进活动的目标导向。公司每周定期召开一次 OJT 协调会，及时沟通所碰到的问题，探讨解决方案，通过会议纪要等形式进行发布，达到解决问题、措施到责任人的效果。

（2）开展各个层次的 OJT 知识培训

公司针对不同受众开展 OJT 相关知识培训。管理人员学历水平较高，接受新事物能力较强，参与培训主动积极，公司在培训时结合自学适当组织对标学习，使其对先进管理模式有感官上的认识，促进其自主学习与提高。操作类员工学历水平较低，平均年龄偏大，接受能力较弱，公司在培训时应注意趣味性课件的编写，提高参训人员的兴趣，采取实操类的培训，增强其对培训内容的领悟与掌握，多种考核方式相结合，确保培训效果，具体如下。

①组织 OJT 基本知识培训。参训对象为部门主管、工段长及工艺技术骨干，参训人数 56 人，培训课时 12 小时。培训效果评估采用编写课程流程图方式，并采用学员之间互相点评及培训师总评的方式，从而帮助学员理解课程流程图编写技巧。

②由各部门主培训师对本部门的人员进行 OJT 专业知识的转训。为使部门的主培训师进一步理解 OJT 知识，同时，观察各岗位具有潜质成为 OJT 指导老师的人选，各试点部门（包装部、工程部等）分别组织部门内部转训，累计参训人数 130 人，培训课时 32 课时。

③OJT 指导老师专题培训。通过员工申请＋部门推荐＋人力部门考核批准的方式选拔出 16 名 OJT 指导老师，公司对 OJT 指导老师安排专题培训。

（3）对 OJT 指导老师与员工进行激励

公司形成了有效的 OJT 培训奖励办法，鼓励 OJT 指导老师与员工积极参加 OJT 培训，提升员工岗位技能水平，为改变公司人员学历结构，构建和谐、健康发展平台提供支撑。

6. OJT 项目取得的成效

（1）建立了结构化的 OJT 培训模式

相对于传统的在岗培训，OJT 有明晰的工作或培训目标；同时，在工作中进行 OJT 培训，双方都不必另外投入时间、精力、费用，而且还能使培训和实际工作密切联系，形成教与学的互动。

（2）提升了岗位的业务技能

在具体工作中，OJT 指导老师对普通员工和新员工进行必要的知识、技能、工作方法等方面的培训，双方一边示范讲解，一边实践学习，有不明之处当场询问、补充、纠正，还可以在互动中发现以往操作中的不足、不合理之处，共同改善，达到了岗位操作的一致性，使员工技能水平提高。

（3）培养了内部培训师队伍

通过 OJT 培训从公司内部寻找、培养兼职培训师，经过一定时间后，已经培养了数十名生产工艺、操作规程、安全生产、5S、QC、企业文化等各领域的内部培训师。

（4）创建了学习氛围

在课件编写的过程中，OJT 指导老师和学员主动寻找培训所需资料，翻阅了大量专业文献，不仅为现有业务技能提供了强有力的专业支撑，更是拓展了 OJT 老师与学员的知识面，创建了浓厚的学习氛围。

第四节　导师制 & 教练辅导

一、导师制："师徒关系"新解

1. 概念

导师制（Mentoring）源自高等教育，早在 14 世纪，牛津大学就实行了导师制，其最大特点是师生关系密切。导师制要求在教师和学生之间建立一种"导学"关系，针对学生的个性差异，因材施教，指导学生的思想、学习与生活。

在企业中，导师制也可通俗地称为“师徒制”，主要的应用场景包括以下两个方面。

①新员工培养阶段。由一个在相关业务领域知识、经验和技能方面都比较突出的员工，辅导新员工的成长，帮助其顺利转正。

②储备干部培养阶段。由一名资深的管理者对标杆型员工进行辅导，帮助其成为合格的储备干部，并进而发展成为合格的管理者。

2. 分类与特点

随着导师制在企业中的不断实践与完善，目前导师制已经发展出了四种基本类型。

（1）传统的一对一导师制

传统的一对一导师制，是给每一位学员配备一名导师，配备的标准与项目的目标一致。导师的角色是向导，是学员的辅导员。

该模式适用的环境：深入、真诚、相互信任的关系被放在首位；注重人际关系，认为人际关系发展至关重要；组织有传统的文化氛围，且等级分明；组织的文化或领导层认为一对一导师制为上选；有充足的导师资源与导师制组织与管理人员；需要定期评估学员的进步与绩效改善情况。

该模式不适用的环境：组织以创新为核心，等级观念不强；学员比较容易找到非正式的导师；将持续的内容传授放在首位；导师数量不多；潜在导师缺乏技能，不能有效地帮助学员发展；员工没有时间组织此类学习。

一对一的师徒关系会带来一定的益处，关系简单、可靠，学员也能够获得针对性的辅导，进步比较显著。缺点是需要较大规模的导师库，通常需要导师候选人比学员多，这样才能保证学员有重组的导师匹配，同时因为导师学员关系比较零散，管理部门组织、匹配、跟踪等也比较复杂。

（2）反向导师制

反向导师制，是让相对年轻的员工担当导师，与年长的员工进行配对，向其传授具体的学习内容，通常情况下是关于新技术方面。

该模式适用的环境：公司内具有相对平等、轻松的沟通氛围；企业员工高度依赖于新技术、新方法开展工作，而年轻员工在此方面优势明显；公司内部文化倡导合作而非竞争，导师跟学员不存在直接竞争关系。

该模式不适用的环境：公司人员代际明显，不同年龄段员工缺乏交流，新老矛盾突出；公司内员工处于严格的考核与竞争关系之下，员工没有动力为他人提供帮教；导师能力不足，数量不够，难以满足需要。

反向导师在很多企业中不是按照年龄长幼或资历高低来界定，而是根据个体在组织内担任的角色以及掌握的知识技能的新旧或领域范围的不同来划分。反向导师制弥补了传统自上而下导师制所带来的不足，鼓励老员工、管理者向新员工和普通员工进行学习，促进学习的双向互动。

（3）导师带领制

导师带领制，是给每位导师配一组学员，这组学员通常有类似的能力、技能或目标。最具代表性的是“简易午餐会”或“午餐学习”。当组织选中的高管或其他导师时间有限、无法全面参与导师制时，带领制比较适用。

该模式适用的环境：导师资源匮乏但对参与辅导有强烈意愿；导师具有很强的影响力或专业能力；学员具有某些共同属性；通过集中辅导，能够解决大部分的共性问题。

该模式不适用的环境：导师和学员在工作内容、工作环境上相去较远，难以相互了解；导师能力不能覆盖同时对多人加以指导；需要对学员的绩效或发展给出具体的评价和指示。

（4）同侪导师制

同侪导师制，是将一群资历、能力相仿的人员组成群体，彼此地位平等，通过团队互动和相互学习，共同提高某项技能或实现某个目标。

该模式适用的环境：专业人才缺乏，无法找到合适的导师指导；业务处于创新阶段，存在临时或紧急的学习需求；员工具有较高的职业素养、合作意识与自我组织能力。

该模式不适用的环境：需要学习的内容复杂且隐性，确需有经验的人指导；员工缺乏合作意识和自我学习能力；员工中缺乏具有影响力、热情与组织能力的人员。

由于没有指定的导师，该模式不包括固化的专业知识的传递，比较适用于扁平化的、灵活的、学习氛围比较浓厚的工作环境。

二、教练辅导：基于教练技术的辅导制

1. 概念

“教练技术”源于体育，是一项通过改善被教练者心智模式来发挥其潜能和提升效率的管理技术，是教练员指导运动员夺冠军、拿金牌的重要支撑。

20世纪80年代，“教练技术”被引入美国的企业管理领域，应用于企业的管理与人才培养，也被称为“教练辅导”。需要说明的是，“教练辅导”中的教练既可以由外部掌握教练技术的人员来担任，也可以由企业内部的管理者在掌握教练技术之后担当。

2. 作用

教练辅导在企业可以发挥如下作用：①使得员工或团队明确目标，建立发展策略，提高管理效益；②充分发挥人力资源的作用，支持员工创造卓越的业绩；③激发员工的潜能和创意，提升其解决问题的能力，使参加者看到固有观念或假设的局限性，帮助他们冲破限制，创造更多的可能性；④通过团队、沟通、激励等促使员工的心态发生改变，由被动待命变为主动请命；⑤建立持续性的自我学习文化与学习型组织。

案例18-3 ▶ **德尔福如何推行导师制项目**

德尔福派克电气公司（以下简称“德尔福”）成立于1890年，总部设在美国俄亥俄州沃伦，是全球最大的汽车线束系统制造商，世界500强企业。国内主要整车厂商包括一汽大众、通用汽车、上海大众、东风日产、奇瑞等均由该公司供货。

德尔福在多年前就已开展师徒项目，在最新建立的全球人力资源运作系统中，导师项目再一次作为全球人力资源体系——员工发展模块之

下的一个重要组成部分推出，在全球各个国家和业务单元都有运作。为了满足全球化运作系统的需要，德尔福将导师项目重新进行了体系规划，规划后的运作加强了以下五个方面的关注。

1. 关注导师项目的服务对象

全新的导师制项目中，德尔福将项目的适用人员聚焦为三类。

①年轻的高潜人员：毕业六年以内，在加入公司初期能够看到其高潜力且成长迅速的年轻员工，他们未来的成长和发展会非常快，按照德尔福的体系概念，他们非常有潜力发展到 Executive Level 及以上级别。

②高潜继任者：德尔福在全球每个区域及产品业务线都设置了关键岗位，一般一条产品业务线设置 13 ~ 14 个关键岗位，皆为最顶端的业务负责人和其下属的区域经理、职能部门经理等，德尔福会优先对这些岗位的继任者进行鉴别，在未来 3 ~ 5 年或 6 ~ 10 年可以接任该岗位的继任者，也是导师制培养的主要目标人群。

③大学毕业生（管培生）：对于刚毕业、还在职位轮岗项目中的员工，德尔福也会选取部分表现优异者纳入导师项目。

对以上三类人员的信息进行收集之后，德尔福会进一步地筛选，以确保每位导师的学员不超过两位。

2. 关注导师的选拔

德尔福的导师人选一般都是执行级别（Executive Level），即总监以上级别。除此之外，一些在某方面有非常强专长的“专家级”人员也会被选为导师。在导师的选拔层面，德尔福会要求导师具备有说服力的工作表现，并具有开放诚实、乐于分享、能激励别人、能有效倾听并给予反馈、有耐心且善于给出建议等方面的品质和能力。

3. 关注导师与学员的配对

由人力资源总监、产品业务线负责人和区域负责人组成“导师项目委员会”，导师和学员的匹配由委员会依据学员的需求和导师的背景进行配对。

在配对前，委员会会让学员填写一份调查表，一方面恭喜员工成为导师制学员，另一方面给到一些选项，了解学员期望从导师制中获取的帮助，包括：职业发展、变革管理、沟通、领导力、工作与生活的平衡、个性行为、冲突管理、项目管理等等，同时，也会了解学员对导师的期望。然后，根据学员需求，结合现有导师的情况，选取契合的导师，通过内部委员会的讨论和审核后进行配对。

德尔福的导师与学员配对以跨部门的形式进行，因为直线经理和汇报线上的管理人员与导师的角色和定义并不相同。直线经理除了需要辅导和培养员工，给到员工职业发展建议外，还需要确保他的工作能够实施、执行，而导师的职责则主要是培养员工，在员工的职业发展上给予客观建议，同时，通过这样的项目，导师也能从学员处获得不同的视角。

配对完成后，德尔福会发送邮件给导师和学员，邮件内容涵盖项目介绍和培训资料，包括：导师项目介绍，导师职责介绍，学员职责介绍，导师可从导师制中获得的好处，学员可从导师制中获得的好处，学员可以利用导师项目去做些什么、不可以做什么，等等。在必要的情况下，也会召集导师，由HR对其进行培训。因保密和敏感度问题，组织一般不选择将学员召集到一起进行培训。

在导师与学员关系建立之后，内部委员会会建议他们每两个月碰面一次，至少一个季度见面一次，以面对面的方式去沟通和交流。

4. 关注执行中的跟进与评估

在整个过程中，HR会阶段性的进行调研，内部称之为dual direction survey，以此了解导师和学员双方对项目的反馈，包括：导师项目对他们的帮助、导师和学员的建议，等等。同时，也依据调研结果进行分析，综合对比和评估导师项目的有效性。

导师对学员的辅导会采取面对面的方式进行，当导师和学员不在一个区域的时候，也可以通过电话会议的形式来安排。组织鼓励学员主动约导师进行辅导，但由于亚洲的学员有些会比较害羞，在很多情况下需要导师能够主动地去约学员。

对于导师项目，会定期调研与跟进评估，年度总结时，也会根据跟进过程中的数据，对表现优秀的导师进行表彰和认可，以及让最佳导师与大家分享。

5. 关注导师制对参与者的影响

从实施中可以看到导师项目对导师、学员和组织所产生的效应。

①导师制对导师层面的影响：对德尔福整个组织及所存在的问题有了更加全面的了解，能够倾听到学员们分享的创新性的想法，对自身的领导力、交际能力、沟通的有效性有更好的了解，通过培养和发展关键人才，实现了自己对公司的又一形式的回报，等等。

②导师制对学员层面的影响：对德尔福的全景有了更好的了解，实际了解了在公司职业发展中所必需的技能、品质并进行开拓和发展，能够得到对个人职业发展最为客观公正的意见，增加了在领导层面前曝光的机会，等等。

③导师制对组织层面的影响：建立了一种培养和发展内部人才的重要手段，建立了传递“关怀”给员工的另一种渠道，提高了与员工联系的多样性，提高了员工认可与保留的可能性。

第五节　岗位轮换制

一、轮岗制概述：“流水不腐”

1. 概念

流水不腐，户枢不蠹。员工在企业中工作也是一样，通过岗位轮换，可以令员工持续保持对于工作的新鲜感与活力。

轮岗制度又称“岗位轮换”制度，是企业培养人才的一种有效方式，很多成功企业如IBM、西门子、爱立信、华为等都在公司内部建立了岗位轮换制度。

轮岗可以使得员工开阔视野，锻造多方面的能力，积累人脉与经验，发现自己真正的兴趣与能力，从而拓展职业发展的宽度与机会。

2. 特点

（1）轮岗制的优点

①有利于培养复合型人才。轮岗可使员工亲身体验其他岗位的工作，有更多的机会让员工 get 到新技能，知识面得到拓宽，从而促进多元化、复合型人才的成长。

②有利于激励优秀员工。随着组织结构日益扁平化，员工晋升的机会相应减小，而横向轮岗制可以部分取代阶梯式晋升的功能，使得员工保持对工作的新鲜感。在现今的人才市场上，薪资和福利已经不能完全满足最优秀员工的需要，承担更大的责任、拥有更大的决定权、得到对职涯更有帮助的培训、轮换到更有前景的岗位、工作本身具有新鲜感和挑战性，这些才是激励和保留人才的有效手段。

③有利于强化沟通交流。轮岗制可以使员工流动起来，企业信息也自然随之流动，这对于促进企业内部的沟通非常有效；同时，也可以加深部门之间的相互理解，产生更多的换位思考，减少官僚作风和本位主义，有利于企业内部协作氛围的建设。

④有利于促进工作创新。心理学研究表明，长期固定从事某一工作的人，无论他多么富有创造性，都将不可改变地丧失对工作内容的敏感。而轮岗之后，等于一切重新开始，促使员工不得不以全新的面貌和姿态开展工作，有利于重启其创新思维和开拓新局面的动力。

⑤有利于控制企业风险。长期在一个岗位工作，员工可能会积累很多资源，不仅容易受人情、关系的束缚，更有可能滋生腐败。而轮岗制度则可以防微杜渐，规避因资源被个人垄断而对企业利益形成的威胁。

（2）轮岗制的缺点

①增加了管理成本。首先是增加了被轮换者在新岗位上的学习成本，包括时间、培训成本以及被轮换者的效率损失、试错成本；其次是增加了各部门面对新人的运营及管理成本。

②影响到短期工作效率。轮岗时，新旧工作要交接，员工需要时间熟悉新岗位，短期的工作效率不可避免会下降。尤其是一些制度流程不完善的企业，缺乏详细的岗位操作标准，在关键岗位新手较多的情况下，工作效率的回升需要较长的时间。

③可能产生人才竞争。优秀人才是大家都渴望得到的，如果轮岗制度设计不完善，可能会出现争抢人才的现象，甚至引起部门之间的矛盾。

二、轮岗制实施的关键内容

从实际操作来看，轮岗制实施中有以下四个方面的内容需要重点关注。

1. 轮岗的可行性分析

企业进行轮岗前应该对主要影响因素进行关注和调查。

①员工的轮岗意愿。需要对员工进行摸底调查，了解员工参与轮岗的意愿。

②轮岗的范围大小。需要确定轮岗是在部门内进行，还是跨部门进行，具体实施的障碍会有哪些。

③轮岗的时机选择。需要综合判断企业业绩情况的稳定性，业务的淡旺季特点，以及当前员工的成熟度等各方面因素，选择合适的轮岗时间。

2. 轮岗目标的确定

轮岗所要实现的预期目标通常有以下四个方面。

①加强人的培养。基层员工专业条线的轮岗，以及中高层管理者的轮岗，都是为企业培养专业人才、复合型人才，以培养为目的的轮岗需要关注培养的目标、方式以及日常培养的跟踪。

②提高风险防范。主要指重点敏感岗位相关的轮换组合，即便是对公司献身精神较强的职员，长期掌握公司资源而缺乏有效监督的结果必然是滋生腐败，因此这类岗位轮换的重点是控制腐败风险，预防腐败问题发生。

③提高员工适应性。主要针对新员工的入职轮岗，为新员工适应公司

业务流程、熟悉人事提供适应期，并通过适应阶段的考察发现员工的素质特点，此类岗位轮换的出发点是体现公司对新员工的人性化关怀以及提高人岗匹配度的利益诉求。

④配合组织与人事调整。公司因业务部门变动或市场竞争态势改变需要进行人事调整，定位应归结为现实诉求，综合考虑轮岗员工和企业的利益。

3. 轮岗的组织实施

轮岗的启动实施，需要进行提前沟通、组织员工进行工作交接，以及参与岗前培训等，确保轮岗工作有序推进。

①提前沟通。为了确保员工能够了解公司的轮岗安排，以及对企业和个人的好处，需要进行事前的解释或说服工作，需要双方沟通了解的内容有：轮岗人员对轮岗计划的意见或建议、是否符合轮岗人员职业生涯规划、岗位轮换工作计划说明等。

②工作交接。工作交接内容包括物品移交和工作移交。其中，工作移交的内容包括进展中工作移交、工作资源移交、完整的工作文件的移交等，同时应该设定工作交接的期限，避免误工现象出现，保证岗位工作的平稳过渡。

③岗前培训。员工到新的岗位工作，会因为对新的工作环境和业务的不了解产生一定程度的抵触情绪，同时也需要通过培训补充新工作内容所需的知识和能力。在实践中，可以为轮岗员工在新到岗一段时间内实行“导师制”，由该部门有经验的员工或前任者担任轮岗人员的“导师”，进行一段时间的“跟踪培训”，同时建立“导师”与轮岗人员定期沟通制度，“导师”对轮岗人员提出的问题可协助解决。

4. 轮岗的效果评估

轮岗实施中要关注轮岗制度本身的执行力、公司效益改变、员工满意度和人岗匹配情况等。

①制度执行力。轮岗制度执行的好坏直接关系到轮岗模式能否实现预期效果，一方面体现在轮岗的障碍性，从主观角度反映了轮岗制度的可执

行难易程度，另一方面体现在轮岗流动的比率，从客观角度反映了轮岗制度实际执行的渗透情况，二者互为替代、互为补充。

②公司效益水平。一方面是公司员工工作效率的提高，可以用自上而下公司策略执行或自下而上员工完成业务的一般固定周期来代表，反映了公司管理水平的提升，也能在一定程度上体现出公司效益的提升；另一方面是实行轮岗制度后公司业绩的提升，这是轮岗效果好坏的直观体现，二者互为补充。

③员工满意度。一方面体现在员工的主观认知，可以通过定期进行的员工访谈获取数据；另一方面直观体现在员工流失率。

④人岗匹配度。岗位所需素质和员工具备素质是否匹配，一方面可以通过员工自我评价得出参考值，另一方面通过人事部门设置的人岗匹配考核记录得出客观评价值，最后综合自评和他评的成绩进行人岗匹配度的评分。

案例18-4 腾讯的岗位轮换体系——“活水计划”

作为当今互联网界的明星，腾讯获得了众多科技人才的青睐。腾讯对人才的培养是立体、多维的，既有众所周知的企业大学，为人才持续发展助力，也有专门以轮岗为人才培养方式的“活水计划”。

腾讯在2012年底启动“活水计划”。“活水”这个词取自宋代诗人朱熹的名句“问渠那得清如许，为有源头活水来”，寓意是希望通过“活水计划”让员工能自由地在公司内寻找感兴趣的发展机会，永葆激情与活力。自2013年起，“活水计划”已累计帮助5400多名员工在内部寻找到了新的发展机会，既有效支持了重点业务的高速成长，也为公司培养了更多有开阔视野和复合经验的人才。经过几年时间深耕，大部分员工对“活水计划”都耳熟能详，“活水”已成为腾讯的一个重要文化符号。

1. “活水计划”的由来

2010年，腾讯员工人数突破10000人，随着组织规模的扩大，员工申请内部应聘的需求越来越多，同时，公司在很多领域的业务高速发展，急需优质人才补充。在当时，员工申请内部应聘是一件极需勇气且顾虑重重的事情。

面对这种情况，腾讯在2011年推出了内部人才市场规则，规定“所有在当前岗位工作满一年且最近一次绩效不‘低于预期’的员工，都可以申请内部应聘，且当前上司不得阻止”。这个规则的出台，是从管控思维向“以用户价值为依归”的产品思维的巨大转变。

2012年，腾讯上线了内部应聘平台，帮助员工查看内部招聘信息并完成应聘，但当时内部人才市场并不太活跃，且时不时传出管理干部不允许员工内部转岗、引发矛盾的事件。这促使腾讯的管理层认识到，从发布规则到建立通畅的内部人才流动机制还有很长的距离，规则写在文档上，但并没有形成一种深入人心的文化，管控思维还没有真正转变为基于用户需求的产品思维。因此，在2012年底腾讯推出“活水计划”。

2.“活水计划”的实施

2013年，是腾讯“活水计划”实施的关键一年，负责这一计划实施的项目组成员意识到，内部人才市场不活跃是因为员工还存在各种顾虑，这些顾虑主要来自于三个方面。首先是担心当前上级对内部应聘和转岗的看法，担心上级不同意甚至阻止自己转岗；其次是担心在内部应聘时招聘部门反馈冷淡，怕自己的应聘申请石沉大海；最后，也担心转岗进入新部门后难以适应和融入。针对以上三大顾虑，项目组决定推动一场文化变革，让管理干部对员工应聘与转岗持开放态度，让员工的各种顾虑得到最大限度的消除。

（1）用活水文化培育市场机制

管理者对“活水”不够开放，说明管控思维还占据上风，需要通过文化变革让所有管理者觉得“活水”在腾讯是“自然且被支持”的事情，当大部分管理者转变为基于员工需求的产品思维后，市场机制才有土壤。

在文化变革初期，需要有相当密度的信息进行深度传播，因此，项目组从公司各个层级邀请代表来发声，为“活水”代言。作为“活水计划”的sponsor，腾讯集团联合创始人、时任CTO Tony和腾讯集团高级副总裁 Xidan 很乐于向全体员工表达他们对“活水计划”的看法。Tony 饱含深情地说：公司好的发展机会，首先要开放给内部的兄弟姐妹。他还呼吁管理干部保持开放的胸怀，支持员工基于职业发展选择的转岗，这对整个团队是一个非常正向的信号。Xidan 则鼓励员工积极尝试公司内合适的新机会，在新舞台上充满激情地挑战自己，获得更大的成功。

图 18-5　活水计划文化宣导的部分材料：Tony、xidan 对活水的观点

为了宣导“活水文化”，项目组还专门创作了一个连载漫画《小 T 转岗记》。漫画中的小 T 是一个在腾讯工作了三年的工程师，他希望应聘到一个新的团队，获得更多的学习和成长，他在应聘过程中遇到了其他同学可能会遇到的各种困难，例如：哪里找到内部招聘信息？怎么应聘和面试？如何跟当前的上司沟通？漫画结合这些具体的场景介绍了小 T 是如何克服困难、消除顾虑，最后应聘成功并跟当前上级保持良好关系的。

漫画推出第一期就广受好评，很多员工留言互动，项目组根据员工的留言又进行了一些有趣的互动运营，在第二、第三期中则进行了更加有针对性的调整，进一步获得了员工的喜爱与好评，这个连载漫画对于“活水文化”的渗透起到了很好的推动作用。

图 18-6　漫画《小 T 转岗记》第一期封面

对于“内部应聘成功如何与当前上级沟通”这一典型场景，项目组甚至准备了一篇专门的“攻略”，“攻略”在内部论坛推出 1 小时内就有 2000 多次的浏览。

经过两个多月高密度的信息传播，员工对内部人才市场、“活水”等概念有了较深的认知，明白“个人基于职业发展提出的应聘、转岗是公司大力支持的方向”，公司高层、中层的发声也让管理干部认识到，对员工转岗应保持开放的心态，管控思维开始向产品思维转变。“活水文化”初步得到渗透，但深深扎根却还需要靠后面的工具打磨，靠深度运营来不断强化。

（2）用规则与平台保障市场机制

腾讯在 2011 年底发布《内部人才市场制度》时，最有突破的一个规则是：当员工申请内部应聘成功后，当前上司可以协商挽留但不能阻止调出，最长协商挽留期是90天。这个规则在论证时，对内部30多位管理干部征求意见，超过83%的干部表示支持，但也同时表示：我们不阻止员工调出，但员工在申请内部应聘时需要知会我们。这项要求对员工来说是一项很有心理压力的规则，但考虑到制度已经取消了干部的否决权，也需要适当考虑管理干部的诉求，于是，在设计“内部人才市场”IT平台时，HR同事采取了一个折衷的设计：员工点击“我要应聘”时，系统会出现一个提示框，里面有两个选项，左边是“申请应聘并知会当前上级”，右边是“申请应聘，暂不知会当前上级”，绝大部分员工会选择右边按钮，这时他的应聘信息会发送到面试官，面试官可以约他面谈，如果面试通过，面试官准备在系统中填写评价时，会出现提示：该申请者尚未与当前上级沟通，请提醒他沟通并在系统确认后，流程才能进入下一步。这个设计考虑了管理干部的诉求，但对于员工而言，是一个不小的心理门槛，整个2012年使用内部人才市场IT系统的员工较少，跟这个设计有较大的关系。

在2013年实施“活水计划”时，项目组重新审视了这个规则，打算改变这个不太符合人性的设计，为此，再次对两年前访谈过的干部进行回访，令人欣喜的是，经过“活水文化”的深度宣导，几乎所有干部都表示“不要求员工在申请应聘时先知会自己，实际也做不到”，项目组顺势而为，取消了前面提到的提示框和两个按钮。这个环节的细微变化显著降低了员工申请内部应聘的心理门槛。

（3）用信息透明促进市场机制

“活水计划”的本质是连接人才需求和供给，双方通过市场机制双向选择。公司通过定期盘点，明确需要重点发展和投入的战略级产品，“活水计划”会帮助这些产品更好地传播人才需求信息，吸引人才。

腾讯招聘调配总经理Alex提出：希望搭建一个舞台，让公司快速发展的产品负责人在这个舞台上roadshow，像一个创业者那样为自己的产品代言，宣传项目的同时，吸引人才。按照这个理念，一个连接项目和人才的交流平台—— Linkshow 很快诞生了。一些产品或项目的负责人会报名参加 Linkshow，通过“现场分享 + 全公司直播”的方式，分享产品的发展理念和计划、团队氛围、对员工成长提供的帮助等，来吸引感兴趣的同学加入。

Linkshow 自推出以来，累计帮助 36 个产品或项目团队进行了内部品牌传播，吸引到超过 1.62 万人次现场 + 在线观看，帮助重点项目从内部引进了大量人才，这种公开透明的方式，进一步强化了腾讯的“活水文化”。

除此之外，项目组每周还会向员工推送“内部招聘专案”邮件，通过设计有吸引力的内部招聘广告，向目标受众传播公司重点产品、项目的人才需求，吸引感兴趣的员工应聘。

（4）关注员工声音，用敏捷优化呵护“活水文化”

经过 2013 年的项目攻坚，“活水文化”在腾讯得到了深入渗透，人才市场机制变得通畅起来，在数据上也有明显的反映：2013 年腾讯个人意愿转岗的人数为 1100 多人，比上一年增长了 58%，其中 54% 进入了公司的战略级产品，很好地支持了战略产品的快速发展。

但是，一款产品在运营过程中总是会遇到各种各样的新问题与新挑战，需要持续关注用户声音，敏捷响应与优化，“活水计划”也不例外。

2015 年 7 月，有员工在内部论坛上开玩笑称在办公室打开内部应聘网站不方便，他也有点担心自己的应聘信息会被上级看见。项目组立即对“活水”IT 平台进行升级，推出移动端应聘入口，并推出一个《活水平台，私密哒》的视频，告诉所有员工：可以躺在沙发上一键申请内部职位，而且系统设计充分保护申请者的信息安全，非常私密。

2017 年 4 月，有员工在内部论坛上吐槽，称自己内部应聘时，招聘部门的面试官把自己的应聘信息“泄密”给了当前上级，让自己处于非常尴尬的处境。发现这个情况，项目组立即启动针对全体面试官、管理者的信息保密教育，同时也对泄露内部应聘者信息的行为制订了处罚机制。项目组把这些呼吁和处罚机制植入 IT 平台，每一位登录的面试官和管理者必须点击“确认”才能操作。

“活水文化”的建立来之不易，每一个失败的案例都可能对“活水文化”造成较大的冲击，项目组对每一个用户的声音和反馈都不忽视，敏捷地推出措施、不断优化，像呵护自己的孩子一样呵护“活水文化”这一管理品牌。

3.“活水计划”的成效

腾讯“活水计划”自2012年底实施以来，经过四年多的深度运营，在多个领域为公司带来了积极的影响和变化。

（1）促进了员工的良性流动和产品的优胜劣汰，支持了重点业务的快速发展

“活水计划”实施之后，已累计帮助数千名员工实现了个人转岗，大部分都进入到了腾讯的重点产品或项目，有力支持了这些产品的发展。以微信为例，最近三年半，有超过300多名员工通过“活水计划”加入微信团队，约占到微信引进人才的60%，为微信产品的敏捷创新和高速成长提供了强有力的支持。

由于内部人才的自由流动，一部分方向不明确或不被用户认可的产品自然留不住人才，加速了产品的快速退出，客观上促进了业务的自然淘汰与新陈代谢。

同时，内部“活水”也有力促进了人力总量的控制。高速成长的团队从内部引入人才，减少了从外部的引入；一些成熟项目的人员调出后，并不一定需要再增补人员。做一个保守的估算，如果“活水”转岗员工中有30%不需要补充，这个计划就可以为公司减少1600人的增长，按照腾讯近3年财报中公开数据计算的人均人力成本，相当于节约了9.53亿的人工成本。

（2）“活水计划”加速了新产品的迭代与上线速度

“腾讯云”是近两年高速成长的一款产品。2016年，通过“活水计划”加入“腾讯云”的员工超过50人，有力支持了“腾讯云”的快速迭代。腾讯云副总裁王慧星表示：“腾讯人才团队有很厚实的积累，但不

同业务有不同的生命阶段，有些业务经过高速发展后进入了平台期，其中一部分经验丰富的人才通过活水计划加盟到成长性的新业务，不仅专业技术对口，文化也高度匹配，能够产生很好的拉动作用，加速了新业务的孵化与发展。”

（3）“活水”转岗员工的长期绩效得到了提升，激发了个体的活力

通过“活水”转岗的员工，绩效有什么变化呢？项目组通过对员工转岗前后四次绩效的跟踪分析发现，员工转岗后的第二、三次绩效平均值高于转岗前的倒数第二、三次绩效，且在统计学上具备显著差异。以 2015 年下半年转岗且有 5 次绩效评价的 400 多名员工为例，转岗前倒数第二、三次绩效平均值分别为 3.07、3.30，转岗后的第二、三次绩效平均值分别为 3.39、3.38，得到了提升且 T 检验显著。这一数据说明，整体来看，“活水”转岗员工在新岗位上焕发出更大的活力，取得了更好的绩效。

（4）员工满意度得到有效提升

腾讯每年都会对全员发起敬业度、满意度调查，问卷中有一道题目是：“当我需要在公司内部寻找到更适合自己的发展机会时，我能够顺利达成。”这道题目的得分最近两年连续显著提升。

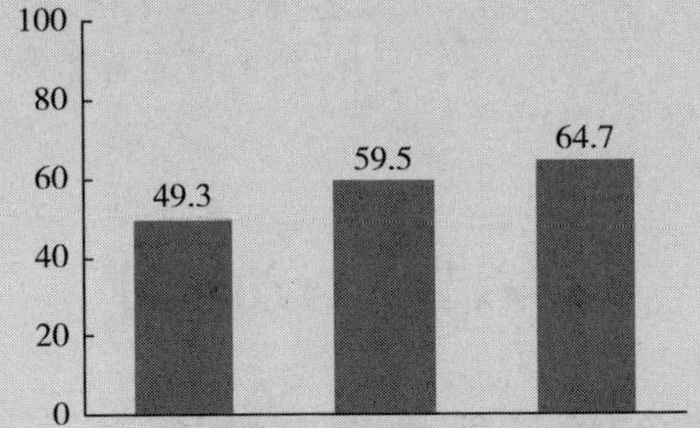

图 18-7　腾讯员工对内部职业发展的满意度百分比

员工对内部职业发展机会满意时，会主动对外分享腾讯的“活水计划”，对那些考虑腾讯工作机会的同学来说，这是很有价值的吸引信息。在著名问答网站知乎上，有人提问：目前腾讯哪个部门最值得加入？为什

么？一位腾讯员工的回答获得1200个赞，他回答的核心是：互联网时代业务变化很快，组织也会跟着快速调整，部门的边界是动态的，在任何岗位上最重要的是把事情做到最好，提升能力，因为腾讯有强大的“活水计划”，只要证明了自己的能力，内部会有无数的机会可以申请、选择。

经过四年多的深耕，“活水”已经成为腾讯的一个重要文化符号。腾讯高级副总裁Xidan坚信，市场机制是预防大企业病的有效措施，他认为：“活水计划提供了一种人才有效配置的市场机制，只有当每一个体都能在组织中不断寻找到更有激情的舞台，焕发出新的活力的时候，整个组织才会变得更有活力。”

最近，腾讯正在探索建设一个信息更加公开透明的“活水IT平台”，在这里，项目团队负责人可以通过短视频等新型传播方式更好地介绍业务规划、人才需求、人才发展等信息，员工可以实名进行讨论或评价，这个产品更直面员工的需求和呼声，让信息更公开，希望藉由这个产品，让腾讯的“活水文化”更上一层楼。

人有活水，组织才有活力，“活水计划”正在成为腾讯长期坚持、不断深入的人才运营计划，它让人才的良性流动快速支持了公司高速成长的业务，让员工在同一家公司长期工作但却可以持续保持激情与活力，从而推动腾讯不断创造出令用户惊喜的新产品。

注：案例引自《哈佛商业评论》，2017年第9期。

第六节　行动学习

一、行动学习：在解决问题中学习成长

1. 概念

行动学习是20世纪70年代由英国管理大师雷格·瑞文斯发展出的一种方法论。瑞文斯于1971年出版了《发展高效管理者》一书，在该书中，

他正式提出了“行动学习”理论。按照瑞文斯的设想，“行动学习”是一个小组针对现实中真实的、需要解决的难题，提问探询、质疑反思、构建策略、讨论分享的过程，既在解决问题，同时也在发展团队和个人。

瑞文斯关于行动学习的概念主要体现在两个方面：①采取行动是任何学习的基础；②管理者最有效的学习是通过社会交换实现的。

美国培训认证协会（AACTP）对行动学习的定义是：行动学习是一个团队在解决实际问题中边干边学的组织发展技术与流程。

2. 发展

行动学习从20世纪90年代末逐渐被一些国外先进企业（如GE、花旗银行、壳牌石油、霍尼韦尔、强生、西门子、AT & T、IBM、杜邦等）所接受和运用，并取得了良好的效果，被誉为“快速提升实战能力与改进绩效的秘密武器”。

例如，GE通过把各种培训变成行动学习（Action Learning），使这些学生成为公司最高管理层的内部咨询师。没有引入行动学习前，GE的国际性业务占比18%，实施行动学习后，这一数字很快达到50%。GE用群策群力的行动学习解决组织中的任何问题，降低运营费用、降低次品率、提升销售额、降低员工流失率、优化供应链管理、提升企业领导力，等等。

再比如，IBM前CEO郭士纳成功引入行动学习，使之成为IBM复活的一剂良药。面对摇摇欲坠的IBM，郭士纳放手让罗恩尝试行动学习项目，正如后来罗恩所说：“从一开始我们便下定决心要采用最好的学习方法，着手改变企业文化，通过行动学习的方式帮助一切工作走向正轨。我们已经对此着迷，事实上，这个项目可以使双方达到双赢。我们可以解决政策上的主动性问题，并且可以一边学一边做。”行动学习成了整个项目的核心，项目结束后，几乎100%的项目参加者都说：“当我重返工作岗位的时候，我的行为真的在好多方面已经或将要改变。”

1991年，行动学习受到我国培训机构的关注，20世纪90年代，陈伟兰教授任中组部培训中心主任时，就注意到了行动学习这一科学的学习方法论，并成为引进行动学习的发起人，她通过深入研究和改造，创造性地把行动学习应用于我国地方政府与国有大型企业的改革实践，积极在一些机关和大型企业进行试点，取得了良好的成效，在国内外都产生了一定影响。

1998年，中组部培训中心将行动学习引进我国公务员培训领域，进行了积极的研究和探索。他们以国际合作项目为依托，先后在甘肃、青海、四川、内蒙古、广西等西部省区推广实践“行动学习”，采用国内研究与国外学习相结合的形式，解决了包括环境保护、生态旅游开发、区域经济发展等一系列难题，有效地推动了这些省区的经济建设与改革发展。在此之后，我国的部分大型国有企业开始采用行动学习法进行组织变革与学习型组织建设。

2003年，华润集团就在陈伟兰教授的指导下，在集团和部分一级利润中心层面推行行动学习，充分利用内部员工的智慧来解决企业面临的难题，形成了良好的组织氛围，同时也带来了经济效益的快速增长，证明了行动学习方法的有效性。在此基础上，行动学习不仅成为华润团队的学习方法，也成了他们的思维方法，更是他们的工作方法。

二、行动学习的实施步骤

行动学习在实际的操作中会经历以下十几个步骤。

（1）获得并保持高层管理人员的支持

在获得高层管理人员支持方面，需要做到：高层要相信行动学习，并且对采用新方法解决问题持开放心态；高层要理解行动学习过程以及原则，才可能提供支持；高层要承诺并鼓励实施小组所提出的方案；高层要为外部教练留出资源；高层要承诺指定高级管理人员来管理行动学习；高层要允许小组利用工作时间研讨并强化学习。

（2）建立行动学习项目管理团队

学习项目管理团队由四类人员构成：第一类，指导委员会成员，高级执行小组，批准目标、策略、预算，塑造学习环境，鼓励风险承受，和开放，为探寻搭建舞台。第二类，学习的拥护者，获取和保持对行动学习的支持，充当拉拉队长，向高层和组织推广行动学习，招募问题发起人，向上汇报进展，是高层和其他人员与项目的节点。第三类，项目经理，计划、监控和测量学习的影响和成效，将项目目标与业务和学习连接，设计项目，安排有关人员的培训和项目管理。第四类，学习小组主管，参与提名小组人员，确定行动学习主题，确定小组成员发展重点，提供督促和反馈，确定行动学习成果的应用。

（3）安排对行动学习研讨会的介绍

需要确定研讨会的主要内容，并介绍给与会人员：确定谁来演示，调查关注议题，确定时间和空间，确定议题任务，确定谁来参加学习等内容。通过在会议开场对相关内容进行介绍并进行行动学习示范，由此开启行动学习。

（4）选择和准备行动学习教练

行动学习的教练可以来自内部，也可以来自外部。内部成员轮流担任教练的好处：可以在担任这个角色的过程中自然而有效地开发一些关键的领导技能；内部教练要得到适当的培训和训练。邀请外部教练的好处：可以让小组把全部注意力放到问题解决上；外部教练要对企业的文化、使命、结构具有一定的熟悉度。

（5）确定参加行动学习小组的成员

确定小组成员需要考虑几个方面的内容：谁来确定参与者，一般有自愿参与和组织安排两种，具体根据行动学习项目的主题而定；需要多少人员参与，一般来说，5 ~ 6 人行动学习最有力、最有效，最多不超过 8 人，最少不少于 4 人。参与成员的选定标准，一般需要考虑多样性有利于新颖问题和观点的捕捉；有助于打破隔阂，建设学习型文化，熟悉问题的人和不熟悉问题的人共同组合。

（6）选择行动学习问题 / 项目

选择行动学习的问题或项目，需要注意两个方面：选择问题的原则是什么？不论是个人、业务部门还是高管选的，都应该是需要创新型解决方案、紧迫、重要、值得解决，并要有一个明确的采取行动的时间框架。会展示出组织对行动学习的承诺，并确保行动学习项目所引发的行动有效、收获丰厚。选择哪些问题？可能与运营、战略、人才、市场营销、客户关系，可能是几个月，也可能是当天就要解决的快速、紧急而次重要的问题，选择小组能力实施或真正施加影响的项目。

（7）向小组成员介绍情况和确定行动学习项目

介绍行动学习的基本信息，包括但不限于：安排和确认会议的日期、时间、频率和地点；行动学习会议特定的学习目的；行动学习的保密性；如何开好第一次会议等。

（8）研讨并提出和展示行动策略

在基本情况了解的前提下，进入到问题研讨与行动策略提出的环节，经过积极热烈的头脑风暴，找到真正的问题、问题的原因等，同时提出想要如何改变现状，具体的解决方案是什么，预期的结果和成效如何，可能需要的资源支持，以及财务预算，里程碑计划等。

（9）实施行动学习策略

在学习现场之后，行动策略会被带到日常的工作场景进行具体的实施。在实施中需要注意：如果可能，策略的全部或一部分要进行试点；每个行动都要清晰（who，what，when，期望的成果）；要注意后续的监控和调整；保持决策者和实施者的双向沟通。

（10）评估、捕捉和转化个人、小组和组织的收获

行动学习实践之后，各类人员需要对成果情况进行评估和分析，分析的要点集中在：哪里有效？为什么有效？哪里无效？为什么无效？最重要的学习收获是什么？仔细检查所建议策略的有效性；以及这些收获的转化程度。

（11）使行动学习成为企业文化的组成部分

经过将行动学习作为人才培养与日常改进工作的方式，让行动学习最终成为文化的一部分：行动学习流程化，制度化，使之成为企业文化的组成部分；行动学习的原则和实践被纳入日常行为当中，质疑成为公司沟通的组成部分。

案例18-5 腾讯后备干部行动学习项目——“飞龙计划”

从2006年起，腾讯学院开始将行动学习模式应用于公司后备中层的领导力培养，称之为“飞龙计划”。至今，“飞龙计划”已成功举办多期，在这里就该计划的推行做一系统介绍。

1. 飞龙计划与行动学习

在腾讯，行动学习按实施目的主要分为两类：一是基于绩效和问题解决的行动学习，一是基于人才发展的行动学习。腾讯学院所实践的行动学习基本上是后者，其目的在于通过行动学习，更好地发展高潜人才。

针对后备中层经理，腾讯设有加速培养项目，名曰“飞龙计划”。每年，公司甄选出几十名待重点发展的人才，组织他们参与一个为期6～8个月的非脱产学习计划。该计划包括了评鉴中心、高管对话、标杆学习、辅导实践、课堂培训、读书等，而行动学习正是“飞龙计划”中的重头戏。

2. 腾讯行动学习的四个关键词

如何让行动学习取得成功，是“飞龙计划”运营团队长期思考的课题。为此，大家积极学习、求教标杆，并在实践中不断总结，同时，采用腾讯公司在研发中特别提倡的“敏捷迭代”原则，逐步优化、提高，经过几年的实践，腾讯总结出了内部运营行动学习项目的四个关键词。

（1）选题

就项目成功的因素而言，选题能占一半。合适的选题既能让参与者有兴趣和热情投入，也能引起公司高层的重视，获取更多的支持。那么，选什么样的题目合适呢？有人形象地比喻道：老板们晚上睡觉时经常考虑的问题。这句话有两层含义：一是高层关注的、关乎公司战略方向的问题；二是最好又不是老板们日常管理中要决策、处理的紧急事务。

腾讯命题的三个渠道：一是邀请各事业部执行副总裁提供，基本包含各事业部的业务类别；二是邀请公司战略发展部提供，涉及公司经营战略层面的话题；三是由腾讯学院提供，从相关命题库中选取。

命题经过第一次筛选后，申报给公司的人力资源管理委员会，再由CEO（首席执行官）及总裁等高层进行二次筛选，最终确定每一期的具体命题，数目为5～6个。

这样的收集、筛选流程有效地保障了命题的针对性和可实施性，既贴近了公司业务，又能牵引学员更加关注公司和自身的不足。

在行动学习中经常会用到的选题，主要包括对公司某个产品或某项业务与竞争对手的比较分析、公司某项管理话题的现状分析与提升对策、公司某项特定业务的消费者行为研究等，题目的范畴大小也要确保适中。

为保证在学习周期内能够完成，要避免以下情况：题目简单，小组个别成员就能独立完成；或者题目太大，需要一年以上的周期完成；或者做这个项目需要的知识和需动用的资源超过了小组成员的能力，等等。

（2）分组

分组是影响项目进展的另一大重要因素。分组时，需要考虑待分组人员不同的学习风格、经验背景、性格。通常要保证每个小组都有思路活跃、有激情的人员，这样，在项目遇到挫折或大家都很忙的时候，其重要性尤为凸显。同时，由于学员来自公司不同部门，此前并不熟悉，如何在短时间内促使学员互相了解，使学习团队达成默契，也需要加以考虑。

鉴于按事业部归类、按工作区域归类等不同分组尝试及其各自的利弊，最终腾讯学院认为，有意识地让不同事业部、不同区域的学员组建学习团队是较好的方式。这种分组方法，既可以拓展学员在公司内部的人脉，也能使其相互取长补短，并从整体上熟悉公司的业务系统，有利于项目推动，还可以避免单一事业部、单一区域分组给组织方带来的进度监控难度。

同时，需要考虑小组成员的工作地点，从沟通效率来看，同一城市工作的人分配在同一个小组效果会好一些。对于每组人数，一般以4～5人为宜。

（3）高层

与很多学习项目一样，行动学习能否成功，参与者们重视与否，都与高层的重视程度密切相关。在腾讯，行动学习自一开始就受到公司高管的重视。

首先，题目的确定，都是高管直接参与并提出意见；

其次，每个项目都会请一名公司高管做主持人（Sponsor），在项目实施的全过程中，他们至少会参与 3 ~ 4 次的讨论和挑战；

最后，在每期行动学习的结业汇报环节，以公司 CEO、总裁为首的高管团队，都会拿出半天时间全心投入到项目评审中，这也是学员最兴奋、最期待、最有收获的环节。

（4）三个项目角色

在腾讯的行动学习项目中，通常会设置三个重要的角色：助教、主持人、顾问。

第一个角色是助教，腾讯学院会在每个小组里指派一位助教，来协助和督促各组的行动学习进展。助教是协助支持各个小组研讨的学习助理，由学院和 OD 部门的同事担任，每个小组设置一名。鉴于自身的专业度有限，这些助教还不能完全被称为"行动学习教练"，但会按照行动学习教练的职责和要求来衡量。助教的职责很明确，就是帮助、强化组员交流的有效性，引导组员进行有效的自我反馈和评估，对输出报告初步把关。此外，助教还需要为小组成员加油鼓劲，特别是项目进展不顺，或者大家的本职工作很忙，对项目投入不足的时候。

第二个角色是主持人，由公司的执行副总裁担任，每个小组选择一位。主持人的职责是对项目目标的协助梳理，对学习过程中的关键点进行指导，以及各类资源的支持。

第三个角色是顾问，一般会邀请腾讯学院的常务副院长、外部合作咨询顾问担任学习指导顾问，提供学习研讨的各类工具和方法论。

这些角色的设置，从多个角度吸引了公司内外部的资源支持，丰富了行动学习的角色外延，保障了项目的有效推进。

3. 项目过程“1+3”

飞龙计划的行动学习周期，从主题立项到结业汇报，一般历时7～8个月。其中有4个时间节点，是项目推进的关键里程碑，称之为“1+3”。

“1”是指小组立项，各个学习小组选定命题，并输出具体的项目立项报告。

“3”是指小组全程有3次的项目进度汇报，腾讯学院会依次邀请公司优秀中层代表、执行副总裁代表、高层代表担任项目的评审，对各个小组的项目进度报告提供专业的评估建议。

这些关键的里程碑，可以有效地帮助组织方监控、推动项目进程，同时，也积极促成公司中高层资源的关注和支持，最大程度地激发各个小组的学习热情和主动性，保障高质量的、富有时效性的项目输出。

行动学习提倡学员从自己的行动中反思、学习，认为每一个学员都有潜能，而在真正“做”的过程中，这些潜能会在学员的行动中最大限度地发挥与提升。

第十九章
管理者培养与领导力发展

前面两章对人才培养与发展的基础——“学习地图”与“培养方式库”进行了整体介绍，自本章开始，我们将针对企业中不同群体培养计划的设计进行阐述，所涉及的群体包括管理者、专业人才、新员工、骨干人才等四类。本章主要对管理者的培养与领导力发展进行阐述。

管理者分布在企业的各个层级，高可上达战略，运筹帷幄、决胜千里，中可承上启下，中位传导、带领团队，下可触达基层，扎根一线、操作执行。针对这一群体的培养与发展，除了对其所在领域的专业技术水平进行提升之外，更为重要的，是对其领导力的发展。本章以拉姆·查兰的领导梯队模型为理论依据，介绍了管理者的成长与发展路径，对相关的领导力训练技术做了简要梳理，最后，选取部分典型企业的领导力发展案例进行介绍。

第一节　管理者培养与领导力梯队模型

一、管理者与领导力

管理者的培养，是为帮助管理者胜任一系列管理职务而对其所应具备的“领导力”的综合发展，由此可知，“管理者”与“领导力”二者密不可分。

1. 管理者的概念

管理学大师彼得·德鲁克在1966年出版的《卓有成效的管理者》一书中，对“管理者”给出过明确的定义：“在一个现代组织里，如果一位知识工作者能够凭借其职位和知识，对该组织负有贡献的责任，因而能实质地影响该组织的经营能力及达成成果，那么他就是一位管理者。”

现实的企业管理实践中，人们更倾向于按照管理者的职务等级将其划分为高层管理者、中层管理者以及基层管理者，即便是像拥有十万余员工的阿里集团，也是将管理者划分为“头部”管理者、“腰部”管理者、“腿部”管理者三类，可见，这一划分具有一定的普适性。

①高层管理者。在企业中，高层管理者通常指总监及以上职位的人员，能够掌握到企业绝大部分的经营信息，通常会带领多个部门，能够参与企业的战略设计或关键决策，能够解决经营管理中的疑难问题，能够代表企业进行对外交流与联络，能够进行跨部门的资源调动，能够推动企业内部的人才发展等。

②中层管理者。在企业中，中层管理者通常指经理、部门负责人等职位的人员，上述人员能够了解到公司的大部分经营信息，通常会立足某个专业部门，带领部门成员完成该领域工作，进行授权内的事务决策与处理，解决本专业领域的相关问题，推动本部门成员的成长与发展。

③基层管理者。在企业中，基层管理者通常指主管、小组负责人等职位的人员，仅掌握局部的、与其所从事工作相关的企业信息，通常在专业部门的规范要求下开展工作，从事某一细分领域的工作。基层管理者在独当一面、完成自身工作的同时，可以指导他人完成相应工作，解决本职工作的相关问题，完成本职工作以及上级交办任务；同时，完成自我成长与团队人员的培养与发展。

2. 领导力的提出

据不完全统计，对于“领导力”这一概念，目前已有350个左右的相关定义，这些定义的内容多样、边界模糊、内涵又存在一定差异，客观上增加了人们对“领导力”概念的理解难度。我们找到早期的领导力提出者与研究者，以此为基础对“领导力”的概念进行澄清。

有关于领导力的研究，可以追溯到20世纪50年代。沃伦·本尼斯在1959年首次发表了关于“领导力”的文章。本尼斯认为，“领导力”并不是什么少见的才能；领导者是后天造就出来的，不是天生的；领导者大多数是普通人，至少表面上看很普通，并没有什么超凡的领导魅力；领导力并不仅局限在组织的高层人物，而是与所有层级的人员都相关；最后，领导力并不是指控制、智慧和操纵。本尼斯曾经对90位美国领导人做过“领导力”研究，并总结了从他们身上发现的四种共性能力：引导注意力、把握意义、赢得信任和自我管理。

①引导注意力。本尼斯从愿景的角度对“领导力”进行了诠释，他认为，领导力是“创造一个引人关注的愿景并将之转化为行动，且逐渐付诸实现的能力”。成功的领导者拥有愿景，并能够引导人们关注且相信这一愿景。

②把握意义。本尼斯认为，领导能力的第二项技能是把握意义，即沟通。他认为，有效的沟通不仅需要善于类比、比喻和生动的举例说明，还要有相应的情绪、信任、乐观和希望。

③赢得信任。本尼斯认为，“赢得信任”也是领导能力之一，他认为，这是“把追随者和领导者联系在一起的情感黏合剂”，在追随者眼中，领导者必须言行合一，才是值得信任的。

④自我管理。本尼斯总结的最后一项领导能力是“自我管理”。他认为，领导力的一个重要构成是自我认知，这一含义除了坚持不懈、勇于担责之外，还包括持续学习、尊重他人和适应环境。

二、管理者培养面临的新挑战

虽然管理者培养已经不是企业的新课题，但以往实施中存在的问题以及新经济的快速发展，都会使得管理者的培养面临新的挑战。

（1）以往的领导力发展工作缺乏延续性

企业要想获得管理者的领导力提升，需要在领导力发展方面进行一定的资源投入，并坚持不懈地执行相关计划。而现实中很多企业在短期推进领导力发展工作没有达到预期成效时，往往会出现间断或以其他方式取而代之的情况。这种间歇式、缺乏一惯性的领导力发展模式，使得管理者之间缺乏统一的沟通语言，管理者和企业之间缺乏必要的信任，不利于领导力发展工作的开展。

（2）企业扩张加速，向管理者提出了发展“横向领导技能”的新要求

无论是传统企业，还是新经济企业，资本力量驱动下的企业并购与扩张正在加速，越来越多的企业管理者被合并成为新企业的合伙人或管理者，此时，如何促进企业之间的有效衔接与融合，就成为新的主题。对于已经相对成熟的、适用于纵向领导技能发展的管理者培养模式而言，发展能够促进企业和业务协同的横向领导技能也因此成为新的挑战。

（3）新经济企业的快速发展，对管理者提出了“加速成长”的要求

新经济企业发展快，其创始人或管理者需要快速向更高层的领导位置移动，也许眼下还是一线经理，但不久的将来，因为公司的发展，便成为了新业务的负责人，这种快速的角色转换，会让很多管理者无所适从。

（4）新旧经济转换，新型管理者稀缺、培养速度跟不上发展速度

当前从事传统业务的企业如汽车、金融、旅游、商贸、物流等，大部分也在进行传统业务的转型以及业务创新，这就需要引入大量的新业务管理人才，尤其是技术或业务的“带头人”。此时也正值新经济快速发展，以BAT为代表的新经济企业，也在大力招揽人才，这就使得新经济企业与传统企业在人才竞争上更为激烈。而新经济的发展对于管理者的能力素质提出了新的要求，这也为管理者的培养带来了挑战，一定程度上造成了新型管理者的稀缺与培养滞后。

三、拉姆·查兰领导力梯队模型

管理学大师拉姆·查兰领衔创作的《领导梯队》一书中提出了“领导梯队模型”，该模型的主要内容是：根据各层级管理者的职责以及任职要求的不同，明确各级管理者在角色转换中的适岗问题，并为其进行针对性的培养设计。

“领导梯队模型”（见本书图 15–1）并不是一个木桶结构的圆柱形，而是由数条上升折线构成的图形。每一个转折点都代表了一个职位层级向上一级职位层级的跃迁。这一变化，除了工作内容方面，还有随之而来的在领导技能、时间管理能力和工作理念等方面的变化。

①领导技能，主要指管理者胜任新职务所需的新能力。

②时间管理，主要指管理者在新工作中的时间分配结构，这决定了管理者如何工作。

③工作理念，主要指管理者的信念和价值观，这有助于管理者实现工作聚焦。

在企业中，实现管理者所在的领导层级与其领导技能、时间管理能力和工作理念相符并非易事。

根据领导梯队模型的内容，通常在大型的、分权管理的企业中，一个人的职业发展会经历六个职业阶段或六次领导力转型。各阶段特点不同，发生的角色转换以及随之带来的要求也有所不同。

第一阶段：从管理自我到管理他人。

作为新员工，入职初期是个人贡献者，无论他们从事的是销售、会计、工程、市场，抑或是其他工作，对他们能力的要求主要是专业化和职业化。他们通过不断拓展和提升个人技能，并在计划时间内完成任务来做出贡献。当他们成为业绩出色、技术熟练的个人贡献者时，将会被考虑提升为一线经理。为了实现这一角色转换，他们需要重点发展一些管理技能，比如：如何制定工作计划，如何管理团队，如何分配工作，如何激励员工，如何进行绩效评估，等等。

第二阶段：从管理他人到管理经理人员。

作为一线经理，一方面是管理他人，一方面仍有部分工作要亲自执行，做出个人业绩贡献。该阶段，优秀的一线经理会逐渐走向部门总监的位置，即从管理他人到管理经理人员。在这一阶段，他们不再需要亲自执行具体的工作，但他们必须掌握一些关键技能来管理经理人员，促进经理人员完成相应的工作目标，以达成其自身的任务目标。这些关键技能包括：如何选拔人才，如何分配管理工作，如何评估经理人员，如何通过教练辅导提升经理人员能力，等等。

第三阶段：从管理经理人员到管理职能部门。

作为部门总监，其工作重点是管理，其价值贡献方式由个人贡献转换为激励他人贡献。该阶段，优秀的部门总监会逐渐发展成为事业部副总经理，即从管理经理人员到管理几个相关的部门。为此，他们必须在管理自身专业领域工作之余还要管理其他工作，这就意味着他们必须学习和拓展更多的管理知识和技能并学会评估它们的价值。与此同时，他们需要拓展三项新的技能：一是与其他部门团结协作，二是基于工作的需要与其他部门争夺资源，三是能够参与公司业务决策，为战略设计提供建议。

第四阶段：从管理职能部门到事业部总经理。

作为事业部副总经理，其工作重点聚焦在局部的业务或管理。该阶段，优秀的事业部副总经理会逐渐发展成为事业部总经理，独立承担某一业务的发展责任，这一角色转换看似只是职务上的一次就近提升，却会给管理者带来更大的挑战。

作为事业部总经理，他们需要统筹某一业务板块的运作并承担业绩责任，因此，也会获得更大的授权。事业部总经理的职责内容和能力要求的新变化，需要管理不同类型的部门，包括业务、技术以及职能部门，需要敏锐地意识到各部门的利益点，并清楚、有效地与各方面人员沟通，促进各部门及人员之间的协同合作。同时，还需要完成短期经营目标，并兼顾中长期目标的实现。

第五阶段：从事业部总经理到集团高管。

作为事业部总经理，其工作重点是业务的发展，将业务发展成为事业，并持续经营。该阶段，优秀的事业部总经理有机会进一步发展成为集团高管，即从管理一项业务到管理多项业务。这一角色的转换，对管理者的职责内容以及履职能力都提出了更高的要求：一是作为集团高管，必须擅长评估资金调拨和人员配置的战略规划；二是提拔、辅导、培养事业部总经理；三是评估业务投资组合策略，思考或决策业务的加减；四是精于评估自己的核心能力，采取冷静客观的态度，评估手中的资源，基于分析和经验做出判断。身为集团高管，必须具备广阔的视野，娴熟的资源统筹与协调能力，深刻的洞察力以及战略敏锐度。

第六阶段：从集团高管到首席执行官。

作为集团高管，其工作重点是参与企业的整体规划与平台建设。该阶段，优秀的集团高管最终将会发展成为企业的首席执行官。走上这一层级，需要前面五个阶段的领导力发展基础，倘若没有完整经历以上过程，他的工作可能不仅影响其直接下属的工作绩效，也会影响企业全体员工的业绩表现，不仅不能有效地培养其他管理者，也不能胜任首席执行官的岗位。

作为企业的最高领导，首席执行官必须是一位有着远大抱负的思想者，同时，又要善于建立企业的运行机制，推动其实现短期的业绩目标，并确保中长期战略目标的实现。他的更多时间和精力花费在对关键事项的决策上，同时，要敏锐地觉察重大的外部变化，并熟练地处理外部利益相关者关系、积极主动加以应对。

首席执行官必须清楚，他的业绩达成往往只取决于三四个关键决策，他需要团结一批职业经理人，虽然他清楚地知道这些人中有人觊觎首席执行官这个位置，却仍然要合理地使用和提拔他们。

现实中，很多管理者并不能恰好地以自己的能力水平匹配相应的领导层级，而是会出现一定程度的错位，比如，他们在第二层级（管理他人）工作，但还保留着第一阶段（管理自我）的工作理念，或是并不具备目前领导层级所需的领导技能或时间管理能力。这不仅导致身为领导者的他们绩效不高（或者干脆毫无绩效可言），他们所管理的员工也会受到负面影响。因此，领导梯度模型的意义就在于帮助管理者进行能岗匹配，同时，帮助管理者在向更高层级跃进前进行准备，在相关内容上提供培养与支持。

第二节 领导力训练技术与方法

一、领导力训练技术的主要方式

1. 领导力训练技术的主要方式

随着培训方式的不断丰富，领导力训练技术也获得了相应的发展。当前，在领导力训练方面，传统方式与创新方式并存。传统方式主要是指知识性培训课程，比如，通过举办论坛、讲座、报告会或在线课程等方式进行的领导力相关知识的传播；创新方式，主要是指基于实践的培训课程或培训项目，比如，通过案例分享、研讨、角色扮演、行动学习等方式进行的领导力技能提升。

传统方式易于组织、执行成本低、覆盖面广，有助于领导力知识的传播，但更侧重于知识传播，由于缺乏实践体验，难以起到对领导技能的提升效果。创新方式设计了更多的参与和体验环节，帮助管理者在体验中感知、反思、学习，并解决实际问题，因而能够有效地实现领导意识的觉醒以及领导能力的养成。当然，由于这种方式多以小班授课且给予管理者更多的思考与讨论空间，且需要持续不断的强化，因此，一般执行时间较长，成本较高。

随着越来越多的企业对管理者领导力提升的关注，基于实践的领导力训练方式获得了广大企业的青睐，实践性领导力训练获得了一系列的发展和创新。目前，实践性领导力训练主要有三种类型：一是基于行动的领导力训练（action-based leadership training，ABLT），二是基于体验的领导力训练

(experience-based leadership training，EBLT)，三是基于游戏的领导力训练 (game-based leadership training，GBLT)。

2. 实践性领导力训练技术的分类对比

以上提到的三种实践领导力训练类型，共同点是强调管理者的体验与实践，但从执行上看，又各具特点。

①基于行动的领导力训练 (ABLT): 属于行动学习的范畴，旨在以解决问题为中心，以团队为训练主体，促进反思讨论与实际行动。基本的训练模式是: 管理者在多样化的团队中共同解决真实存在的问题，团队通过反思、质疑、推演等过程，共同协作，形成解决方案，并采取行动以解决问题。

②基于体验的领导力训练 (EBLT): 属于体验式学习的范畴，旨在通过对具体经验的观察和反思，凝练成为概念性知识，并在情境中习得和感知。基本的训练模式是: 让管理者面对一个拟设的工作场景，进行角色扮演、模拟演练，或通过户外拓展训练的方式，让管理者在生存 / 生活场景下，协同合作，完成团队任务，并在执行任务的过程中，表现、发现，获得启发与反思，以至形成对自我和知识的感知，触动其发生改变和调整。

③基于游戏的领导力训练 (GBLT): 属于游戏式学习的范畴，是通过角色扮演、竞争博弈、决策、奖惩等环节的设计将训练过程游戏化的领导力训练方式。其基本的训练模式是: 让管理者进行到模拟场景中——这一场景往往是经过信息技术系统 (或非技术) 拟合的仿真经营环境或管理环境——通过一定的角色设定与分组设计，在竞争环境中考察管理者如何思考、如何组织分工协作、如何统筹资源配置、如何进行权衡取舍、如何通过做出关键决策以推动团队目标实现，等等。这一过程既可以帮助管理者发现自身的优势与不足，也可以帮助管理者积累处理问题的能力，对自身的思维和能力做出有意识的调整。

以上三种类型的领导力训练在成员组织、内容要点、实际操作和评价反馈四个方面的区别和联系如表 19-1 所示。

表 19-1 基于行动、体验与游戏的三类领导力训练间的比较

分类		基于行动的领导力训练（ABLT）	基于体验的领导力训练（EBLT）	基于游戏的领导力训练（GBLT）
成员组织	学习者	内部成员具有多样性的团队；团队拥有一致的目标，相互扶持协作	个体和团队（集体培训，不强调内部成员多样性）	个体，合作或竞争团队
	培训者	存在，并且起到启发学习者思考、引导学习者的重要作用	存在，培训者可能作为现场的协调组织者、启发性导师或经验分享者	有些活动有培训者，但往往起到协调组织的作用，人机互动的培训中经常不需要培训者
内容要点	目标 / 成果	解决某一组织中的实际问题，因此学习者获得的常是具体的行为策略或技能	获得适用于不同组织情境的抽象概念和概括性知识	获得一种包含知识、技能和心理品质的综合性进步
	情境	真实的组织环境	真实的组织环境和现场模拟的环境	模拟的组织情境或者虚拟的环境（如计算机程序）
	任务 / 问题	学习者解决真实存在的组织中的问题（如公司目前应对的挑战）	很多体验式的活动中不设置困难的任务和问题，而让学习者体验某种经历	学习者完成培训者构建的，在模拟情境下的任务
	形式	团体工作坊	案例学习、角色扮演、模拟	包含任务的角色扮演、模拟游戏、电子游戏
	媒介	团体面对面讨论	视频材料、面对面活动	面对面活动、人机交互
实际操作	知识教授	一般有	一般没有	一般没有
	反思	一定有（针对行为结果，改善措施，他人行动）	一定有（针对行为结果、经历过程中的感受）	一般有（个体独立获得知识和技能的过程）
	讨论	一定有（形成解决措施的过程）	一般没有	一般有（在团体中获得知识和技能的过程）
	采取行动	一定有，问题解决为目的的行动	基于自我经验的活动一般不包含行动，基于共享经验的活动则会包含行动，但不是问题解决	一定有，学习者完成游戏操作
评价反馈		以培训者的评价、团体行动的结果作为反馈	以具体经验中行为与环境的互动结果作为反馈	游戏化设计包含一套系统的规则，为学习者的行为提供评价和反馈，帮助学习者采取合适的行动

通过比较，可以发现：

①构建方式上，GBLT 和 EBLT 比较接近，都采用了情景体验的方式，可以帮助管理者从拟设的情境中获得用于一般情境的知识与技能。

②组织形式上，GBLT 和 ABLT 更为接近，都采用了问题导向的团队学习方式，更接近于受训者的工作实境。

③相较于 ABLT 中的合作性团队关系，GBLT 一般会引入个体或团队为单位的竞争和对抗，通过竞争压力促动各团队的集中表现。

④相较于 EBLT 简单的模拟环境和角色设置，GBLT 往往会准备丰富的培训材料，设置更加复杂、生动的故事背景和角色，趣味性更强。

二、领导力训练之行动学习

1. 行动学习的开展方式与执行程序

基于行动的领导力训练（ABLT），更加贴近工作实际，多以工作中的现实问题为出发点，设定目标，开展一系列的学习、思考和探寻，并推动问题的解决。比如，波音公司早年实施的“全球领导力项目”就使用了基于行动的学习技术，以训练高级经理的适应能力、全球思维和关系构建等核心领导技能。学习者进入公司在全球范围内的企业现场进行考察和数据收集，分析、评估公司在不同国家的发展状况与存在问题，并以团队为单位，在催化师的带领下进行反思和讨论，针对公司存在的问题和可能的危机，商讨解决方案。

在现实操作中，行动学习多以项目的方式开展，有着相对明确的流程，以下就行动学习的执行程序进行介绍。

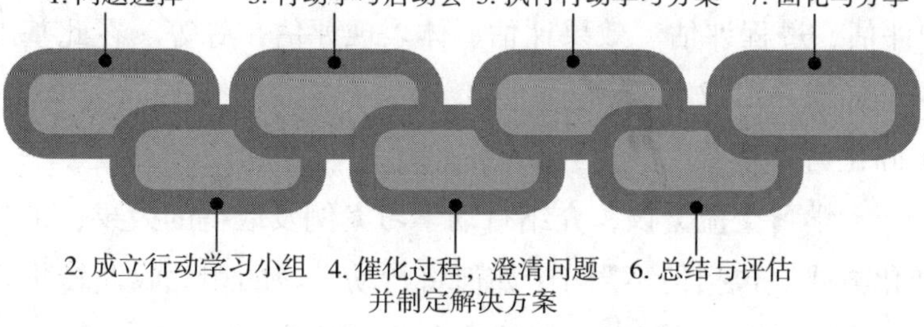

图 19-1 行动学习的流程图

（1）问题选择

问题选择，一般通过发起行动学习倡议，征集行动学习主题，筛选行动学习的候选主题，搜集、评估并最终确定主题。在问题确定的同时，选择行动学习召集人和催化师，并制定行动学习方案。

（2）成立行动学习小组

根据行动学习主题类型拟定候选参与者名单（约 15 ~ 20 人），从中筛选 50% ~ 60% 的人员作为学习小组成员，筛选时要兼顾成员的多样性，有助于获得更加全面的意见和观点。将行动学习启动通知发送给小组成员及相关人员。

（3）行动学习启动会

制定行动学习启动程序，进行行动学习的开场动员，阐述主题及要解决问题的意义，以及实施解决方案的承诺；组织小组成员介绍自己；介绍行动学习原理、要素、过程及方法；实践行动学习的各类技巧（倾听、质疑和反思）；制定详细的行动学习计划；形成行动学习契约。

（4）催化过程，澄清问题并制定解决方案

陈述者陈述问题，小组其他成员提出质疑，学习小组共同完成对问题的梳理分析和探寻，找到问题的实质，剖析问题产生的原因，制定多个解决方案，评估方案并选出效果较好的方案。对解决方案的落地性进行推演。

（5）执行行动学习方案

制定行动计划，成立执行小组并实施计划；定期对执行情况进行反思和研讨，根据现实需要对方案进行完善和调整，达成与验收行动学习的结果。

（6）总结与评估

组织行动学习评估会议，对行动方案执行效果进行评估，包括但不限于：计划评估、过程评估、效果评估、体表现评估，等等。在此基础上总结经验、凝练知识并形成案例。

（7）固化与分享

组织行动学习交流会议，介绍行动学习案例及取得的效果，进一步研讨成果的转化方式，包括但不限于：如何将行动学习的相关收获转化到制度和流程中，其他如何将行动学习的经验及成果应用到自身的工作中去，等等。

至此，行动学习小组的使命完成。

2. 行动学习的六大关键要素

希望获得理想的行动学习效果，需要把握以下六个方面的关键要素。

（1）找到真实场景下的现实问题

要点：行动学习主题应该是企业中真实存在的项目、挑战、难题或任务；相关问题的解决对企业、学习小组都具有很大意义：一方面，学习小组有权利或影响力开展行动，以解决相关问题；另一方面，通过研讨并解决问题的过程，学习小组能够获得成长与提升。

（2）建立解决问题的行动小组

要点：行动学习小组既是培养的对象，也是将来解决问题的主体；人数不宜过多；背景不同的学习小组成员，能够提供不同的创意和视角；对要解决的问题，行动小组成员要有一定程度的认知，能够提出有价值的意见或建议。

（3）通过质疑和反思深化思考

要点：行动学习重在调动参与者质疑和反思的过程尤其关键；通过对自己及其他成员的经验进行质疑，能够促进小组成员的深度思考；同时，强调行动中的不断反思，从而对问题的本质达到更深层次的认识。

（4）将思考的结果代入实际解决问题

要点：付诸行动是行动学习不可分割的部分，通过行动才能对组织产生实质性的影响。经过深入思考而获得的解决方案，需要在现实的工作场景中被实践和验证；小组成员也只有在行动的过程中才能进一步反思，以加深对问题的认识。

（5）建立学习承诺

要点：行动学习是在解决现实问题的过程中完成学习，并以此实现对参与者的培养。因此，在行动学习中需要建立学习承诺，以促进学习目标的达成；在行动学习中，需要对学习的环节进行精心的设计；在过程推进中，要让参与者有触动、有启发、有经验上的沉淀、有知识上的创新。

（6）选择适宜的催化师

要点：催化师对行动学习效果的达成起着至关重要的作用，他（她）负责整个学习过程的设计，控制研讨的节奏，激发质疑和反思，调节研讨气氛，是行动学习中不可或缺的角色。

三、领导力训练之游戏学习

基于游戏的领导力训练（GBLT），采取游戏化学习的方式，更具场景化、趣味性，更能够激发参与者的学习兴趣。目前，游戏化的领导力训练又分为角色扮演式的领导力训练和数字化、人机交互场景下的领导力训练，以及数字与非数字相结合的沙盘类领导力训练。

1. 角色扮演式的领导力训练

早期的游戏化领导力训练大部分属于角色扮演式的训练方式，通过在领导力训练中融入游戏化设计，帮助参与者体验并实践学习内容。这类领导力训练通常由若干元素构成：被扮演的角色、模拟情境、需要解决的冲突或问题、团队导向和反馈评价体系。这种训练方式具有三个特点：一是参与者通常被组成一个团队，以小组的方式进入事先构建好的模拟情境；二是参与者通过角色扮演或模拟辩论做出决策或博弈，以面对面的互动形式解决情境中的问题；三是组织者或训练活动的引导者在活动结束后给出评价反馈，并带领参与者进行反思和讨论，进而促进参与者领导力的提升。

例如，“卡美洛模拟”就是其中一种经常被用于提升管理者分析能力、观点提炼能力与辩证思维能力的领导力训练方式。在卡美洛模拟中，由管理者组成的学习小组将模拟城市的公共政策制定流程，每一名参与者根据自己的兴趣选择城市中的某个居民角色，并根据丰富的角色背景信息分析、推断这一角色在不同事件中的立场。参与者通过陈述、辩论、讨论和投票等方式模拟做出城市的公共政策或经济决策。在角色扮演过程中，不同角色的观点会发生冲突，参与者需要详细阐述自己的观点和理由，尝试说服其他人来影响最终决策。大约 15 分钟左右的扮演结束后，训练活动的引导者通过启发性的问题引导参与者反思自己在活动中的表现。研究结果表明，卡美洛模拟可以有效提升参与者的逻辑分析和说服技能，且学习结果可迁移至工作场景或生活之中。

2. 数字化的、人机交互场景下的领导力训练

随着技术的不断发展，领导力训练方式也在持续迭代。为了进一步弱化训练活动中对个体（催化师）的依赖，提高训练的稳定性与效果，人机交互系统被研发出来。数字化、人机交互场景下的领导力训练方式具有四个特点：一是通过设计和使用数字游戏来促进参与者领导力的发展；二是为参与者提供评价和反馈；三是游戏或模拟活动具有媒体元素和交互性；四是游戏的场景化、趣味性强化了学习效果。

例如，“杰出军事领导力”就是一种典型的、数字化的、人机交互场景下的领导力训练项目。在游戏中，参与者进入通过互联网应用程序搭建的虚拟环境，使用自然语言与虚拟环境中的角色进行交互，解决军事案例中出现的领导决策问题。游戏过程中，应用程序中的“导师”会表明自己是否赞同参与者所做的决定；在游戏结束时，“导师”会评估任务是否成功完成，并对参与者所采取的行动提供关键的反馈。“杰出军事领导力”训练项目的评估结果表明，虚拟军事环境扩展了游戏参与者感知和保留信息的能力，使他们能够在复杂的环境中有效地行动，体验现实世界中尚未经历的新情况。

3. 数字与非数字相结合的沙盘类领导力训练

沙盘训练课程，是一种数字与非数字相结合的领导力课程。时下，沙盘类训练课程层出不穷，沙盘训练的方式已被广大企业和学员所认可。在管理者培养中，已经有经营沙盘、领导力沙盘、财务沙盘、营销沙盘等多种专项课程。

以“全面经营沙盘”为例，该课程是以沙盘的方式模拟企业的商务运作，在短短的 2 ~ 3 天内模拟企业 5 年的经营活动。在模拟沙盘上，会将复杂、抽象的经营管理理论以最直观的方式展现出来，让参与者体验、学习，生动的视觉感受能够有效地激发参与者的学习兴趣，增强学习能力。全面经营沙盘的特点还表现在以下五点。

①严密的经营仿真操作系统，为参与者进行沙盘操作提供真实的经营场景，参与者将实际操作数据输入系统，系统会进行统计和分析并生成模拟经营结果，通过结果可以直观反映参与者思维及经营管理能力的短板。

②活动中有明确的角色划分，参与者按照5～6人一组分为六个竞争小组，小组成员分别担任CEO、CFO、CSO、COO、商业间谍等角色。

③精心设计的学习探寻过程和节奏，循序渐进，不断深入。

④通过线上系统所呈现的经营结果以及系统对小组表现和个人表现的评估，结合线下活动中小组成员的体验和表现，既能观察到参与者的能力表现，又能借助于数据揭示参与者个人对结果的影响。

⑤在活动过程中，训练引导师会帮助受训人学习、使用相应的工具，维护现场秩序和规则，并对小组表现进行适时点评。

第三节　企业领导力培训体系实例

对于管理者的能力开发，绝非单一课程或单一方式的短期行为，而是需要进行系统设计，具体内容包括：管理者的分层晋阶、培养对象的数量与结构规划、与之相匹配的培养内容与课程设置，以及相应的训练技术选择，等等。为全面描述企业开展领导力培训的情形，本节选取三家具有代表性的企业，对其领导力培训体系进行介绍。

一、GE领导力培训体系框架

GE是领导力培训实践的典范，其管理人员被划分为六个层级，从高到低依次为：CEO、高管人员、资深经理人、经理人、资深业务专家、业务专家。作为GE的领导力培训中心——克劳顿学院负责以上六级管理者共计约15万人的培训，其中，经理人及以上的数千人是培训的重点。

根据GE的管理人员结构，克劳顿学院构建了“三类五级”的领导力培训体系。

第一类领导力培训，分为入门级培训和初级培训两级，侧重于知识学习与应用的紧密结合。

入门级领导力培训的对象，是拥有 3 ~ 5 年工作经验、尚未在领导岗位工作但已被评估为“有发展潜力”的业务专家，培训内容主要侧重沟通技巧、绩效管理等基础管理内容。

初级领导力培训的对象，是拥有 5 ~ 7 年工作经验、新上任的经理人和专业技能人才，培训内容主要侧重管理他人、任务管理、商务能力、沟通与影响力等进阶内容。

第二类领导力培训，分为中级培训和高级培训两级，侧重于辅导与引领能力的培养。

中级领导力培训的对象主要是经理人，学院为该群体专门设置了高级经理人培训系列课程（AMC），以提升其组织领导能力。

高级领导力培训的对象主要是资深经理人，学院为该群体专门设置了管理能力开发课程（MDC），以提升其全球运营领导力。

第三类领导力培训，是顶级领导力培训，侧重战略规划能力的培养。顶级领导力培训的对象均为 GE 提名的高管人员，重点关注管理者的全球视野和创新能力的建设，目的在于打造全球化的战略家和企业家。

二、宝武集团领导力培训体系框架

宝武集团 2016 年完成整合，2017 年，原宝钢人才开发院正式更名为宝武管理学院（宝武党校），基于宝武集团相对成熟的人才管理模式，宝武管理学院为管理人员开发了“五层三进”的培训体系，覆盖了 B、C、D、E、F 五个管理层级（A 级为最基层管理者，G 级为集团领导，这两个层级未包含在内），针对上述五个层级的人员开展了任职基础培训、任职资格培训、在职研修三个递进阶段的培训。

①任职基础培训，针对管理者角色转变和领导力形成的初期阶段，旨在建立管理、领导力、人文及职务专业等基础。

②任职资格培训，针对每一层级的后备干部，按照层级的共性要求开展资格培训，旨在帮助管理者在领导力发展的不同阶段具备符合公司要求的基本任职资格。

③在职研修，以岗位能力提升为主，研修主题按照层级和个性要求或按照战略任务确定，研修方式可根据主题和研修目的进行多样化设置，可跨层或同层实施。

整个领导力培训体系的框架，如图 19–2 所示。

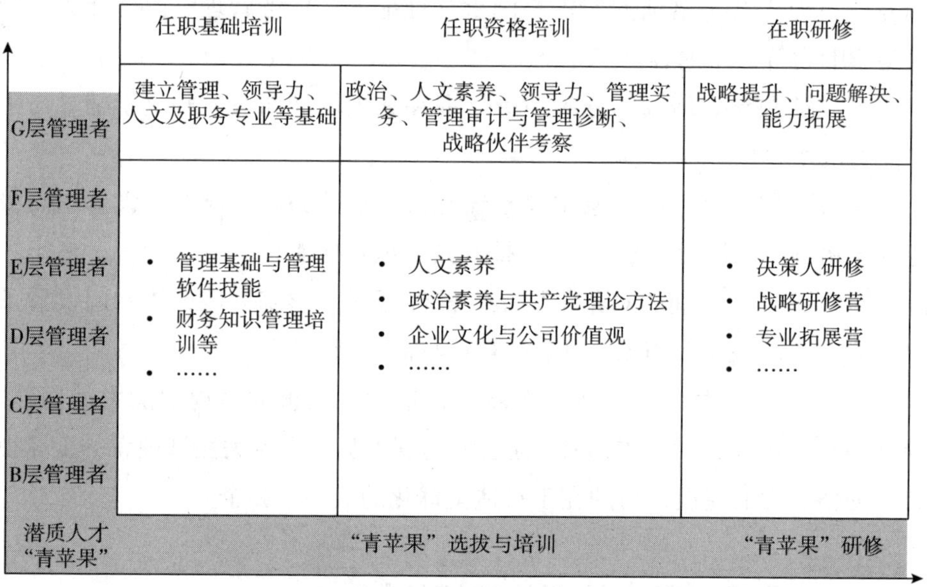

图 19-2　领导力培训体系框架

三、中粮领导力培训体系框架

中粮集团的忠良书院 2008 年正式运营。忠良书院是中粮集团的领导力开发中心，书院为经理人员建立了“三层四阶段”领导力培训体系，提供初级领导力（LDP）、运营领导力（ALDP）、战略领导力（SLDP）、高管领导力（ELDP）等的全面培训，为企业的发展持续输送优秀管理人才。

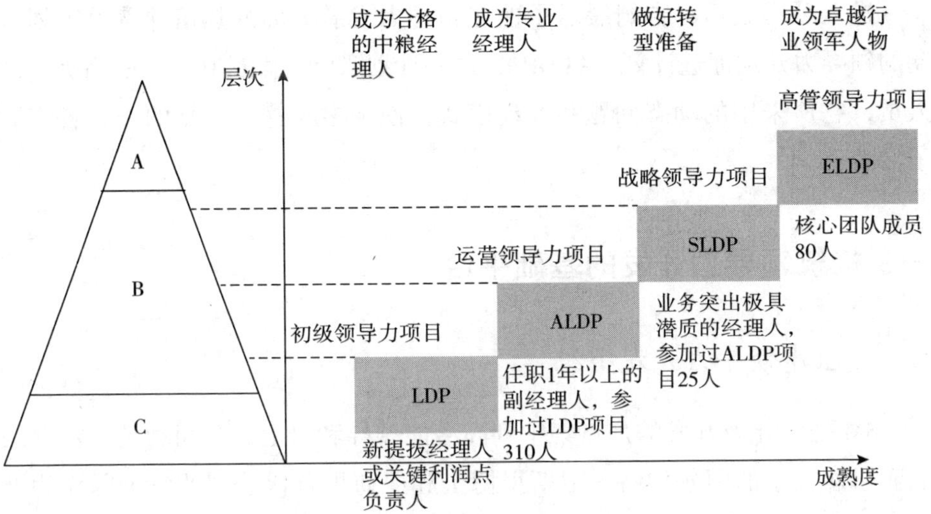

图 19-3　中粮领导力培训体系框架

书院基于业务驱动识别并确定所需能力要素，设计了 A、B 两个层级的“职能领导力模型”和“业务领导力模型”，分别针对集团职能总监、业务单元总经理、一般职能总监和一般业务经理。模型以业务驱动力和公司核心价值观为基础，以绩效为导向，关注管理者“知识”“能力”“态度”“个性”的全方位提升。

基于分层级的领导力模型，书院设计并开展了针对不同管理者的分层级领导力课程体系。该体系以“五步组合理论”为基础，通过选经理人、组建团队、制定战略、培养市场竞争力、价值创造与评估五步循环，设定三个层级（由 A 至 C，成熟度由高到低），针对四个阶段的管理者分别设计对应的课程项目。

案例分享　3M 公司的领导力开发

美国明尼苏达矿业及制造公司（3M 公司）的领导力发展，得益于吉姆·麦克纳尼的强力推动。吉姆原是通用电气总裁候选人之一，于 2000 年加入 3M 并成为首位外来董事长兼首席执行官。

进入公司之后，吉姆展示了他在领导力发展方面的热情并着手策划首期的领导力开发促进计划（ALDP），这一计划激励了学员和公司的高级管理人员，它所采用的动态问题和互动模式，使来参与这一计划的领导者充满了活力。

一、构筑领导力开发的基础平台

1. 组建领导力开发小组

3M 把领导力开发的焦点集中到高潜能领导者身上，公司聘请了宾夕法尼亚州立大学的阿尔伯特·卫斯里博士和卫斯里合伙公司的咨询师作为外部专家，加上 3M 公司的高级管理人员，以及人事部副总裁及其领导下的人力资源管理专家，共同组建了领导力开发专家小组。公司 CEO 也是小组成员，发挥领导、协调和决策作用；外部专家为领导力开发提供重要的理论基础，并为公司设计领导力开发方案；高管人员协同合作，为领导力开发提供支持和建议；公司的人力资源专家则负责具体事务的执行。

2. 成立领导力开发机构

公司将原来的研发培训中心改造为 3M 公司领导力开发中心，其目标是成为具有现代化设施的一流教学中心，成为实施领导学习和开发项目的基地。该中心距离总裁办公室只有 5 分钟，CEO 可以很方便地来这里与参与培训项目的领导人员交流沟通。

3. 确定 3M 公司的领导特征

新的 CEO 对于 3M 公司的领导者提出了新的要求：严格执行公司战略；贯彻以结果为导向的管理宗旨；建立快速反应的灵活性组织；保持对紧急事件的敏锐判断力；合理评价结果并对结果负责；充分发展企业的规模和全球业务；善于对公司资源进行统筹协调与配置；发现和奖励有潜力的领导人才；积极推进使公司获取利润的运营项目，如六西格玛、全球采购、成本控制等；能够与团队进行清晰和开诚布公的交流沟通。

在此基础上，经过充分讨论，进一步确定了一组简单、明了、实用的领导特征：有清晰的目标和发展方向；能够不断提高工作标准；能够有效激励他人；富于创新意识；接受并执行 3M 的价值观；能够促进目标达成。

二、建立领导力开发模型

在领导力开发小组召开的第一次会议上，外部专家卫斯里博士就建立领导力开发计划提出了两点要求。

①要避免陷入“项目设计陷阱”，即所设计的计划只与具体工作有关，或者就是一些具体工作，而与公司的战略没有直接联系；

②要避免“领导边缘化”倾向，一旦公司的内部领导人员被“边缘化”，讲师或培训人员就成了明星，开发方法和技术就成了主角，这样也许能够产生一些表面的短期效果，但对企业文化变革和公司业绩不会产生深远影响。

在充分讨论的基础上，3M 公司首先建立了完整的领导力开发模型，如图 19–4 所示。

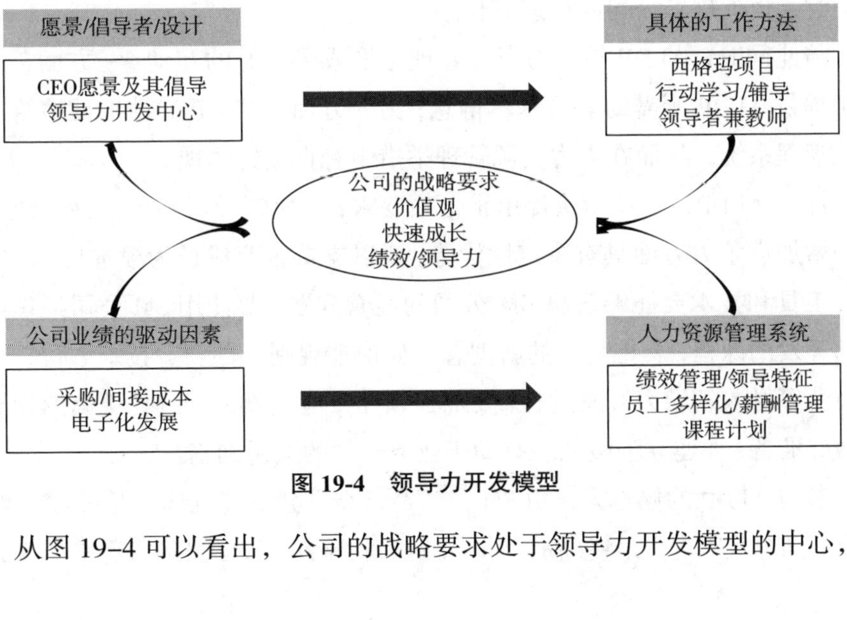

图 19-4　领导力开发模型

从图 19–4 可以看出，公司的战略要求处于领导力开发模型的中心，这些要求也是设计领导力开发计划的核心，如此，便保证了领导力开发计划能够直接与公司愿景和发展战略相联结，能够加深领导者对公司战略的理解，提高其执行公司战略的能力，有效避免了“项目设计陷阱”和“领导边缘化”倾向。

领导力开发模型由两个循环构成，上层循环从公司战略要求出发，把愿景、倡导等与领导力开发计划有关的要素及实施计划的具体工作联系起来；下层循环也是从公司战略要求出发，不同的是，这一循环会把驱动公司业绩提升的要素与人力资源管理系统联系起来。

三、实施领导力开发促进计划

3M 领导力开发小组把模型进一步具体化，并设计完成了领导力开发促进计划（ALDP）。该计划是一个促进高潜能领导者快速成长的计划，它通过一系列方法，如课堂讲授、团队工作、行动学习、六西格玛、辅导等，提升领导人员的领导技能。

ALDP 以行动学习的方式推进开展，将培训学习与公司业绩提升有机结合，使得领导力开发过程也成为了提升公司业绩的过程，领导者获得发展的同时，也促进了公司的快速成长。

与此同时，ALDP 与人力资源管理也形成了良好的互动：一方面，人力资源提供 ALDP 所需的人员基本信息；另一方面，ALDP 的结果反馈给人力资源管理系统，从而在人力资源管理举措中有直接的体现。

针对 ALDP，公司高层提出了七项要求：要使领导者在灵活性、快速变革和增加竞争力方面具有决定性优势；要以支持企业成长为根本目标；所使用的工具和技术要能够解决 3M 公司的经营问题；要使用 3M 公司经理人员自己开发的课程；要把公司的新理念，如伦理规则、创新、技术平台、全球化经营等融入领导力开发过程；要加强领导技能培养，为胜任更高的领导角色做好准备；要建立积极的、有助于业务开展的关系网络。

参与 ALDP 的候选人，由 3M 公司经营委员会负责挑选，经过 CEO 与人力资源副总裁审查，最终确定 40 名左右的领导者，以学员的身份参与 ALDP。

从实施的角度来说，ALDP 是一个连续 17 天的领导力开发计划。首先是一个为期 5 天的课堂教学，接下来是为期 10 天的行动学习，最后 2 天是听取汇报、公开讨论和深刻反思。对 ALDP 来说，“领导者兼任教师”“行动学习”“个性化学习”和“辅导”等都是决定其实施效果的关键因素。

（1）领导者兼任教师

ALDP 计划中的首个 5 天课堂教学，其讲师由外部专家和公司的高级领导人出任。3M 公司只从外部聘请少量讲师，他们的任务也只占课堂内容的一小部分，主要是与学员一起讨论所使用的材料、模型、分析工具，并就如何有效教学和陈述观点提供辅导，更像是引导师，主要让内部领导者兼任讲师。这种方式，保证了公司的高级领导人始终参与领导力开发过程，同时，完善了领导观念，磨练了领导技能。公司 CEO 以身作则，亲自参加每一堂课，向学员提问，同时也积极回答学员的提问。这也让 CEO 有机会了解公司情况、传达公司信息、阐释公司战略，并推动公司变革。

（2）行动学习

所谓行动学习，就是把公司面临的真实问题提供给学员，让他们以团队的方式进行探讨和研究，并提出他们的研究结果和行动方案。在 3M 公司，供学员研究的问题都是从高级管理者、战略规划部和其他部门收集来的真实问题，最终由 CEO 亲自挑选和确定。每次学习都会选择 3 个意义重大、让 3M 公司大伤脑筋的问题分派给 3 个大型团队，每个团队由 12 到 15 名学员组成，共同探讨并提出解决方案。当他们接到问题时，他们要在引导者的指导下把大型团队分解成较小的任务小组，每一个小组解决一个子问题。当然，他们也必须把每个小组的工作结果进行有机整合，使之成为一个条理清楚、连贯一致、逻辑完美的行动方案。

在行动学习过程中，ALDP 实际上把学员转变为了公司的内部顾问。学习结束后，每个团队都要向 CEO、季度管理会、经营委员会和提出问题的职能部门汇报他们的结果，一般都会有建议被采纳并被落实到下一步的行动中。可见，行动学习给学员提供了实践其原则、创意与想法的机会，也是他们实践领导技巧、积累领导经验、强化团队技巧的练兵场。

（3）个性化学习

每个学习者的个人需要、学习风格、个人经验、知识整合能力等各不相同，这就决定了学习者的学习方式各不相同，只有适合学习者的学习方式才是最有效的。因此，ALDP 会为领导者提供个性化的开发方法，让他们最大限度地获得与公司战略要求相一致的个性化领导经验，并逐渐增强个性化的领导能力。ALDP 会通过一系列的过程实现领导者的个性化学习：首先是初步了解学员的个性需要；接下来会为每个学员指派教练，进行一对一的会谈；个性化学习会与 5 天的课堂教学同步开展，并一直持续到行动学习结束，最后，引导者会组织团队成员之间的反馈与交流。

（4）辅导

辅导活动贯穿在 ALDP 的多个环节。

在行动学习过程中，引导者要帮助学员建立行动学习小组并提供指导，还要和他们在一起讨论各自的优势以及个人的发展问题。

在个人辅导会议中，引导者会向学员询问问题的进展情况，学员要提供反馈信息，以便在引导者的帮助下进行改进。

在过程管理中，引导者会直接参与组建和重建任务小组的过程，并监督任务小组的工作进程，确保实施过程有序进行。但是引导者不会直接参与分析问题、解决问题的过程，这是学员自己的事情。

从事辅导活动的引导者主要来自 3M 公司的职能部门，他们必须具有团队培训经验并愿意担任引导者，确保能够积极参与 ALDP 全部过程并有效开展工作。

第二十章 专业人才培养与发展

专业人才，狭义上讲，是指某些特殊的、具有一定准入门槛的岗位的从业者；广义上讲，泛指各专业领域的从业人员，不以专业要求高低为限，仅以专业领域进行区分。对于从事传统行业、具有一定经营历史的企业，会面临着人才发展与更替所带来的对于专业人才的持续需求；随着技术的进步与发展，新的专业岗位正在不断涌现，同样对人才的培养提出了新的要求。以上两方面的需求，使得处于新旧交汇之际的企业倍感专业人才的稀缺。

本章以“专业人才”为核心，对其培养特点、课程规划、培养方式等进行了全方位的说明。同时，还以华润电力和华为的专业人才培养为例，对其培养模式、培养路径、培养方案等进行了详细的介绍，希望能对各企事业单位的专业人才培养有所启发。

第一节 专业人才培养与发展

一、专业人才培养的特点

专业人才具有分布广泛、领域跨度大、与业务衔接紧密、知识迭代快等特点，由此决定了专业人才培养方案较其他群体的特点与难点。

（1）人才分布广泛，需要采取集中培养与分布培养相结合的培养方式

专业人才分布在企业的多个部门和单位，包括职能部门、业务部门和一线运作部门，由此导致培养工作中容易出现两个极端，一种是将人才全部集中到企业平台进行整体培训，一种则是完全下放到部门或业务单位各自组织。这两种方式在一定条件下也会适用于某些企业，但对于大部分企业而言，专业人才的培养需要在收放上进行审慎设计。相对稳妥的方式是由企业平台进行统筹安排，包括：培养对象、培养内容、培养方式、培养周期等，但具体执行仍需借助于各部门或单位的力量，包括：在专业领域内挑选内部讲师，由各部门 / 单位组织实施在岗带训等。

（2）专业领域跨度大，人才分布不均衡，需要更为灵活多样的组合培养方式

专业人才不仅分布广泛，且不同专业领域的人才知识结构差异较大，加之人才分布不均衡，往往业务部门 / 一线部门的人才相对集中，可能一个岗位就集中了几十、上百甚至上千位任职者；与之相反，职能部门一个岗位也许只有三五位任职者。领域跨度大、人才分布不均衡决定了不可能采取唯一一种培养方式，而是需要综合考虑可操作性与成本效益，因此，往往会面向不同的岗位或序列提供多种灵活多样的培养模式，比如：在线学习、导师制、轮岗、集中授课、外派学习，等等。

（3）知识迭代速度快，新专业 / 跨专业岗位增加，需要具备持续、快速的应用课程开发与人才培养能力

随着商业模式的演变与技术的更新迭代，新岗位及跨专业的岗位出现。以 IT 技术专业人才中的软件开发人才为例，目前开发人才就已经被细分成了几十种不同的岗位，且相互之间的关联和层级相当复杂。只一个“软件工程师”的岗位，与之并列的 IT 技术人员，在一个规模较大的企业中就可能有十几种之多，且分布在不同的业务单元、业务部门或团队中。除此之外，大数据工程师、云计算工程师、AI 与数据算法工程师等新岗位的出现，对任职者的要求更加综合，除了掌握多个领域的专业知识之外，还需要掌握基于业务场景的一系列行业知识。对于这类岗位培养课程的设计，较少有成熟的课程体系，而是需要根据任职要

求重新进行梳理，包括：建立技能图谱、绘制学习地图、匹配相关课程，等等。

（4）与业务高度关联，需要在培训内容设计与实施的过程中调动更多的内部专家资源

专业人才的“专业”往往是基于业务的，因此，对于专业人才培养体系的设计需要更多考虑与业务的衔接。大部分企业的人力资源管理者并非业务出身，在专业人才培养方案的设计与实施中，需要充分调动和发挥各专业领域管理者与优秀人才的力量，包括：在课程设计之初，充分调研与研讨，邀请各专业部门的人员参加，深入业务采集更加切合业务场景的培养需求；在课程规划设计过程中，积极地组织各专业领域的专家贡献意见；在师资配置与培训实施过程中，推动内部专业讲师队伍的建设，进而弥补外部培训人员对业务了解不足的短板。

二、专业人才培养的三大基础

专业人才分布在企业的各个部门，大多从事着某一专业领域的工作，通过自身的专业知识、技能或经验，为企业创造价值，其中既包括具有较高专业准入门槛的研发、技术、生产、质量、工艺等通常意义上的“专业人才”，也包括过去被视为职能服务部门的专业管理人员，如审计、法务、投资、人力资源管理等，随着企业管理水平的逐步提高，对上述人员的专业化水平也提出了越来越高的要求。

岗位序列划分、任职资格标准与能力素质模型是专业人才培养的三大基础。

（1）岗位序列划分

岗位序列划分，是对人才进行分类管理，不同序列创造的价值不同，创造价值的方式不同，所使用的知识、应具备的能力也存在差异。即便是同一序列，在不同层级上也存在着差异。因此，对于专业人才的培养，应根据各序列的特点、有针对性地进行课程的配置与培养方式的选择。

有关于岗位序列划分的方法，可参照第七章的相关内容。

（2）任职资格标准

任职资格标准，对各序列不同层级的任职者进行了画像，明确了各序列不同层级所需具备的知识、技能、素质及工具方法，以及上述要素的对应程度，根据上述要求可以梳理形成不同序列的技术或知识图谱，同时，把握不同层级之间的能力差距，形成有梯度的学习地图，在此基础上完成培养方案设计，自然水到渠成。

（3）能力素质模型

能力素质模型，侧重于对特定人员能力素质的画像。与任职资格相比，能力素质模型更强调针对特定人群，如管理者、领导者，通过对特定人群从业者中绩优与绩劣者能力素质差异的比较，找到胜任某些特定岗位所需的能力素质，并通过建立能力素质开发的工具与方法，提高专业技术人才在能力素质方面的水平，满足岗位的需要。

三、专业人才培养的课程规划

专业人才课程规划可分为以下两种模式。

（1）基于岗位族的培训课程设计

该模式适用于某一序列的不同等级之间任职要求差别不大、只是熟练程度存在差异的情形。

比如，某企业的某专业岗位，随着岗位等级的上升，只是对熟练程度的要求发生了变化，对创新的要求不大，岗位职责要求在专业层面几乎没有改变，只是附加了部分管理职能。在这样的前提下，可以就该序列打造一套专业学习内容，包括知识点以及相应的课程设置，只是到一定的职位层级及以上（通常是承担管理责任的职级），补充适当的管理知识及配套课程即可。

按照这一方法，可以将其他有类似特点的岗位序列进行同样的开发，最后形成企业的专业人才学习地图及课程规划，为了在呈现方式上更加简洁，可以将管理职级的相关课程统一单列，这样就保证了各序列课程在专业规划上的统一性。

（2）基于成长阶梯的培训课程设计

该模式适用于某一序列不同等级之间的要求差别较大，不只是熟练程度的不同，而是不同等级之间岗位职责的差异，这时，就需要按照不同层级的任职条件和要求进行学习地图的梳理和绘制，在此基础上再进行不同层级配套课程的规划。当然，在实际操作中，这一过程的耗时会更长，对设计者的专业要求会更高，需要专业人员参与的程度会更加广泛和深入。

案例20-1 **PHP工程师培训课程规划**

随着信息技术开发领域对人才需求的日益增大，对于这类人才的培养也在不断细化和成熟。以下以行业广泛需求的PHP开发工程师的课程规划为例，具体展示专业技术人才的课程如何进行规划与开发。

首先，根据PHP开发的主要工作内容，梳理相应的技术图谱，也就是所应具备的知识和技术。

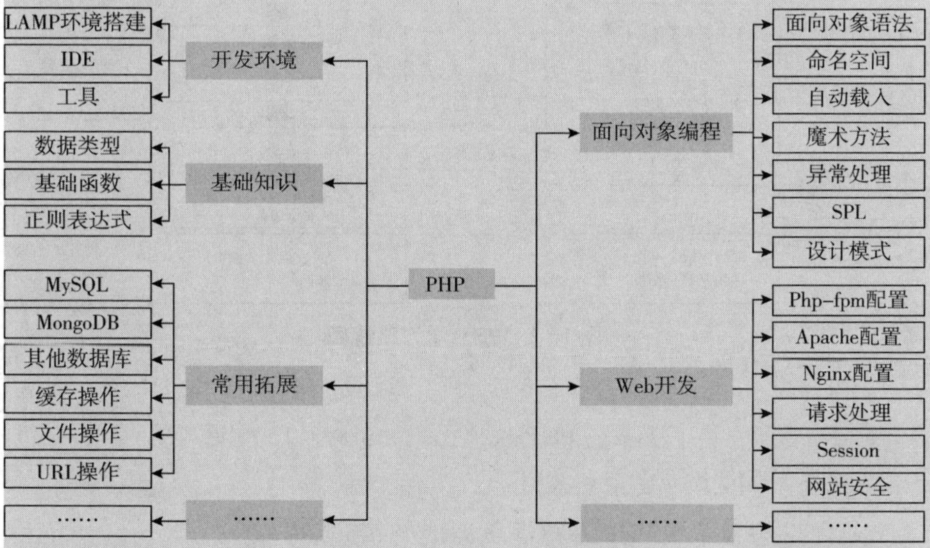

图 20-1　PHP 技术图谱

在此基础上，按照岗位进阶阶梯对知识掌握程度进行标识，将PHP不同“段位”所应掌握的知识、技能及要求进行描绘，形成PHP学习路线图。

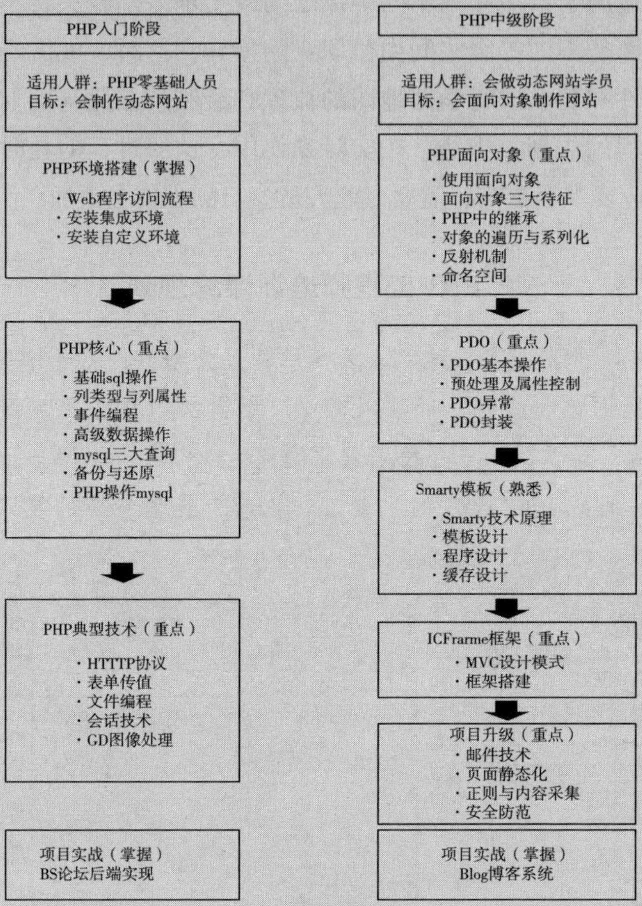

图 20-2　PHP 学习路线图

根据学习地图设计、匹配各阶段学习课程，如下所示。

第一阶段：入门篇——PHP 快速上手（3 周、130+ 课时）

课程 1：PHP 开发基础入门

目的：全面掌握 PHP 基础语法及开发必备基础知识。

内容：PHP 概述、基本语法、操作符与控制结构、数学运算、数组、目录和文件、自定义函数字符串处理、表单与验证、会话控制、上传文件、处理图像。

课程 2：PHP 操作 MySQL 数据库入门

目的：掌握 MySQL 核心技能点

内容：MySQL 数据库，PHP 操作 MySQL；MySQL DML 特性高级用法，MySQL 内置函数；MySQL 中的存储过程、触发器高级应用（选修），MySQL 中索引的使用（选修）；MySQL 备份和还原操作（选修）。

实训 & 测试：基于 PHP&MySQL 技术下的多用户留言板系统 / 阶段一测试。

第二阶段：进阶篇——PHP 新手进阶（4 周，130 课时）

课程 1：PHP 面向对象编程

目的：全面掌握面向对象的核心思想。

内容：面向对象基础、面向对象特性、使用 OOP 注册会员、类和对象、封装、继承、多态

课程 2：PHP 的数据持久化与自定义模块高级应用

目的：熟练使用 PHP 操作各种数据文件。

内容：PHP 创建与解析 XML，使用 MySQL 操作数据库，创建 TPL 自定义模板等。

实训 & 测试：利用 PHP 技术快速搭建 CMS 内容管理系统 / 阶段二测试。

第三阶段：高级篇——PHP 高手修炼（5 周，130+ 课时）

课程 1：Smarty 模板引擎快速上手

目的：数量使用 Smarty 模板引擎。

内容：引擎介绍、使用 Smarty、分配变量、自定义函数、变量调节器、缓存机制、错误与异常处理。

课程 2：PHP 下的统一数据访问接口 -PDO

目的：会使用 PDO 数据访问接口。

内容：PDO 链接数据库、数据库操作、准备语句及事务等。

课程 3：精通 PHP 设计模式

目的：熟悉 23 种设计模式中常用的集中设计模板。

内容：面向对象及面向过程、职责内聚耦合、用例图类时序图、泛

化实现聚合组合依赖、策略模式、单例模式、简单工厂模式、工厂方法模式、抽象工厂模式、原型模式、组合模式、装饰模式、外观模式、解释器模式、策略模式回顾、观察者模式、访问者模式、命令模式。

实训 & 测试：基于 PHPShopEx 框架的大型在线商城系统 / 阶段三测试。

第四阶段：框架篇——PHP 企业级框架（3 周，120 课时）

课程 1：基于 PHP5.x 版本下的 ThinkPHP 框架从入门到精通

目的：熟练使用 ThinkPHP 框架。

内容：配置格式、配置加载、读取配置、多层 MVC、路由、控制器、模型、缓存、扩展等。

课程 2：MySQL 高级进阶

目的：掌握 MySQL 的优化技巧。

内容：MySQL 服务器和服务器启动脚本，MySQL 实例管理器，MySQL 设计局限与折中，MySQL 基准套件，SELECT 查询的速度，索引合并优化，MySQL 如何优化 IS NULL，MySQL 如何优化 DISTINCT，MySQL 如何优化 ORDER BY，如何避免表扫描，系统因素和启动参数的调节

实训 & 测试：基于 ThinkPHP 框架下的微博系统全程实录 / 阶段四测试。

第五阶段：企业级前沿技术课（4 周，根据需要安排）

课程 1：HTML XHTMLCS3.JavaScrip 网页制作从入门到精髓

课程 2：PHP 开发漏洞及运维安全（SQL 注入、XSS，csrf 攻击，文件与服务器安全等）

课程 3：基于 Bootstrap+jQuery+Thinkphp+Mongodb 实战开发社区交流网站平台

课程 4：基于 PHP 实现微信公众平台消息接口应用开发（文本应用、地理位置、订餐系统）

课程 5：基本 PHP 实战 ThinkSNS V3 二次开发（系统架构、网站定制化开发问答系统开发）

课程 6：月薪两万 phper 求职技能（需求分析、面试技巧、简历书写、必备技能）

实训 & 测试：网上书店网上设计 / 阶段五测试。

四、专业人才培养方式（以华为和耐世特为例）

如上文所述，专业人才的特殊性决定了人才的培养方式也必须是多样化和具有灵活性的，不可能采取唯一方式，而是需要综合考虑实施的可操作性与成本效益，往往会面向不同岗位或序列提供多种灵活多样的培养模式，比如：在线学习、导师制、轮岗、集中授课、外派学习，等等。

以下以华为与耐世特系统（苏州）等企业的专业人才培养方案为例，进行介绍与分享。

华为的“解决方案人才”是为业务前端提供资源和炮火的专业化人才，在解决方案人才的培养中，华为采取了“训战结合”的培养模式，成功培养与输出了成批次的优秀解决方案专家与主管，进而有力支撑了公司整体解决方案销售能力的稳定与提升。

对于“解决方案人才”的培养，华为采取课堂教学与行动实践相结合的模式，培养周期是 2 周 +6 个月。

①课堂集训：前 2 周的集训在华为总部进行，实施的课程按照一线作战场景进行设计，且要求每位学员带着重点案例入营。集训期间，在复盘一线经典案例的同时，通过对抗演练、角色互换、专家点评等方式，在真枪实弹的环境里帮助学员提升市场洞察能力、客户共情能力、解决方案设计能力及新产品推广能力等。

②行动实践：后 6 个月的实战在一线工作场景中完成。通过集训营的实战演练后，学员进入一线作战营，把在集训营掌握的关键动作应用到一线实战项目。依据一线业务作战地图，带着集训营已制定好的作战计划，参战一线项目。期间，委派的营长会在实战中全程给予学员适时辅导，巩固集训期间的作战打法，优化与客户沟通的方式，提高一线作战能力，全力支撑一线销售实现持续、有效的增长。

耐世特曾为美国通用汽车全资子公司，是一家集研发、制造、销售于一体的全球化集团公司。耐世特系统（苏州）公司非常注重精益管理及相关人才的培养，并将 S-OJT 的培训模式贯穿于公司精益学习的整个过程。

以 S–OJT 在现场改善活动（SKB）的标准化作业培训中的运用为例，介绍相关的培训设计和实施过程，该培训分为前期准备、培训设计、培训实施三个阶段。

前期准备，主要包括：培养目标的确定，具体培训需求的分析，以及选拔和培训 S–OJT 老师。其中，培训需求包含了所要解决的具体任务需求、培训对象的成长需求，以及企业本身的需求。培训老师的组成：一是懂得 S–OJT 培训模式的精益工程师；二是标准化操作有丰富实现经验的作业员；三是人事培训人员来指导整个培训过程。

培训设计，主要是根据需求对 S–OJT 的标准化培训模块进行设计，如表 20–1 所示。

表 20-1　S-OJT 的标准化培训的模块

组成部分	说明
名称	S–OJT 的小工件标准作业培训
培训理由	向学员说明如何利用标准作业培训中学到的知识和技能及这些信息对个人职业生涯发展及组织目标实现精益生产的意义。
培训目标	向学员说明培训结束后应当掌握的知识和技能，也就是标准化作业的精益生产知识和具体的小工件标准作业的要求。
学员条件	学员在进行学习前必须具备的知识、技能和态度，如基本的小工件的操作能力和渴望学习精益生产知识的态度。
培训资源	培训教师应当在培训前收集好的培训需要准备的各种数据、工具和指导材料，如培训教师会准备好 LEGO 积木，小工件的零件等。
培训内存	根据上一步的工作分析，培训内容主要分为两部分：一、LeGO Stimulation 游戏体验，从中学习标准作业的相关概念。二、学习标准作业在小工件中的运用。
培训活动	根据工作内容培训活动将分为两大步：一、体验式（教室游戏）；二、实地培训（现场操作）。
成绩与反馈	培训结束后培训教师通过对学员的评价和学员的自我汇报了解学员是否掌握了这次培训的内容，并提供汇总的反馈信息，说明是否实现了解精益生产中标准作业的概念并能够进行小工件标准作业的培训目标。

培训实施，是在上一步设计的基础上的组织实施。首先，培训老师会让学员们开展一次《乐高标准化游戏体验》，并记录下学员体验的相关数据，从而了解节拍时间，使得操作处于适当的工作负荷；固化顺序，使得操作者每段时间做相同的事；在制品库存管理标准化，没有等待的浪费。

随后，培训老师会从活动中总结出标准作业的重要性，以及与其相关联的概念，同时演示标准操作过程。最后，培训老师会要求学员进行分享，就其所掌握的知识、所受的触动，结合平时的工作体验进行交流，老师就培训实施效果与学员表现进行点评。

第二节　案例分享一：华润电力国际化人才培养

华润电力控股有限公司（以下简称“华润电力”）成立于2001年8月，业态涉及火电、风电、光伏、水电、分布式能源、售电、煤炭等领域。“十三五”战略规划中，华润集团提出以“全球化”为翼，积极拓展国际业务，发挥资产识别与运营能力强的核心优势，走出去实现可持续发展。基于此，华润电力提出了国际化人才培养的“十三五计划”，要求在三年内培养国际化专业人才、职能人才和海外代表（即项目开发和管理人才）100名。

2015年起，华润大学正式启动国际化人才培养项目，此项目中所应用的人才培养6P模型，是一套从战略出发、系统开展专业化人才培养的行之有效的工具和方法论，有效助推了华润电力国际化战略的实现。

一、PATTERN：把战略需求解码为国际化人才模型

经过与华润大学、战略部、国际部的多方研讨，参考部分企业海外业务成功的经验，华润电力认为：国际化战略的实现，需要组织具备战略研究、资源获取、运营管理、资本运作和风险防范五大能力；以此类推，国际

化人才也应相应具备战略解读、市场开拓、海外工程、资本管理与风险处理五个方面的个人“硬实力”；除此之外，由于海外工作的特殊性，在这五项“硬实力”之外，他们还需要两项“软实力”的支撑，即语言能力，文化适应能力。

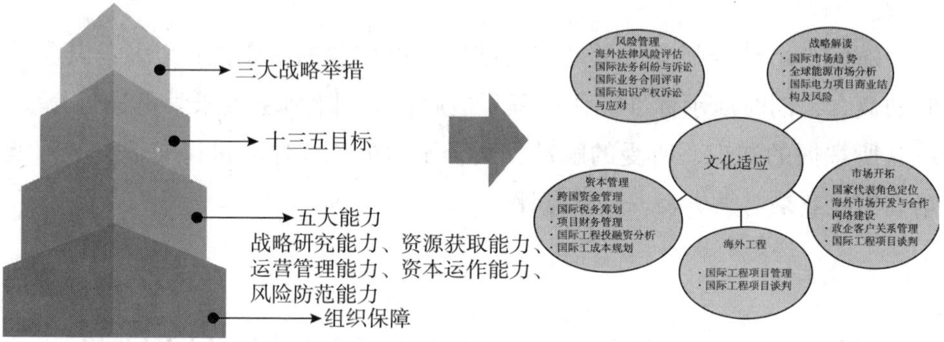

图 20-3　战略解码转化为人才模型

二、MAP：多方协作绘制国际化人才地图

在确定了人才模型后，华润电力进一步将人才需求具体化，明确了国际化战略实现急需的三个岗位。

①海外业务代表。派遣海外，主要负责项目开发、建设和运营，与当地政府与企业直接沟通协调。该类人才的培养偏重项目开发、英语交流和文化适应，由于海外项目开发与国内差别迥异，所以此类人才培养难度较大。

②专业技术人才。辅导海外当地员工掌握运营与建设技术，或短期派往海外指导工作。该类人才主要负责技术辅导和短期交流，培养内容偏重英文交流、专业知识以及海外市场状况。

③专业支援人才。在国内处理相关商务、法律、财务、人力资源、运营与建设的海外事务，支持海外业务。该类人才有一定的专业基础，在国际化工作中要阅读和编写大量外文资料，培养内容偏重于海外政策的掌握和英文读写能力。

三类人才在候选人来源、知识结构、培养周期、评价方式上各不相同，这就要求学院一方面要协调人才所在单位，一方面要沟通内外部培养资源，建立内外部师资与导师力量，结合理论、案例、实践分享、在岗培训，通过面授、微课、考试、答辩等多种方式，同时全面推进培养体系的建立。

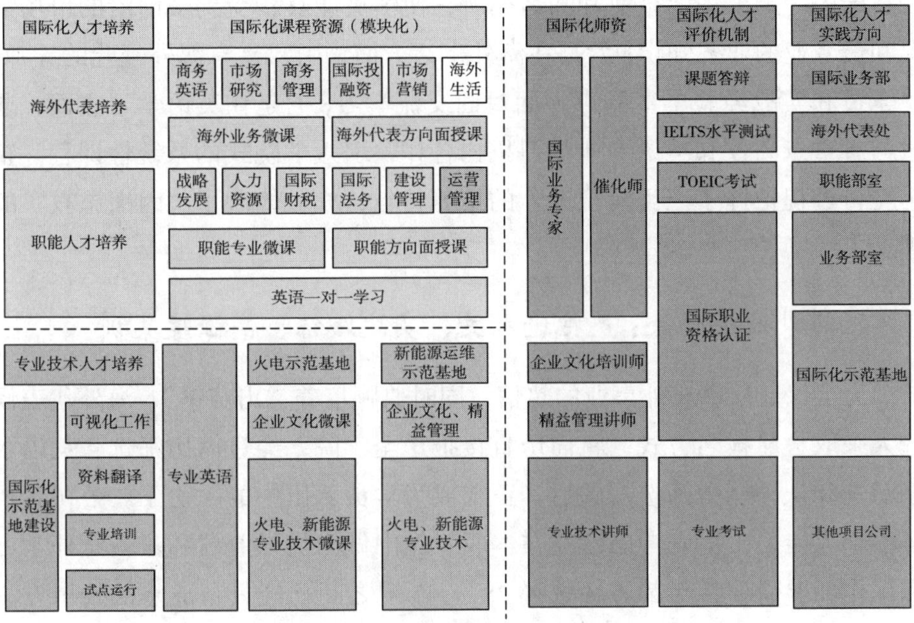

图 20-4 华润电力国际化人才培养体系

三、PROGRAM：共享资源、多方交付学习项目

在培训交付的过程中，各类学员的学习过程都存在着一定的困难。例如，海外业务代表需要有志于海外事业、充满战斗热情的好苗子，但他们不一定能够具备海外工作的心理素质，不一定能适应海外环境；专业支援人才需要各专业部室的业务骨干，但他们通常在各单位挑大梁，学习时间受限；专业技术人才往往是各电厂的骨干，无法从本职工作中抽身，执行对海外当地人员集中指导的任务。

最终，经多方研讨，学院做出了七项决定：一是针对三类学员采取不同的交付方式：二是海外业务代表和专业支援人才的培养，采取长期与短期培养相结合的方式实现；三是专业技术人才的培养，通过建设国际化示范基地来实现；四是在课程设计和讲师选择上，不同类别课程各有侧重；五是在市场开拓、海外工程、资本管理和风险控制等领域，通过引入国内双一流高校、国内“走出去”企业和知名律所，使学员能够接受到最前沿的市场情况和最专业的业务知识；六是在海外生活方面，引入富有海外经验的导师，使学员和实战经验丰富的讲师面对面交流学习；七是在英语学习方面，通过与省重点高校和英语专业学习机构合作，引入学院式的系统性课程。整个交付过程把握了三类岗位人才的培养特点，充分体现了“因岗施教”的理念。

1. 海外业务代表：严把进人关、实战演练、高强度集训

为了保证从事海外事业的热情，同时兼顾培养“出苗率”，海外代表候选人采取自愿报名方式，将简历直接报送至学院，经过简历筛选、英语水平筛选和认知能力筛选三关后，正式成为学员队伍中的一份子。公司着重考察个人能力，优先考虑已经在本职工作中做出优异业绩和具备海外学习和工作经验者，在年龄方面选择 28 ~ 45 岁之间已经具备成熟的处事方法和经验的员工；英语水平的摸底，则通过邀请重点高校英语学院的资深教师对报名者进行雅思水平的英语测试，考察其流利度、词汇、语法、发音四个方面，保证学员具备基础的英语水平。

在学习阶段，海外业务代表的一线工作特点决定其培养阶段的课程就必须具有实战性，集中式的脱产培训最为合适。利用华润大学优质的软硬件资源，每一期海外代表集中接受高强度的国际业务知识和海外生活知识，就连商务英语课程也是全英教学，培训课程包含商务英文、商务管理、市场研究、国际投融资、客户营销与海外生活等六个模块，安排紧凑，内容丰富（如图 20-5）。

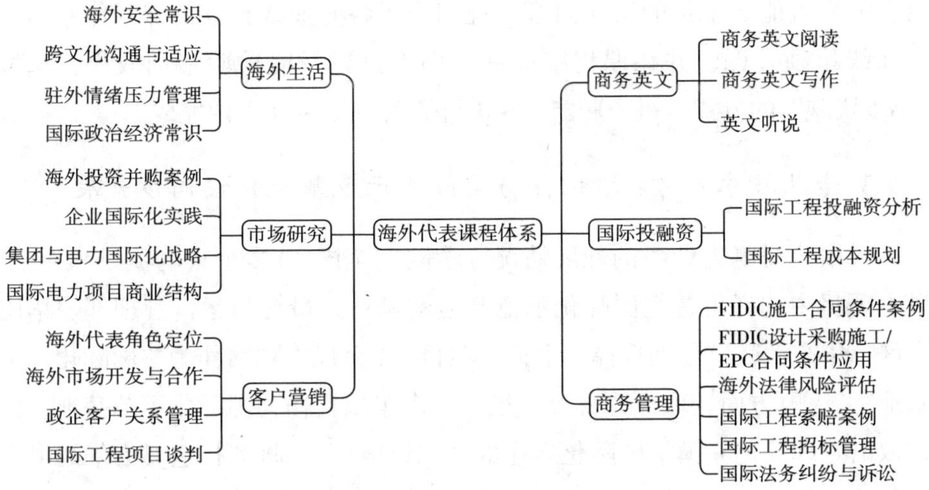

图 20-5 海外代表课程体系

2. 专业支援人才：集中学专业，分散学英文

根据专业支援（职能）学员的来源，将该方向人才培养模块也分为战略、建设、运营、财务、法务和人力资源六个模块（如图 20–6）。这部分学员的英语学习则采用“分散学习 + 统一测试”方式进行，根据学员水平和时间按需选择线上 + 线下的灵活学习方式，学习结束后统一测试。

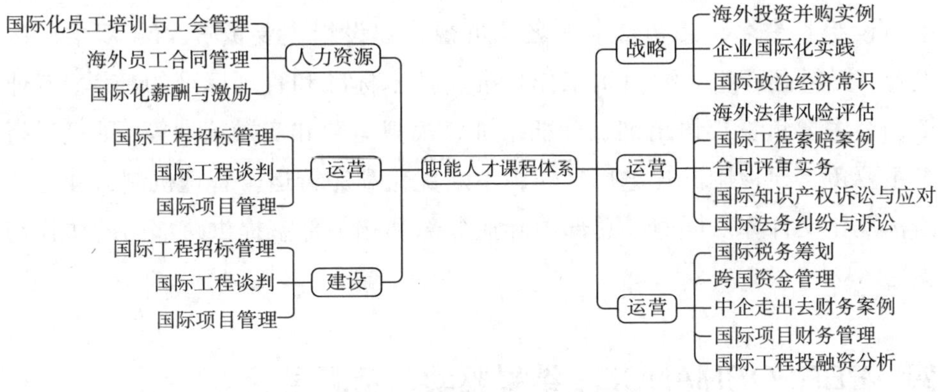

图 20-6 职能人才课程体系

这六个模块的课程彼此间界限明显且专业性很高，因此，在课程设计上专门对这几个职能方向进行了调研，根据职能部门经理和专家的意见，

结合未来可能要承担的工作内容，规划出了各专业线独立的课程体系。各专业线单独开课，并在课程结束后立即考试以及时检验培训效果，采取“小步快跑”的方式，每个职能模块的课程都在 2 ~ 4 天内完成。

3. 专业技术人才：培训，与国际化示范基地建设同步开展

根据公司电力业务的开展情况，学院在全国 30 多个火电项目和 60 个风电项目中选择可建立国际化示范基地的场所，最终与运营管理部、华南大区、华东大区，分别选择 1 个火电项目、1 个风电项目作为“国际化示范基地”。火电方面选取优秀百万机组——海丰项目作为国际化示范基地，推行双语管理，建立模拟国际化运作的“双语电厂”，将其打造成为华润电力国际交流的窗口和国际化运营管理人才的培养基地；风电方面，选取具有标杆风场成绩的平度隆鑫风电场作为新能源运维国际化示范基地，建立国际化运维人才认证平台、模拟演练平台和运维支持服务平台，以培养一支具备英语能力的国际化专业人才队伍，一套符合国际标准的风电运维体系和服务项目。

在实施开展过程中，两个示范基地的建设都以项目团队搭建为始，分别成立了领导小组和推进小组统筹工作，并组建了以小组形式工作的“可视化建设组”“资料翻译组”“专业培训组”和“试点运行组”，每个小组设组长一名，组员 2 ~ 3 名。可视化建设组主要负责 VI、双语厂区设计；资料翻译组主要负责工作标准、技术标准和管理标准的翻译；专业培训组主要负责英语培训、标准培训、模拟运营和实操培训等；试点运行组主要负责模拟国际化电厂运作，不断优化和完善运营管理机制，建立双语标准化文件库。同时，总部国际业务部和相关部室提供跨部门的协作与支持。

四、PERFORMANCE：结果驱动、精彩呈现

借助华润集团在行动学习方面丰富的经验积累，此次培养将实际业务中存在的挑战和问题引入培训作为研讨课题，同时，为学员配置了海外业

务专家和催化师，从两个角度辅导学员完成课题。海外业务专家主要为学员提供专业指导和课题辅导；催化师则通过行动学习工具帮助学员达成培养过程中的特定目标。以第二期海外代表班为例，30 名学员在结业时需要两两结对完成课题答辩，从课题敲定到现场答辩只有两周的准备时间。在这段时间里，海外业务专家会在选课题、审内容、预答辩三个关键节点为学员提供辅导，帮助学员选择适合自身的课题方向，保证课题内容不跑偏、无纰漏。催化师则会在业务专家辅导前后的每个阶段协助学员开展分组讨论和实践，从如何寻找并分析数据、梳理逻辑、精准演绎等方面为学员提供不少于 6 次的指导，帮助学员在课题答辩中完美发挥。

英文宣讲是海外代表的一项基本能力，因此，在培养过程中学员被要求模拟商务环境做英文交流和英文课题答辩展示。学员们通过小组间英语 APP 打卡 PK 和 Talkshow 演绎，在不知不觉中变得敢说、会说。商务英语听、说、读、写四个模块的商务英语课程贯穿整个项目全程，让学员的培养全过程都浸泡在英语语境中。通过 1 个月的磨炼，学员已能够在结业答辩中使用英文流利地与评委互动。

在完成培养后，学员或加入国际业务部，或在其他业务单元支撑海外业务，他们的课题和研讨成果也会一并带入并应用在不同的工作场景中。比如第一期学员中的《国际化人员薪酬福利体系设计》，经过多次论证和修改，已正式发布成为公司国际业务人员的薪酬福利指引。再比如，研究肯尼亚、孟加拉、印尼等不同海外区域市场分析和用工环境的课题，也成为在这些国家和地区拓展项目之前的第一手宝贵资料。

五、PRACTICE：岗位实践，检验效果

华润电力作为集团首个开展国际化人才培养项目的利润中心，获得了集团和其他单位的大力支持，同时也输出了一系列人才，成为华润电力培养体系下输出的第一批国际化人才。

在国内，学员们带着国际化思维和标准重新打造岗位流程和技术规范；在海外，第一批学员经过一年的锻炼，带着实践经验和亲身体会以讲

师的身份出现在下一批培养项目中，每一批国际化培养项目学员都以种子的角色发挥影响。同时，示范基地也成为华润电力培养国际化专业人才的物理载体，在一定程度上保证了人才培养与技术进步方向上的统一。

六、PROGRESS：复盘迭代，持续进步

经过两期培养项目，共积累了1189份教材，涵盖战略及市场研究、国际工程、国际投融资、商务管理、国际财税、国际法务、国际人力资源管理、海外生活、商务与通用英语等九个大类。通过课题辅导，学员们完成了共计67篇全英文的课题答辩材料，涵盖了市场研究、投资分析、商务管理、项目开发和海外人力、财务管理等门类，其中多份课题的成果已经转化到国际业务的实际工作中。经过进一步的知识沉淀，上述课程都会以面授课程、微课或其他形式，转化为整个组织的共享财富。

行动学习推动课题落地。学员们的课题答辩是培养项目的重头戏，学员在此之前几乎没有碰触过国际化业务，不仅在全英答辩上存在困难，在题目选择和数据收集上更是有大量疑点需要辅导。学员们在专家和催化师的耐心辅导下，成功完成了32篇国际业务相关课题。这些课题从诞生到应用的全过程都被完整记录下来，成为成果迭代的方法论和工具。

场景化学习加深效果。除了日常课程讲授外，利用华润大学APP开展国际化微课学习，并为职能人才订制3个月的一对一英语学习。国际化示范电厂也通过双语仿真平台、全英展示通道建设等给予学员充分锻炼的机会。微课、英语学习、示范基地建设，这些场景化的培养手段能够持续运行，即使在学员已经奔赴各地开展工作的情况下，依然能够帮助他们巩固所学，不断提升国际化视野与相关专业能力。

创建品牌，创新形式。学院作为项目主导和设计者，通过三年的摸索和实践，在集团内部打造出了“国际化电力人才培养”的品牌，并围绕品牌创建，不断创新培养形式。以项目二期为例，除了学员队伍的扩充之外，在课程设计上也做了大胆的突破。海外代表课程聚焦在国际商务、市场研究、客户营销和海外生活方面，时长达到168小时，在英语学习方面也以

商务场景英文教学为主，配合英文 Talkshow、每日 APP 打卡和英文课程答辩等，帮助学员顺畅交流；而专业支援人才课程则按专业不同各有侧重，总课程时长 150 小时，职能方向学员和海外代表方向学员在两个地点同期开班，时间跨度均为 1 个月左右；期间，还为两个方向的学员开设了 72 个小时的合并大课，让大家有机会充分互动和交流。

国际化，是华润电力转型的标志，国际化人才培养体系建设和项目落地也就当然成为企业人才发展转型中的关键事件，无论两百多名国际化人才的种子效应，还是两个国际化示范基地的标杆效应，都在华润电力公司内部乃至行业产生了广泛的影响。

第三节　案例分享二：华为项目 HRBP 人才培养

2008 年起，华为首次在研发体系试行 HRBP 模式，将 HR 人员推到一线，以更好地理解业务需求，提供有针对性的人才解决方案，更好地支撑业务的发展。为了达成这一目标，华为在 HRBP 培养方面有相对完善的计划，在此，以华为项目 HRBP 的培养为例进行介绍并分享经验。

一、项目 HRBP 的产生

华为的业务运营以项目制为基本模式，优秀的项目管理能力是华为的一大核心竞争力，项目 HRBP 的设立源于项目运营的现实需要。在项目 HRBP 培训启动之前，HRBP 训战项目组曾访谈过 20 多位项目一线的中高层管理人员，他们所提出的问题，充分反映了建立和充实项目 HRBP 队伍的必要性和紧迫性：“HR 在前期项目组建时就应介入，他不仅仅是 HR，还应当往前走一步，要懂业务流程和项目管理。”“为项目组招聘到合适的人，HRBP 需要了解项目和业务。”

“当前，我们在项目资源使用上存在浪费，人员使用缺乏规划，没有从盈利角度考虑结构、成本，没有及时释放资源，有些项目投标结束了，因为领导不放心，要等标后彻底澄清客户需求才放人，一留就是半个月。”“目前有不少人在项目里打酱油，需要识别出来。”“项目奖评定时项目经理一个人说了算，拍脑袋，缺乏相应的标准和透明度。”

以上问题都在指向项目管理中“人”的管理问题，正是在这一背景下，项目 HRBP 应运而生：2014 年，华为决定将 HRBP 嵌入到各个项目团队中，遵循“训战结合，循环赋能”的理念，逐步搭建相对完善的项目 HRBP 体系。

二、项目 HRBP 的角色定位

华为对项目 HRBP 的培养遵循“角色定位—多维胜任—人才培养”的思路展开。首先，清晰界定 HRBP 的角色；其次，根据所界定的角色，分析项目 HRBP 的胜任能力，以此为据开展具体的人才培养工作。

综合考虑组织战略要求、已有 HRBP 理论模型（华为 HRBP 模型 V-CROSS：战略伙伴、HR 解决方案集成者、HR 流程运行者、关系管理者、变革推动者、核心价值观传承者）和项目管理的现实挑战，经团队研讨和专家论证，初步建立了华为项目 HRBP 的能力模型，如表 20-2 所示。

表 20-2　　华为项目 HRBP 的能力模型

维度	子项	行为描述
业务能力	业务战略解读能力	理解公司所处的商业环境及对公司业务的影响，并能正确解读公司的业务战略
	HR 战略思维能力与连接能力	根据业务战略制定出有针对性的 HR 战略，并将业务问题与 HR 实践紧密结合，推动实现业务战略和年度业务计划
HR 专业能力	人力资源政策理解能力	理解公司的人力资源政策、理念
	人力资源管理技能	具备人才管理（HR 的选育用留）和组织管理（组织设计、组织有效性提升）等方面的 HR 专业技能
管理能力	项目管理能力	定义项目目标，协调项目团队资源，分配有效任务，协助监控项目进度、质量和预算，确保项目目标的达成
	团队管理能力	激励与发展团队，激发团队斗志，发挥成员优势，形成团队合力

续表

维度	子项	行为描述
文化能力	核心价值观传递能力	保证公司核心价值观向项目团队成员的有效宣传与传递

华为据此于2014年陆续开展项目HRBP的培养实践项目，并逐渐形成体系。

三、项目HRBP的培养方案

华为项目HRBP培养工作，分为自主学习、赋能培训、在岗实战三个阶段展开。

三个阶段的培训项目，全面覆盖了以上四个方面的能力要求，共同组成了项目HRBP培养的整体系统。

1.自主学习阶段

项目HRBP后备队伍主要来自新入职员工和内部转岗人员，自主学习的“应知应会”内容，主要解决新上岗项目HRBP的角色认知不清、HR基础知识薄弱等问题。在训战培养开始之前，公司为新上岗的项目HRBP提供了详细的自主学习路径，学员可借助E-learning平台自主完成基础知识的学习，具体包括如下四个方面的内容（见表20-3）。

表20-3　基础学习的四个维度

维度	概述
HRBP岗位要求	学习《胡总与HRBP部长座谈》等与HRBP有关的内部讲话纪要，自学《HRBP工作手册》中角色认知部分，理解华为公司HRBP角色模型
华为HRM理念与政策	学习人力资源各项发文与规定，自行研读华为高级干部研讨的教材《人力资源管理理念》，领悟华为人力资源哲学精髓
HR专业基础知识	学习由公司内部专家主讲的各个模块基础知识网课，了解公司HR流程构架，参加公司HRBP基础知识考试
常用工具和优秀实践案例	学习成为业务部门战略伙伴所需要的BLM方法论，学习HR解决方案的资料信息，学习HRBP的实践案例

2. 赋能培训阶段

新上岗 HRBP 在完成课前学习与相关考试之后，开始正式进入华为大学和干部部联合组织的“训战培养环节”。

“训”阶段由华为大学负责，学员需要在华为大学完成“企业文化与价值观培训班”“HRBP 赋能班”“C8 项目管理资源池作训班”这三个培训班的学习。

（1）企业文化与价值观培训

企业文化与价值观培训班隶属于华为大学教育学院新员工与企业文化培训系。新上岗的 HRBP 若是公司内部员工，可以选择性旁听企业文化培训的部分课程；若是新入职员工，则必须全程参与为期 4 天的新员工企业文化培训。

企业文化培训的内容主要包括：任正非讲话之《致新员工书》、华为公司介绍、华为核心价值观、人力资源政策制度、职业责任与商业行为准则、新人新路等。此外，在课间和晚自习期间，班主任还会组织学员开展团队建设与团队体验活动，例如团队晨练、户外拓展游戏、室内模拟沟通游戏等。

在此过程中，新上岗的 HRBP 从业人员不仅需要学习和理解公司文化与核心价值观，还要思考未来如何将公司的核心价值观进一步传递到一线项目团队中去，有效承担核心价值观传承者的角色。

（2）项目 HRBP 赋能班

项目 HRBP 赋能班的目标是使学员了解 HRBP 在项目中的定位和角色，掌握项目管理的基础知识，了解项目管理的关键动作与关键技能，使学员能够快速融入项目，发挥 HRBP 在项目管理中的专业价值。该培训项目是针对项目 HRBP 的需求专门开发的，围绕华为项目管理运作流程和关键管控点进行课程开发与教学设计，并于 2014 年 10 月正式交付实施。

为保证培训效果，管理者学习方案部邀请了来自公司项目一线、具有成功经验的资深 HRBP 专家担任讲师。在为期 10 天的培训中，第 1 天学习项目管理基础知识，接下来的 8 天，将围绕 HRBP 在项目中的角色、职责和关键动作的不同主题进行研讨，选取项目一线典型案例，还原实战场景。各项研讨主题包括：HRBP的角色认知、项目组组建与运作、项目人才供应、项目成员绩效评价、项目奖金生成与分配、非物质激励、项目人力资源管理诊断与解决方案等。

在最后一天，每位学员将结合前9天学习的内容，围绕“如何快速融入项目”的主题，进行最终的总结汇报。

（3）C8项目管理资源池作训班

在C8项目管理资源池作训项目中，学员分别扮演项目经理、技术、质量、供应链、财务、合同法务、项目控制等与项目管理密切相关的八个角色，称为项目管理“八大员”。C8项目管理资源池以提升项目经营能力为主，旨在提高“八大员”的协同意识，了解项目管理各流程中的协同点与协同方法。

自华为高度重视项目HRBP以来，公司陆续整合不同部门的资源，使得项目HRBP在赋能班结束后，以“第九大员”的身份加入到C8项目资源池作训中。在又一个为期10天的培训中，项目HRBP学员开始真正进入模拟项目团队，担任项目HRBP角色，与项目团队其他角色并肩作战，培训内容依据项目交付流程划分为分析规划阶段、建立项目阶段、实施阶段和移交关闭阶段。

与项目其他成员一起，HRBP真正模拟参与了端到端的整个交付全过程。除课堂模拟、仿真演练的案例之外，C8项目资源池作训班更加注重学员自己的实战案例总结与分享，10天中有5天晚上是学员的案例分享时间，学员在之前实际工作中遇到的难题，也可以拿到班上讨论，群策群力。

企业文化培训，对应于项目HRBP对于公司文化的了解与认同；HRBP赋能班，主要使命在于提高HRBP学员的人力资源专业能力；C8项目资源池作训项目，主要目的是提升HRBP对于项目管理的理解以及明确其在项目管理中的角色、动作与技能。作训结束后，学员一方面系统学习了项目管理的全流程，另一方面也建立了跨职能的沟通与协调意识，真正做到了学以致用。

3. 在岗实战阶段

完成华为大学的三项赋能培训之后，新上岗的 HRBP 将奔赴一线，从模拟训练场进入项目实战。

在进入项目的初始阶段，学员需同所在项目的项目经理和代表处 HRD 等一起制定实践计划，之后，开始为期 6 个月的在岗实战。

在此期间，学员需要全程参与 1 ~ 2 个主要项目，项目 HRBP 不仅需要在实践中不断持续、提升自身能力，也肩负着将所学知识应用于项目实践、传播给项目团队同事、真正为项目创造价值的使命。

在完成这 6 个月的在岗实战之后，项目组将统一安排学员进行出营答辩，完成训战成绩评定和任职资格认证，出营后正式定岗，进入公司全球各地的项目、海外地区部和代表处，以发挥其在项目团队中的关键作用。

第二十一章 新员工培养与发展

每年很多企业都会开展校园招聘以及进行不定期的社会招聘，对于一定规模的企业来说，校园招聘已经是一个常规动作，从广义上来说，但凡新招入职的人员都属于“新员工”，都需要进行一定的入职培训。但从狭义上，我们更关注从校园初入职场的新人，这些新员工在很多企业都是批量招募，而且因为缺乏社会经验，职场意识薄弱，岗位技能欠缺，对于系统化培训的要求更为迫切，对于他们的培养与辅导，不仅关系到企业人员的补充和储备，更加影响到这些年轻人事业观乃至人生观的形成，可见其影响之大。

因此，本章主要对新员工的培养进行介绍，并以华为技术、广汽本田等知名企业的新员工培养案例进行说明和分享。

第一节 新员工培养与发展概述

一、新员工培养的意义

新员工培养的目的在于，通过一系列的课程或活动，帮助新员工了解企业的基本情况，学习基本的职场规则，了解相关的岗位职责，掌握基本的工作技能，并进而顺利地融入组织，其意义体现在企业、员工两个层面。

相关调研显示，开展新员工培训的企业比不开展的企业，无论在利润收益还是长远发展方面都体现了较大的优势。究其原因，企业根据战略目标和新员工的职业发展需要，为新员工提供良好的培训机会与发展平台，有助于增强新员工对企业的认同感、归属感、成就感和责任感，继而有助于企业快速获得认同企业价值观且具备岗位胜任力的合格员工，更快地实现人才的融入，更有效地解决人才的更替和流动问题；同时，也有助于促动老员工参与对新员工的教学和培训工作，从而在企业内形成传帮带、互助协作的文化氛围。

大部分新员工初入职场，对其所在的企业，以及对自身的职业发展规划都缺乏了解，通过系统有序的培养，新员工可以了解到企业的文化、制度规范、工作流程或工作方法，从而对其未来所从事的岗位和工作有更加真实的感知。全面而深入的新员工培养，有助于员工对企业、对自身有更加清晰的认识，从而获得职业安全感与心理归属感。

二、企业新员工培养中的常见问题

①管理者对于是否在新员工培养上进行投入存在顾虑。人员数量较少的企业，新员工培养的投入相对可控。但是对于新员工规模较大、数量较多的企业来说，是否投入，投入多少，就成为摆在管理者面前的现实问题。有的企业资源相对丰富，也希望通过培训对新员工进行筛选、淘汰和选择，所以会视新员工的入职培养为综合考察，自然也会投入相当多的人员、时间和资源。对于资源相对有限的企业来说，有的管理者认为，新员工具有较大的不确定性，尤其是现在的新员工，择业观更加自由，这就使得他们在新员工培养投入上比较慎重。对于大多数企业而言，新员工培养的投入都是比较有限的。

（2）新员工培养的方案设计过于简单，难以帮助其快速融入企业、提升胜任力。新员工进入企业之初并不知道自己该学什么、该做什么，这就要求新员工培训体系要具备系统性、完整性并能够循序渐进以达到目标。但是，很多企业的培训组织者，在新员工培养中简而化之，以团建或拓展训练代替，这些训练方式固然有利于员工的价值观形成，但需要说明的是，新员工培养中要融合更多的因素，包括：对企业发展历程的介绍，对企业文化与价值观的介绍，对基本业务知识、岗位知识、职场规则以及岗位胜任技能的培训，等等。如此，才能逐步实现新员工培养的目标，对企业和员工提供更加切实的帮助。

③新员工自身的个性与特点在发生变化，培训内容没有充分考虑上述变化的影响。如今的新员工大多生活在相对宽松的生活环境中，父母并没有进行太多的约束，有自己的生活主张，衣食无虞，个性鲜明。对于这样的一个群体，需要以他们容易接受的方式和喜爱的形式设计培训内容，缺乏针对性的、形式陈旧的、说教为主的培训显然不能达到预期。

三、新员工培养模式的变化

随着越来越多的90后、00后进入职场，且培训的技术手段更加丰富，新员工培养方式也开始发生显著的变化。

①学习内容趣味化。在传统的教室上课或者看老师讲课的视频，很容易让学员觉得枯燥乏味，需要增加一些有趣的、更符合年轻人喜好的内容来刺激学员的兴趣，寓教于乐，增强他们的学习感知。

②学习形式多元化。以往的“填鸭式”授课，已经很难吸引90后、00后在学习上的参与，他们更喜欢通过新鲜的方式获取知识或技能，比如：通过竞技、闯关进阶、动手操作等，将自己代入到学习氛围里，这也是体验式教学、游戏化学习逐渐成为趋势的原因。

③学习时间碎片化。由于智能手机终端以及短视频传播的普及，碎片化时间成为更容易被利用的资源，学习课程也需要被碎片化，将原有的课程设计内容打散重构，并借助于新的传播方式触达学员，这就对课程的内容设计、组织方式、媒介手段等都提出了新的要求。

④学习氛围更强化。由于信息技术的普及，学习管理更加便捷，包括：学习进度管理、学习感受分享，相互鼓励、激发与竞技等，都可以通过线上线下的方式融合开展，令学习的氛围更加浓厚。

四、新员工培养体系建设与运营

以下以首都机场集团为大兴机场招聘及培训新员工的实践为例，对新员工培养工作的框架、指导思想、内容结构、培训方式、组织运行过程等进行说明。

1. 项目背景

为了满足新机场的运营需要，一批批新员工陆续招聘到位，他们需要非常系统的培训，不仅要快速提升能力素质，也亟待融入机场的特殊工作环境。

针对此要求，机场管理学院按照“新员工培训全流程、全链路”的指导思想，设计了新机场、新员工“345”培训计划，即：聚焦“集团战略、业务需求、岗位胜任能力”三个层面，围绕“行业基础、集团文化、岗位技能、职业素养”四个认知，开展五个主题模块的系统化培训。

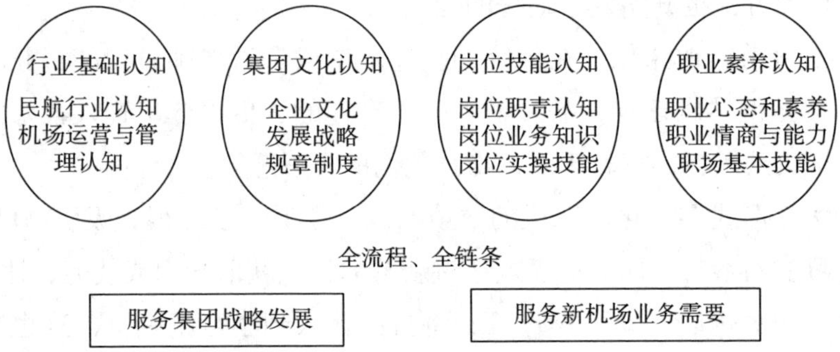

图 21-1 聚焦四个认知

2. 构建“混合式学习体制”

同时，学院采用混合式学习方式，将大班集中授课与小班分散教学相结合，将课堂面授与活动组织、在线自学相结合，将团队拓展与自我探索相结合，增强了学习体验，促进了学习成果的转化。

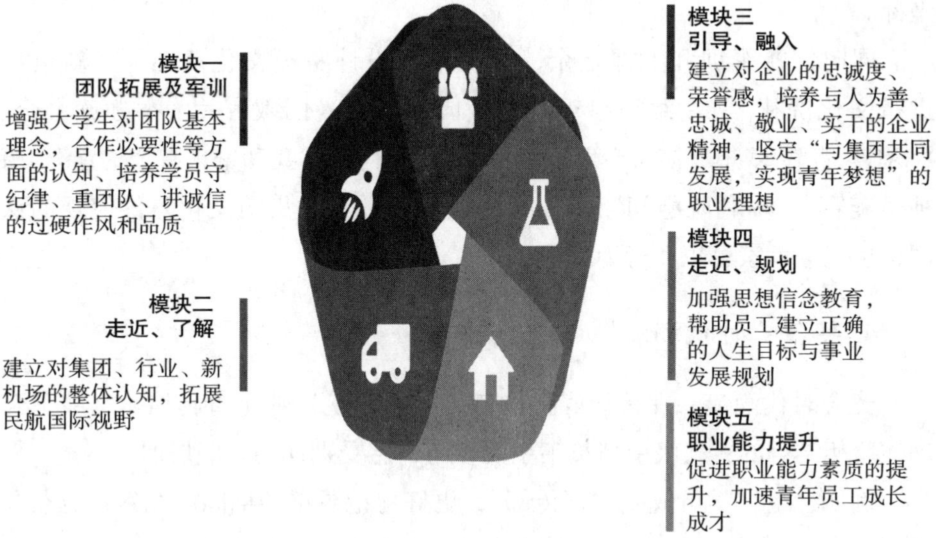

图 21-2　覆盖五大主题

例如，在培训需求调研和方案设计时，学院发现，新员工要历练成为符合新机场需要的“职业人、民航人、企业人”，仅有这一个月的集中培训是远远不够的。同时，老师们发现，新员工有一个共同特点，就是遇到不懂的问题就问“度娘”，手机是他们的贴身教练。鉴于此，学院针对新员工的学习需要，对移动学习平台进行了创新性的定制和升级，设计了包括“需求调研、翻转课堂、课后测试、线上学习、线上活动、训后评估”等在内的全面随身学习功能，使得这项培训能够延伸到学员未来的时间工作之中。

3. 注重“文化浸润”

经过多年培训实践，学院形成了一个共识，即：知识理念的传承一定要看得到、感受得到，才能对学员产生冲击与感染。为此，培训中会陆续邀请集团领导、指挥部高管、机场大咖、青春榜样等走近学员，以面对面交流的形式，把他们的经营理念、管理思想、服务意识以及成长经验等，通过真实的故事、案例传授给学员，学员可以提任何问题与嘉宾互动，通过这种互动交流的方式，引导学员理解集团生态、组织发展坐标与个人人生坐标。

同时，在军训和上课之余，学院精心设计各类文化活动，对新员工进行文化洗礼，如：组织参观烈士陵园、观看爱国教育片、举办读书会、“CAH‘青春 梦想’演讲台”以及“集体生日会”“我和未来有个约定”“厨神争霸赛”“福利院慰问”等，既增强了新员工对集团文化与价值观的认同，也促进大家思想和行为的统一。

4. 契合“时代潮流”

契合时代潮流，在传统媒体的基础上，学院以线上宣传展示、线下互动体验相结合的方式吸引新员工主动参与，感受别样的入职培训。

例如，组织学员成立“宣传部”，更好地记录培训期间的花絮、收获和感悟。同时，创建了“BNAH追梦赤子特训营”微信公众号，由4个班的宣传小组轮值，及时发布学员所见、所闻、所想、所感，一篇篇推文记载着学员的成长历程，大家纷纷转发并互相留言励志话语。结合对当下青年喜好的了解，在结业典礼的合影集锦区域设置多个趣味拍照环节，如新机场背景、学员身着军训迷彩服的KT板造型、趣味“朋友圈”相框等，令新员工更加喜爱、乐于传播。

5. 多样化的培训方式

通过多次研讨，学院专门制定了《北京新机场建设指挥部2017年新员工集中培训考评管理办法》，从“学习效果检验、出勤及纪律表现、参加活动表现、军训和内务”四个方面进行量化评估。

除此之外，学院还制定了《每周之星评比活动方案》，每周每班评选出五位优秀学员，分别是：“勤奋之星”“学优之星”“整洁之星”“守纪之星”“闪亮之星”，为他们颁发、佩戴荣誉胸章，并通过“龙虎榜”张贴展示，实现评估结果的显性化。

此次新员工培训的结业汇报，也突破了传统的宣讲模式，采用舞台剧形式展现员工的学习收获。剧本由学员创作，学院审稿并协助排练。在融合了音乐、舞蹈、对白、旁白、独白的舞台剧中，价值观、责任心、执行力、关注细节等课堂上宣贯的职场必备能力素质，被改编在特定的故事场景里，通过演员的表演呈现出来，这种形式学员们更容易产生共鸣，从而更加容易理解、领悟与吸收。

第二节 案例分享一：华为新员工培训体系

从2012年开始，华为对新员工入职培训进行了大刀阔斧的改革，变原来单一的课堂授课为遵循“721”法则对员工组织实施的培训，对于新员工培训的重点是“训战结合”，而非简单课堂培训。

一、新员工培训的整体框架

新的新员工培训体系分为“三个阶段”：入职前的引导培训、入职时的集中培训以及在岗实践培训，整个流程大约三个月时间。

第一阶段：入职前的引导培训。华为的校园招聘一般安排在每年的11月份，对拟录用的大学生，提前分配到各业务部门，在毕业生还未进入华为之前，就提前为每人指定了“导师”。为了更好地管控大学生入职前的风险，华为要求导师一个月必须给自己所带的毕业生打一次电话，进行沟通，了解他们的个人情况、精神状态、毕业论文的进展、毕业离校安排等。如毕业生确实想进华为，在这个过程中导师会给他们安排一些任务，提出岗位知识学习要求，并引导他们看一些相关书籍和材料，以做好走上工作岗位的思想准备。

第二阶段：入职时的集中培训。该阶段的培训主要围绕华为的企业文化、规章制度等展开，培训周期是5 ~ 7天，在深圳总部培训。培训期间会安排晨练，白天上课，晚上研讨，还有节目表演、主题写作等相关内容。培训主题聚焦在企业文化方面，重点是讲清楚为什么公司会出台相应的政策和制度，这些制度背后所反映出的华为的价值观是什么。

第三阶段：岗前实践培训。该阶段的培训主要围绕实践展开，新员工要在导师的带领下到一线真实的工作环境中去锻炼和提高自己。对于将来派往海外的营销类员工，必须首先在国内实习半年到一年时间，通过实践熟悉业务，掌握公司的流程、工作方法，具备了一定的基础之后再派到海外去。对于技术类员工，公司会先带他们参观生产线，了解生产线上组装的机器，让他们看到实实在在的产品和生产流程。对于研发类员工，会被安排参与若干的模拟项目，以便快速掌握一种工具或工作流程。

二、新员工岗位技能培训

以华为的软件研发人员的新员工岗位技能培训为例，为使新员工能快速适应规模化的软件开发，华为开发了专门针对软件开发类新员工的技能培训课程，内容包含：开发流程培训、编程基础培训、业务知识培训和答辩考核。

①开发流程培训。新员工入职 3 个月内，质量部会组织开发流程培训，这一培训又被叫做“mini 项目培训”，采取五天封闭培训的形式。培训前会将研发流程、研发规范、培训材料等提前发给参训员工自学；培训开始，讲师会带着新员工操作项目案例，同时会详细讲解公司的开发流程以及质量文化；之后，会安排大约三天的时间让新员工去演练，拿真实的场景和项目让他们在机房做编程；培训的最后阶段，针对培训内容进行考核，检验学习成果。

②编程基础培训。在三个月试用期内，新员工必须通过两门基础知识考试：一是编程基础，二是编程规范。编程基础考试，是根据语言分为 c/c++ 类和 java 类，每月举行一次，每人有 3 次机会，考试 100 分（满分 100）为通过；编程规范考试，是每月一次，每人有 3 次机会，考试 90 分及格（满分 100）。试用期满，会组织新员工进行答辩，评价结果分为 A、B、C、D 四个等级，被评价为 D 级的人员，视为没有通过试用期，会被淘汰或延期转正。

③业务知识培训。新员工在参与项目中会被安排一位导师，该导师一般为入职比较久的项目骨干人员。导师对新员工的培训主要在业务知识方

面，培训内容包括：1 熟悉项目；2 学习经典案例；3 修改 bug。

④答辩考核。新员工试用期满，编程基础考试通过后，接受最终的答辩考核。考核小组由 3 ~ 4 位项目经理或骨干员工组成，被试者需要准备相关的答辩材料，向考核小组陈述自己在试用期的学习和工作成果，考核小组会据此给出相应的评价。

三、新员工“导师制”

华为是国内最早实行全员“导师制”的企业。新员工入职华为后都会被指定一名导师，并规定，一名导师名下不能超过两个学员，以保证传承的质量。新员工导师的申报由各系统下属业务部门负责，导师的申报将结合部门招聘情况，力争做到“1+1”，使每个新员工都有导师。新员工导师制的基本工作流程如下。

①新员工进业务部门定岗的第一天，由其所在部门领导为其指定导师（导师必须是预先申报获准的），通过《新员工报到反馈单》报各系统干部处备案。导师任期为 3 个月，期满后师生关系结束，任期内新员工所犯的错误，其思想导师应承担一定的连带责任。

②导师应主动向新员工介绍部门的组织结构、工作环境、工作流程、相关业务进度及周边同事。导师应在新员工入职一周内与其认真沟通一次，了解其专业知识结构，明确转正标准，并根据本部门需要和新员工实际情况为其制定详细的月度“培养计划”，培养计划一式三份，导师、新员工和干部处各存一份，干部处负责督促培养计划的完成并不定期进行抽查。

③导师除在技术上给予新员工指导外，还应在思想上给予帮助，引导新员工严格遵守公司制定的各项规章制度，并不对其妄加评论，对于不应该了解的事项不随意打听。

④在 3 个月培养期间，导师应根据实际情况及时对“培养计划”做出修正，并对新员工的学习和工作情况进行检查。

⑤ 3 个月培养期满后，导师要填写《培训工作总结》，对自己的培养工

作和新员工的工作表现做出书面评价，并对新员工是否能上岗转正提出意见，总结会被提交到干部处，作为对导师和新员工工作考核评价的依据之一。新员工每月要填写《月度工作总结》，提交导师和干部处，待3个月培养期满后，要填写《工作总结》，一方面对3个月来的学习工作做出书面总结，另一方面也要对导师的工作做出评价，提交干部处，以作为对导师和新员工工作考核评价的依据之一。

根据上述总体流程，各系统干部处会结合本系统新员工的工作特点与学习情况，制订本系统的《新员工培养手册》。

第三节　案例分享二：广汽本田新员工培训体系

为了帮助新员工顺利融入公司，广汽本田进行了深入调研、系统规划，设计了基于任务的新员工培养体系，将传统面授课程与导师辅导、体验式学习等多种学习形式相结合，这一培养模式成为了公司的“新人才引擎”。

一、任务式培养两步法

在新员工培养中，广汽本田引入了“任务式培养”的学习模式，让新员工在短时间内大幅度提高对汽车生产工艺的认知和对岗位工作的理解，同时理解公司文化，进而迅速进入工作状态。

经过长期的调研和设计，广汽本田确立了任务式培养的两大步骤。第一步，确定任务式培养规划，按照“确定典型任务—制订标准—设计学习方案”三个步骤实施培养计划；第二步，确定任务式学习内容，对现有培养资源（包括课程内容、授课老师等）进行分类梳理，从学习资源、各部门工作现状及业务需要中提取学习内容。同时，通过对各部门的走访和调研，确定目前新员工上岗时面对的典型工作场景，从而有针对性地开展课程设计。

广汽本田认为，新员工培养的关键在于尽快实现其从“新人”到“广本人”的转变，要达到这一目标，需要完成以下三项任务，即学习企业文化及工作方法，树立职业化心态，学习岗位专业技能（如图 21–3）。通过这三大任务，可以引导新员工熟悉和融入公司，掌握基本的工作方法和岗位技能，全副“武装”，快速完成职业蜕变。

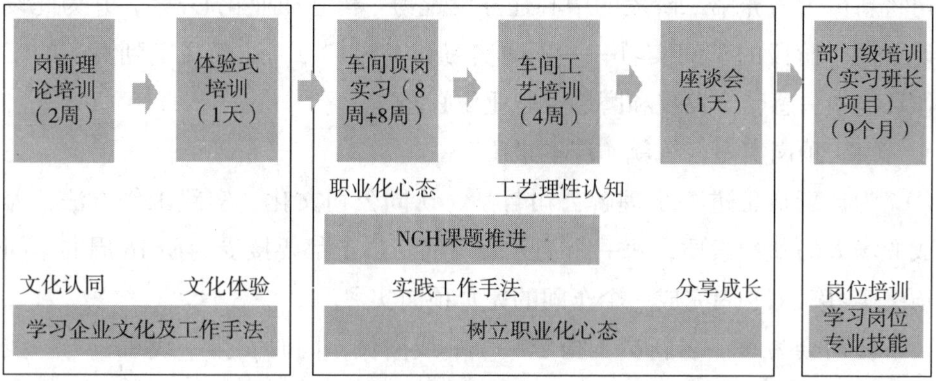

图 21-3 广汽本田新员工培养任务流程推进图

为了保证三大任务的严谨执行和顺利完成，公司安排了一系列的培训支持工作，阶段性地确保最佳培训效果。

培训前期，通过报到计划制定、课程讲师预约、任务式学习流程制定、新员工接待等四项工作，保证新员工培训的有序、有效推进。

培训中期，确定新员工的成长主线为“文化认同—团队意识—工艺认知—工作方法—敢于担当—分享成长—部门培养”，根据主线设计相应的学习任务，循序渐进地开展培训。

培训后期，跟进学员的工艺实习日记、结业考试和课题成果汇报。为了确保培训的成效性，公司特别注意两方面的工作：一是及时进行培训后的回访，保证培训的有效性；二是每年进行 PDCA 回顾（计划—执行—检查—纠正），保证下一年度培训工作的更好展开。

二、两轮实习与 NGH

新员工培训第一阶段的理论学习课程以“企业文化类”“工作方法类”

为主，以“规章制度类”“安全教育类”为辅，共11门课程。通过授课培训、模拟实操、拓展训练，让新员工掌握基本的工作方法，认识并实践公司的文化，初步具备一个合格“广本人”的素质。

从“广本人”到“广本人才”，还需要进一步的修炼和提升。因此，公司将新员工培养第二阶段的中心任务设置为“树立职业化心态”，并为此设计了两个阶段的车间实习——顶岗实习和工艺实习，让新员工到真实的工作环境中去感受、发现和磨炼“职业化心态”。

（1）顶岗实习，练就“广本素质”

为让新员工进一步理解公司哲学，认同公司文化，实践工作方法，养成职场人的基本素质，每一个初入公司的新员工都要接受为期16周的车间顶岗实习，每8周完成一个车间的完全顶岗实习。

公司会为每一名新员工指定一个一线岗位，同时安排一线班长与一线师傅共同对新员工顶岗期间的工作进行指导，新员工需要在4周内完全达到顶岗胜任状态，并在8周内针对现有工作流程、方法或管理模式等提出两条“改善提案”，以提高员工对于工作改善的意识，促进公司效率提升和成本降低。同时，还会定期召集新员工进行车间实习阶段总结与交流，帮助他们总结实习收获，及时进行心态辅导。

广本希望通过主动承担工作的方式帮助新员工褪去校园里稚嫩的书生气，让他们通过完成顶岗实习期间的一项项工作，养成自立心态、顾客意识、改善意识等“广本素质”。

（2）工艺实习，打造“硬实力”

公司将新员工的工艺实习纳入新员工培养项目。这一实习持续时间长，涉及生产领域所有部门，培养管理难度很大。为了达到预期效果，公司从“研讨企划、分配导师、计划实施、成果展示”四大步骤出发，保证每一个环节的有序开展。

整个“生产工艺培训”包括冲压、整车品质等15个生产科目、所有生产工艺知识的培训方案，并设计了为期21天、168小时、覆盖15个科室、173名讲师、88次课程的“工艺实习地图”（见图21–4）。

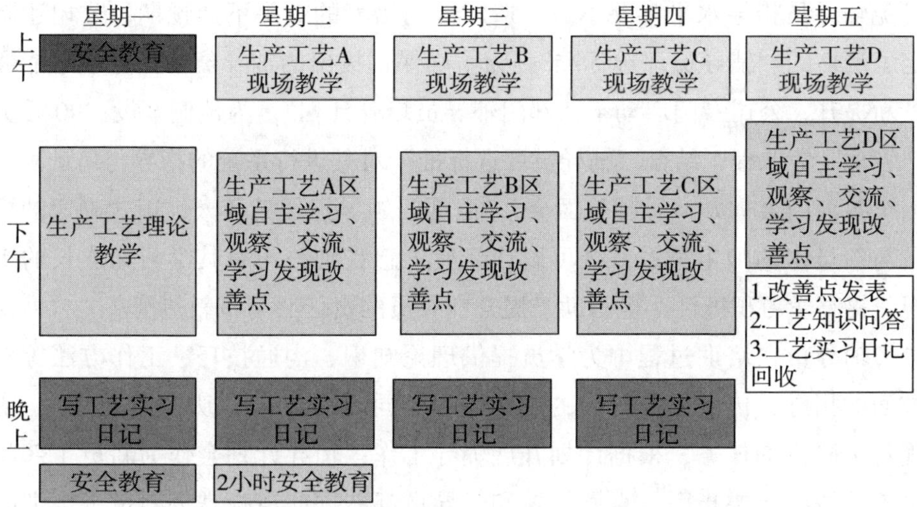

图 21-4 广汽本田新员工“工艺实习地图”

实习过程中，每 30 人组成一个大班级，配备班主任，定期收集、分析和考核每位学员的表现，为员工的后续发展提供数据支持。

两轮实习共涉及生产领域 150 多个班组，几乎覆盖了整个生产领域。在实习的同时，新员工还将参与公司级 NGH 课题的推进，以帮助他们掌握公司的工作思路与方法。

（3）NGH，培养“问题解决能力”

NGH 是广汽本田独具特色的改善活动，它以小团体为单位，以解决问题为导向，要求员工打开“脑洞”、施展个性，寻求与同事的沟通，合作解决工作中的实际问题，从而营造一个能够实现自身价值的最佳环境。通过 NGH，提高了新员工的团队意识，并促使他们在实践中运用 QC（品质管理工具）、PDCA（计划—执行—检查—纠正）等科学的管理技术与方法。

三、持续辅导与赋能

伴随着迎新晚会与座谈会的落幕，新员工将进入各自的部门和工作岗位，但这并不意味着新员工培训的结束，部门层面的岗位培养工作将同步启航。

在新员工进入各部门之前，公司会为每位新员工指定一名辅导员。为避免辅导员指导水平参差不齐，造成部门培养的效果不达预期，公司还制定了严格的“辅导员评选标准”。为了确保选拔出的辅导员的指导水平能够不断提升，公司专门启动了“部门辅导员培养计划”，为他们开设“90后员工管理”等课程，结合“辅导员评选标准”对其进行系统的指导与培训。

各部门会举办“导师见面会”，由部门领导担任见证人，正式确定辅导员与新员工的师生关系，既可以让新员工感受到公司对其学习与成长的重视，提高学习积极性，也有助于提升辅导员的责任心与带教热情。

辅导员在培训过程中为学员提供理论知识、沟通技巧、工作方法等多方面的指导，传递自身优秀的工作经验。同时，还需要拟定辅导计划，明确每个阶段的任务，根据计划开展辅导工作，辅导计划会作为新员工部门培养阶段的重要指引，直属领导和辅导员都能据此清晰掌握新员工培训的进度与效果。

除了在岗带教和导师辅导之外，公司还会开展“新员工专项能力提升”项目，帮助新员工强化工作认知、提升内容呈现技巧、建立项目管理能力等，新员工可根据自身的培养计划，灵活选择要参与的专项提升课程，如“时间管理”“项目管理”等，还可利用课堂时间分享彼此的经验和感悟，互通有无，共同成长。

总体而言，广汽本田“基于任务的新员工培养方式”，契合了广汽本田的业务需求，能够帮助新员工在任务的执行与历练中成长，提供了精准的培训指向，从而加速了员工的成长过程，为事业发展开启了动力澎湃的“新人才引擎”。

第二十二章
骨干人才培养与发展

在人才发现、管理与发展领域，经常会提到骨干人才、关键人才、关键岗位人才、核心人才、后备人才等不同的概念，虽然各个概念的内涵略有差异，但都说明了一个问题，即企业中20%数量的人才，在企业的运营和发展中发挥着80%的关键作用，对于上述人才的发现和培养，是企业人才培养工作中最为重要的一环。

为避免概念混淆，本书以“骨干人才”指代上述各类概念所指的、对于企业经营发展起关键作用的人才。这里所提及的“骨干人才”，是指对企业生产经营活动起到关键作用的少数人员，这一群体并不仅限于企业当前的高级管理人员，而是涵盖各个层次、各个类型的重要人才。他们中有的已经在关键的管理岗位任职，有的还是普通岗位的优秀、潜力员工，他们会被企业以“后备人才”的身份加以识别和培养。

本章我们将对骨干人才的概念、特点、分类方式、培养方式等进行介绍，并以两家企业的骨干人才培养方案为例，对骨干人才如何识别、如何培养、如何任用等进行系统说明。

第一节　骨干人才培养与发展概述

一、骨干人才的相关概念

提到骨干人才，很多人会想到关键岗位人才、关键人才、核心人才等一系列与之相关的概念，因此，有必要对这一系列概念进行对比和澄清。

1. 骨干人才的界定

对于骨干人才，有三种不同的界定方式。

第一种，是根据“二八原则”进行的界定。①占员工总数 20%，却能为企业创造 80% 产值的员工。②占企业总人数 20%、却能带动剩余 80% 人员的员工。

第二种，是与关键岗位相关的界定。

①身处关键岗位、社会关系良好或具有突出技能、拥有巨大潜力、能为企业生存发展贡献关键力量的员工。

②任职关键岗位、工作经验丰富、需要较长时间培养、短期内不易替代的员工。

③身处重要岗位、占用并能够调动关键资源，能够对企业生存发展产生关键影响的员工。

第三种，是从技术能力、可替代性、特殊贡献等角度进行的界定。

①具有较高禀赋，接受过较长时间培训，具有较高技术水平且工作经验丰富的员工。

②具有较高专业技能水平，工作经验丰富，经营管理才能突出，对企业的生存发展起到关键作用的员工。

③拥有较高知识技能水平，从业经验丰富，能够为企业保持和发挥竞争优势做出卓越贡献的员工。

④掌握企业核心技术与信息，某种程度上不可替代，对绩效创造和企

业经营具有举足轻重影响的员工。

⑤最受管理者重视，短期难以寻得替代者，在确保生产经营顺利开展中不可缺少的员工。

⑥在组织的社会网络中处于关键节点，对企业的生存和发展具有关键影响的员工。

2. 关键岗位与关键人才的界定

关键岗位，是指在公司业务流程中起到关键作用，对企业业务发展和战略实现产生直接影响的岗位，或岗位虽不具有关键性但专业性较强，人员难于培养和招募的岗位。

关键岗位的价值，包括战略价值和稀缺性两个维度。战略价值是指该岗位对公司经营发展的重要性，可以结合公司产品、经营定位来进行评估；稀缺性是指人员寻找、培养和配备的难度，反映的是适合该岗位的人才市场供应量与企业需求量之间的关系，供应量越是小于需求量，企业就越不容易找到适合的人才。人才的稀缺程度，要根据对市场需求和供应量的评估或调查而确定。

关键人才梯队，是为关键岗位培养继任者，确保即使突发情况下也有合格候选人填补岗位空缺的一种制度设计，对于关键岗位后备人才的培养是一项长期工作，且需要相当大的资源投入。

3. 核心人才的界定

美国康奈尔大学的斯奈尔教授认为，企业中人力资源的价值及重要性是不同的，按照人才的稀缺性和人才价值两个维度，可以将员工分为四种类型，如图 22-1 所示：

一是核心人才，指价值高且奇缺的独特人才；二是通用人才，指价值较高但获取相对容易的人才；三是独特人才，指价值较低但获取难度较大的人才；四是辅助人才，指价值较低且容易获取的人才。

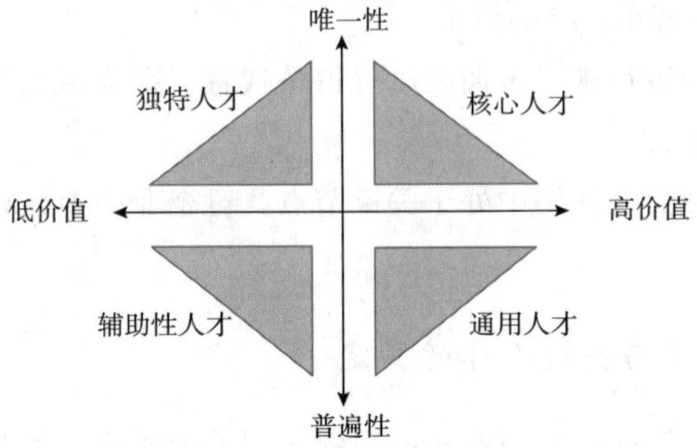

图 22-1　人才分类模型

斯奈尔教授认为，对于不同类型的人才，应采用完全不同的历策略与任用模式。

①对于高战略价值、高稀缺性的核心人才：尽量采取内部培养、内部提升方式，并经常与其沟通交流，不断深化关系，以形成企业的独特竞争力。

②对于高战略价值、低稀缺性的通用人才：可通过劳动契约，建立双方稳定的长期合作关系。

③对于低战略价值、高稀缺性的独特人才：尽量采用劳务外包等方式，减少人才的培养与使用成本。

④对于低战略价值、低稀缺性的辅助人才：尽量以劳务外包或短期合同等方式建立合作关系，以有效控制成本为核心。

二、骨干人才的特点

所谓骨干人才，主要是那些对企业经营具有重要影响的关键岗位任职者，他们位置特殊、价值独特，具有较高的不可替代性。正因为此，骨干人才也往往具有与普通员工有所不同的心理特征及行为模式，掌握这些特点，是构建有效的骨干人才管理机制的基础和关键。

1. 实现自我价值的强烈愿望

骨干人才重视自身价值的实现，重视自身能力的培养和提升。如果按照马斯洛的需求层次理论分析，骨干人才追求的是高层次的需求，即自我实现。对于这些人来讲，工作是一种证明自身实力、实现自我价值和理想的途径，他们需要的是终身就业能力而非终身就业饭碗，为了提升自身能力，他们渴望得到不断学习与成长的机会，这种特征使得骨干人才本身就有较高的流动意愿。多个离职原因调查报告显示，“希望尝试新工作以培养其他方面的特长”被众多骨干员工列为离职的首要原因。相对于普通员工，骨干人才往往不满足于事务性工作，而更热衷于具有挑战性、创造性的任务，并尽力追求完美的结果，并在此过程中充分展现个人才智，实现自我价值。

2. 更高的心理期望

相对于普通员工，骨干人才清楚地认识到自身贡献对于企业经营的重要性，因而也期待更高的回报。这种回报分为多个维度，包括：对个人的尊重与参与管理程度、职业发展空间、薪酬激励等。骨干人才在企业决策中的参与机会、参与程度、对于企业决策的贡献大小，都会直接影响到骨干人才的组织承诺、领导认同以及自我实现等高级需求。进一步来说，骨干人才都希望自己的能力得到充分发挥，自己的工作能够得到企业认可，在事业上有成就感和满足感。同时，骨干人才的个人价值，从企业给予员工的待遇和职位上也能够体现出来。正因为对自我价值的高度重视，骨干人才格外注重他人、企业及社会的评价，并强烈希望得到认可与尊重。

3. 职业忠诚高于企业忠诚

骨干人才可能更多地忠诚于他们的职业而非他们所在的企业。他们不断追求对知识的探索、在事业上的成就，对自身职业生涯目标有更高的定位。追求的是一份有助于生涯目标实现的事业。一旦这种事业机会消失，人才转换平台的动力随之发生，这就要求企业能够为骨干人才创造适当的发展机会，使其从事与自己的职业定位、职业兴趣相符合的工作，这样才能增强人才对组织的忠诚感。

4. 价值优越感

骨干人才的价值得益于超出普通员工的独特能力，这种能力具有不可复制与难以模仿的属性，并且对于企业的经营和发展非常关键，由此使得骨干人才在社会地位、组织地位、个人价值、个人回报上都与普通员工拉开了显著的差距，这种差距进一步增强了骨干员工的优越感与社会敏感性。这种趋势的正向结果是：骨干员工往往比普通员工具有更强的自信心与责任感；而负面的影响是：容易导致骨干员工不能正确评价自己的不足，居功自傲，不能与其他员工平等相处，最终成为组织中的"孤家寡人"。

5. 强烈的个性

企业的骨干人才多数是知识型员工，与普通员工相比，他们具有更强的思维与创新能力，对于事业成就的追求更为迫切，拥有更为独立的价值观，由此也决定了其个人思维与行为方式更为独特，个性更加鲜明，在处理上下级关系、同事关系等方面往往以自我为中心，较少考虑周边人的感受，容易形成人际关系紧张的局面。

三、骨干人才管理与发展

多项调查结果显示，骨干人才首先重视的是个人发展机会，其次是成就感，最后才是薪酬回报等物质因素。因此，对于任何一家希望留住和用好骨干人才的企业来说，首先应加强对骨干人才的职业生涯管理，使骨干人才的职业生涯目标与组织发展目标内在一致，这也是骨干人才与企业共同成长的基本点和出发点。具体来说，企业层面应开展的工作如下。

根据企业自身的发展战略，预测未来一定时期内的职位需求，结合骨干人才的自我评估和组织对骨干人才的定位，为人才的发展设计合理、可行的职业发展通道，并在人才的成长过程中提供各种支持。

采用问卷、量表等多种科学的管理工具，对骨干人才的能力、兴趣、职业生涯目标等进行评估。同时，根据骨干人才的绩效以及潜力，分析其职业发展定向，结合组织现状对人才进行定位，帮助其确定适合的职业生涯目标。当个人期望与组织目标出现偏差时，应该深入交流与沟通并达成共识。

根据骨干人才的职业生涯目标，为其量身定制个人培训计划，使骨干人才在与企业共同成长的过程中实现个人价值。知识经济时代，知识和技术更新的速度很快，现有的知识并不能保证拥有者一劳永逸，在职业发展过程中，骨干人才也很有可能出现因知识结构跟不上行业发展而导致其职业目标不能实现的情况，因此，针对骨干人才的知识与能力更新计划，就显得至关重要。

除此之外，企业还应做好骨干人才继任者计划的设计工作，以便在骨干人才升职或离职时能够顺利选出继任者，维持企业的正常经营。

第二节　案例分享一：F 地产公司骨干人才培养计划

F 地产公司是国务院国资委直管中央企业的二级公司，是中国知名的地产开发企业之一。公司在着手制订新的五年发展规划时，根据战略规划的分析，公司未来五年将面临平均约 30% 的增长速度，现有人才数量、结构等远远无法满足需要，完全依靠外部引进则存 在很大的不确定性。为此，需要建立一套系统的骨干人才管理与发展体系。

一、对于骨干人才的分类

1. 关键岗位界定

基于业务特点，F 公司根据企业关键岗位的分布，对骨干人才的群体进行了界定，结果如下。

①总部职能部门负责人，职能经理。

②事业部总经理、副总经理，城市公司总经理、副总经理，部门负

责人。

③项目公司总经理、副总经理，部门负责人。

④营销、成本、工程、设计等专业团队的骨干。

基于以上分析，骨干人才群体被划分为如下三个梯队。

第一梯队是独当一面的各级组织负责人，包括总部职能部门负责人，事业部总经理，城市公司总经理，项目公司总经理。

第二梯队是专业管理和职能管理人才，包括本部职能经理，事业部、城市公司部门负责人，项目公司副总、总助等。

第三梯队是专业骨干岗位（专业管理者或专业带头人），含本部、事业部、城市公司营销、设计、成本、工程、财务等五大专业口的专业人员。

2. 骨干人才分类

通过分析三个梯队人才的工作特点、承担责任与能力需求，进一步将上述骨干人员划分为“将才”“英才”“优才”三类。

“将才”包括本部总监、事业部高管、商管中心高管、城市公司高管、B类项目总经理等，如表22–1所示。

表22-1　　F地产关键岗位及后备划分——将才类

关键岗位		后备人才来源
本部总监	职能部门总监	职能部门职能经理、助理经理；事业部、商管中心、城市公司专业部门负责人
	专业部门总监	专业部门职能经理、助理经理；事业部、商管中心、城市公司专业部门负责人
事业部高管 商管中心高管 城市公司高管	事业部高管、商管中心高管、城市公司高管	本部总监、职能经理；事业部、商管中心、城市公司部门负责人、项目高管岗位
B类项目总经理	B类项目总监	事业部、商管中心、城市公司高管、部门负责人
		B类项目副总
		A类项目及城市公司项目总经理

“英才”包括本部职能经理、事业部部门负责人、商管中心、城市公司

部门负责人、B 类项目副总、A 类项及城市公司项目总经理等。

表 22-2　　　　F 地产关键岗位及后备划分——英才类

关键岗位		后备人才来源
本部职能经理	职能部门经理	本部职能部门主管及以上岗位
		事业部、商管中心、城市公司职能部门主管及以上岗位
	专业部门经理	本部专业部门主管及以上岗位；事业部、商管中心、城市公司专业部门主管及以上岗位；项目公司专业部门负责人
事业部、商管中心、城市公司部门负责人		本部主管及以上岗位
B 类项目副总		事业部、商管中心、城市公司主管及以上岗位
A 类项目及城市公司项目总经理		项目公司部门负责人

“优才”包括本部、事业部、商管中心主管及以上专业岗位任职人，城市公司主管及以上专业岗位任职人，项目公司专业负责人等。

表 22-3　　　　F 地产关键岗位及后备划分——优才类

关键岗位	后备人才来源
本部、事业部、商管中心主管及以上专业岗位	公司各部门、分支机构各专业岗位
城市公司主管及以上专业岗位	
项目公司专业部门负责人	

二、人才数量与来源规划

通过对公司战略规划的解码与分析，初步估算未来五年公司各类人才的缺口。其中，“将才”类人才的缺口在 15 人左右，“英才”类的缺口在 120 人左右，“优才”类的缺口更大，预计在 300 ~ 350 人。

通过分析和研讨，基于国有企业的特点，上述人才还应以内部培养为主、外部引进为辅。其中，“将才”缺口的 80% 将从内部培养和提拔，“英才”空缺人员的 60% 左右将从内部培养提拔，而“优才”部分则采取自主培养 + 外部引进相结合的方式，计划 40% 内部培养，60% 外部引进。

三、人才培养方案设计

针对三类人才的需求，F 公司人力资源部门分别对其培养计划进行了精心的设计，以确保人才的有计划发展与批量产出，培养模式如图 22-2 所示：

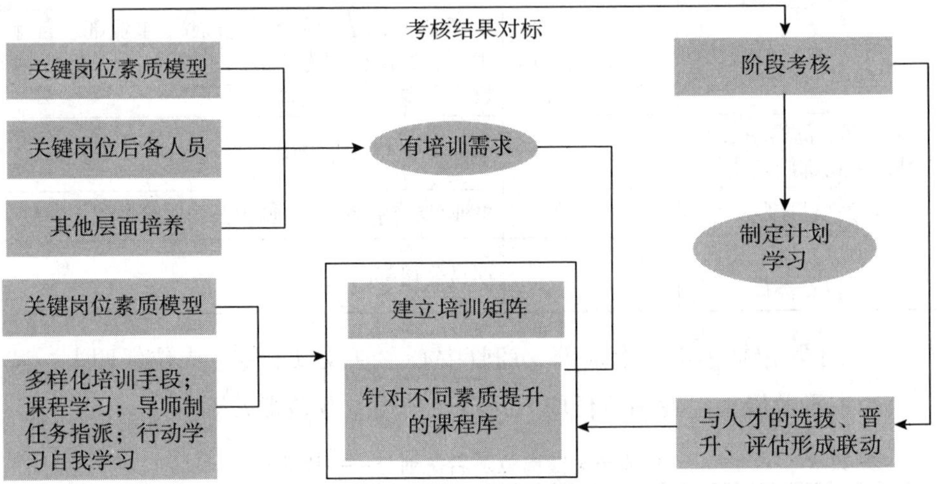

图 22-2　F 公司人才培养方案设计

相对于其他类型的人才培训方案，F 公司的培养方案具有两个显著的特点。

（1）定位清晰，有的放矢

有别于传统的基于调查和经验的培训设计模式，在此次人才培养方案设计之前，F 公司专门开发了关键岗位的素质模型，明确了职能经理、事业部总经理、项目总经理等关键岗位分别应具备的能力素质，以及这些素质应达到何种标准。基于素质模型，F 公司对岗位后备人员进行了全面盘点，找到了能力差距，为后续的培训设计明确了方向。

（2）方式多样，因材施教

以往的培训多以“课程讲授”为主，方式单一。F 公司的本次人才培养计划，融合了多种培养方式，如导师制、行动学习、任务指派等。同时，首次提出了公司级课程库建设的目标，在课程库中规划了公共课程与专项课程。公共课程要求每个学员必须参加，专项课程根据个人的业务方向，在培训矩阵中确定。

四、“将才”培养方案示例

在此以“将才”类人才的培养方案为例，对F公司的骨干人才培养体系进行展示和研究。

基于对“将才”工作特点与战略要求的梳理，F公司形成了对于“将才”的九项能力素质要求，对于“将才”的培养，必然要与上述九项素质一一对应，从构成所谓“培训矩阵”，如表22–4所示。

表22-4　将才“培训矩阵”

素质 / 手段	勇于担责	事业激情	凝聚团队	高效执行	协同运作	战略思维	公共关系	市场敏锐	专业能力
导师制	√			√		√		√	√
课程培训			√	√	√	√		√	√
任务指派	√	√	√	√	√		√	√	
行动学习		√	√		√	√			√
自我学习						√			√

针对“将才”类后备人员，结合内外部资源，综合采用如下五种培养方式。

表22-5　培训结合表

手段 / 内外部	导师制	课程培训	任务指派	行动学习	自我学习
内部	√	√	√	√	√
外部		√			√

（1）导师制

表 22-6 导师制说明表

导师制	
将才后备所在组织负责人担任领导，将才在导师的指导下进行个性化的培养，培养周期为贯穿整个后备人才培养期	
培养角度	实施要点
a. 领导重视，有利于计划的推进 b. 有利于未来上下默契和协同 c. 有利于拓宽“将才”的视野	a. 导师全程参与对所辅导的将才后备培养和发展的管理 b. 导师指导被辅导的将才后备制定个人发展计划，定期跟进计划进展情况，并提供相应的指导和支持 c. 将才后备应按时完成个人发展计划，并主动向导师汇报各项计划进展情况 d. 组织负责人在评定将才后备绩效和表现时，应征求导师意见

（2）课程培训

表 22-7 课程培训说明表

课程培训	
以系统授课为核心，结合讲座、专题、考察等多种培训方式，考试、心得总结、论文答辩等多种考核手段，全面系统的学习和掌握房地产开发、经营等方面的理论知识、实操技巧和标杆企业经典案例，培养周期为阶段式，按阶段开课，每月开班 12 次，每次开设对多项关键岗位素质有帮助的精品课程，每次课程班时间为 2 天	
培养角度	实施要点
a. 基于公司关键岗位能力素质模型 b. 房地产全价值链理论知识、实操技巧 c. 企业经营管理、战略管理	a. 精品课程导入，高端师资配备 b. 考调结合、严格管理 c. 系统性考虑，分模块实施

（3）任务指派

表 22-8 任务指派说明表

任务指派
由将才后备的导师和相关单位协调，指定阶段性工作由将才参与实际操作，培养周期限制学员需求及学员本职工作开展情况，一年确保 1 至 2 次，每次时间不少于 3 个月

续表

培训角度	实施要点
a. 阶段学习，阶段实践 b. 理论和实践相结合	a. 该工作任务须突破将才后备现有专业 b. 将才后备在参与工作过程中需根据实际工作进度制定学习目标和学习计划 c. 将才后备在参与工作过程中不得给该项工作带来不利影响 d. 导师在将才后备学习过程中全程监督和指导 e. 指派工作责任单位应为将才后备的学习提供便利

（4）行动学习

表 22-9　　行动学习说明表

行动学习	
根据公司业务发展需要和将才后备培训进度情况，由人才发展委员会指定课题进行团队行动学习，开设周期为每半年一次	
培训角度	实施要点
a. 跨专业训练 b. 跨团队协作 c. 学习和工作实际相结合	a. 学习课题：从公司实际发生的案例选择学习课题；从培训内容中选择学习课题 b. 学习组织：由人才发展委员会指定相关专业的将才后备人员组成一个临时学习团队，集中负责一个学习课题

（5）自我学习

表 22-10　　自我学习说明表

自我学习	
将才后备应在导师的指导下制订个人自我学习计划，学习内容需结合个人兴趣和爱好，学习需以工作能力提升和个人综合素养提升为目标，周期为持续性	
培养角度	实施要点
激发自我学习和提升的意愿，巩固学习成果	a. 要制定自我学习的具体计划，并纳入个人提升计划中 b. 导师对自我学习计划的执行情况要进行定期和不定期的检查，必要时提出调整建议和意见 c. 学习过程中，定期以心得、课题等的形式向导师汇报学习成果

五、“将才”培养课程库示例

根据“将才”的素质模型规划了两类课程，分别是专项课程和共有课程。专项课程，由后备学员根据个人情况选报或由公司推荐；共有课程，由公司指定所有学员必须学习的。

课程库设计如下。

表 22-11　　凝聚团队素质项对应课程表

<table>
<tr><td colspan="6">“将才”后备人员课程库：专项课程</td></tr>
<tr><td colspan="6">说明：专项课程为后备学员根据自己的弱项选报或由公司推荐</td></tr>
<tr><td>编号</td><td>素质项</td><td>课程类型</td><td>内容大纲</td><td>课时</td><td>适用对象</td></tr>
<tr><td rowspan="13">1</td><td rowspan="13">凝聚团队</td><td rowspan="5">凝聚团队的技巧</td><td>凝聚力是竞争力的重要构成部分</td><td rowspan="5">1 天</td><td rowspan="5">全体“将才”后备人员</td></tr>
<tr><td>提高个人修养与能力</td></tr>
<tr><td>对部属关心、爱护</td></tr>
<tr><td>对部属的信任与正确使用</td></tr>
<tr><td>掌握正确的激励技术</td></tr>
<tr><td rowspan="3">案例分析</td><td>案例一</td><td rowspan="3">1 天</td><td rowspan="3">全体“将才”后备人员</td></tr>
<tr><td>案例二</td></tr>
<tr><td>案例三</td></tr>
<tr><td rowspan="5">管理小游戏</td><td>沟通的障碍</td><td>半天</td><td>全体“将才”后备人员</td></tr>
<tr><td>有效沟通的游戏规则</td><td></td><td></td></tr>
<tr><td>有效沟通的氛围</td><td></td><td></td></tr>
<tr><td>沟通中的倾听技巧</td><td></td><td></td></tr>
<tr><td>沟通中的说的技巧</td><td></td><td></td></tr>
<tr><td>配合手段</td><td colspan="5">任务指派、行为学习</td></tr>
<tr><td>课程目标</td><td colspan="5">掌握提升团队凝聚力的有效措施；明确提升团队凝聚力的重要意义</td></tr>
<tr><td>考核方式</td><td colspan="5">1. 课程考试；2. 绩效考核；3. 年度素质考评</td></tr>
<tr><td>素质期望值</td><td colspan="5">4.7</td></tr>
</table>

表 22-12　　　　协同运作素质项对应课程表

编号	素质项	课程类型	内容大纲	课时	适用对象
3	协同运作	跨部门沟通与协作技巧学习	深入挖掘跨部门问题的根源	1天	全体“将才”后备人员
			跨部门沟通解决之道		
			跨部门沟通的关键词		
			跨部门沟通关键因素		
			跨部门沟通技巧		
			团队冲突处理		
		互动游戏	横向沟通的途径	1天	全体“将才”后备人员
			沟通技巧运用		
		小组研讨	设计本企业的横向沟通机制		
		现场工具运用练习	横向沟通机制表单的使用		
			跨部门沟通计划表运用		
		工具运用练习	横向沟通机制表单的使用	半天	全体“将才”后备人员
配合手段		行动学习、任务指派			
课程目标		挖掘跨部门沟通中的常见问题			
		掌握跨部门沟通的解决方法			
		减少冲突，增强跨部门间的沟通与协调			
		打开沟通通路，提高沟通效果			
		了解成功企业沟通体系搭建模式			
		提升跨部门人员的沟通技能			
		掌握用项目化管理的思路推动跨部门协作			
考核方式		1. 课程考试；2. 绩效考核；3. 年度素质考评			
素质期望值		4.5			

表 22-13　　专业能力素质项对应课程表

编号	素质项	课程类型		内容大纲	课时	适用对象
6	专业能力	营销	房地产市场分析、产品定位和营销策划	分析房地产投资、企业发展状态；房地产与相关产业、房地产与城市化、城市选择、中国住宅特点及产业政策等房地产行业情况；学习把握项目产品定位策划与营销策略；学习明确企业的未来发展战略；梳理营销关键节点实战技巧（开盘及大型活动）	2 天	事业部、项目公司营销专业负责人后备人员
			豪宅开发与营销	豪宅的专题研究；对豪宅全新认识，豪宅的内涵是什么；豪宅的开发要点和操作技巧	1 天	
		设计	锁定楼盘价值链条：居住区规划理念更新与户型价值创新	分析开发、策划、设计之间的关系；项目管理者如何针对设计师策划创意与价值创新进行沟通；如何引导营销部门与设计部门进行策划与设计思维方式的拓展；规划新理念与价值创新的手法学习	2 天	事业部、项目公司设计专业负责人后备人员
		成本	地产企业成本管理战略地图	从企业各业务端口充分解析地产项目成本管理的核心要素；借助《战略地图》的管理模式厘清成本管理的核心关键点；不同诉求中寻找共同目标；成本管理具体手段、具体工具	2 天	事业部、项目公司成本专业负责人后备人员
			房地产项目成本管理精细化管理	开发商项目成本管理的特点；成本管理重点；成本管理与合约管理；成本管理与项目管理	1 天	
		工程	工程合约管理及工程量清单的应用	采购与合约的管理；分析学习标杆企业在采购管理与合约管理方面成功经验；学习最先进的管理思想与方法；帮助企业制定适合企业的最优化采购与合约管理制度与流程	2 天	事业部、项目公司工程专业负责人后备人员
			房地产工程三大核心环节全过程精细化管理	工程管理如何与企业的运营管理体系相结合；如何保证工程管理过程中的进度、质量、成本的高度统一；深度剖析标杆企业工程管理细节；如何建立适合企业自身的工程管理架构；工程进度、质量与成本管理的三大核心问题如何统一协调	2 天	

表 22-14　**共有课程第一阶段学习表**

“将才”后备人员课程库：共有课程					
说明：公司指定所有学员必须学习的课程					
编号	阶段	课程类型	内容大纲	课时	适用对象
1	一阶段：房地产项目管理能力提升	房地产项目客户接触点管理	如何通过产品和服务各个接触点满足客户的情感体验；如何建立项目的差异化和品牌个性，达到产品价值和客户价值的最大化；学会运用最新客户管理理论和房地产标杆企业的实战精华：阐述了房地产项目销售如何通过客户接触点管理为客户营造统一愉悦的体验	2 天	全体“将才”后备人员
		PMP 项目管理知识体系及在房地产领域中的应用	全面介绍了国际通用的 PMP 项目管理课程的九大知识体系；学习系统的、科学的管理思路和管理方法；结合实践经验，与大家分享实际操作中的问题和难点	2 天	
		房地产中采购谈判与沟通路线图	采购与合约的管理技巧：分析标杆企业在采购管理与合约管理方面成功经验；学习最先进的管理思想和方法；帮助企业制定适合企业的最优化采购与合约管理制度与流程	1 天	
		主题沙龙研讨	沙龙专题可由导师团队决定，也可以由学员组成小组商量而成，主题“项目管理模式”：目前 ZH 的管理模式与同行的对比分析	半天	
课程目标		提升团队的房地产核心价值链专业能力；吸取标杆行业相关经验与业务技巧；学习业界先进管理技巧与工具			
考核方式		1. 课程考试；2. 绩效考核；3. 年度素质考评			

表 22-15　　共有课程第二阶段学习表

编号	阶段	课程类型	内容大纲	课时	适用对象
2	二阶段：房地产核心价值链专业能力提升阶段	房地产企业项目运营管理	解析房地产项目管理策略，涉及启动管理、产品方案、土地定位、需求分析、项目范围说明书、计划管理、项目基准计划、计划实施管理、项目收尾管理等	2 天	全体“将才”后备人员
		专题讲座：文化地产与旅游地产	课程通过对具体项目的解读，让更多的人意识到旅游地产截然不同的开发模式	1 天	
		主题沙龙研讨	沙龙专题可由导师团队决定，也可以由学员组成小组商量而成，建议主题：自选专业口径主题	半天	
课程目标		提升团队的房地产核心价值链专业能力；吸取标杆行业相关经验与业务技巧；学习业界先进管理技巧与工具			
考核方式		1. 课程考试；2. 绩效考核；3. 年度素质考评			

表 22-16　　共有课程第三阶段学习表

编号	阶段	课程类型	内容大纲	课时	适用对象
3	三阶段：战略决策、商业地产项目实施	房地产整体市场分析及地产思维创新	房地产投资与房地产泡沫；中国房地产市场的宏观调控；投资观念驱动下的居住社区；居住物业价值与住宅产品改进；房地产市场客户细分化与产品差异化	2 天	全体“将才”后备人员
		商业地产资产管理	了解商用物业的大量开发现状也带来了大量不得不面对的问题；分析如何建立专业操作团队；如何制定合理的预期并实现和管理预期；如何实现合理租户组合；如何面对工程与市场的严重脱节；面对经营、建设与市场严重脱节	2 天	
		商业地产开发可行性分析和投资分析	课程分为两个部分：开发可行性分析以及开发进行后投资决策提供分析房地产开发的完备的基础；聚焦在开发商对项目的可行性分析；经济基础模型、缺口分析和开发可行性分析帮助开发商进行有效决策提供了方法	1 天	
		专题讲座：商业地产产品及招商模式解析	国内商业地产有万达、宝龙模式，有恒隆模式，有独特华润模式，到底各种模式的利弊是什么，有没有商业地产发展的开创之路	1 天	

续表

编号	阶段	课程类型	内容大纲	课时	适用对象
课程目标		战略决策、商业地产项目实操：吸取标杆行业相关经验与业务技巧；学习业界先进管理技巧与工具；提高团队的实战经验			
考核方式		1. 课程考试；2. 绩效考核；3. 年度素质考评			

六、提升计划与学习考核设计

（1）能力提升计划

根据公司此前对将才类后备人员的评鉴结果，编制《个人提升计划表》。《个人提升计划表》由人力资源部与员工充分沟通后共同编制，其内容包括由人力资源部根据评估结果给出的个人发展建议，以及由员工自己填写的未来三年职业发展目标和未来一年重点能力提升计划。

每年年末，员工本人、人力资源部、人才发展委员会会对过去一年后备人员的学习与成长情况进行综合评价。

表 22-17　　后备人员提升计划表

F 地产“将才”后备人员个人提升计划表			
一、基本信息			
姓名		部门	
职位		年龄	
二、个人能力素质分析与提升建议			
三、未来三年职业发展目标			
四、未来一年重点提升能力素质（最多三项）			
需提升能力素质	提升目标	提升途径	完成情况自检
五、个人综合评价（一年来学习成效评价）			

续表

六、人力资源部综合评价			
七、人才发展委员会鉴定（一年来综合鉴定）			

（2）基于学习过程的考试测试

在培训期间，根据学习的需要，上述骨干人员要接受部分随堂考试，考试成绩会被记录并作为人力资源部、人才管委会对后备人员个人提升情况进行评价的依据之一。

在任务指派阶段及行动学习培训阶段，骨干人员的任务完成情况、课题完成情况等，同样将被记录在案，一方面作为培养和发展情况评估的依据，另一方面，也将纳入每年的能力素质评估与管理能力综合评价。

（3）期间考核与评估

在培训期间，后备人员也要定期接受考核和评估，F公司针对后备人才的考核评估，主要体现在四个层面。

表22-18　考核方式列表

考核项目	考核周期	考核目的
能力素质评估	每年一次	培养和发展
综合管理能力评估	每年一次	培养和发展
绩效考核	季度、年度	绩效发展
选拔评估	—	干部选拔和任用

①能力素质评估。每年一次，主要为后备人员的培养和发展提供参考信息。通过此次评鉴与前次评鉴的结果对比，分析培训效果，提出今后培训工作需要优化调整之处。

②综合管理能力评估。由于关键岗位后备人员绝大多数已处于管埋岗位，未来也多数要担任管理工作，综合管理能力是其非常基础的能力之一。综合管理能力评估采用《综合管理评估试题》进行测试，所得出的结果将作为后备人员培养和发展的依据。

③绩效考核。绩效考核的范围是公司每一位员工，对于关键岗位后备人员来说，绩效考核还是干部选拔和任用环节中重点考虑的指标，同时，也是关键岗位后备人员将学习成果转化为生产力的重要凭证。

④选拔评估，该类型的评估主要是在出现岗位空缺、由内部后备人员竞争递补岗位空缺的时候所采用。

第三节　案例分享二：AB公司“彩虹人才”培养战略

AB公司是某国有企业下属的二级集团公司，成立于2000年初，经过多年的发展，公司在业务方面积累了一定的优势，但伴随着企业的发展，如其他企业一样，也面临着员工职业发展受限、活力不足、人才流失、后继乏力等问题。

结合企业实际，AB集团党委对问题产生的原因进行了系统性、战略性的梳理与思考，决定建立并实施“彩虹人才”培养战略，加大市场化改革力度，为企业可持续发展提供强有力的人才支撑。

一、实施“彩虹人才”战略的目的

实施“彩虹人才”培养战略，主要基于以下目的。

贯彻落实“人才强国、人才强企”的要求。《关于深化国有企业改革的指导意见》《关于深化人才发展体制机制改革的意见》等相关文件，对于国有企业实施“人才强企”战略都做出了具体和明确的部署，作为央企下属单位，AB集团应坚决执行。

贯彻落实上级单位人才战略的要求。AB公司的上级单位非常重视人才工作，把建立聚焦人才、吸引人才机制作为改革的重要方向，陆续推出了首席师、英才计划等专项人才培养计划。作为集团旗下高度市场化的科技型企业，“双百”改革试点单位，AB公司更应率先落实上级单位的部署，在建立市场化人才体制、提升人才活力方面走在集团前列。

落实AB公司自身实现转型升级、提升企业竞争力的要求。具体到AB公司来说，实施“彩虹人才”培养战略有利于解决公司面临的创新能力不足、顶尖人才匮乏、人才激励机制不完善、人才流失等问题，有利于打造一支具有竞争力的核心人才队伍，从而全面提升企业的综合实力与自主创新能力。

二、“彩虹人才”的理念重塑

AB公司党委认为，要成功实施“彩虹人才”培养战略，必须要对现有的人才理念进行重塑，要树立“倍加珍惜价值创造者，集中各类优势资源，向高潜力、高绩效员工倾斜”的理念。

倍加珍惜价值创造者。就是要打破传统的人才观念，“不唯学历、不唯资历”，以人才的实际能力、为企业创造的价值来衡量人才的价值。

向高潜力、高绩效员工倾斜。要遵循2/8定律，抓好20%的核心骨干力量，再以20%的少数带动80%的多数员工，从而实现企业效率的整体提升。

优势资源倾斜。所谓资源，不仅指薪酬、福利和奖励，而是要为核心员工打造更为广阔的发展空间、更具挑战性的工作、更多的认可与赏识，从而激发员工最大潜能，帮助员工实现自我价值，同步为企业创造价值。

三、“彩虹人才”的目标与内容

1. 战略目标

经过认真研究，AB集团提出，“彩虹人才”培养战略的目标如下。①建立以七类核心人才培养与激励为核心的人才战略。②打造拥有700名素质优良的骨干员工的人才队伍。③集中企业优势资源，精准培养和激励核心人才，提升企业竞争力。

2. 工作内容

具体来说，“彩虹人才”培养战略的包括以下工作内容。

第一，建立关键人才素质模型——明确企业发展需要什么样的人才。

建立能力素质模型，聚焦领导班子、中层干部以及技术研发、市场营销为核心的两层、两类关键岗位，界定上述岗位所需素质与能力。

建立人才评价中心，综合运用性格、能力、知识测评工具，准确评价人才特质，及时发现企业内部的高潜人才，为人才选拔、培养、使用奠定基础。

第二，建立全面的人才盘点机制——明确企业当前人才需求。

建立人才定期盘点机制，通过人才盘点全方位评价现有人才，让高绩效、高潜力的骨干人才浮出水面。

加强人才需求预测分析，准确预测人员缺员与冗余情况，提升人力资源开发工作的前瞻性与计划性，提高人才使用效率。

第三，建立完善的人才引进机制——明确人才补充路径。

加强对毕业生的招聘力度，通过校企合作、校园宣讲等多种方式，引进优秀毕业生，为企业发展补充后备力量。

打通多渠道人才引进模式，通过内部推荐、猎聘、市场化选聘等多种方式引进急需、高层次人才，补充人才短板。

第四，打造700名核心员工组成的“彩虹”人才梯队——明确人才选拔、使用方式，其中包括：

①“红色领英计划”：建立100名对党忠诚、勇于创新、治企有方、兴企有为、清正廉洁的“红色领英”队伍，为企业可持续发展提供坚强的组织保证和智力支持。

②“橙色金英计划”：建立100名信念坚定、业务精通、作风过硬的“橙色金英”（鹰）队伍，为企业3～5年乃至更长时期事业的发展储备后备力量。

③“黄色猎英计划”：建立100名具有敏锐市场意识、较强沟通能力和客户服务意识的“黄色猎英”（鹰）队伍，建立资源共享的协同营销机制，

全面提高企业市场开拓能力。

④“绿色菁英计划”。建立100名国际一流、国内领先、结构合理的“绿色菁英”队伍，积极拓展在新业务领域的技术研发，打造新的技术撒手锏，推动企业健康可持续发展。

⑤“青色训英计划”。建立100名有较强专业能力、丰富实操经验、覆盖各业务方向的“青色训英”队伍，树立各专业领域人才标杆，推动骨干人才交叉培训力度，实现知识的碰撞、传播、共享。

⑥“蓝色首英计划”。建立100名专业水平拔尖、业绩贡献突出的“蓝色首英”队伍，充分发挥其示范引领和“传、帮、带”作用，引导基层员工爱岗敬业、锐意创新、岗位成才。

⑦“紫色雏英计划”。建立100名政治素质好、学习能力强、创新精神佳、发展潜质优的“紫色雏英”（鹰）队伍，为企业的发展锻造后备力量。

四、三大配套机制

AB公司党委意识到，仅仅有人才培养计划是不够的，还需要建立系统、完备的人才使用、发展与激励机制，才能实现人才战略的真正落地。为此，他们从三个方面开展了配套机制的建设工作。

1. 建立多元、立体的核心人才激励机制——明确人才激励途径

丰富物质激励手段，以多种方式促进骨干人才薪酬收入的实质性增长，具体内容包括：一是以岗定薪，让薪酬收入体现工作价值；二是强调业绩，实现工资收入向核心骨干倾斜；三是鼓励贡献者，多途径补足骨干员工的薪酬短板；四是共享成果，建立市场化激励机制。

完善精神激励手段，帮助核心人才实现自我价值，具体内容包括：一是加强管理层对核心人才的关注与认可，提升人才的认同感与归属感；二是选拔先进典型，为人才创造实现自我价值舞台；三是安排挑战性任务，提高工作的成就感与使命感。

2. 建立立体的员工发展与培养机制——综合提升人才素质

对于人才的培养发展，具体内容包括：建立人才成长档案，实现人才标签化管理。建立骨干人才职业发展路径图，动态了解人才性格、能力、特质、工作经历以及发展现状；建立精准的培训体系，实现培训“有的放矢”。依托素质模型，逐步探索、建立适合七类人才的定制化课程，满足人才培养需求；落实职业发展通道，实现人尽其才、物尽其用。重点搭建技术、技能管理序列岗位通道，为优秀人才拓宽成长空间；建立立体人才交流机制，全方位拓展人才视野。通过本部与基层单位之间的上下交流，让骨干人才经历多岗位与基层（总部）工作锻炼。

3. 建立人才动态监督与管理机制——明确人才培养责任

对于人才管理，具体内容包括：建立人才退出通道。加强绩效考核，对业绩表现不佳、党风廉政存在问题或违反法律法规的人员，清退出“彩虹人才”体系；落实人才培养责任。骨干人才需承担培养新人的“传帮带”责任，帮助青年员工尽快成长成才；建立离职面谈制度。骨干员工离职，需与本企业主要领导谈话，在尽可能保留员工的同时，了解员工诉求与离职原因；签订竞业禁止协议。鼓励与核心人才签订竞业禁止协议，最大限度维护企业利益，鼓励人才与企业长期合作，共同成长。

参考文献

[1] 赵曙明，张敏，赵宜萱．人力资源管理百年：演变与发展 [J]. 外国经济与管理，2019（12）.

[2] 段磊，杨奕，樊祎．企业大学最佳实践与建设方略 .[M]. 北京：中国发展出版社，2013.

[3] 詹妮弗·拉宾．如何在组织内有效开展导师制：世界 500 强企业广泛践行的人才培养系统 [M]. 北京：中国青年出版社，2018.

[4] 拉姆·查兰．领导梯队：全面打造领导力驱动型公司 [M]. 北京：机械工业出版社，2016.

[5] 段磊，刘金笛．企业文化建设与运营 [M]. 北京：企业管理出版社，2021.

[6] 许峰．人才供应链：实现高绩效均衡的人才管理模式 [M]. 天津：天津人民出版社，2019.

[7] 张黎青．论企业任职资格管理体系的构建 [D]. 华北电力大学，2010.

[8] 王玖河，魏春红，邓舒婷，苏丽环．人才供应链管理体系建设 [J]. 企业管理，2013（08）.

[9] 彭剑锋．新经济时代人力资源管理的十大特点．中关村独角兽加速器，2016.

[10] 周翔翼，宋雪涛．招聘市场上的性别歧视——来自中国 19130 份简历的证据 [J]. 中国工业经济，2016（08）.

[11] 任瑞杰．基于战略规划的企业人力资源规划研究 [J]. 财经界，2020（01）.

[12] 周霞．CACC 公司人力资源规划研究 [D]. 华南理工大学，2017（06）.

[13] 钱昆，顾红玲，陈国芳．建立学习地图为员工职业发展导航—宝钢国际创新人才管理案例 [J]. 上海质量，2012（09）.

[14] 谷楠楠．中文简历解析及推荐算法研究 [D]. 西北大学，2017.

[15] 潘竹 . 中国南方航空公司乘务英语培训系统案例研究 [J]. 中国民航飞行学院学报，2019（09）.

[16] 汤红丽 . 啤酒企业 OJT 培训项目 [J]. 行业经济，2012（04）.

[17] 徐静 . 基于任职资格体系的员工晋升发展研究与构建 [D]. 江西财经大学，2018.

[18] 周晓新，谢册 . 大型企业领导力培训体系构建模型初探 [J]. 中国人力资源开发，2013（01）.

[19] 任长江 . 培养最佳管理者：美国 3M 公司的领导力开发 [J]. 企业管理,2005（02）.

[20] 杨政乾，陈泽凡，刘嘉，王轶楠 . 基于游戏的领导力训练 [J]. 心理技术与应用，2019（08）.

[21] 武鑫 . 标杆企业领导力培训体系建设与实践 [J]. 领导科学论坛，2015（07）.

[22] 饶朝鑫 . 技术创新型企业专业人才体系化培养路径分析——以中国移动互联网有限公司 IT 技术专业人才培养为例 [J]. 中国培训，2019（09）.

[23] 何欣 . 一张图破解专业人才培养难题（上）[J]. 人力资源，2020（01）.

[24] 葛明磊 . 项目 HRBP 后备人才培养的探索性研究—以华为公司为例 [J]. 中国人力资源开发，2015（18）.

[25] 吴国光 . GDT 集团公司骨干人才梯次开发机制研究 [D]. 厦门大学，2018.

[26] 任旭林，陈垶羊 . 角色扮演法的开发程序与应用 [J]. 中国人力资源开发，2016（10）.

[27] 陶凌 . K 集团房地产公司中层管理人员竞聘上岗的方案设计与实践 [D]. 云南大学，2016.

[28] 赵四才，贺俊峰，陈红耀 . 国有企业竞聘上岗存在问题与措施研究 [J]. 价值工程，2013（13）.

[29] 张艳，倪金祥 . 高潜质人才选拔研究述评与展望 [J]. 贵州大学学报（社会科学版），2018（03）.

[30] 孔平生 . “高潜人才”识别标准及培养路径 [J]. 中国电业，2019（06）.

[31] 茶利强，余添李，施菡，李丹，郝好 . 基于数据分析的高潜人才画像构建及应用 [J]. 企业改革与管理，2019（04）.

[32] 张凤敏 . 基于胜任力模型的人才测评技术在高潜人才选拔及培养方面的应用——以鲲鹏建设集团高级管理干部研修班为例 [J]. 人力资源，2019（06）.

[33] 周文霞，辛迅，谢宝国，齐乾 . 职业胜任力研究：综述与展望 [J]. 中国人力资源开发，2015（07）.

[34] 钟慧 . 破坏性领导与员工职场偏差行为的相关研究 [D]. 西南财经大学，2013.

[35] 叶艳 . 魅力型领导对团队绩效影响机制研究 [D]. 深圳大学，2018.

[36] 张博维 . 工业 4.0 时代工业工程人才培养模式研究 [J]. 中国设备工程，2019（16）.

[37] 李超 . 工业 4.0 时代工业工程人才培养模式研究 [D]. 郑州大学，2017.

[38] 张振东 . 构建基于人才供应链的企业人才发展体系研究 [J]. 当代经济，2016（27）.

[39] 孙晓平 . 人才选拔与培养没有捷径 [J]. 人力资源，2016（12）.

[40] 刘阳婧 . 论人才盘点对有效推动资源整合的重要性 [J]. 中国经贸导刊，2016（26）.

[41] 李兵 . 浅谈国有企业转型期的人才盘点方案设计 [J]. 铁路采购与物流，2016（09）.

[42] 何叶 . 企业人才盘点的作用、路径与实施要点研究 [J]. 中外企业家，2017（07）.

[43] 杨森 . 基于领导力五力模型对 NBA 教练菲尔・杰克逊领导力的研究 [D]. 福建师范大学，2016.

[44] 韩嵩，王福森，谢明 . 构建基于企业战略的领导力模型 [J]. 中国电力企业管理，2017（01）.

[45] 张庆文 . 面向组织绩效的企业团队领导力模型开发与评估研究 [D]. 天津大学，2017.

[46] 唐智帆 . C 厂中层管理人员领导力素质模型的建立与应用 [D]. 湖南师范大学，2015.

[47] 符美清 . 国际工程项目经理领导力特征模型研究 [D]. 天津大学，2017.

[48] 徐全军，杨小科 . 战略理论演绎下的战略框架：直面战略困境的思考 [J]. 天津大学学报（社会科学版），2015（02）.

[49] 田成诗，张倩茹 . 基于标杆分析法的我国建筑业上市公司经营效率分析 [J]. 建筑经济，2015（02）.

[50] 仲理峰，时勘 . 家族企业高层管理者胜任特征模型 [J]. 心理学报，2004（01）.

[51] 王建民，杨木春 . 胜任力研究的历史演进与总体走向 [J]. 改革，2012（12）.

[52] 郜雅，张健，杨辉 . 基于德尔菲法护理部主任胜任力测评问卷的研制 [J]. 实用临床护理学电子杂志，2018（19）.

[53] 王少娜，董瑞，谢晖，贾贤杰 . 德尔菲法及其构建指标体系的应用进展 [J]. 蚌埠

医学院学报，2016（05）.

[54] 朱俊杰 . 基于胜任力模型的 IT 研发人才测评研究 [D]. 中南民族大学，2016.

[55] 李小艳 . 心理咨询师胜任特质研究 [D]. 南昌大学，2012.

[56] 华珺，黄淼 . 国内外胜任力模型构建方法的研究综述 [J]. 中小企业管理与科技，2012（06）.

[57] 王洁 . 中国注册会计师胜任力模型构建研究 [D]. 财政部财政科学研究所，2012.

[58] 姚文华，李畅，张炯娜，徐蕾 . 专科医师胜任力评价指标体系构建 [J]. 解放军医院管理杂志，2019（11）.

《企业集团管控：体系、实践与案例》

出版时期：2020 年 3 月

定　　价：138.00 元

《企业文化：建设与运营》

出版时期：2021 年 1 月

定　　价：118.00 元